글래시스 로드

일러두기

1. 한글 맞춤법 및 외래어는 국립국어원 표기법에 따랐다. 다만 지명의 경우 필요에 따라 옛 지명으로 표기한 부분도 있다.
2. 저술 및 문집 등은 《 》, 논문 및 작품, 편 등은 〈 〉로 표기했다.
3. 인명, 지명 등 원문 병기가 필요한 부분은 최초 1회만 표기했으나, 의미를 구분해야 할 경우 중복 표기했다.

* 이 저서는 2017년 정부(교육부)의 재원으로 한국연구재단의 지원을 받아 수행된 연구임 (NRF-2017S1A6A4A01022093)

안경으로 읽는
유라시아 교역 네트워크

글래시스 로드
GLASSES ROAD

한지선 지음

위즈덤하우스

세계화의 단서를 안경에서 찾다

교역 네트워크가 가져온 혁신

안경에 관심이 많은 나는 최근 사극 드라마와 영화에 비치는 조선 후기의 안경 패션에 대해서도 호기심을 느끼고는 한다. 정조가 쓴 안경은 머리에 끈으로 고정하는 방식일까, 아니면 템플스타일의 안경다리 형식일까? 흑색렌즈의 안경을 쓴 도령이 연애하는 장면을 넣어도 될까? 시장에서 안경을 쓴 사람을 만날 수 있었을까? 18세기부터 안경을 접하는 일이 빈번해졌을까? 왜 동아시아에서는 '눈의 거울'이라는 의미의 '안경'이라는 명칭을 사용하게 되었을까?

다행히도 강명관 교수가 쓴 《조선에 온 서양 물건들》(휴머니스트, 2015)에는 조선시대 안경에 대한 자료들을 망라해 안경의 유입과 유행의 시점이 고증되어 있어 그 내용을 살펴볼 수 있다. 이에 따르면 임진왜란 전후로 전해진 안경은 17세기 이후 조선에도 널리 유통되어 신기할 것이 없을 정도로 접하기 쉬운 물건이 되었다. 그럼에도 이 시기의 안경 문화를 이해하는 데는 상당히 복잡한 문제들이 해결되지 않은 채 남아 있다. 예컨대 시장에서 안경을 쓴 사람을 만난다는 것은 최초로 근시안경을 채택한 시기부터 동아시아인이 착용하는 데까지 걸리는 시간적 차이를 고려해야 하며, 같은 시간대의 문화를 공유했던 조선과 중국, 그리고 일본에서 어떤 스타일을 착용했는지도 참고해야 한다. 결국 안경의 스타일과 유행, 명칭의 문제는 언제, 어디에서 발명되었고, 어떤 경로로 전파되었으며, 근시경의 도입 시기 등 기술적으로 중요한 모멘텀이 언제인지의 문제로 회귀한다. 그 스타일과 양식은 대개 그것이 발명되었거나 기술을 선도한 문화군에서 결정짓기 마련이기 때문이다.

그렇다면 최초의 안경은 언제, 어디에서 발명되었고 어떻게 전파되었는가? 전화기, 전구, 자동차 등의 발명가는 알고 있지만 의외로 안경의 발명에 대한 사연은 선뜻 떠올리기 어렵다. 만약 평소에 쓰고 다니던 안경에 대해 한 번쯤 관심을 가져봤다면 이탈리아 베네치아에서 처음 제작되었고, 임진왜란 무렵 조선으로 전파되었다는 것 정도는 알고 있을 것이다. 그러나 의외로 안경의 역사에 대한 전문적인 논문이나 저술에서는 이러한 질문에 명확한 답을 내리지 않는다. 특히 안경 전파를 둘러싼 다양한 논쟁의 쟁점들—안경 발명지, 중국에서 안경이 전파된 시점, 경로 등—을 따지고 들자면 매우 난감한 상황에 처하게 된다. 예컨대 렌즈 제작의 기원을 검토하면 유리 제작의 기술적 우위가 어디인가의 문제가 부각되고, 이에 대한 검증이 이루어지더라도 그것이 절대적으로 안경 제작의 선결 조건인가를 물으면 다시 곤란해진다. 또한 예전부터 있어왔다고 전하는 안경 제작에 관한 공인들의 증언은 기록상 확인하기 어려운 경우도 많아 안경의 역사에서는 종종 누락되곤 했다. 그래서 안경의 발명 혹은 전파 경로에 대한 사실관계를 밝히는 것은 근본적으로 명확한 답을 구하기 어렵다는 사실을 고백할 수밖에 없다.

그런데 사실 이러한 안경 관련 논쟁들은 일부 문화권역에 국한된 자료만 다루었기 때문에 비롯된 측면이 있다. 대개 안경 연구자들이 참고한 기록 자료들은 국한된 권역 내에서 추출되어 지협적으로만 검토되곤 한다. 게다가 안경 관련 문헌자료들도 극히 희박하거나 모호한 기록들이 많기 때문에 연구자들의 억측이나 오해를 불러일으킬 수도 있다. 특히 렌즈로 사용한 수정과 같이 취급되던 유리에 대한 명칭은 종종 혼용되었기 때문에 기술사적 맥락을 정확히 이해하지 못했을 경우 전혀 엉뚱한 결론에 도달할 수도 있다. 이러한 문제가 아직 해결되지 않는 것은 우리가 안경 관련 사료에 대해 표면적인 해석만을 시도할 뿐, 당시 상품과 정보의 흐름에 대해 전반적인 이해를 기반으로 상상하지 않기 때문이다. 그러나 안경은 유라시아와 서쪽과 동쪽 끝의 교역 물품 가운데 하나이며 세계적 현상이다. 즉 안경은 상인들의 활동으로 이루어진 다양한 상품과 기술 교류 가운데 하나이기에 유라시아 전체의 상품 교류라는 맥락 속에서 검토되어야 한다.

특히 안경의 발명과 전파가 이루어진 13~14세기에는 교역 네트워크상에서 중대한 변화가 있었다. 중세 유라시아는 종교와 문화, 혹은 환경 등의 복합적 요인이 작용하며 수 개의 문명권으로 구분되어 이해해왔다. 그런데 7세기 이후 이슬람의 등장과 11세기 해양에서의 유기적인 결합, 그리고 13세기 몽골 제국의 등장이 동서의 직접적인 만남을 확대시켰을 뿐 아니라 초원지대에서 인도양까지 통합하는 육상과 해양의 물류의 순환을 가능하게 했던 것이다. 이러한 변화는 상품과 사람의 활발한 이동과 기술의 융합을 가져왔다. 그리고 유라시아의 주요 상업 도시들은 각 문명권역을 네트워킹하는 허브로서 유기적으로 기능했다.

13세기 발명된 안경의 경우 이러한 교역 네트워크 공간 속에서 장인들과 상인들에 의해 발명, 전파되었을 가능성이 크다. 특히 안경을 이루는 핵심인 렌즈는 다양한 권역에서 발달한 유리 기술들이 교역 네트워크상에서 교차되면서 상호 학습을 통해 제작되었다. 물론 가장 많은 기술과 정보를 수집할 수 있는 쪽이 이런 기술을 선점할 수 있었다. 다양한 자원과 기술적 결합으로 탄생한 안경의 발명과 전파는 결코 우연한 현상도, 단독의 성취도 아니며 유라시아 교역 네트워크의 산물인 것이다.

물론 실크로드를 통한 정보와 상품의 교류는 이보다 더 오래된 현상이다. 그럼에도 안경이 발명된 13세기는 몽골 제국에 의한 유라시아 전체의 교통과 상업의 발달이라는 측면에서 더 주목할 필요가 있다. 13세기 교통과 상업의 발달로 정보와 기술, 사람의 교류가 유례없이 활발해졌고 교역로에 대한 정보 역시 대량으로 축적되었다. 실크로드는 길과 도시에 관한 접근이지만 도시와 도시를 연결하는 이 길은 이 무렵 모세혈관처럼 이어지며 유라시아 대부분을 하나로 연결했다. 도시와 상인은 모세혈관과 같은 네트워크를 잇는 매듭이자

매개체였다. 그리고 바로 그 교역 네트워크상에 유통된 상품과 기술 및 정보가 문명과 문명을 연결하고 견인하는 중요한 요소가 된 것이다. 김호동 교수가 "실크로드는 단순히 교역의 루트가 아니라 여러 문명이 만나는 역사적 현장"[1]이라고 한 것도 도시와 상인의 역할을 주목하며 문명사적 접근에서 13세기의 의미를 되새긴 것이다. 저명한 몽골 제국 연구자인 토머스 올슨Thomas T. Allsen은 초원에 위치한 몽골의 궁정이 거대한 자석처럼 세계 곳곳으로부터 상인과 상품을 끌어들였으며 13세기 유라시아 대륙은 거대한 전환을 맞이했다고 한다.[2] 또 다른 몽골 제국 연구자 티머시 메이Timothy May는 몽골인은 군사 분야의 혁신, 국제 무역, 세계 종교의 확산, 기술과 사상의 전파를 정복을 통해서 하나의 도가니 속에 이룩해냈고 먼지가 가라앉은 이후 세계는 돌이킬 수 없을 정도로 변화했으며, 결코 예전의 상태로 돌아갈 수 없었다고 단언했다.[3]

13세기 몽골 제국이 가져온 상업적 혁신은 분명 단순한 길의 연결 이상을 의미했다. 나는 이 전환이 네트워크가 가져온 혁신이라고 생각한다. 이슬람과 몽골에 의해 연결된 교역 네트워크와 광대한 지역에 열려 있던 개방성은 자원·정보·지식 등을 적지 않은 모방과 응용이 가능한 상태가 될 수 있도록 도왔다. 이 과정으로 출현한 새로운 상품들이 인류의 역사와 문화를 바꾸어 놓았고 또 다른 혁신을 이룰 수 있게 했으며 현재에도 이어져 우리 주변에 남아 있다. 중세의 몇몇 상품들과 정보들이 교역로상에 유통되면서 유라시아를 변화의 경사로에 올려놓은 것이다. 이러한 상품들은 교역 네트워크가 어떻게 연결되어 전 세계에 퍼져나갔는지 확인하는 좋은 단서가 된다. 예를 들어 우리가 마시는 소주가 이슬람 권역의 증류법에서 파생된 역사의 한 조각임을 이해하는 것도 참고할 수 있겠다. 최근 케임브리지 대학교 출판부에서 출간한 박현희 박사의 소주에 관한 저술은 소주가 갖고 있는 세계화의 맥락을 통해 이 문제에 접근한다.[4]

내가 13세기 교역망에 유통된 많은 상품 중에서도 안경을 주목한 것은 이 시기 처음 등장한 혁신 상품으로, 그 유용한 기능 덕분에 오늘날에도 필수품으로 자리 잡았기 때문이다. 안경이 중세시대 인류에게 가져온 혁신은 마치 벨이 전화를 발명한 것과 같고, 21세기 초 우리의 필수품인 핸드폰과도 같으며, 유비쿼터스의 TV·PC·인터넷망과 같다. 안경은 고대의 인도양에서 유통되곤 했던 사치품과는 달리 인간의 일상생활에서 절대적으로 필요한 기능 상품이었다. 또한 안경의 발명 이후 지속적으로 수요가 뒤따르며 점진적인 확산이 이루어졌으며 오늘날에는 전 세계에서 만날 수 있게 되었다. 특히 13세기부터 현대까지 기술적 혁신을 멈추지 않은 안경 산업은 과학과 기술의 발전에 기반해 새로운 변화가 시도되고 있다. 안경은 이제 단순히 보는 도구가 아니라 상상의 도구가 되었다.

《뉴스위크Newsweek》를 통해 보도된 한 여론 조사의 결과에서는 안경이 지난 2천여 년 동안 가장 중요한 발명품 중 하나로 꼽히기도 했다.[5] 안경은 노화된 눈이 한계를 넘어설 수 있도록 함으로써 생산성을 두 배 이상 증가시켰다. 그러고 보면 인류의 역사는 안경의 시대와 그 이전으로 나뉜다. 안경은 발명된 이후 시력 보조와 보호 도구로서 기능했을 뿐 아니라 사치품이나 기호품이 되었다. 13세기 안경의 발명 이후 인류는 아직까지 안경이 없는 시대로 돌아간 적이 없으며 당분간은 '안경의 시대'에 살게 될 것이다.

명·청시대 동아시아의 글로벌 히스토리

역사를 접근하는 방식에서 세계화의 문제를 적극 고려하게 한 학자는
미국의 사회학자 이매뉴얼 월러스틴Immanuel Wallerstein이다. 16~18세
기부터 은을 기반으로 하는 세계경제의 출현에 주목한 그의 세계체
제론은 이후 유럽인의 아시아 도래와 교류의 확대, 과학과 기술의 혁
신, 상업과 상품경제, 이주와 교류, 서로 다른 가치관과 삶의 양식 충
돌과 폭력 등 전반적인 변화에 관한 다양한 견해에 의해 보충되면서
전근대 동아시아사를 훨씬 활기 있어 보이게 했다. 일본 학계에서도
16~17세기를 실질적인 세계화의 시작점으로 보고 동아시아를 세계
화의 맥락에서 설명하는 연구들이 이어졌다.[6]

그러나 실크로드의 맥락을 잇고 있는 연구자들은 세계화가 유럽
인의 아시아 도래 이전부터 진행되었다고 하며 아시아 중심의 세계
체제를 주장한다. 즉, 이 연구들은 인도양의 계절풍이 만들어 낸 유
연하고 다중적인 공간이 존재했으며, 이러한 공간들을 중심으로 각
문명권의 통합이 이루어졌다는 것이다. 물론 세계화 시작의 기점이
나 세계화의 진전에 관한 접근 방식에는 차이가 있다.[7] 예컨대 마이
클 피어슨Michael N. Pearson의 경우 유라시아의 통합은 계절풍을 활용
하기 시작했던 때로 거슬러 올라간다. 필리프 보야르Philippe Beaujard는
'아프로 유라시아 시스템Afro-Eurasian System'으로 유라시아를 설명한
다. 즉, 유라시아 대륙 전체의 일체화가 이미 청동기시대부터 존재한

다고 하며 이후 수세기 동안 지속적으로 성장과 쇠락이 반복된 후 재편되었다는 것이다. 특히 그는 '대항해시대'를 중심으로 하는 서구화의 진행이 아닌 인도양을 바탕으로 하는 동양 중심의 독자적인 자본의 축적과 네트워크의 확장을 강조했다.[8]

명·청시대의 동아시아에 대한 이미지를 고려할 때 13세기 이후 유라시아의 통합적 상태를 설명하기에는 곤란한 지점이 있다. 오랫동안 서구 학계에서는 명·청시대 중화 제국의 정체성을 통제 혹은 단절로서 이해해왔다.[9] 사실 이러한 이미지는 전통적인 동아시아 국가 간의 유교적 위계관계를 담아내고 비조공국에 대한 배타성을 강조하는 정치 구조를 설명하는 개념에서 비롯되었다.[10] 원 제국이 북쪽으로 후퇴한 뒤 건국된 명 제국은 조공무역의 방식으로 모든 무역의 형태를 대체하려 했으며, 강력한 통제로 자국인의 도항과 무역, 이주를 금지했다. 이에 투영된 명·청시대 중국의 이미지는 유교적 이념, 외교적 질서, 강력한 군사력의 종합적인 작용으로 국가의 권위가 통치 영역 너머까지 통제력을 갖는 것으로 비추어졌고 대외적으로는 폐쇄·단절의 노선을 고수한 것으로 여겨졌다. 중국과 유사한 시스템을 도입한 동아시아의 국가들은 안보 혹은 정치적 우위를 목적으로 전제적 군주에 의해 무역이 제한되고 해양이 통제되어 근대화를 놓쳤다고 해석되곤 했다.

그렇다면 당시 세계화는 중단되거나 혹은 쇠퇴한 것인가? 그러나 한 번 교역 네트워크상에 유통된 지리 정보와 상품에 대한 유혹은 좀처럼 쉽게 단절되고 포기되는 것이 아니다. 더욱이 18세기까지 세계경제에서 차지하는 중국의 비중을 고려하면 중국이 세계경제에서 소외된 적은 없다. 교역의 효율성을 위해 최적화된 장거리 교역 시스템은 원대에 이어 명·청시대에도 여전히 교역 네트워크상의 정보와 상품들을 펌프질하며 중국을 연결하고 있었다.

세계화는 피할 수 없는 역사적 흐름이라는 주장을 완전하게 이해하기 위해서는 중국사 연구군에서 배타적 집합 단위로서 상정되곤 하는 14~15세기 이후 동아시아를 설명하는 방식 역시 수정해야 한다. 일본 학계의 16~17세기 무렵 세계화에 대한 연구들은 동아시아 전체가 상업적 활기로 가득한 사회로 보이도록 했다.[11] 특히 몇몇 연구자는 조공과 같은 정치적 관계에 기반한 무역만이 아니라 사무역과 밀무역 등을 적극 검토하여 중국이 어떻게 자율적 네트워크와 결합했는지를 설명한다. 다만 유럽인의 아시아 도래라는 사건과 그 이후를 주로 조명하다 보니 그 이전에 있었던 아시아의 상업적 성취와의 연결이 자연스럽지 않고 동아시아 내부의 시각을 강조한 측면이 있다. 최근 우리 학계에서도 국제관계사나 해양사 측면에서 중국의 경계 바깥의 문제를 다루는 여러 시도가 이루어진 것도 이러한 연구의 흐름과 맥락이 같다.[12] 특히 조영헌의 《대운하 시대 1415~1784》(민음사, 2021)는 중국의 내부와 외부의 문제를 종합적으로 바라보고 15~18세기의 중국을 '통제 가능한 개방' 상태로 파악함으로써 포기나 단절의 이미지에서 벗어나고자 했다.

사실 전근대 아시아 전체를 통합적으로 설명하고자 하는 연구에서 국가적 단위의 설명이나 시간의 순차적 과정에 의한 설명 방식은 지양되고 도시와 도시, 문화와 종교 등과 같은 집단과 집단의 단위들이 서술의 대상이 되면서, 각 지역 단위들의 문제는 상대적으로 덜 주목하게 되었다. 즉 조공 제도가 갖는 배타성은 통합적 역사에서 크게 주목되는 요소는 아니다.

그럼에도 나는 총체적·통합적이며 장기적으로 지속된 공간에 대한 연구를 구현하더라도, 각각의 문명 단위에서 드러나는 정치·사회·문화적 정체성의 비통합성 개념들을 극복하는 것이 상당히 중요하다고 생각한다. 쵸두리K. N. Chaudhuri는 아시아를 하나의 통합적 공간으로 구성하기 위해 '집합의 집합'[13]으로 설명했는데 그러기 위해서는 각각의 원소가 집합 내에서 어떻게 일체감을 갖는지가 전제조건이 되어야 한다.[14] 특히 세계화란 이주, 정보, 사상, 자본, 상품 등의 대규모 흐름으로 빚어진 정치, 경제, 문화 방면에서의 동시대적·종합적인 변화 현상이다. 그리고 각 지역과 국가의 체제 역시 이에 호응한다. 조공제도의 성격 역시 교역 네트워크의 글로벌 현상의 점진적 변화 속에서 이해되어야 하며 유라시아의 교역 네트워크와의 연결 방식을 조명할 필요가 있다.

아시아 중심의 세계화라는 주제와 시간과 공간의 확장을 위한 시도들은 제한적·배타적으로 보이는 조공무역 속에서 중국이 어떻게 '개방적인' 상태를 유지했으며 15세기 이후의 교역은 어떻게 발달했는지를 밝히는 핵심 요소다. 나는 명·청시대 조공제도가 고대의 중국 중심의 천하관에서 성립한 것이 아니라 송·원시대 외부 세계와의 접촉 과정에서 성립된 것이라고 본다. 따라서 하나의 완결된 구조처럼 보이는 동아시아의 시스템이 실은 끊임없이 외부와 접촉하면서 자원, 인구, 상품, 지식의 교류를 이뤄왔음을 강조한다. 이 사실을 밝히는 데 다양한 방법이 있겠지만 이 책에서는 '안경'이라는 상품을

통해 정보의 흐름과 순환의 단상을 이해함으로써 명·청시대 중국이
외부와 어떻게 연결되었는지 알아보고자 한다.

다양한 교통과 상업 시스템을 '네트워킹' 하다

이 책의 제목인 《글래시스 로드》는 출판사의 제안에 따른 것으로 '실
크로드'를 통한 동서 교류사의 이해라는 측면에서 기꺼이 수용했다.
특별히 실크로드의 역사에서 도자기와 향료의 길을 복원하고 동서
교류의 실상과 지속성을 확인시켜 준 선행 연구들이 이 책의 기반이
되기도 했다. 다만 13세기 '안경의 길'이 출현할 무렵 유라시아의 교
역 네트워크는 유례 없이 확장되었고, 교통과 상업의 발달 속에 이루
어진 상품과 정보의 교류는 다양한 원료의 공급과 가공, 유통 과정까
지 얽혀 있어 단순히 교역로를 복원하는 것으로는 충분하지 않다.

안경의 제작과 유통 및 소비 역시 마찬가지다. 렌즈의 경우만 하더
라도 질 좋은 원료의 공급, 정보력과 기술력, 효율적인 제작과 유통
방식이 복합적으로 작용하기 때문에 그 유통 경로를 규명하는 것은
교역의 길을 복원하는 것 이상의 의미를 갖고 있다. 안경의 발명과
전파 역시 이러한 혁신이 인류에게 가져다준 선물이 아닐까? 따라서
이 책은 명·청시대 동서교역로의 복원에 그치지 않고 세계화라는
맥락에서 읽혔으면 한다. 그리고 이러한 차원에서 나는 '로드road' 혹
은 '웨이way'라는 개념보다는 '네트워크network'라는 개념을 활용하려
한다.

'네트워크'라는 용어는 다양한 문화권을 통합할 수 있는 교통과

상업 시스템을 설명하는 데 상당히 유용하다. 네트워크 개념의 형성에 대해서는 운송과 교통 방면에서 아바스조가 달성한 혁신에 주목한 야지마 히코이치家島彦一의 연구가 있다. 그에 따르면 서로 다른 문화와 환경, 정체성을 가진 지역을 '이슬람'으로 엮을 수 있었던 것은 운송과 교통 시스템이었다. 아바스조는 역참제도인 바리드barid를 운영해 바그다드를 중심으로 방사형으로 제국 곳곳을 연결하고 동아시아와 아프리카, 인도 각 지역의 정보를 수집했다. 바리드 망의 요지에는 상인들의 숙박, 창고 등이 갖춰져 있어 중개상인, 운송업자들이 집중되었다. 특히 바리드는 육상의 낙타, 말, 라바 등을 이용하는 카라반과 몬순에 기반한 해양 루트를 결합함으로써 장기간에 걸쳐 안전하고 신속하게, 그리고 정기적으로 많은 사람·물자·정보·문화의 이동과 교류를 가능하게 했다. 몬순의 도래와 함께 대규모의 카라반이 규칙적으로 이동했고 내륙의 도시들도 활기를 띠게 되면서 장거리 무역 시스템이 형성된 것이다.

아시아 해항도시들의 연결에서 '네트워크'의 개념을 도입한 것은 《아시아 지중해》의 저자 프랑수아 지푸루François Gipouloux다. 비록 아시아의 바다가 가진 자연환경의 특징 등을 무시했다는 지적이 있긴 하지만 그가 활용한 네트워크의 개념은 도시들이 국가 밖에서 작동하는 법적 기제를 창출할 수 있는 자율 경쟁 상태였음을 강조해 인도양 도시들의 수평적 확장성과 개방성을 적절히 담아냈다.[15]

항구도시 중심의 네트워크의 개념은 조공, 혹은 사여賜與와 같은 의미에 상관없이 보편적으로 이루어진 인도양 교역을 보여주기에 적절하다. 즉, 교역 네트워크는 국가와 문명 단위를 넘어서는 수평적 관계를 설명할 수 있고, 자율적인 무역이 가능했던 도시들을 연결함으로써 교역 공간의 긴밀성과 확장성을 설명할 수 있다.

이외에도 인도와 중국의 교류에 대한 연구로 최근 주목되는 성과를 제출한 탄센 센Tansen Sen 역시 '네트워크와 루트'에 대한 개념을 정리하고 활용했다. 그는 루트와 네트워크에 대해 바다, 강, 산을 포함하는 다양한 지역을 연결하며 그 안에 규칙적인 상품과 사람의 움직임이 있다고 가정한다. 그리고 특히 초지역적 루트에서는 항만, 숙박, 창고, 시장 등 다양한 시설 등이 집중되며 대도시가 출현한다. 또한 이러한 모든 네트워크의 활동 주체는 인간이기 때문에 도시와 도시를 잇는 네트워크 형태 외에도 개인과 개인, 집단과 집단, 국가와 국가 혹은 그것을 섞어내는 모든 형태의 상호작용들을 전부 상정할 수 있다. 탄센 센의 네트워크 개념에서는 특히 초지역적 루트와 배후지 사이에 일어나는 교류에 주목하기 때문에 네트워크가 공간으로 전환되는 방식도 용이하게 설명된다.[16]

루트나 네트워크는 부침이나 변화는 있지만 수세기, 수백 년 동안의 지속적·규칙적인 활동으로 형성되며 기술, 양식, 기호 등에서 공통성을 띠게 된다. 그리고 배후지와 초지역적 네트워크 사이에 일어나는 상거래는 선의 개념을 면과 공간의 개념으로 전환한다. 따라서 서로 다른 문화와 종교, 서로 다른 정치체와 다른 가치관을 가진 집단들 사이에서 나타나는 기술, 양식, 기호의 공통성은 이러한 새로운 면과 공간의 이해를 도울 뿐 아니라 통합적인 문명 공간으로 이해할 수 있는 열쇠가 된다.

이와 같이 네트워크는 제도적·비제도적인 다양한 교역의 형태를 포괄하며 11세기 교통과 운송 시스템의 발달에 따른 대량의 운송과 장거리 교역 시스템의 도입, 그리고 도시와 상업의 발달 정보와 기술의 교류로 인해 일어나는 문화 현상을 담아낸다. 이러한 네트워크 개념은 안경이 제작·운송·소비되기까지 다양한 현상을 포착하며 스타일과 문화들의 형성, 안경의 유통이 곧 세계화의 과정임을 보여줄 수 있기 때문에 중요하다.

특히 안경의 전파와 확산에서 초지역적 교역 네트워크와 배후지의 매듭 혹은 서로 다른 교역 네트워크의 접합부[17]의 구조는 특히 중요한 의미가 있다. 접합부, 매듭에 해당하는 도시들은 몬순, 거리 등의 다양한 원인으로 장거리 교역의 패턴을 충족시키고 서로 다른 문화권역을 연결하는 교역 시장으로서의 조건을 갖추고 있다. 예컨대 콘스탄티노플(이스탄불)·마자파힛·자바·캘리컷·예멘·잔지바르, 그리고 송·원대의 중국 동남 연해의 도시들에서 볼 수 있었으며 내륙 도시인 사마르칸트·헤라트·시라즈의 사례에서도 찾을 수 있다. 또한 이 책의 3부에서 다루고 있는 호르무즈·말라카(믈라카)·하미 등에서도 확인할 수 있다.

인도양을 둘러싼 교역 네트워크의 특징

이슬람이 인도양을 바탕으로 확대된 영역에 구축한 '교역 네트워크'는 개방적·자율적·보편적인 무역을 용인하는 도시들과 결합되었다. 이 네트워크는 누구라도 일정한 관세를 내고 무역에 참여할 수 있었기 때문에 '관대하게' 보이게끔 한다. 인도양은 폐쇄적이거나 배타적이지 않았다. 따라서 인도양의 교역 네트워크는 동남아시아뿐 아니라 동아시아, 아프리카에 이르는 광대한 영역을 연결했고, 이 네트워크에는 다양한 사람이 참여했다. 유럽인은 아시아의 바다에 도착하기도 전에 인도네시아와 동중국해에서 훨씬 잔인한 폭력 사태에 직면하곤 했지만 일단 상황을 수습한 권력자들은 자율적이고 관대했던 인도양의 무역 관습과 체계에서 이탈하지 않았다. 관대한 바다가 아니었다면 바스코 다 가마Vasco da Gama가 인도에서 그렇게 쉽게 무역을 허가받지 못했을 것이다.

지중해와 달리 인도양 교역 네트워크가 도시와 도시, 인간과 인간을 연결하는 개방적·자율적·보편적인 무역 시스템으로 유지됐던 이유는 그 규모 때문일 것이다. 우리가 쉽게 접할 수 있는 포털 사이트 자료에 따르면 지중해의 면적은 296만 9,000제곱킬로미터, 길이 약 4,000킬로미터, 최대 너비 약 1,600킬로미터 정도로 기록되어 있다. 이에 비해 인도양은 부속해를 제외하고도 총 면적이 7,344만 제곱킬로미터, 아프리카 남단에서 오스트레일리아까지 동서 최장 거리는 1만 킬로미터에 달한다. 남반구에 해당하는 지역을 제외한 적도 위쪽만 하더라도 인도양은 지중해보다 세 배 이상 크다. 규모를 고려할 때 지중해와 인도양을 비교하는 것은 설득력이 없다. 우리가 잘 아는 세계 4대 문명 가운데 지중해·이집트 권역 외에도 두 개의 문명권역이 인도양 범주에서 탄생했다. 이 두 권역은 인도양을 공유하면서도 서로 다른 배후지를 연결하며 독자적 권역으로 인정된다. 그리고 그 나머지 하나인 동아시아 일대 역시 10세기 이전 인도양 일대와 교류를 시작했다.

16세기 이후 대항해시대를 연 유럽인은 '베네치아 제국'의 경쟁적이고 배타적인 경영 모델을 아시아의 바다에 적용시켰다. 물론 아시아의 교역 네트워크를 완전히 차단하고 독점하기에 아시아는 너무넓었고, 육상까지 연결하고 있는 교역 네트워크는 거대한 동양의 정치권력들에 의해 장악되어 있었으므로 그렇게 단순한 문제가 아니었다. 18세기 말 영국의 동인도회사가 아시아 교역 네트워크의 주요루트를 강력하게 장악할 때까지 유럽인은 교역 네트워크에서 부분적인 영향력을 가질 수 있었을 뿐이며, 전통적인 아시아의 무역체제에 편입되었다고 볼 수 있다.

인도양의 또 다른 특징은 육상과 해양을 긴밀하게 연결한다는 것이다. 지중해의 고대 문명은 나일강을 제외하고 큰 강의 진로를 따르지 않았는데 예컨대 그리스나 로마는 작은 강을 끼고 있었다. 나일강을 제외하고 전형적인 지중해의 강들은 상대적으로 짧았으며, 계절이 변화할 때마다 영향을 받았다. 이곳의 강들은 대개 강 입구 정도만 항해가 가능할 뿐이었다. 이탈리아의 포강은 매우 비옥한 평야를가지고 있었지만 모래톱 때문에 항해는 불가능했다. 따라서 도시들은 지중해의 복잡한 해안선을 따라 만을 중심으로 발달했고, 문명은자연스럽게 지중해를 중심으로 형성되었다.

반면 인도양은 크고 다양하며 유수량이 풍부한 강들이 단순한 해안선으로 흘러든다. 동아프리카의 잠베지강부터 티그리스-유프라테스강, 인더스강과 그 주변의 강들, 갠지스강과 야무나강, 브라마푸트라강·이라와디강·차오프라야강·메콩강·솔로강, 자바의 브랜타스강과 그 주변에 이르기까지 인도양의 강들은 대개 배후지 깊숙한

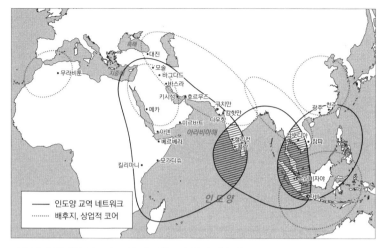

이슬람이 연결한 인도양 교역 네트워크와 핵심 배후지

인도양의 교역 네트워크와 핵심 배후지는 유라시아의 주요 문명권역들을 해양으로 연결하고 계절풍에 의해 통합된 공간을 형성한다.

곳까지 항해가 가능했다. 그리고 인도양 주변의 역사시대 이전의 문명들은 대부분 강 주변의 충적평야나 델타지역에서 형성되었으며 항구는 대개 강의 어귀에 자리 잡고 발달하곤 했다. 일부 강들은 서로 다른 배후지로 연결되었고, 그 문화적 색깔이 현저한 문명권역들을 형성했다. 티그리스-유프라테스강이 아랍·페르시아를 연결한다면 인더스강은 중앙아시아를 연결한다. 갠지스강과 야무나강은 벵골만과 인더스 두 방향으로 뻗어나갈 수 있다. 이라와디강·차오프라야강·메콩강은 중국의 운남과 사천, 광서 방면을 배후지로 두고 자바 일대와 연결되었다. 인도양은 아니지만 동아시아 방면으로는 홍강과 주강이 자바, 참파 등을 통해 인도양으로 연결되었다. 육상교통이 해양보다 훨씬 정확하고 신속하게 정보를 전달할 수 있지만, 내하를 통해 내륙 깊숙이 오갈 수 있었던 배들이 운반하는 상품의 양과 종류는 광범위했으며 규모도 훨씬 컸다. 또한 강을 따라 대규모 인구 이동과 정보의 이동이 가능했다. 19세기 이전까지 유라시아 장거리 교역 네트워크에서 인도양의 위상은 크게 변하지 않았다.

따라서 인도양과 그 네트워크를 설명하는 데 지리결정론은 상당히 유용하며 혹은 필수적인 요소다. 인도를 중심으로 세계사를 구축하고자 시도하는 연구자인 수브라마냠Sanjav Subrahmanyam은 인도양 세계에 대해 지리적인 요소가 갖는 의미를 결코 간과할 수 없다고 지적했다. 그는 종종 문명권역들을 폐쇄적인 독립단위로 설명하는 방식에서 벗어나는 파괴적인 제안을 하는 데 이 지리결정론을 활용했다.[18] 이러한 지리적 요소들은 19세기 이전까지 인도양의 통합 원리이기도 했다. 예컨대 18세기 중반 페르시아만의 쿠웨이트에서 알레포까지 다닌 카라반은 60~70일에 걸쳐 하루에 25~30킬로미터를 이동해 도착하곤 했고 여기 동원된 낙타는 2천 마리에서 3천 마리, 많게는 5천 마리에 이르기도 했다. 인도양의 몬순 항해기에 맞추어 예멘이나 페르시아만의 항구에 편성된 카라반은 낙타 수나 적하 물량의 종류와 수가 더욱 증가했기 때문에 내륙부 여러 도시의 상업 활동도 활기를 띠었다. 더구나 몬순에 의해 지지되었던 인도양의 교역 네트워크는 유라시아의 전쟁과 질병의 충격에서 상대적으로 자유로운 상태였다.

교역 네트워크상의 '인도양'은 일정한 해양을 의미하는 현대의 공간적 개념이 아니고 동중국해에서 아프리카 동해안까지 이르는 역사적인 공간이다. 이 공간의 주인공을 이제 상품과 정보로 상정해보

자. 교역 네트워크에서 전달된 새로운 정보들과 상품들은 끊임없이 교역 네트워크를 자가발전하게 했다. 그리고 안경 역시 이 무대를 누볐던 주인공이었다.

이 책의 구성과 서술 방식

이 책에서 다루는 소재인 유리와 안경은 바로 네트워킹된 공간을 설명하는 증거이자 세계화를 상징하는 메타포이며 세계화를 설명하는 단서로써 접근한다. 즉 유리와 안경이라는 소재를 통해 전근대에 진행되었던 세계화의 맥락을 짚어보고자 한다. 따라서 서술의 방식에서 유리 제작 기술의 발전, 안경의 발명 시기와 안경의 전파 경로, 혹은 전파 시기, 안경이라는 단어의 기원 등 여러 기원에 관한 접근 역시 교역 네트워크를 설명하거나 더 잘 보여줄 수 있도록 의도되었다.

고대 유리 제품의 유통 문제는 교역의 단상을 보여줄 수 있기 때문에 많은 연구자의 관심과 분석의 대상으로 내가 감히 건드릴 수 있는 영역은 아니다. 그럼에도 내가 유리와 안경을 함께 검토한 것은 먼저, 안경의 발달에서 렌즈가 차지하는 비중이 가장 크고, 유리의 발달과 안경 제작은 직접적인 관계가 있기 때문이다. 또 다른 이유는 교역 네트워크의 통시대적인 이해를 위해서다. 유리의 발달은 고대부터 점진적인 세계화의 양상을 보여줄 수 있고 안경 발명 이전의 세계화를 가늠하기 위한 중요한 기준이 된다.

이 책에 필요한 전반적인 이해는 세계화, 세계 시스템, 세계 무역사를 다룬 선행 연구 성과를 따른다. 다만 나는 중국 및 동아시아에 남겨진 자료들을 바탕으로 안경 관련 서술이나 세계화의 단상을 재구성했다. 중국 명대사 연구자인 내가 보기에 세계화 혹은 세계체제라는 주제에서 동서 교류에 관한 동아시아의 방대한 자료들은 아직 많이 다루어지지 않은 편이다. 특히 동아시아 사료에 나타나는 이국적인 상품들에 대한 기록들은 여전히 미개봉 상태다. 안경도 그중의 극히 일부이지만 이러한 이국적 상품들을 끌어내는 단서가 되길 바란다.

1부에서는 안경이 출현하기 이전 중국 문헌 자료에 반영된 유리 관련 자료들을 분석하여 이슬람이 주도하는 교역망의 부상, 아랍 유리가 네트워크상에서 차지하는 이슬람의 기술사적 위상을 검토했다. 이를 통해 각종 광학 지식에서 이슬람의 선진성을 이해하면서도 이것이 인도와 페르시아와의 오랜 교류에 따른 결과임을 강조했다. 그리고 교역 네트워크를 따라 들어온 13세기 유리 제품을 비롯한 상품과 지식에 대한 다양한 기록들은 유라시아의 양 끝에 위치한 유럽과 중국 모두 이슬람 교역의 영향을 받았다는 것을 확인할 수 있을 것이다.

2부에서는 안경이 원대에 전파되었을 가능성을 찾기 위해 육상과 해양의 교역 네트워크의 정보와 상품의 전달 속도에 대해서 검토했다. 10세기 이후 해양에서 계절풍 항해가 가져온 장거리 교역 네트워크 방식은 원이 구축한 교통망에 의해 더욱 확장되었다. 이러한 교통상의 혁신은 유라시아의 공간적 통일성을 부여하는 중요한 요소다. 몬순과 카라반이 연결하는 교역 네트워크에는 다양한 층위의 사람들의 이주와 교류, 그리고 합거가 이루어지며 문화적 공유가 활발했다. 이러한 정황에 대한 이해는 안경이 원대에 이미 동아시아에 전파되었을 가능성을 열어두게 할 것이다.

3부에서는 안경의 어원 문제, 안경의 형태 등 단서를 제시하지만, 그 내용은 명 제국이 인도양 교역 네트워크에 어떻게 연결되어 있었는지에 접근한다. 안경이 육상과 해상으로 유입될 수 있었던 것은 내륙과 해양이 통합적으로 움직이고 있었다는 증거다. 이에 조공 사절이 가져온 조공 품목을 검토해 중국에 조공한 국가들이 육상과 해양의 교역 네트워크에서 차지하는 위상을 이해하면서 명 제국 전기에 중국이 교역 네트워크와 성공적으로 접촉하고 있음을 확인한다. 특히 명대 전기에 있었던 대규모 사절 파견과 조공제도의 운영 방식을 통해 폐쇄적으로 보이는 명이 교역 네트워크에 어떻게 연결될 수 있었는지를 다룬다.

4부에서는 명대에 유입된 안경이 유럽에서 온 안경인지에 대해 서술한다. 명대에 최초로 출현한 안경들 중에는 유럽식 안경이 분명 존재했다. 게다가 대항해시대 이후 유럽식 안경과 광학 지식은 폭넓게 수용되었다. 나는 유럽 안경의 도입을 유라시아와 인도양 일대에 존재하는 장거리 교역 방식의 복원과 이에 기반한 호시의 확대라는 측면, 즉 명의 보편적 무역방식을 수용하는 것에 초점을 맞추어 접근했다. 특히 명 후기 중국이 자체적으로 안경을 제작하게 된 배경을 15세기 중기 이후 조공무역의 쇠퇴로 인한 밀무역의 활성화와 명 후기 조공의 제도적 변형에 주목해, 호시의 확대가 안경의 확산에 중요한 요인이었다는 점을 서술한다. 이를 통해 교역 네트워크상의 상품과 정보가 가져온 파급력을 확인할 수 있을 것이다.

5부에서는 17세기부터 전근대 동아시아의 안경 관련 자료들을 크게 두 가지로 정리해 접근했다. 하나는 중국에서 자체 제작된 수정 렌즈이고 다른 하나는 유럽으로부터 도입된 안경이다. 이 두 가지 안경 문화가 상존하게 된 배경에는 17~18세기 동아시아의 유력한 통상항구로서 광주廣州의 역할을 고려했다. 특히 동아시아에서 대량의 광학 도구들을 사용했음에도 그 기술적 혁신이 쉽지 않았던 이유에 대해, 해양을 중심으로 하는 무역 패러다임의 변화라는 측면에 무게를 두고 접근했다.

　　이와 같이 11세기부터 19세기 전반에 이르기까지 안경과 유리 제작 기술의 발전과 교류를 검토함으로써 인도양 교역 네트워크의 번영과 조락을 비춰보고자 한다.

유리,
동서양 교류의
기원

—

안경 출현 이전의 세계

1장

유리의 흔적들

중국 사료로 본 이슬람 유리의 계승

조지프 니덤Joseph Needham은 중국의 문명사에서 기념비적인 성과물을 낸 연구자다. 국내에는 축약본만이 알려졌지만 그의《중국의 과학과 문명》은 중국의 사상, 철학, 기술 및 과학 방면을 망라한 전체 6권에 달하는 역작이다.[1] 이 저작에서 그는 중국의 과학과 사상 등의 성취가 인류의 발전에 기여한 부분을 강조하면서도 전근대 역사와 문화를 이해할 때 단단하고 고정된 문화적 경계를 내세우곤 했던 우리에게 느슨하고 유연한 경계, 그리고 상호 영향을 주고받는 관계로서 문명사에 접근하도록 이끈다. 예컨대 화약과 인쇄술이 유럽과 중국에서 동시에 발달했다는 당시의 일반론에 대해 몽골시대 중국의 지식과 기술의 전파에 의한 것임을 공언하게 한 것도 그의 성과 가운데 하나다.

이 책에서 니덤이 유리에 대해 쓴 부분은 특별히 주목해볼 만하다. 중국 고대 유리로 분류되는 유리 유물들의 성분 분석 자료에 따르면 중국의 유리는 바륨 성분이 전형적으로 나타나 유럽의 소다-석회 계열, 인도 일대의 칼륨 계열과 뚜렷하게 구분된다. 그러나 니덤은 중국의 유리가 독자적으로 발전했다고 보지 않았으며 이 바륨 성분 역시 중국의 토질 환경에서 자연스럽게 나타난 것으로 중국의 유리 제작 방법도 외부에서 도입된 것이었다고 파악했다. 유리 제작 방법의 도입을 더 확실하게 하는 것은 중국의 유리구슬에서 보이는 잠자리 눈 문양의 제작 기법이다. 이 기술은 유리 제작 기술이 성숙하지 않은 상태였던 중국에서 갑자기 출현한 것이었으며, 서아시아 방면에서 먼저 이 기술이 적용된 게 확인되었기 때문에 중국의 유리 기술이 독자적으로 발전한 것이 아니라는 주장을 뒷받침했다.[2] 물론 중국의 독자적 유리 기술을 주장한 연구들에 의해 반론이 있기도 했지만[3] 18세기까지 중국은 유리 제작 기술에서 열패였던 것은 분명하다.

니덤의 연구 이후 고고학적 성과와 유리에 관한 체계적인 분석이 지속적으로 이루어졌으며 수정된 부분이 있는데 그중 하나가 사산 유리의 특징이다. 대개 유리 문화의 기술적 계보에서 소다-석회 계열의 로만글라스 전통은 사산조글라스로 이어졌다고 파악되어 왔었다. 이것은 사산유리의 독특한 특징으로 여겨지곤 했던 패임무늬 제작 기술이 로만글라스 양식에도 사용되던 방식이었기 때문이다. 그러나 사산유리는 고칼륨-식물 회리의 방식으로 제작된다는 점에서 나트륨 계열의 로만글라스와는 분명 다른 성격을 띤다는 사실이 밝혀졌다.[4]

아랍이 사산을 대체해 페르시아를 장악할 무렵 사산유리 제작 지역을 중심으로 유리 기술은 렌즈의 발명에 이르는 중요한 단계를 밟아가고 있었다. 특히 사산유리의 글라인딩 기술에 주목할 필요가 있다. 사산유리 기형의 독특한 특징은 배 부분에 투명하게 빛이 산란하는 움푹한 무늬인데, 이 무늬는 상하좌우를 서로 깨뜨려서 모가 나게 하는 것으로 6변형을 이룬다. 그것들은 먼저 유리에 조각한 뒤 다시 깨고 갈아서 빛이 산란하게 했는데 이 때문에 멀리에서 이 기물을 바라보면 만화경Kaleidoscope과 같은 무수한 오목면이 서로 반사하고 광채가 나는 시각적 효과를 냈다.[5] 빛이 산란하는 효과를 내는 유리 제작 방법은 사산유리의 특별한 비기였던 것 같다.

고고학 방면에서는 9~10세기 호라산 지방, 특히 니사푸르Nisapur 지방에서 발달된 유리 제작 기술로 직접 유리를 생산했는데 메소포타미아 혹은 중앙아시아 지역과 유사성을 보이는 다양한 형태의 유리 제품들이 제작되었다는 연구[6]도 있다. 이러한 연구들은 중앙아시아 및 이란 일대의 지방이 칼륨 계열의 유리에서 많은 진전이 있었음을 보여주는 것이다.

바륨 계열의 유리가 제작된 고대 중국에서도 나름대로 제작 방법의 기술적 개선이 이루어졌다. 8세기 이후 바륨 성분은 유리 용광로의 온도를 높임으로써 분리될 수 있었다. 그러나 중국에서 제작된 유리는 여전히 불투명했으며 고고학적으로도 다른 지역에 비해 우수했다는 보고를 찾을 수 없다. 조지프 니덤에 따르면 유리 제작에서 고대 중국은 다른 지역의 유리 제품에 견줄 만한 기술을 확보하지 못했다.

그래서 위진남북조시대 중국의 귀족들이 누렸던 유리그릇은 대개 외부에서 수입된 것이었다. 1970년대 허베이河北 정현 정지사 5호탑 터에서 발굴된 다양한 유리그릇들은 송대에 유입된 이슬람 유리그릇들로 알려졌다. 특히 사료에 나온 신비한 유리구슬이나 아름다운 유리 제품들은 대부분 수입품이었다. 중국 사료에 나타난 놀라운 유리 제품들은 모두 어디에서 왔을까? 물론 중국에는 사산조글라스와 로만글라스가 모두 실크로드를 통해 같은 경로로 전입되었기 때문에 사료에서 구분하기 쉽지 않다. 그러나 교역 네트워크를 염두에 두고 중국 사료에 조심스럽게 접근한다면 사산에서 이슬람으로 이어지는 유리 문화의 단서들을 만날 수 있다.

이국적이면서 신비로운 유리 제품들

중국과 유럽이 서로 다른 유리 제작 방법을 따르고 있음은 앞에서 살펴보았지만《한서漢書》에 따르면 로마에서 생산되는 유리 외에 또 다른 계열의 유리가 중국에 수입되었던 것으로 보인다. 기록에 따르면 대진, 즉 로마에서 백색·흑색·황색·청색·녹색·옥색·감색·홍색·자색 등 10여 종의 유리가 만들어졌지만 이와는 구별되는 청색의 유리가 계빈(간다라)에서 유입되었다. 이 청색의 유리는 흔하지 않은 것으로 자연에서 가져왔으며, 빛깔과 윤기가 다른 옥석들을 능가하고 그 빛이 변한다고 하여 우리의 주목을 끈다.[7]《한서》에서는 청색의 옥석과 같은 유리를 벽유리璧流離[8]라고도 했는데 위진남북조시대의 기록에서 벽유리는 계빈국에서 난다고 했으니 계빈국에서 나는 청색의 유리는 중국에서 벽유리라는 이름으로 통했던 것으로 보인다.

중국의 기록을 좀 더 살펴보면 기원전 2세기 무렵《회남자淮南子》에는 빛이 찬란한 '수후隋侯의 주珠'가 언급되기도 했고[9]《논형論衡》에서도 도인들이 "다섯 가지의 돌"을 녹여 태운 오색의 옥이 진짜 옥과 같다고 기록되기도 했다.[10] 중국의 전통적인 유리가 불투명한 납유리인 것을 감안하면 영롱하고 찬란한 이 특별한 구슬은 중국의 불투명 유리와 다른 종류라는 것을 알 수 있다. 이러한 유리 제작 방법은 중국에서 전유한 기술은 아니었고 외부로부터 유입된 것이다.

이국적 유리에 대한 기록은《위서魏書》의〈서역전西域傳〉에서도 볼 수 있다. 세조世祖, 즉 탁발도拓拔燾가 대월씨大月氏 사람에게 오색의 유리구슬을 제작하게 했는데 "광택이 서방에서 오는 것보다 나았다"고 기록하고 있어서 유럽의 유리와 구별하는 태도가 감지된다. 갈홍葛洪은 외국에서 제작된 '수정완水精椀'이 실은 다섯 종의 재료로 제작되어 수정의 옥석류와 다르다고 기록했다.[11] '수후의 주'는 구형의 유리로 보이지만 그 모양과 기능은 분명하지 않다. 다만 위의 사료에서 보이는 다섯 가지 재료, 오색의 유리, 회리의 방식으로 설명되는 유리 기술은 중국에서 매우 특별하게 취급되었던 이국적 기술이었다. 그리고 대월씨, 즉 서북 인도와 중앙아시아로 이어지는 언저리에서 높은 수준의 유리 기술을 확보했다는 것을 유추할 수 있다.

한편 남북조시대에 쓰인 '화주火珠'라는 유리 제품에 대한 기록도 흥미롭다.

화주라는 것이 있는데 크기는 거위알과 같다. 보기에는 얼음과 같으나 손에 넣으면 가볍고 월광이 손바닥에 비추는 것 같다. 밤에 보아도 또한 그러하니 화주를 대낮에 해를 향하게 하고 쑥과 같은 것을 그 아래에 받치면 잠시 뒤에 광화가 구슬 안으로부터 곧게 내려가 녹녹하게 되어(마르게 되어) 집의 처마와 같이 (빛이 모여 떨어져) 아래의 물건에 갑자기 연기가 나고 불이 나서 타게 되니 양수의 불을 취함과 같다.[12]

위에서 말하는 화주는 '거위알'과 같은 구형의 형태로 불을 붙이는 데 사용할 수 있었다. 특히 손에 넣으면 가볍다는 것으로 보아 이것은 수정과 같은 자연석이 아닐 가능성이 크다. 그런데 남북조시대에 기록된 화주는 은장국隱章國에서 나는 것으로 사조국斯調國을 거쳐 중국으로 수입되었다고 한다. 사조국의 위치는 스리랑카라고 보기도 하지만 자바 일대에 있다고 보는 것이 적절하다.[13] 또한 화주를 생산하는 은장국은 사조국에서 3~4만 리 떨어져 있으며 그곳에 가는 사람들이 매우 드물고, 사조국 사람들만이 사선蛇船을 타고 가야 하는 곳으로 이 나라에는 구릉에 수전水田이 있다고 한 표현도 주목된다.[14] 은장국에 대한 지리적 고증은 좀 더 진행되어야 할 부분이지만 이라와디강, 메콩강 인접 지역과 벵골국이 남조국 등 운남 지역과 연결 가능했던 환경을 고려할 때 남조국을 지칭할 가능성이 높다.

이와 같이 이국의 유리 제품들은 중국 사료에 다양하게 비춰진다. 이 유리 제품들이 수입되었던 곳도 로마 등 지중해 방면과, 중앙아시아 방면, 그리고 운남에서 자바로 이어지는 벵골 방면 등 다양하다. 그리고 이러한 유리 기사 중에는 특별한 유리 제품도 보인다.

중국의 불교 관련 기록물인 승우僧祐의 《석가보釋迦譜》에는 "파려경의 8만 4천여 천녀天女가 파순波旬을 보니 그의 몸이 나무에 불 붙는 듯[15]이라는 구절이 있다. 이 구절은 불교에서 종종 천녀들이 수천 개의 모습으로 악마를 깨우치는 모습을 만화경의 오목면이 무수하게 상을 만들어 낸 것에 비유한 것이다. 렌즈면을 활용해 유리 제품을 제작했던 기술을 떠올릴 때 파려 혹은 파려경은 사산유리 계열 혹은 이슬람유리로 계승된 유리 제품에 붙여진 명칭일 것이다. 10세기 이후 인도양 교역이 더욱 확대되자 동아시아에는 새로운 종류의 유리, 특히 사산조페르시아로부터 계승된 이슬람 유리 제품이 대량으로 도입되었고, 파리玻璃는 유리의 대명사가 되었다. 우리에게 각인된 유리의 이미지는 이슬람유리의 보급으로 고정되어간 듯하다.

아랍의 유리 제작 기술이 뛰어난 이유

고전적 렌즈 혹은 안경을 제작할 때 활용되었다는 '수정렌즈'는 일상용품으로 보급되기까지 무척 험난했다. 알하젠Alhazen의 빛나는 광학 이론의 성과가 안경 제작이라는 실용 단계까지 이르기 위해서는 무엇보다 유리의 발전과 활용이 가능해야 했다. 안경을 만들 수 있는 렌즈를 제작하려면 비교적 저렴한 투명 유리가 보급되어야 한다. 하지만 투명도를 높인 유리 기술은 14세기 내내 베네치아에 보급되지 않았다.[16]

송대에 각 해외의 기록을 담은 《제번지諸蕃志》의 다음 기록은 아랍 유리의 특징을 보여준다.

유리는 대식(아랍) 제국에서 생산되는데 열을 가해 만드는 방법은 중국과 같이 그 방법에 납, 초석, 석고(석회질)를 써서 만든다. 그러나 대식은 납붕사를 첨가해 윤기 있고 균열이 없으며, 열과 냉기에 강해 끓는 물에서 깨지지 않아 중국의 것보다 귀하다.[17]

위의 기록은 당시 송에 수입되거나 조공으로 바쳐졌던 아랍유리에 관해 초석을 활용한 칼륨 계열의 유리에 석회질을 활용하고 있음을 보여준다. 그리고 아랍유리가 월등하게 품질이 좋았던 것은 붕사 Borax를 사용했기 때문이라고 한다. 붕사는 라틴어 'Boraium'의 음사인 봉사蓬砂·분사盆砂·붕사鵬砂 등의 이름으로 알려졌는데 무색투명하며 분말, 흙 혹은 패각의 형태로 붕산납을 함유한다. 붕사는 중국의 청해 차이담 분지 일대의 염호에서 다량 채취되었다.[18] 이에 대해 붕사의 어원이 티베트어에서 기원한다는 주장이 있다.[19] 자연 상태의 붕사 결정을 쉽게 접할 수 있었던 티베트에서 붕사의 어원을 찾는 것은 그리 이상해 보이지 않는다.

8세기경 아랍의 연금술사로 알려진 게베르Geber는 자신의 책에 붕소에 대해 '보라크'라고 일컬으며 융제로 사용할 수 있다고 했다. 아랍의 연금술사들은 대개 티베트에서 붕사를 수입했다.[20] 위의《제번지》의 내용을 인용한다면 붕사를 가장 많이 생산할 수 있는 여건은 티베트에 있었지만 붕사를 적극적으로 유리 제작에 활용하고 이를 상품화한 것은 아랍 쪽이었던 것으로 보인다. 붕사는 유리의 강도를 높이고 내열성을 좋게 하는 성분으로, 아랍에서는 일찍이 붕사를 유리 제작에 활용하는 방법을 터득했다.

8세기 아바스조의 성장과 해양 교역 네트워크
아바스는 육상으로 내륙아시아를 통제하에 두어 초원과 내륙 루트(음영 부분)를 확보했을
뿐 아니라, 아프리카·인도·동남아시아·동아시아까지 연결하는 해양 루트(실선과 점선)를
확보하여 상업적 번영을 누렸다.

이에 대해서는 아랍의 저명한 철학자이자 천문학자였던 알비루니
Abu Rayhan al-Biruni에게 아랍의 유리를 제작하는 방법을 살짝 엿볼 수
있다.

붕사가 첨가된 모래에서 물질이 축적되고 투명해지며 점진적으로 경
화될 때까지 불에 며칠 동안 가열한다. 내 생각에는 비록 이것이 추측
이며 확실한 것은 아니지만 모래에 알갱이 형태의 다양한 보석이 있다
고 생각한다. 자세히 보면 검은색, 붉은색, 흰색 및 투명한 결정 입자가
있다.[21]

알비루니는 모래와 붕사의 혼합물을 오래 가열해 유리 원료를 만드는 과정을 위와 같이 간단하게 정리했다. 이것은 아랍에서 오랫동안 붕사를 활용해 유리를 제작했다는 것을 보여준다. 알비루니는 수정과 유리에 대해 생성, 유용성, 성질 등 다양한 방면에서 비교를 시도했는데, 특히 "투명성에서 유리에 흠과 기포가 없다면 크리스털 조각과 크게 다르지 않다"고 했다.[22] 그는 붕사를 활용한 아랍 유리와 암석 크리스털과의 차이점에 대해 오히려 유리가 더 균질한 상태의 재질을 구현할 수 있다고 기록하기도 했다. 알비루니의 기록을 주목해야 하는 것은 그가 인도의 천문학 등을 아랍에 소개한 대표적인 학자이며, 아랍의 붕사 관련 지식이 인도에서 확보되었을 가능성을 보여주기 때문이다. 티베트와 인도는 지리적으로 가까웠고 벵골 안쪽의 교역로에서 왕래가 가능했다. 또한 지금까지 인도·운남·중앙아시아에서 발굴된 고대 유리 제품들이 같은 계열이라는 보고서도 참고할 필요가 있다.[23]

붕사는 당대唐代 사료에서 대부분 기침 등에 처방하는 약재로 취급되었다.[24] 하지만 티베트의 붕사가 중국에 들어와 유리 제작에 활용됐을 가능성도 없지는 않다. 당대 연단서《금화옥액대단金華玉液大丹》에서는 '유리약琉璃藥'의 제작법에 대해 연황화(산화납)와 초석, 붕사를 태워 만든다고 되어 있다. '유리약'은 광택을 내기 위한 것으로 당시 유약 혹은 유리 제품을 만드는 데 붕사가 사용되었음을 보여주는 기록이다.

이에 대해 아랍의 유리가 뛰어났던 것은 붕사 때문이 아니라 배합, 열을 가하는 방법 등에서 더 나았기 때문이었다는 연구도 있다.[25] 사실 파리가 유리의 대명사가 된 것에 대해 표면 절개술을 통한 화려한 문양[26] 등을 언급하기도 하지만 기술사적 측면에서 봉사를 가한 유리는 내열성, 내구성이 증가하므로 유리 제작에서 특별한 진보를 이뤘다고 볼 수도 있다. 봉사가 유리 제작에 어떻게 활용되었는지 더 많은 역사적 증거들을 수집해야 하지만 중세 이슬람에서 충격에 강하고 뜨거운 음료를 담아도 균열이 쉽게 가지 않는 특별한 유리 제품의 선호도가 높았던 것은 분명하다. 내구성이 강화된 유리 제작이 가능해진 아랍은 아름다운 유리 제품의 제작지 혹은 원산지로서 널리 알려졌다. 그리고 내구성이 강한 유리의 활용은 일상적으로 활용되는 안경 제작에서 매우 중요하다는 점도 강조하고 싶다.

랑간 혹은 파리의 연관성

이슬람유리가 인도양에서 지명도를 높일 무렵 중국 사료에서는 인공으로 제조되는 보석과 기명에 활용되었던 '랑간' 혹은 '파리'라는 유리 이름을 확인할 수 있다. 이 이름들은 특히 불교 관련 문헌에서 고대부터 잘 알려진 주요 보석들과 나란히 열거되곤 했다. 불교 문헌에서 보석 이름들이 자주 등장하는 이유는 석가모니의 존재가 빛나고 귀한 존재이므로 이를 구현하는 방식이 바로 찬란한 보석이었기 때문이다.

송대의 기록 중에는 석가모니의 화엄을 구현하는 7보, 즉 금·은·유리주·차거옥·랑간·마노·산호에 대한 언급이 있다.[27] 그런데 송대의 더 많은 자료에서는 불경 7보 가운데 랑간 대신 파리를 언급한다.《등

류본초證類本草》에서도 불경에서 상위의 보석으로 금·은·유리·차거·마노·파려·진주를 꼽는다.[28] 대체로 불경의 7보에는 산호와 호박이 들기도 하며 유리만 그 안에 들기도 하지만 대개 유리와 파리는 함께 거론되었다.

《방주집方洲集》에서 유리와 랑간이,《증류본초》에서 랑간 대신 파리가 유리와 함께 불경의 보물로 언급된 것은 랑간과 파리가 계승 관계가 있거나 혹은 양자를 유관하게 보았다는 것을 알 수 있다. 즉, 문헌에서 유리와 파리는 서로 다른 종류의 보석이지만 랑간과 파리는 연관성이 있다. 그리고 후에 파리를 더 많이 언급한 것은 뒤에 파리라는 이름의 유리가 더 귀하거나 잘 알려졌기 때문일 것이다.

문헌상 파리라는 명칭은《위서魏書》에서도 확인되는데 파려 혹은 파리라는 명칭이 혼용되었다.[29] 파려는 '서국의 보물', '서국의 옥'이라고 칭했으며 당 태종 때 불름(로마)의 왕이 바친 것[30]이라고 했으므로 외부에서 유입되었음을 알 수 있다. 이 종류의 유리는 대개 '밝고 투명성이 있는[明徹]'것으로 기록되었다. 파리라는 이름은 오대를 지나 송대에 이르면 사료에 빈번하게 등장한다. 파리는 대개 흙이나 돌을 불에 녹여 인공적으로 제작된 것이라는 점에서 천연 재료에 대한 명칭이었던 암석수정과는 다르다. 송대 중국에서는 몇 가지 종류의 유리와 수정이 제작되거나 유통된 것으로 보이는데 그 갈래와 종류를 구분하기 어렵다. 상당수의 사료에서는 용어를 쓸 때 명확한 기준을 두고 기술하지 않은 것도 많다. 유리의 종류와 갈래를 이해하는 데는 다음 청대의 문장이 도움이 된다.

천년의 얼음이 수정이 되며 성질이 견고하지만 무르다. 칼로 긁어도 색이 변하지 않고 희기가 맑은 샘과 같다. 흠결이 없는 것을 좋은 것으로 여기는데 외국의 수정이 가장 좋다. 남수정은 희고 북수정은 검고 신주信州의 수정은 탁하다. 모두 기명의 귀한 재료이다. 다만 연화㼾花한 것은 반드시 홈이 있다. 가수정은 약을 사용해 구워 이루어진 것이다. 색은 암청이나 기안(기포)이 있으며 또한 백색·황청색이 있다. 다만 깨끗하지는 않고 밝게 빛나는 것을 초자硝子라고 한다. 파려는 남번에서 나니 주색, 자색, 백색이 있어 수정의 기명 뒤에 대부분 굴리면서 (생기는) 두 개의 화아花兒가 있다. 그 약이 구워진 것은 손에 들 때 가볍고 기안(기포)이 있으며 눈으로 보기에는 유리와 같다.[31]

위의 기록은 비록 청대의 문장이지만 원·명대부터 내려온 천연 수정이나 유리와 파리에 관한 기록들을 종합한 것이다. 유리와 파리의 공통점은 가열의 과정이다. 또한 이 자료에서 파리의 생산지가 남번이라고 명확히 하고 있는 점도 주목된다. 남번은 해양에서 오는 여러 지역의 상인들에 대해 모두 남번이라고 칭하기도 했지만 대개 무슬림 상인들에 대한 총칭이었다.[32] 특히 바그다드, 가즈니 등지에서 나는 연마 유리 제품은 12세기 무렵부터 유명했으니[33] 이슬람 유리 제품의 유명세가 명·청시대까지 이어진 것이다.

위의 사료에 따르면 중국에는 유리의 또 다른 명칭으로 초자가 있었다. 초자가 유리를 뜻하게 된 것은 중국에서 유리를 제작할 때 초석의 비율이 높았기 때문인 것 같다. 1388년부터 가수정에 대해 이것을 초자라고 일컬은 예가 있으며, 명대의 의약학자이자 박물학자

인 이시진李時珍도 '가수정'을 초자라고 칭하기도 했는데 모두 유리의 별명이라고 기록했다. 중국에서 유리 문화를 받아들인 일본에서는 유리를 여전히 '쇼시しょうし(硝子)'라고 발음한다.

파리에 대해서 명대 사료에서는 다음과 같이 설명했다.

파리는 파려破瓈라고 한다. 파려는 국명이다. 영롱하기가 물과 같고 그 견고하기는 옥과 같기 때문에 수옥이라고도 하고 수정과 같은 이름으로 쓰인다. 파리는 서국西國의 보물로 옥석의 종류인데 흙에서 난다. 혹 천년의 얼음이 변한 것이라고도 하는데 반드시 그런 것 같지는 않다. 파리는 남번에서 나니 주색·자색·백색으로 투명하기가 수정과 같고 (중략) 여러 단가舟家가 또한 사용하는데 약재를 태워 만든 것이 있으니 기안氣眼이 있고 가볍다.[34]

위의 사료들을 통해 파리로 알려진 유리 제품의 성질과 제작 방법, 그리고 그것의 산지를 종합한다면 파리는 대개 이슬람 방면에서 제작된 유리였다고 보이며 약재를 사용해 회리 처리를 한 것도 있었다.

파리는 유리나 초석과 종종 혼용되기도 했지만 송대 이후 아랍에서 '파리' 제품이 대량 유입되면서 아랍에서 제작된 유리 제품에 대한 명칭으로 쓰이기 시작했다. 현재 중국에서는 파리라는 명칭으로 유리를 통칭하는데, 이것은 현대 중국 유리 제품의 연원이 아랍임을 보여준다.

위의 사료에서 특히 주목할 부분은 파리가 당시 수옥이나 수정과 같은 이름으로 취급된 점이다. 이것은 당시 아랍 유리의 질적 수준을 말해준다. 앞서《포박자》에서 인용한 '수정완'이 유리 제품임을 분명히 알 수 있으니 어쨌건 수정은 단지 천연의 옥만을 가리키는 것이 아니라 대개 아랍 혹은 페르시아에서 제작된 유리 제품을 일컫는다는 점이다. 이것은 유리 제작 분야에서 이슬람이 거둔 성취를 반영한다.

'파리'와 '브릴러', 어원의 유사성

파려, 혹은 파리라는 명칭을 먼저 사용했던 중국, 이슬람 일대에서 이 명칭은 어떻게 유래되었을까?《제번지》를 해석했던 양박문楊博文은 '파리'가 산스크리트어 'Vaidurya' 혹은 팔리어 'Velurya'의 음사로 청색의 보물을 가리킨다고 했다. 또한 그는 아랍어 'Biluur' 혹은 'Ballur', 영어 'Beryl'이 원래 녹주석 원석을 가리켰으나 뒤에 인공 유리인 파리에 대한 명칭이 되었다고 한다.[35] 이에 따르면 중국에서 상당히 오랜 시간 동안 중요한 보물로 언급되었던 파려·파리라는 투명성 높은 유리는 그리스어 혹은 산스크리트어에서 청색의 보물을 가리키는 말에서 유래한 것으로 보인다.

　독일어로 안경알 혹은 안경을 의미하는 '브릴러brille'라는 단어는 그리스어 '베릴로스Beryllos', 아랍어 '빌러Billur(水晶)', 혹은 힌디어 '발렁르Balungr' 및 '베릴Beryl'이라는 말에서 파생된 것이라고 한다.[36] 베릴로스 혹은 베릴은 원소 기호 4번 베릴륨의 원석으로, 녹주석 그룹에 속하는 변종 중 에메랄드 녹색과 아콰마린 청색을 제외한 모든 녹주석 변종 암석들을 가리킨다. '브릴러'가 이 광물 이름에서 유래된 것은 초기 무색의 베릴로 안경알이 제작되었기 때문이었다. 이에 따르면 파리와 브릴러의 어원은 모두 녹주석 보석 이름에서 비롯된 것이다. 그리고 안경 제작 초기, 유럽에서는 유리, 수정, 그리고 가수정 crystalum으로 제작했다고 하니 억측은 아니다.

그런데 브릴러는 유리의 또 다른 이름이기도 했다. 15세기 유리공업이 발달했던 바르셀로나는 '바릴라barilla'라고 하는 유럽에서 가장 좋은 석회-소다재 유리를 만들었던 것으로 알려져 있었다. 그리고 이 유리는 베네치아 등지에 안경 제작용으로 수출되었다. 당시 바릴라보다 소다재 유리를 만드는 데 더 우수한 기술을 가진 지역은 시리아였다.[37] 위의 사실은 아랍에서 축적된 유리 제조 기술이 스페인·독일의 유리 제조업의 발전으로 이어졌으며 이 특별한 유리가 안경 제작에 활용되면서 안경 문화를 주도했다는 것을 짐작하게 한다. 그리고 그 유리의 이름 역시 버릴Beryl이라는 녹주석 보석에서 유래했다. 제작 방법을 모르는 상인들의 입장에서 생각해보라. 투명도 높고 아름다운 유리가 수입되었을 때 수정을 만들 때 사용된 보석 이름을 떠올렸을 것이다.

다만 한 가지, 이 파리와 브릴러가 붕사가 활용된 유리 제품의 명칭에서 유래했을 가능성도 있다. 힌디어에서 붕사는 'bolikris'라고 발음하는데 'boli-kris(결정)'이라는 의미로 구분해볼 수 있다. 페르시아어의 붕사는 '보뤼[būre]'로 발음한다. 이것은 중국에서 명명된 파리, 파려라는 단어가 인도와 페르시아 일대의 붕사라는 단어에서 유래했을 가능성을 시사한다.[38]

정리하자면 독일어 브릴러, 바르셀로나의 바릴라가 단순히 수정으로부터 기원한 것이 아니라 투명도 등이 향상된 '수정'에 견주어지는 특별한 유리의 도입에서 비롯될 수 있음을 보여준다. 대개 이름을 만들 때는 기술을 보급한 지역에서 사용된 이름과 기술, 원료 등이 반영되기 마련이다. 인도·페르시아에서 유리 제작 방법과 원료를 도입하고 유럽의 제조 방법을 응용한 아랍의 유리 제품은 강도와 내구성에서 로만글라스보다 우수했다. 중국에서 수옥, 수정, 가수정으로 불렸던 아랍의 유리는 서양에서도 종종 크리스털과 비교되면서 특별한 우위를 점했고 안경의 제작에도 활용되었다. '브릴러'와 '바릴라'는 모두 인도양에서 학습된 중세적 어휘라고 할 수 있다. 사료에서 베릴이라는 단어가 나오면 신중해져야 한다. 대개 14세기를 지나면 베릴은 수정이 아니라 우수한 유리일 가능성이 크다.

덧붙이자면 아랍이 중세 유리 분야에서 일군 성취는 인도·티베트, 페르시아 방면과의 교류에서 온 것이 분명하다. 벵골만 안쪽의 강들이 고대로부터 차마고도로 알려진 티베트와의 육상교통로를 연결한다는 점도 기억할 필요가 있다. 티베트의 보석인 슬슬瑟瑟도 빼놓을 수 없다. 티베트에서는 남녀가 모두 목걸이를 만들어 걸었으며, 특히 여인들은 변발에 슬슬 목걸이로 치장한다고 기록되어 있을 만큼 흔했다. 그러나 슬슬이 다른 지역에서도 흔한 것은 아니었고 중국에서는 페르시아의 보석 중 하나로 알려지며 무척 귀하게 유통되었다. 또한 '슬슬'은 푸른 하늘과 나무의 빛깔을 형용하는 대표적인 용어로 시구에 자주 등장하기 때문에 푸른빛을 띠는 유리구슬로 추측된다.

아주 드물지만 인공 청금석의 사용은 고대의 유물들에서 확인된다. 중국에서도 '벽碧', '청淸'을 낱말의 머리에 사용하는 아름다운 보석들을 무척 귀하게 여겼다. 슬슬도 어쩌면 페르시아와 티베트 사이의 기술적 컬래버레이션인지 모른다.[39] 그리고 시리아와 아랍 방면에서 회리 방식의 맑고 투명성이 돋보이면서도 내구성이 강화된 높은 수준의 유리를 선보일 수 있었던 것은 다양한 문화권역으로부터 유리 정보를 입수할 수 있었기 때문이다.

1부 | 유리, 동서양 교류의 기원: 안경 출현 이전의 세계

2장

혁신을 가져온 장거리 교역 시스템

7세기 이전의 교역 네트워크

교역 네트워크의 통합은 약 기원전 5세기부터 점진적으로 이루어졌다. 갠지스강 지역의 도시의 성장과 경제적 확장, 페르시아 아케메니아의 형성, 그리고 기원전 1천 년 후반, 알렉산더Alexander의 마케도니아 정복은 유라시아의 상업 네트워크 통합과 몇몇 새로운 네트워크의 성립을 촉진시켰다. 결정적으로는 오스트로네시아인이 계절풍을 활용해 해양 지역의 상품 유통에 기여했으며, 쿠샨 왕조의 성립과 함께 육로를 통해 남아시아와 중국 황하 계곡 지역 간의 연결이 긴밀해진 것과 깊은 관련이 있다. 한 제국의 중앙아시아 수비대에서 장거리 실크 무역이 시작된 것도 이 시기였다. 이러한 순환은 실크와 같은 단일 상품으로 접근하면 더욱 쉽게 이해할 수 있다. 특히 몽골 북부 지역의 노인울라 고분과 러시아 남부 알타이 계곡의 파지리크 유적,

그리고 오아시스로 등에서 발견된 비단 조각과 의복들은 이러한 교역 네트워크를 증명한다.

기원전·후부터 6세기까지 인도양 세계의 중심은 한 제국, 쿠샨, 사타바하나 왕조, 파르티아, 사산조페르시아, 로마 등이었다. 특히 기원전·후 시기 유라시아의 서쪽은 로마가 주도하고 있었다면 동쪽은 한 제국이 있었다. 그리고 양쪽 제국의 중간에 있었던 파르티아는 중계무역을 통해 막대한 수익을 올렸다.

이 무렵 실크로드의 개척에서 눈에 띄는 성과는 한이 육상로를 개척해 동서 간의 교역이 활발해진 것이다. 당시 중국에서 볼 때 '서역'으로 알려진 지역은 타림분지에 해당되었지만 장건張騫의 서역 파견과 반초班超의 서역 경영으로 점차 파르티아, 쿠샨, 강거, 대원 등 서투르케스탄을 확인하게 되면서 서역의 범위는 더욱 확대되었다. 또한 감영甘英을 파견해 로마와 직접 통교를 시도하여 지중해 연안의 시리아까지 지리적 이해를 확장하기도 했다.

이 시기 네트워크상의 또 다른 성과는 해양 실크로드의 부상이다. 로마와 한 제국 간의 교역의 필요성은 로마의 비단 수요가 급증하면서 더 절실해졌다. 로마인은 한의 물산을 확보하는 방법을 모색해 파르티아를 우회하는 교역을 시도했는데 그 우회로가 무지리스를 통한 바닷길이었다. 바닷길은 기원전 4세기 후반 알렉산더의 부장 네아르코스Nearchos가 페르시아만에서 홍해까지 연해로로 내항했다는 기록도 있지만, 1세기 무렵에는 계절풍을 이용해 외해로 항해할 수 있게 되었다.

인도양에서 주기적으로 부는 동남계절풍은 이 계절풍을 알려준 히팔루스의 이름을 따서 '히팔루스 계절풍'이라고 명명되었다. 이 계

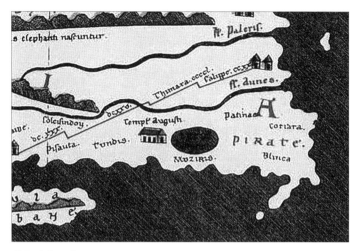

옛 무지리스 지도

해양 실크로드가 부상하면서 로마는 한의 물산을 확보하기 위해 파르티아를 우회하는 교역을 시도했는데, 그 우회로가 무지리스를 통한 바닷길이었다.

절풍을 이용하면서 로마 상인들은 적대관계에 있는 파르티아의 영내를 통과하지 않고 해로로 홍해 입구에서 인도양을 횡단해 인도 서해안의 바리가자Barygaza항港이나 인더스강 하구까지 직항할 수 있었다. 이러한 무역의 실상은《에리트라이해 항해기》에 남아 있다.

최근 교역로 곳곳에서 발굴된 유리 제품 역시 네트워크 순환의 증거로서 부족하지는 않다. 중국의 낙양洛陽 영녕사永寧寺의 칼륨 계열 유리, 아프가니스탄에서 오아시스로, 초원로로 연결되는 곳곳에서 발견된 로만글라스, 아프리카의 해안과 내지에서 출토된 칼륨 계열의 유리, 중국에서 자체 제작한 것으로 보이는 사산유리 등은 유리 제품과 기술이 교역로를 따라 순환한 것처럼 보이게 한다. 일정 지역을 대표하거나 환경을 반영하는 특별한 기술들과 상품들은 다른 지역에서 환영받았다. 이러한 상품과 기술의 확산에서 육상과 해양의 교역 루트는 뚜렷하게 구별되지 않고 다중적인 교역 네트워크를 형성했다.

이 무렵의 해상 교역 네트워크를 입증하는 유리 관련 유적은 중국 안후이安徽 당도當塗의 옛 무덤에서 출토된 로만글라스 파편들이다. 페르시아만에서 인도양을 거쳐 베트남을 경유해 유입된 것으로 보이는 이 유물들은 중국 남방의 원양항선이 한 제국 시대에 이어 육조 시기까지 열려 있었던 근거로써 해석된다.[40] 프톨레마이오스의 《지리지》에는 소수의 로마 상인들이 해로를 따라 교지에 이르렀다고 하며 이들이 사절을 칭해 해로를 따라 동한, 동오, 서진의 수도에 이르러 조공했다는 기록도 있다. 이러한 기록들은 기원후 1~2세기 무렵 인도양의 서쪽 끝인 홍해로부터 중국해에 이르는 길까지 직항이 가능했음을 짐작하게 한다.

이러한 육상과 해상의 상품의 순환은 단일한 상인 조직이나 커뮤니티가 주도하는 장거리 교역에 따라 파악되기도 한다. 대표적으로 소그드 상인들의 활동 범주에 관한 정밀한 분석에 따르면 한과 교류하며 성장하기 시작한 소그드 상인들의 네트워크는 4세기 무렵에는 남아시아와 중국 사이의 육상과 해상 루트를 모두 지배했다고 보고되었다.[41] 이러한 결론은 인더스 상류에서 발견된 소그드어와 산스크리트어 비문에 남겨진 소그드 상인들의 상업 활동 기록이 근거다. 또한 중국으로 이주한 소그드 공동체에 속한 사람들의 무덤과 무덤 비석, 그리고 광주 일대에서 정착해 세거한 강씨 일가들과 힌두교 사원

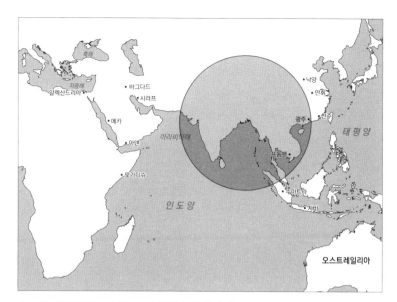

4~8세기 '소그드 디아스포라'와 주요 활동 근거지

실선으로 된 원형은 소그드인의 주요 활동 근거지이며, 음영 부분은 소그드의 활동 범위를
의미한다. 소그드인의 흔적은 중국, 일본, 한반도 곳곳에서도 확인된다.

들의 존재 등 광범위한 영역에서 발견된 흔적도 이러한 결론을 뒷받
침한다.

소그드 상인들은 외국 땅에 정착해 여러 아시아 지역을 연결하며
체류 무역업자, 운송업자들과 연합하고 주요 커뮤니티와 협상했다.
이러한 소그드인의 광범위한 교역 네트워크에 대해 일각에서는 "소
그드인의 무역 디아스포라trade diasporas"라고 일컫기도 했다.[42] '무역
디아스포라'는 상인들이 자신의 고향 공동체에서 떠나 외곽이나 다
른 지역의 공동체에서 살아가면서 해당 지역의 언어, 관습, 상업 관행
을 학습한 뒤 이문화 중개인 역할을 하며 자신의 출신지와 정착지 간

의 무역을 장려한다. 또한 전후로 이주해온 자들은 함께 정착지를 설정하고 점차 다른 지역의 무역 정착지들과 상업 공동체의 네트워크를 만들어 냈다.[43] '소그드인의 무역 디아스포라'는 소그드인이 육상뿐 아니라 해양까지 소그드인의 교역 망을 확장했다는 점이 강조된다. 누란 등 오아시스로 등지에서 발굴된 소그드어 문서들과 고고학적 증거들은 4세기부터 8세기 중반 소그드 상인이 인도와 중앙아시아, 그리고 중국 사이의 삼각 무역에서 주요 담당자라는 사실을 보여준다.[44]

그럼에도 해양의 교역 네트워크에 대해 총체적으로 말하자면 일부 지역에서는 제한적으로 기능했고 로마 상인들이 직접 중국에 이르는 일도 매우 드문 사례였다. 더욱이 이 로마 사절들이 조공품으로 바친 것은 대개 동남아시아산 물건들이었으며 로마산 제품이 아니었다. 또한 3세기 이후 로마 제국은 정치적·경제적 위기로 인해 장거리 항해가 쇠락했으므로 로마 상인들이 직접 도항해 중국에 가지는 않았을 것이다. 본격적으로 페르시아 상인들이 중국의 남방 무역에 진입하기 시작한 것은 7세기 중엽부터인데 그 이전까지 로마의 상인들이 동남아시아에서 어떠한 상업적 조직을 갖고 있었다고 보기는 어렵다. 로마 상인의 활동기로부터 남조·수·당시대 페르시아 상인의 남중국 활동에 이르는 시기까지는 일정한 간극이 나타난다.

1~2세기 로마와 한의 직접 접촉은 매우 드문 사례였다. 세계의 조선 기술과 항해 기술이 당 제국 시기 전 혹은 이슬람의 흥기 전인 7세기 이전까지 충분히 발전했다고 보기는 어렵다. 5세기 전후 계절풍을 이용한 장거리 항해를 이해할 수는 있었지만 법현의 항해 기록을 보면 당시까지 인도양의 항해는 여전히 목숨을 겨우 부지할 수 있는

　　　　　1부 | 유리, 동서양 교류의 기원: 안경 출현 이전의 세계

위험천만한 모험이었다. 한대부터 남북조시대까지 해상 실크로드는 주로 연안을 따라 항해하는 방식이 선택되었고, 대개 동남아시아 주변을 중계지로 하는 구역별 무역이 유력했다. 그리고 기원전부터 시작된 동서 교류의 뚜렷한 흔적들은 유라시아의 각 권역들이 고정된 상태로 단단한 문화적 경계를 형성했기 때문에 더 분명해보인다.

7~10세기 무렵의 교역 네트워크

세계화의 과정에서 7세기 이슬람의 등장은 무척 중요한 의미를 갖는다. 7~8세기 단일신 개념의 종교인 이슬람은 첫 번째 칼리프, 아부 악바르 시대부터 아라비아반도에서 두드러지기 시작했다. 그리고 다마스쿠스로 수도를 옮긴 우마이야 왕조 시기 북부 아프리카와 스페인, 그리고 아랄해·페르가나 지역까지 통제력을 확보했다. 우마이야의 군대는 지금의 파키스탄 영역인 신드 지역에서 저항을 받을 때까지 동진을 멈추지 않았다. 수니파와 시아파의 분열, 내부의 불만 표출로 아바스 왕조가 등장하면서 우마이야 시대는 종식되었지만, 그 영역은 고대 사산조 페르시아의 대부분을 포함하며 중앙아시아에 연결되는 육상의 교역 네트워크를 통합해냈다.

아바스 왕조의 성립 이후 아랍은 바그다드에 수도를 정함으로써 페르시아만 일대에 대한 장악력을 높였다. 페르시아만과 인접한 바그다드의 지정학적 위치는 우마이야의 수도 다마스쿠스보다 여러 가지 면에서 아시아 무역과 인도 방면과의 교류에 적합했다. 특히 바그다드는 시라프의 시라즈를 끼고 있었는데 시라프는 인도와의 무역에서 지정학적으로 매우 유리한 위치에 있었다. 페르시아 시대에는 유블라와 소하르가 중심이었다면, 아바스 왕조 성립 이후에는 수도 바그다드와 연결하기 쉬운 시라프의 시라즈, 바스라가 중요한 항구로 부상했다. 당시 오만 등지의 배들이 페르시아만을 거슬러 시라즈의 항구였던 바스라까지 입항할 수 있었기 때문에 시라프는 9세기 중반부터 10세기까지 걸프 무역에서 가장 번영하는 항구로 성장했다.

교역 네트워크에서 아랍이 가져온 중요한 성취 중 하나는 고대에 알려진 지중해와 인도양 사이의 장거리 무역 루트의 결합이다. 아시아 대륙을 서로 교환하는 무역의 두 채널, 즉 홍해와 결합된 바다·강을 통해 연결된 해상 교통과 페르시아만, 이라크, 그리고 시리아 사막을 가로지르는 육상 여행은 이제 단일한 정치적 통제 아래에 놓이게 되었다.

7~10세기 아랍의 또 다른 성취 중의 하나는—물론 페르시아가 아랍에게 남긴 유산이기도 하지만—인도 반도 이서의 교역 네트워크를 동아시아의 바다까지 연결하고 이에 관한 많은 정보를 축적해 놓은 것이다. 신라의 고·중세 실크로드의 역사를 규명하는 데 활용되곤 하는 이븐 쿠르다지바Ibn Khurdādhbih의 세계 지리서 《제도로와 제왕국지》의 초간본이 발행된 시기가 848년이었던 것이나 당의 재상 가탐賈耽이 중국에서 이슬람 세계의 심장인 이라크의 바스라 항까지 도달하는 경로와 일정을 상술할 수 있었던 것도 이러한 이슬람의 역할과 관련이 있다.

광주의 주요 무역 대상은 신라와 동남아시아 등 인근 국가들이었고, 10세기 이전 중국인이 인도와 아랍 방면까지 진출했다는 증거는 충분하지 않다. 하지만 탈라스 전투에서 포로로 잡혔다가 귀환한 두환杜環의 기록에 의해 아바스의 수도에는 중국인 화가, 비단 직조공, 그리고 금은 세공업자들이 살고 있었다는 것을 확인할 수 있기 때문에 그 가능성을 조심스럽게 추측할 수는 있다. 이에 비해 아랍의 무슬림, 유대인 등이 광동 일대에 직접 자리 잡은 인구는 월등히 많았다는 사실에 대해서는 믿을 만한 증거도 있다. 정확한 통계를 얻기 어렵지만 당대 해양 실크로드를 통해 광동에 이르렀던 유대인·아랍인·인도인·동남아시아인이 광주에 정착했던 인구는 적어도 수만 명에 달하고, 이들은 도시를 이루었으며, 이 구역을 다스리는 이민족 대표도 있었다.

8세기 아바스와 당이 직접 교류한 증거들과 강렬한 이끌림의 원인은 무엇이었을까? 이것은 수익성 말고는 설명할 방법이 없는 듯하다.[45] 당시 아시아의 대제국인 서부의 아바스와 동부의 당 제국 사이의 무역은 사치품 거래가 활발했고 수익성도 높았다. 아시아의 중세 무역은 실제로 실크·도자기·백단향·후추 등 4대 제품에 기반을 두고 있었다. 아랍은 이에 대해 향(아라비안 고무 수지), 말을 내놓을 수 있었을 뿐이지만 중계무역을 통해 획득한 상아·면직물·금속 제품들을 가지고 출항했다.

7~9세기 아랍의 교역 네트워크 성취에서 빼놓을 수 없는 한 가지는 아프리카 동쪽 연안과 남부 아프리카까지 교역 네트워크로 묶어낸 것이다. 8~9세기 초 바그다드의 부에 의해 펌핑된 중국과 페르시아 사이의 대규모 무역이 성립된 이유 중 하나는 상아나 금과 같은 남아프리카에서 온 상품들이었다. 다시 말하면 바그다드가 펌핑한

부의 상당한 근원은 아프리카였다고 할 수 있다. 이러한 주장은 아프리카 남쪽 연안에서 출토된 대량의 유리구슬 유적에서 찾을 수 있다. 7세기 무렵 모잠비크 남쪽의 치부엔에서는 페르시아만으로부터 온 하얀 유약을 바른 질그릇과 함께 7~8세기 유프라테스에서 기원한 것으로 보이는 유리구슬들이 출토되었다. 그리고 8~10세기에는 또 다른 종류의 유리구슬들이 치부엔을 통해 아프리카 동남쪽 지조(짐바브웨 부근) 지역에서 발굴되었는데 이 역시 중동에서 기원한 것으로 알려졌다. 이외에도 다른 동부 아프리카에서도 중동과 동남아시아 혹은 인도에서 제작된 것이 소량 발굴되기도 했다.[46]

7~9세기부터 1900년까지 남부 아프리카의 강력한 공헌을 언급하지 않고 남부 아라비아와 페르시아, 인도 대륙과 중국 사이에 있었던 상업 네트워크를 설명하기는 어렵다.[47] 페르시아만의 유리비즈를 남부 아프리카까지 인도한 인도양 교역은 아프리카를 포함한 중국과 인도, 페르시아 등지를 포괄하는 확장된 네트워크였으며 이를 주도한 것은 이슬람 상인이었다. 이슬람 상인에게 유리 제품의 상품화는 모래로 황금을 만드는 기적이었다. 이들은 간단한 항해만으로 막대한 이윤을 얻었다. 인도양 교류 네트워크에서 유리비즈 같은 히트 상품은 얼마든지 있었다.

교역 네트워크의 재편

다양한 민족으로 구성된 상인들이 광주에서 누렸던 경제적 호황과 번영은 당 제국의 평화가 불안정하게 지속되면서 부침을 겪었다.

1부 | 유리, 동서양 교류의 기원: 안경 출현 이전의 세계

758년 당 현종이 안사의 난을 진압하기 위해 빌려온 아랍-페르시아 군대는 광동을 빠져나가면서 광동 지역에 대규모 살육과 방화를 자행했다. 광동 지역 유이민들의 시련은 여기서 끝나지 않고 870년 무렵 황소의 난을 겪으면서 다시 반복되었다. 광주에서 황소의 반군 지도자가 저지른 대규모 약탈과 살인은 장거리 무역까지 불안하게 했다. 당시 무슬림·기독교인·유대인·이란인 등 학살된 인구는 12만여 명에 달했다.[48]

9세기 당의 중앙아시아에 대한 통제권 상실, 무역의 감소, 사회 내부 모순 악화, 대토지 소유 증가와 함께 농민들의 이산, 반란 약탈 증가, 전염병 발생으로 점차 당 제국은 쇠퇴하기 시작했고 9세기 중반 기후와 경제적 위기는 문제를 심각하게 만들었다.[49] 9세기 하반기의 전 지구적 기후 냉각은 교역 네트워크의 활력을 잃게 했으며 이로 인한 사회의 무질서가 당 제국을 침몰시키고 있었다. 그리고 10세기 이후 인도양 교역의 패턴은 동아시아에서 아랍·아프리카에 이르는 직접적인 도항과 무역보다 짧은 거리를 오가면서 짧은 시간에 수익을 올릴 수 있는 방법으로 전환되었으므로 광주와 무슬림의 거리는 확연히 줄어들었다.

그러나 중국과 아랍의 직접적인 교류가 줄어들었다고 해서 아랍인의 중국에 대한 관심이 사라진 것도, 네트워크가 중단된 것도 아니었다. 9세기 말부터 10세기 무렵 아랍권역에서 작성된 2부의 세계 여행기는 당시 무슬림들의 활동 범위를 보여준다.[50] 첫 번째 여행기의 주인공은 사절이었던 아흐마드 이븐 파들란Ahmad ibn Fadlan이다. 그는 유라시아의 냉대기후대에 속하는 볼가까지 외교 임무를 수행하며 카라반과 낙타 가죽 뗏목을 이용했던 경험과 여정을 기록했다. 두 번째 여행기는 중국과 인도의 항구들, 그리고 잔지바르, 소코트라 등 인도양 도시들을 다룬 아부 자이드Abū Zayd의 기록이다. 그는 다우선을 타고 인도양과 중국해를 건너 중국 해안에서 수년 동안 살았던 것으로 보인다. 그는 익명의 상인들이 경험한 이야기들을 수집했는데, 특히 그의 중국 관련 기록은 결혼과 장례, 의복, 상업, 도시, 관습, 법률, 통행권 등 다양한 부분까지 망라하고 있다. 이 책은 우리에게 도자기, 차, 상아 등을 부지런히 실어나르는 아랍의 선박들을 상상할 수 있도록 돕는다. 5대 10국 시기 중국은 불안한 정국이 계속되었다. 하지만 아부 자이드의 기록에 의지한다면 중국 내륙과 달리 해양은 여전히 왕성한 교류가 이루어지고 있었음을 상상할 수 있다.

인도양 무역이 부상하면서 각 지역의 상품들은 마치 한 장의 습자지에 흡수되는 것과 같이 내륙으로 흡수되었다. 연해 도시와 상인들은 해양과 내지를 연결하는 중요한 역할을 했다. 해양 상인들과 모험가들의 활동은 도시의 발달을 가져왔다. 그리고 그 도시들은 다시 도시 거주민이 사용할 일용품과 사치품을 필요로 했고, 이는 해외 무역을 더욱 확대시켰다. 더욱이 인도양에서 뒤늦게 일어난 도시들은 바다에 인접하거나 심지어 그들의 배후지까지 용이하게 연결되었던 곳이었다. 인도양 세계에서 생활양식이나 종교·언어 방면에서 그 동화가 쉽게 이루어진 것은 아니지만 각종 작물, 약재, 사치품, 과일류 등의 물질적 측면에서 교류는 그보다 빨리 흡수되었으며 지속적으로 영향을 미쳤다.[51]

남인도의 연해 지역은 아랍 연해 일대의 상인들이 홍해 연안으로 접근해 지중해 무역에 참여하면서 형성된 스와힐리 문화권에 속했다. 스와힐리 문화는 고대 아랍인들이 홍해 방면의 무역에 참여하면서 아프리카 동부 해안에서 언어와 관습 등에 영향을 미치며 형성된 것이지만 10~15세기에 이르면 인도와 동남아시아에 등 인도양의 교역 네트워크가 발달한 지역에서 스와힐리 언어와 문화가 광범위하게 확인된다. 스와힐리 항구로 주목되는 페르시아만의 호르무즈와 인도의 캠베이·캘리컷·말라카·아유타야·프놈펜·수마트라 북부 자바 등지는 이 인도양 계절풍을 따라 발달한 항구들이었다.[52]

7세기 이후 인도양 무역을 장악한 아랍인은 도라지, 자몽, 석류, 무화과 등의 과일을 아프리카에 들여왔다. 그들은 작물을 교외와 강가에 고량, 소미, 벼 등을 심고 산양, 면양, 가금류 등을 길렀는데, 대항해시대에 아프리카에 이르렀던 포르투갈인이 킬와 주변에서 수많은 과수원에 사탕수수가 심어진 것을 보았다는 기록이 있다. 고대 지중해에서 실크로드를 통해 들여간 과일류들이 14~15세기에 아프리카 동쪽 연안까지 전파된 것이다. 이것은 아프리카 동쪽 연안에 들어선 많은 도시들과 무관하지 않다. 11~15세기 아랍 상인들이 건설한 모가디슈, 마비아와 같은 신흥도시들이 아프리카 동쪽에 출현했다. 12세기에 말린디는 철기 무역의 중심이었고 소파라sofara는 황금 수출 항구로 유명했다. 15세기 말에는 아프리카 동쪽으로 이미 37개의 도시국가가 형성되었다. 물론 아프리카는 여전히 새로운 작물의 도입이나 값비싼 광물자원의 교류에 머무른 측면이 있으며 중세의 여러 인도양 도시에서 이루어진 교역의 상당 부분은 귀금속과 비단 등의 사치품들이 주를 이루었다.

게다가 10세기 이후 항해 기술의 발달, 선박 건조 기술에서의 혁신 등은 기술과 상품의 전달에 특별한 변화를 가져왔다. 전례 없는 기술과 지식의 집적이 가능해진 유라시아는 새로운 단계로 진입할 준비를 하고 있었다.

이슬람의 교역 방식과 특별한 관행

이슬람 유리가 갖는 특별한 기술은 그들이 인도, 이란, 중국과 유럽 등 광범위한 영역으로부터 정보와 지식을 흡수하고 있었으며 또한 영향을 주었기 때문에 이룰 수 있었던 성취였다. 이슬람 세력은 교역 네트워크를 장악하며 상품과 함께 인도양의 곳곳에 흩어진 상품과 정보를 연결했다. 그리고 이슬람 상인들이 이를 가능하게 했던 것은 무엇보다도 관대하고 유연한 상업 조직의 운영이라는 점에 있다.[53] 이슬람의 영토 확장에도 인도양 전체의 정치적·종교적 구성을 볼 때 모든 지역에서 이슬람교를 받아들인 것은 아니었다. 오히려 이슬람 세력은 항구 도시를 정복하기보다는 자유롭게 무역을 허락하고 상품에 대해 관세를 부과하는 형태였다. 따라서 인도양 교역 네트워크상에서 이슬람 권역은 종교적 동화를 거친 문화 권역의 출현을 의미하는 것이 아니라 바다의 경계나 구역을 넘어서는 해상 제국들의 교역 네트워크를 의미했다. 인도양에서 이슬람은 상호호혜적 무역이 가능한 공간을 형성했으며, 이것은 교역 네트워크의 연결에 중요하게 작용했다. 그리고 인도양의 광역적 교역 네트워크 연결은 광범위한 지역에 통용되는 이슬람적 상업 관행의 성립과 법적 제도화를 기초로 한다.

사실 인도양에서 장거리 무역이 가능한 교역 관행의 성립은 매우 중요한 의미를 갖는다.[54] 인도양은 지중해처럼 짧은 시간에 왕래 가능한 공간이 아니었고 인도양 해역 각지에는 그 지역에서 생산되는 특별한 상품이 흩어져 존재했다. 장거리 무역의 경우 운반 기간과 이동 거리가 길기 때문에 타국의 상품 수집과 운반 결제에서 대리인이 필요했으며 이러한 관계에서 절대적으로 필요한 요소는 '신뢰'였다. 그렇기에 상인 디아스포라에서 혈연에 기반한 상인 네트워크가 출현한 것은 중요하게 언급되곤 했다. 앞서 중세시대 초 소그드인의 교역 네트워크가 그 사례가 될 수 있다.

그런데 이슬람의 상업 활동은 8세기 무렵 친족 결합 형태를 넘어서 지역 기반 혹은 동일한 사회적 그룹에 기반한 확장된 사업 모델을 만들어 냈다. 이러한 상인 그룹 간의 상호의존적인 상태의 디아스포라는 더 큰 경제적 이익을 획득할 수 있게 되었다. 상인 그룹들은 거래를 촉진하기 위해 계약, 약속과 같은 형식을 갖추면서 법률적 규범을 포함시킨다. 이러한 상인 공동체의 경우 대개 공동 신앙을 중심으로 연합하는 빈도가 높은데 이것은 종교 신앙이 신뢰를 향상시키는 데 기능하기도 했으며 또한 법률 시스템을 공유했다. 그리고 이러한 관계는 이슬람 신도들 혹은 공동체 사이에만 형성되었던 것은 아니고 서로 다른 종교적 정체성을 가진 상인들 사이에서도 확장, 적용되었다. 실제로 이슬람의 법률 시스템은 장거리 교역을 함께하고 있는 다른 신앙자들, 예컨대 힌두교도나 유대인들, 심지어 아시아의 동쪽 바다에 위치한 광주에서도 공유되었다.[55]

세바스티안 프렌지Sebastian R. Prange는 이슬람 상인들이 인도양 교역 네트워크에서 주목할 만한 상업적 성취를 이룰 수 있었던 배경으로 대리인 제도를 언급했다.[56] 대규모 자본을 가진 정주 상인은 장거리의 무역에 관여할 경우 운송과 수급에 대한 정보, 난파와 해적의 위험, 혹은 정치적 변수, 언어적 환경 등의 문제들에 대처하기 위해 전문적인 상업 대행을 필요로 했다. 그리고 이러한 상업 대행이 인도양에 보편적으로 자리 잡으면서 법적·관행적 도구들이 나타났다. 그중 인도양에서 필수적·일반적인 대리인 무역 방식이 콤멘다 commenda 계약에 의거한 일회성 투자 사업의 관행이다. 즉, 장거리 무역 등 리스크 관리가 필요한 사업에서 자본가와 모험 상인 간의 이익 분배에 관해 자본가는 투자한 자본만큼만, 모험 상인들은 자신들의 노동력만을 투입하고, 악의적인 의도가 개입하지 않았다면 자신의 손실에 대해 책임지지 않게 했다. 콤멘다 계약은 이슬람의 무역에서 가장 널리 퍼진 상업 방식이었으며 인도, 동남아시아, 심지어 중국에서도 이러한 무역 관행이 확인되며 대개 공식화된 장치에 의해 보장되었다.

콤멘다 제도보다 덜 공식적인 대리인 무역 방식으로는 수바ṣuḥba 합의가 있다. 일반적으로 동료의식companionship에 기반해 성립한 수바 대리인 관계는 상호 수수료 없이 이루어지며 대개 균형적인 서비스를 제공하는 것으로, 서로 다른 항구에 위치한 상인들 간에 가정 필수품의 상호공급에서 대규모 거래에 이르기까지 활용되었다.

콤멘다 혹은 수바와 같은 대리인 무역 방식은 해양 무역 네트워크의 틀에서 공통으로 볼 수 있다. 그들은 바다를 건너 상품, 자본 및 정보를 이전하고 외국 땅에 전초 기지를 세웠으며, 종종 현지화하면서 교역 네트워크의 가교 역할을 수행했다. 정규 상인이나 현지의 전문 대리인들, 혹은 노예 가운데 특권의 위치에 있는 상업 대리인들은 현지에 대한 전문적인 이해를 바탕으로 안정적인 상업망을 구축했다.[57]

이슬람에서 장거리 무역을 위한 관행과 제도적 장치들이 나타난 것은 8세기부터다. 그리고 프렌지가 열거한 다양한 대리인의 사례들은 대개 12~13세기 이슬람 상인들이 인도·동남아 일대에서 어떻게 무역을 수행했는지를 보여준다. 이러한 상업 관행들은 종교나 문화를 넘어 훨씬 유연하게 교역 네트워크를 연결하고 있었다. 대규모 자금을 동원할 수 있었던 정주상인들은 서로 다른 권역과의 연결에서 능력 있는 대리인들을 통해 발생 가능한 여러 리스크를 분산시키거나 감소시킬 수 있었고 대리인들은 이를 통해 적은 자본이나 노동력만으로도 큰 이익을 확보할 수 있었으므로 양자는 필요충분조건을 만족시켰다.

도시 간의 상호 수평적 관계에 기반한 교역 네트워크는 이러한 관행들이 통용되는 항구와 항구들을 연결하며 무역의 코어, 혹은 물류와 정보의 허브로 등장했다. 인도양 교역 네트워크상에서의 무역 관행에서 의미 있는 질서를 구축해 갔던 이슬람 상인들은 짧은 거리를 단시간에 오가는 항해가 증가했음에도 동아시아·인도·동남아시아·아프리카와 유럽 곳곳의 상품들을 수집할 수 있었다.

문화와 민족, 종교를 초월했던 아랍인의 교역 방식은 장거리 무역 방식과 상당히 잘 어울렸다. 장거리 무역 시스템의 효율적인 운영 방식은 인도양 곳곳의 여러 보석들과 용연향·침향·유향 등의 향료, 장미수·고라수·상아·후추·계피 등을 생산지에서부터 멀리 동아시아와 유럽으로 연결시켰다. 그리고 아랍은 막대한 부가가치를 가져온 상아와 금, 유리구슬과 해패, 후추 등 다양한 상품 거래를 바탕으로 가장 영향력 있는 상업 세력으로 성장했다. 이슬람 상인들은 상업 네트워크를 연결할 때 기독교인·유대인도 예외로 하지 않았고, 인도 남단의 촐라, 스리랑카, 동남아시아의 스리비자야는 특히 그들의 중요한 파트너였다. 이러한 효율성은 상품과 정보의 교환에서 상당히 중요한 변화를 가져왔다.

장거리 교역의 핵심 상품

인도양에서 장거리 무역을 이끌었던 상품들은 약재, 목재, 옷감, 어류, 과일, 심지어 물과 같은 필수품들이었다. 특히 인도양 교역 네트워크의 주요 상품 가운데 하나는 식량이었다. 인도양의 항구도시들은 식량의 자급자족이 불가능했다. 예컨대 인도의 서해안 연안의 항구도시들은 거칠고 건조한 자연환경 때문에 대부분의 식량을 인도의 동해안과 벵골 일대에서 가져왔다. 15세기의 말라카와 호르무즈는 전성기에 최대 50,000명에 이를 만큼 인구가 밀집했는데 이러한 인구를 부양할 식량은 절대적으로 부족했다. 당시 말라카는 식량을 미얀마·자바·타이에서 공급받았으며 호르무즈는 인도 펀자브와 케랄라 일대, 페르시아로부터 공급받았다. 아체 역시 페구, 벵골, 아라칸, 수마트라에서 식량을 공급받았다. 비자야나가르Vijayanagar의 내륙에서 온 쌀은 말라바르 해안과 스리랑카 방면으로 수출되었고 벵골과 페구는 인도차이나 서부, 수마트라, 스리랑카, 몰디브에 쌀을 공급했다. 이 과정에서 새로운 품종의 식량 작물의 교환과 보급도 나타난다. 인도·동남아시아 방면과 유라시아 내륙까지 보급된 기장은 아프리카에서 기원한 종이었다는 사실이 밝혀지기도 했으며 사티바 쌀과 바나나와 같은 동남아시아 작물은 동아프리카에서 이식되었다.

몬순에 의한 식량의 조달이 인도양의 장거리 네트워킹을 유도하지만, 각각의 서로 다른 음식 문화를 초월하곤 했던 장거리 교역은 원산지에서는 저렴하게 취급되거나 몰가치하게 여겨졌던 상품들의 교환에 의해 더욱 활발해졌다. 인도양에서 가장 오래된 교역 상품 중의 하나는 후추였다. 남인도의 말라바르 해안은 후추 산지의 중심이자 교역의 중심으로, 인도에서 적재된 후추는 계절풍을 이용해 홍해·알렉산드리아 방면과 아덴으로, 아덴에서 다시 육로를 따라 운송되었다. 잘 알려지지 않았지만 후추는 지중해 일대뿐 아니라 아랍·페르시아 등지에서도 유럽 못지않게 소비되었다. 말라바르에서 아덴까지 후추를 운반하는 것만으로도 가격은 이미 30퍼센트 이상 폭등했다.[58] 고대의 이 후추 교역에는 스와힐리 권역의 몬순을 이해했던 오스트로네시아인, 혹은 아랍인이 참여했으며 카림 상인들에 의해 다시 지중해로 연결되었다. 그리고 7세기 이후 유럽에 공급하는 교역 네트워크를 장악한 것은 아랍인이었다. 이슬람 상인들은 후추의 최대 공급지인 서인도양 방면의 교역 네트워크를 장악하고 남인도와의 무역을 통제했다.[59]

말라바르 해안에서 동쪽에서 멀리 떨어진 중국에서는 후추 소비가 더 컸다. 중국은 후추 시장의 큰손이었다. 마르코 폴로Marco Polo는 아덴과 알렉산드리아로 가는 양의 열 배에 달하는 후추가 천주로 향하며 천주의 후추 소비는 하루 4톤이 넘는다고 기록했다.

아랍인이 후추를 확보하기 위해 지불한 것은 금과 상아였다. 타밀의 오래된 시에는 "외국인들이 금을 가지고 도착해 후추를 가지고 떠난다"고 기록되어 있다.[60] 후추 소비에 대한 유혹이 커질수록 금의 수요 역시 증가했다. 아랍인은 인도의 항구에서 지불할 금을 아프리카의 해안에서 공급받았다. 유럽과 중국은 후추 대금을 지불하기 위해 막대한 금과 은을 소비했는데 이렇게 수집된 금은 아랍에 의해 말라바르 해안에서 지불되었다. 금은 아프리카를 제외한 인도양의 항구에서 가장 가치 있게 여겨지는 화폐이자 보물이었다.

아프리카의 또 다른 수출품이었던 상아는 인도와 중국의 소비자들에게 무늬가 있다고 여겨져 인도 또는 스리랑카 상아보다 많이 선호되었다. 상아는 인도에서 여성용 팔찌 등 중요한 장식구를 제작하는 데 쓰였다. 특히 힌두교 여성들의 팔찌를 만드는 데 쓰였는데, 전통적으로 인도에서는 남편이 사망한 경우 팔찌를 부러뜨렸다. 상아는 인도의 여성들이 계속 착용해야 했던 팔찌를 만드는 데 항상 필요했다.[61]

이에 비해 아프리카인에게 금과 상아는 별로 가치가 없었다. 아프리카인은 고기를 얻거나 농산물을 보호하기 위해 코끼리를 사냥했다. 특히 아프리카인에게 코끼리는 귀중한 단백질 공급원으로 마리당 최대 5톤의 고기를 얻을 수 있었다. 그러나 코끼리 고기를 얻고 나서 남은 부산물인 코끼리의 엄니는 거의 가치가 없었고, 일부 지역에서는 울타리나 말뚝 등의 용도로 사용되었다. 금, 상아를 가진 아프리카를 인도와 연결했던 상품은 유리비즈였다. 유리비즈는 인도에서 매우 저렴하게 유통되었기 때문에 상아 하나에 40,000레이즈(포르투갈이 사용했던 통화) 정도의 유리가 교환되었지만 아프리카에서는 60레이즈 상당의 유리로 상아 한 개를 살 수 있었다.[62] 아랍인은 아프리카인에게 옷감과 유리비즈를 공급하고 그 대가로 금과 상아를 수집했다.

아랍인이 아프리카에서 금과 상아를 확보하기 위해 사용한 것은 유리 말고도 해패가 있었다. 몰디브 섬에서 생산되는 해패는 인도양에 있는 교역 항구들과의 교류에서 중요한 지불 수단이었다. 특히 이 해패는 17~18세기까지도 아프리카·동남아시아·벵골·미얀마·운남·타이·말라카 등 인도양에서 일부 활용 가능한 화폐였다. 10세기 무렵 아프리카 동해안에서도 해패가 화폐로써 보급되기 시작했다.

인도에서 유리비즈·면직물 등을 실은 선박들은 몰디브를 경유해 해패를 싣고 아프리카 동부 지역에 상아와 금, 그리고 아프리카의 흑인 노예들과 교환했다. 그리고 아프리카의 상품들은 유럽·인도·아랍·페르시아·광주·천주까지 운송되었다. 잘 알려져 있듯이 아랍인은 중국에서 값비싼 도자기·비단을 가득 채우고 항구를 나서서 동남아시아·인도·아랍을 거치는 동안 교역을 지속하며 항해했다.

3장

중국인, 인도양과 만나다

〈사해화이총도四海華夷總圖〉와 교역 네트워크의 중심

명대 가정 11년(1532) 제작된 〈사해화이총도〉[63]는 동아시아에 유럽인이 본격적으로 도래하기 전의 세계관이 반영된 지도다. '사해의 중국과 이민족을 모두 표기한다'는 지도 명칭은 중국인의 세계관을 보여줄 것으로 기대되지만 특이하게도 이 지도의 중앙에는 천축국이 가장 많은 비중을 차지하고 중국은 동쪽으로 치우쳐 위치하고 있어 통상적인 화이관의 관점에서 제작된 지도들과는 차이가 있다. 지도는 오른편 아래에 "이것은 불전에 기록된 네 대해 중에 남첨부주의 지도다. 잠시 이를 두어 참고한다[此釋典所載四大海中 南瞻部州之圖 姑存之以備考]"라는 설명으로 보아 불교적 세계관을 빌려 제작되었음을 알 수 있다. 불교적 세계관에 따르면 우주의 중심인 수미산과 그 주변 사방의 사해에 총 33천이 있다고 보았는데 그 하나가 첨부주瞻部州다. 첨

부주는 불교적 세계관에서 인간들이 사는 진세塵世를 뜻하는데 대개 첨부주는 남쪽에 있다고 여겼다.[64]

전체적으로 중앙에서 남쪽에는 인도, 동쪽에는 사천, 운남과 같은 중국의 각 성이나 조선, 일본이 배치되어 있다. 이 지도의 왼편 아래에 페르시아가 바다에 면해 있고, 그 건너편에 대진이 위치하고 있다. 남인도 주변의 신도하구信度河口는 인더스강을 의미하는데 그 하구를 거슬러 가면 계빈, 즉 간다라가 있다. 북인도 오른편으로 총령(파미르), 우전이 있으니 그 주변은 타클라마칸 사막을 표시한 것이 분명하다. 동천축에서 사천 변경 방향에서 섬서·하남·산동으로 이어진 이라와디강을 따라 미얀마 방면에서 중국을 연결하는 길이다. 유라시아의 실크로드, 특히 인도와 중국을 연결하는 루트들을 대략 알고 있는 사람이라면 대륙을 몇 개로 나눈 구불구불한 선들이 강과 그 지류를 따라 형성된 루트들을 표기한 것임을 쉽게 알아차릴 수 있다. 이 지도는 중세 불교의 영향이 남아 있으며 인도와 중국 사이에 있었던 오랜 교류의 역사를 보여준다. 불교의 기원지인 인도는 이 구불구불한 선들 사이로 동천축, 북천축 등 5천축이 지명과 함께 기록되어 있어 기원전후부터 중세까지 활발했던 육상 교역로에서 활약했던 불승들의 주요 루트가 반영된 것이다.

그러나 지도 위쪽으로 올라가면 미얀마 방면의 고대 왕국인 포감국浦甘國이 서해 건너 로마 위쪽에 표기되어 있어 당황스럽다. 물론 포감국이 미얀마의 고대 왕국을 칭한 것은 아닐 수도 있지만 무견국, 장각국, 장비국 등《산해경山海經》에서나 볼 수 있던 비현실적 명칭들은 여전히 설명하기 어려운 부분이다. 하지만 이 지도의 중앙에 위치

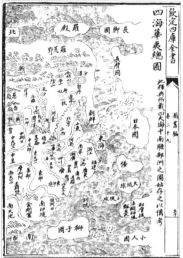

〈사해화이총도〉

이 지도는 통상적인 화이관의 관점에서 제작된 지도들과는 차이점이 있으며, 불교적 세계관을 빌려 제작되었다. 중앙에서 남쪽에는 인도, 동쪽에는 사천, 운남과 같은 중국의 각 성이나 조선, 일본이 배치되어 있다.

한 인도를 중심으로 좌우에 배치된 동중국해에서 인도양에 위치한 국가들의 위치는 대략 맞아 떨어진다. 이 지도의 제작 연대로 보아 정화鄭和의 출사 이후 인도양 방면의 지리 정보를 흡수한 결과라고 예상되지만 정확한 근거는 없다.

이 지도에서 주목할 부분은 바로 천축국을 중심으로 뻗어나가는 구불구불한 길들이다. 특히 동해·서해·남해·북해가 대륙을 둘러싸고 있는데 그 중심에 위치한 천축국은 전체의 절반 이상을 차지한다. 따라서 이 지도의 구불구불한 길들은 마치 인도를 중심으로 하는 교통로를 반영한 것 같다. 이 지도에서 인식되는 세계의 범위는 지중해 일부와 인도, 페르시아, 내륙아시아를 포함한다. 그리고 이 구불구불한 루트들은 분명 유라시아 곳곳이 '여행 가능한' 지역임을 보여주고 있다.

유리구슬의 유통으로 본 장거리 교역 방식

송대 중국에서는 아랍의 유리 제품에 대한 관심이 급격히 증가했다. 중국에서 파려 혹은 파리라는 이름이 보급되기 시작한 것은 5~6세기 무렵이다.[65] 그러나 이전의 파리 보급이 크게 확대된 것 같지는 않고 가끔씩 불경에서 귀한 보석으로 취급되었다. 그런데 송대에 이르면 유리 제품에 대한 관심이 크게 증가하고 종종 파리는 유리라는 말과 혼용되며 다양한 방면으로 활용된 것을 확인할 수 있다. 《송사宋史》에는 지도 원년(995), 대식국의 박주舶主 포압타여蒲押陀黎가 20여 개의 작은 유리병에 담은 안약, 세 개의 유리 항아리에 담긴 백설탕, 20여 개 병에 담은 장미수 등 다섯 종류의 상품을 크고 작은 유리병에 담아 조공한 일이 기록되어 있다.

당시 대식 외에도 우전于闐과 회골回鶻, 점성국占城國에서도 각종 유리그릇을 바쳤는데 이 유리그릇의 대부분은 아랍에서 생산된 것으로 파악된다. 특히 아랍의 유리들은 여러모로 중국에서 당시 생산되던 유리 제품을 압도했는데, 중국 제품이 빛깔은 좋았으나 쉽게 무르고 깨지기 쉬웠다. 중국인은 외래에서 유입된 것이 순박하고 약간 어둡지만 뜨거운 불로 녹이기 때문에 손실이 없다고 하면서 귀하게 여겼다. 송대인은 여러 유리 기명을 수입해오기도 했지만 무골등無骨燈·

소등蘇燈과 같이 등을 만들기도 했다. 무골등은 안을 조로 채운 비단 주머니에 유리를 씌워 굳힌 뒤 조를 제거하는 방법으로 만든 구면등이다. 소등은 소주蘇州 일대에서 제작한 등으로 가장 좋은 제품으로 알려졌으며 지름 3~4척에 달하는 대형등이 제작되기도 했다.[66]

송대 유리는 "자연에서 나는 것이지만 빛, 광택이 옥보다 낫다"[67]고 여겨졌는데 이것은 당시 이슬람유리가 투명성, 광택 등에서 매우 우수했기 때문이었다. 따라서 송대인은 유리를 옥과 보석류를 대체하는 장신구로 많이 애용하여 서민들까지 즐겨 패용하기에 이르렀다.[68] 이외에도 유리병은 사리를 담는 용도로 많이 사용되곤 했다.

중국의 유리 제품 소비는 인도양 방면으로부터 다양한 유리 제품과 유리 원료가 유통되었음을 예측할 수 있다. 이를 실증할 만한 고고학적 증거도 있다. 2005년 자바해의 치르본Cirebon 인근에서 인양된 난파선은 10세기 후반 약 300톤의 세라믹·금속 세공품·보석·상아·식료품·유리제품·구슬을 실어 나르다가 가라앉은 것으로 보인다. 치르본 선박의 상품들은 생산지역으로부터 훨씬 떨어져 있는 아랍의 엘리트를 위해 아프리카·아랍·인도·동남아시아·중국 상품들을 의도적으로 선택해 수집한 사례로 보고되었다.[69] 말라카 해협 주변에서 건조된 것으로 보이는 이 선박의 주된 화물은 5대 10국 시대의 도자기다. 이 난파선의 상품들의 출처는 매우 다양하기 때문에 그 항해의 출발지와 목적을 설명하는 것이 쉽지 않지만 스리비자야 연맹의 남부 수마트라 항구 중 한 곳 이상에서 정박했으며 중동, 아프리카 등지의 유리 제품과 준보석 및 말레이 주석 등이 추가되었을 것이라고 추론하게 한다.

특히 이 치르본 유물들은 보기 드문 유리 컬렉션이라고 할 수 있을 정도로 다양한 유리용기들을 포함하고 있다. 예컨대 거칠게 제작된 단지, 항아리 등 다양한 형태의 용기들과 함께 상당한 기술이 요구되는 유리용기들도 포함되어 있으며, 형형색색의 유리구슬과 코발트빛을 띠는 유리 원료 등도 발굴되었다. 치르본 난파선의 유리 제품은 크게 구슬 형태, 유리 덩어리, 완성된 용기 등 세 가지 범주로 나뉜다.

유리용기들 중 가장 비중 있는 유리 화물은 2,450여 개의 유리 조각이다. 특히 작은 병들은 향수, 화장수, 약품을 담는 병으로 사용된 다소 거친 병조각들이 다수를 차지하며 설탕 등의 음식을 담을 수 있는 크고 작은 유리 단지 조각들도 있다. 이들 유리 제품들의 색깔, 기형, 장식 방법, 패턴은 조사 결과 주로 이란 지역의 유리 제품에서 나타나는 특징으로 파악되었다. 상당수의 거친 터치의 유리병과 단지 항아리들은 단순히 상품의 포장재로 쓰였던 것으로 보이지만 그 자체로도 가치를 갖는 녹청색의 아름다운 그릇조각들도 있었다.

이러한 유리 조각들이 증명하는 것은 중동 방면의 상품과 동남아시아 사이에 존재하는 활발한 무역이다. 치르본 외에도 10~12세기 동남아시아 크라 지협과 말레이시아반도 북서부, 수마트라섬 북부 지역에서 페르시아 유리가 집중적으로 발굴되었다. 중동의 엘리트들은 인도-태평양의 정향·녹나무·침향·호박·육두구·백단향 등을 필요로 했고, 동남아시아 지역 사람들이 중동의 상품을 받아들이면서 활발하게 교역이 일어났다. 유리병과 단지에는 서아시아, 인도, 동남아시아 밀림에서 추출된 다양한 종류의 향료·향수·화장수·약

옛 치르본 항구의 풍경(17세기)
자바해에 위치한 치르본은 중동 방면의 상품과 동남아시아 사이에 존재하는 활발한 무역
과 교류의 흔적을 찾아볼 수 있던 도시였다(ⓒ프놈펜국립박물관).

재 등이 포장되어 운송되었다.[70]

또 하나는 동남아시아에 운반되는 서아시아 상품들의 상당수가
중국에서 소비되었다는 사실이다. 송대 점성국이 조공한 장미수가
담긴 유리병은 아랍에서 중계무역을 통해 습득되었을 가능성이 크
다. 스리비자야 사절의 조공품은 코끼리 엄니·유향·장미수·불투명
유리 주전자 등 인도양 곳곳에서 수집된 상품들이었고, 특히 아랍 방
면의 상품들이 다수 포함되어 있다. 그중 용액 혹은 가루 상태의 상
품들은 이슬람 유리용기에 담겨 있었을 것으로 보인다. 다양한 가능
성들이 있지만 그중 하나는 8~14세기 중국과 이슬람 사이의 무역이
항구에서 항구로 단계적으로 이동하며 포장되고 진행되었음을 짐작
하게 한다. 상당량의 서아시아 유리가 수마트라, 말라카 해협 일대에
서 집중적으로 발견된 것도 그 증거라고 할 수 있다. 물론 연구가 진
행되고 있기 때문에 쉽게 결론 내릴 수는 없지만 치르본의 난파선은

남아시아와 동남아시아, 중국 사이에서 유리 제품의 수요가 증가하면서 복잡한 유리 네트워크를 형성하고 있었음을 보여준다.

유리가 가져온 혁신은 역시 무역 방면에 있었던 것 같다. 이 유리병은 기존에 운반되기 어려웠던 상품들을 주요 상품 목록으로 밀어올렸다. 옷에 뿌리면 그 향이 오래간다는 장미수, 물을 부으면 불길이 더 거세진다는 맹화유, 달콤한 감미료 백사당白沙糖, 선박에 실려오면서 발효가 된 것으로 보이는 '천년조[千年棗舶上五味子]' 및 각종 향신료와 향고 의약품 등이 액체와 가루 상태로도 수입되었고 그만큼 사용법도 훨씬 다양해졌다. 게다가 유리 재질의 각종 병들은 재활용이 가능했다는 점에서 상품성도 갖췄다.

새로운 상품들의 부상

교역 네트워크가 긴밀하게 연결되면서 인도양의 항구 도시에는 상품 공급이 확대되었다. 10세기 이후 상품 공급에서 인도양 세계에서 전통적으로 유통되던 상품들이 전례 없이 대량으로 공급되기 시작했으며, 이슬람의 과학에서의 성과 등 지적 정보들과 이로 인해 파생된 상품들도 유라시아의 도시들에서 유행하기 시작했다. 대표적인 상품이 광주와 복건에 오가는 이슬람 상인들이 가져온 유리 제품이다. 당시 유입된 유리 제품들은 투명성이 매우 뛰어나고 환하게 빛나는 제품들이었다. 아랍의 유리 제품이 우수한 것은 위에서 본 바와 같이 붕사를 활용해 유리 제품을 제작했기 때문이었다. 아랍에서 생산된 수정그릇(수정완) 같은 제품은 중국에서 매우 귀하게 여겨졌다.

송대 도시 문화의 발달과 더불어 파리병(유리병), 파리배(유리잔), 파리등(유리등) 등 투명하고 밝게 빛나는 아랍의 각종 유리 제품들이 크게 유행하기 시작했다.[71]

이러한 유리 제품과 상품들은 교역 네트워크상에서 상당히 주목을 받았다.《예부지고禮部志稿》에 따르면 정덕 연간에 사마르칸트에서 수정완을 조공으로 바쳤는데 하나에 은 8냥으로 보상했다는 기록이 있다. 이 '수정'이라고 일컬어지는 기물들은 대개 유리 재질이었다.[72] 아랍은 10~11세기 내륙로를 따라 유리를 더 맑고 투명하게 할 수 있는 재료를 확보할 수 있었기 때문에 다른 지역의 유리 제품보다 월등한 품질의 유리그릇을 생산할 수 있었고 높은 보상도 받을 수 있었다.

캘리컷의 대표적인 상품인 장미수는 5대 10국 시대에 참파에서 공물로 들여온 기록이 있어 참파의 토산물로 보이지만 그 원산지는 아랍의 도파르(현 아라비아 남부) 일대에서 제조된 것으로 보인다.[73] 송대인 진경陳敬이 찬술한 《진씨향보陳氏香譜》에는 장미수가 아랍인의 향료라는 사실을 기록하기도 했고, 《명사》의 조법아국祖法兒國에 관한 기록에는 "왕과 신하가 회회교를 믿는데 혼상례에 모두 그(회회의) 절제에 따른다. 혼례 시에 모두 목욕하고 새 옷을 갈아입고 장미수나 혹은 침향유를 얼굴에 바르고 침향·단향 등의 각 향을 태운다. (중략) 향기가 하루 종일 흩어지지 않는다"[74]고 기록되어 있어 아랍 일대가 장미 향수의 원산지라는 사실을 보충한다.

10세기 무렵 아랍인은 증류 기술을 장악했는데 송대의 문집에도 증류 기술과 장미수 조공에 관한 기록이 증가한다. 장미수의 제조 기

　　　　　1부 | 유리, 동서양 교류의 기원: 안경 출현 이전의 세계

술과 상품은 해상 교역로를 따라 동남아시아를 거쳐 중국까지 알려진 것이다.[75] 캘리컷의 토산품 목록에 장미수가 포함된 것은 아랍으로부터 수입되었거나 이미 자체 제작이 가능했기 때문일 것이다. 명초 정화가 인도양에 진출했을 당시 중앙아시아에 파견된 진성陳誠에 따르면 헤라트에서 부유한 집들이 모두 이것을 심어 길을 막을 정도이며 향기가 조금 쇠하면 채집해 장미로薔薇露, 즉 장미즙을 채집했다.[76] 이것은 장미 향수를 제조하기 위해 그 종식이 유행했으며 중앙아시아 일대까지 확대되었음을 보여준다. 아름답게 제작된 유리병에 담긴 장미수는 유라시아와 인도양 곳곳으로 유통되었고 중국에서도 크게 환영받았다.

유통량의 증가와 보급의 효율이라는 측면에서 해로는 각각의 문명 권역들을 연결하는 편리하고 효율적인 교통 간선이었다. 이러한 교통이야말로 정보를 동시에 수용할 수 있으며 동일한 기호와 보편적 가치를 담은 문명 공간을 형성할 수 있게 한다. 또한 몽골이 가져온 세계사적 변화도 간과할 수 없다. 해양과 내륙은 유라시아 물류의 허브 역할을 하는 도시들에 의해 긴밀히 연결되었고, 고립된 중세 도시들도 대도시에서 보편적으로 선망하는 정보와 상품들에 의해 자극받았다.

12세기 아랍이 유리 문화를 선도할 무렵, 교역 네트워크는 이미 활발하게 작동하고 있었다. 인도양과 유라시아의 주요 도시와 상인들은 육상과 해양으로 이러한 기술과 정보를 받아들이는 데 개방적·적극적이었고 언제든지 기술적 혁신을 수용할 준비가 되어 있었다. 13~14세기 유럽에서 지식인들의 열렬한 환영을 받았던 안경이 유라시아와 인도양을 횡단하는 것은 결국 시간 문제였다.

장건의 출사로 시작된 인도양 활동

고대 중국과 교역 네트워크의 연결에서 가장 큰 성과는 장건의 출사와 서역과의 교류를 확대해간 것이었다. 흉노 공략을 위해 월지와의 연합을 모색하려 했던 장건은 그 목적은 이루지 못했으나 대원, 대월지, 대하, 그리고 강거와 주변의 성읍들에 견문을 전해 무제의 관심을 환기시켰다. 무제는 대규모 원정군을 파견해 천산북로와 남로의 통제권을 확보하기에 이른다. 양한시대 이후 양진시대에 이르기까지 육상 루트의 탐색과 확장이 이루어지는 동안 해상 루트의 확장에서도 분명한 성과가 있었다. 문헌 기록에 따르면 진시황은 천하를 남해까지 확장한 후, 번우番禺(현 광저우) 일대를 통해 교역을 진행했다. 《한서》〈지리지〉에는 기원전후 일남[77]부터 인도 동남해안의 황지국, 즉 칸치푸라까지의 항해로를 언급하며 중국의 황금, 잡회(각종 비단) 등 중국 화물이 만이蠻夷의 무역선에 실려갔다고 기록했다. 당시 무역선은 페르시아, 인도, 동남아시아 방면에서 온 선박이었을 것으로 보인다.

고대 홍해를 오가는 선박들의 항행에 관한 《에리트라이해 항해기》에는 당시 알렉산드리아로부터 스리랑카와 페구, 말레이반도, 중국까지 이어지는 항로를 유추할 수 있는 정보가 나와 있다. 당시 인도에서 선적한 물산에는 후추와 향료뿐 아니라 중국 등지에서 생산되는 비단·피혁·계피·향로·금속·염료·의약품 등이 다양하게 포함되어 있었다. 특히 계피는 향료 등을 제조하는 데 불가결한 재료였는데 중국산이 선호되었다.

그러나 당시 무역상의 기록은 간헐적으로 확인되며 대개 8세기 전까지 중국의 남부 연해 무역은 크게 중시되지 않았다. 다만 구법 승려들의 여행기, 수행기 등을 전함으로써 당시 지적·종교적 동기에 의한 교류가 이어지곤 했다. 남북조시대부터 활발해진 서역과의 교류, 당 제국의 천산남북로 장악, 이슬람인의 중국 동남 연해 지역 진출 등을 계기로 중국은 교역의 기회가 확대되었다. 그러나 당시까지 중국인이 인도양 일대에 진출했다는 고고학적 증거는 뚜렷하지 않다. 이에 비해 동남아시아, 아랍, 인도 방면으로부터 입항한 상인들은 중국 연해에서 활발하게 활동했으며 심지어 대규모 거류지를 조성하기도 했다.

8세기 번박들의 입항이 급증하자 당 제국은 아랍·동남아시아·인도인 등을 관리하기 위해 시박사市舶司를 두고 번박들 관련 업무를 처리하게 했다. 당 제국의 궁정에서는 연해 지구에서 유입되는 외국 사치품에 대한 관심이 증가하기 시작했다. 그리고 송대에 이르면 중국 내부 시장의 질적인 변화―상품경제의 발달, 황하에서 장강과 동남 연해 지역으로 이동한 경제 중심, 상업 중심 도시들의 발전―를 수반하며 해상무역이 급격히 발달하기 시작했다. 특히 송은 유목민족의 압력으로 실크로드를 통하는 전초기지들을 효과적으로 통제할 수 없게 되자 해양의 교역에 적극적인 태도를 취하게 되었다.[78]

그리고 이러한 해양 무역의 이익은 정책적인 방향 전환과 관계가 있다. 항주로 수도를 옮긴 송은 안보상 북방의 이민족이 그 무엇보다 위협적이었으며 황실을 보호하기 위해 해군력 증강은 정책적으로 지지되었다. 따라서 남송 정부는 선박의 건조량을 대폭 늘렸으며 재정상 부족한 부분은 해양 무역의 이익에 의지했다. 즉, 남송은 정책적으로 해양무역을 장려하여 20여 곳에 달하는 연해 항구들에 대해 해외무역을 허가하고 관세를 거두었으며 상인들을 후원하여 이익을 공유했다.[79]

11세기 후반에는 이 인도양 일대에 중국인이 본격적으로 진출하기 시작되었다. 송조는 상인들에게 관대한 정책을 폈기 때문에 중국인의 해양 진출을 자극했다. 송조는 해외로 나가는 선박들에게 추세, 박매의 의무를 지웠지만 그 나머지에 대해서는 자유롭게 처리할 수 있도록 했으며, 화물의 20퍼센트를 직접 도항한 선원, 수수들에 대한 노임으로 할 것을 규정하고 추세하지도 않는 등 관대한 무역 제도를 운영했다. 이에 따라 송대에는 많은 연해민들이 무역에 참여하기 시작했다. 대략 각 항구에 출항하는 선박을 연간 2~300여 척으로 계산하면 약 3~6만 명이 해외에서 활동했으며, 송 말, 원 초에 가장 번영했던 천주 한 곳만 해도 50만 명 인구 중 20만 명에 달하는 사람들이 박주舶主 등 무역관계자였다고 추측된다.[80]

11세기 후반 송조는 해양시장 진출을 제한하는 제약들을 많이 풀었기 때문에 상인들의 인도양 진출이 증가했다. 그리고 12세기 동남아시아와 동아시아의 무역로는 항상적·조직적으로 운영되었다. 지방관원과 조정의 지지하에 자극받은 해상 무역은 13세기까지 지속적으로 발전했다. 광주와 천주에는 선박을 보수하는 선원을 발전시켰고 바다로 출항하는 선척의 상품적재를 위한 시설이 건설되고 관리기구도 세워졌다. 상인들은 중동·인도·동남아시아의 해상선단에 가입해 인도양 상품의 경영과 운수의 주요 집단으로 활동했다. 중국 상인들은 이슬람 영역의 항구까지 화상들의 거류지를 형성하기도 하는 등 동남아시아 항구에서 계속 상주하는 경향이 증가했다.[81] 중국인의 인도양 진출은 인도양 일대에 유통되는 더 많은 정보와 상품을 동아시아로 전달하는 계기가 되었을 것이다.

인도양 무역은 일찍부터 많은 상품들이 전달되는 통로였다. 초기 인도양 무대는 다른 국가들에서 온 하나 혹은 복수의 항구에서 활동하는 무역업자들에 의해 이루어졌다. 화물의 수송은 인도양에 집중되었고 무역업자나 항구들을 거쳐 다른 곳으로 건네졌다. 뒤에 장거리 직항 무역이 발전하며 중국에 연결되어 중국 상품들이 아라비아 해안과 페르시아 항만에 도착했다. 중국이 인도양 무역에 참여하기 시작한 것은 당대부터라고 보이지만 송대부터는 중국인의 직접 도항과 이주가 가능했기 때문에 중국의 수공업 기술 제품들이 운송되기 시작했고 인도양 무역에서 중국 상품들이 차지하는 비중도 높아졌다.[82]

인도양 무역의 발달에는 10세기 해양 항해 기술의 발전, 당·송 변혁에 따른 생산성 증가, 도시의 발달과 인구 집중 등 다양한 요인이 작용했을 것이다. 당시 동아시아의 사대부들에게는 금·산호·상아·쪽·대모 등 이역의 진귀한 상품과 보석들도 매력적이었지만 향신료·화장품·화장수 등도 큰 환영을 받았다. 그리고 이러한 상품들이 유통되는 네트워크에는 다양한 기술과 정보들도 함께 공유되곤 했다.

송대의 광학 이론과 오목경

중국 문헌 가운데 가장 이른 시기의 광학 관련 기록으로는 묵자의 저술인《묵경墨經》이 있다.《묵경》에는 빛의 직사 진행과 반사되는 특성이 기술되어 있다.[83] 또한 비록 함축적인 표현 때문에 논란의 여지는 있지만 오목경(볼록렌즈)에 관한 기술도 포함하고 있어서 묵자가 유클리트보다 먼저 빛을 규명했다고 한다.[84] 광학에 대해 좀더 체계적으로 서술했다고 볼 수 있는 자료는 11세기에 심괄이 쓴《몽계필담夢溪筆談》이다. 이 사료에는 렌즈에 대한 지식을 다음과 같이 정리했다.

양수陽燧에 사물을 비추면 모두 뒤집혀 보이니 중간이 좁기 때문이다. 산가算家가 이르는 격술格術이니 사람이 노를 저을 때 얼臬[85]로 인해 좁게 된 것과 같다. 솔개가 공중에 날 때 그 그림자[像]는 솔개를 따라 움직이나 혹 중간에 창틈이 있으면 그림자는 솔개와 서로 반대가 된다. 솔개가 동쪽에 있으면 그림자는 서쪽에 있고 솔개가 서쪽에 있으면 그림자는 동쪽에 있다. 또한 만약 창틈으로 보면 누탑의 모양은 중간의 창에 묶인 바가 되어 또한 모두 뒤집혀서 내려오니 양수와 같은 이치다. 양수의 면이 오목하니 하나를 가리켜 접근해 비추어도 바르고(상이 뒤집히지 않고) 점점 멀어지면 보이는 것이 없다. 이를 지나치면(더 멀어지면) 마침내 뒤집히니 그 보이지 않는 곳이 마치 창틈, 노와 얼, 요고(처럼) 좁게 된 것과 같아 본말이 서로 바뀌니 마침내 노를 젓는 것과 같아 손을 들면 그림자는 더욱 아래로 가고 손을 내리면 그림자는 더욱 위로 올라간다. 이것은 (그와 같이) 증명된다. 양수의 면이 오목해 해를 향해 비추면 빛이 모두 안으로 모이니 거울에서 1~2촌 떨어지면 빛이 모여 한 점이 되고 크기는 마·숙과 같아 물건에 붙으면 불이 일어난다. 이것은 요고의 가장 가는 부분이다.[86]

이 글에서 양수란 '별의 부싯돌'이라는 의미의 오목거울(볼록렌즈)로, 본래 불을 발화시키기 위한 도구로 사용되었다. "노를 저을 때 얼로 인해 좁게 된다"는 것은 빛이 초점을 지나 반대로 상이 맺히는 것을 노가 얼을 통과해 반대 방향으로 뻗어가는 것에 비유해 말한 것이다. 위의 사료는 먼저 오목거울에 비추면 사물이 뒤집히는 원리를, 중간이 좁다는 것은 볼록렌즈를 통과할 때 빛이 가운데로 모아지는 현상을 기록했다. 특히 물체의 상이 좁은 구멍을 통과하면 상이 뒤집히는 것을 설명하고 있어서 빛의 원리에 대한 기본적인 지식이 알려진 것으로 보인다. 다만 오목거울이 물체를 크게 보이게 한다는 내용은 밝히지 않아서 확대의 원리를 이해했는지 확인하기는 어렵다.

심괄이 쓴 볼록렌즈에 대한 비유적 표현은 경험적 지식으로서 체계화한 듯한 인상을 주기 때문에 알하젠으로부터 유래한 지식이라고 분명히 말하기는 어렵다. 그럼에도 특별한 기능을 가진 유리 제품들의 도입과 함께 11세기 후반 중국 사료에서 볼록렌즈의 기본 개념과 원리에 대해 체계적인 이해를 돕는 내용이 등장한 것은 확실히 흥미로운 현상이다.

양수는 한대에도 언급되었으므로 고대부터 활용된 것은 분명하다. 그러나 당시 양수는 대개 불을 발화시키기 위한 용도로만 제한적으로 언급되었다.[87] 《몽계필담》에서도 불을 발화시키는 방법이 설명되기도 했지만 이 사료는 주로 중국이 오목경과 카메라 옵스큐라에 상이 맺히는 현상을 이해하고 있었다는 점을 주목할 필요가 있다. 또한 "양수의 면이 오목"한 경우 물체를 비춰도 상이 뒤집히지 않으며 멀어지면 다만 안 보이게 되었다가 더 멀어지면 상이 뒤집힌다고 언급했다. 특히 상이 나타나지 않는 지점에 창틈, 얼(노가 저어지는 고리), 요고처럼 좁은 곳이 있어 반대로 상이 맺히는 것과 같은 원리임을 설명했다. 이는 초점의 개념까지 접근해 오목거울, 즉 볼록렌즈의 상 맺힘 현상을 이해했다고 볼 수 있다.

《몽계필담》의 오목경에 대한 기술은 중국에서 기술해온 빛에 관한 내용과 상당히 차이가 난다. 우리는 종종 묵자가 빛의 투과와 그림자 형성의 원리를 알고 있었다는 점에 놀라곤 한다. 그러나 묵자 이후 빛에 대한 중국의 기록들은 《묵자》의 내용과 큰 차이가 없다. 그런데 《몽계필담》에서 제공하는 빛에 관한 원리와 초점의 개념 등은 묵자가 제공하는 것과는 확실히 차별화된 지식 체계였다. 이 빛에 관한 지식이 중국에서 자체적으로 확보되었던 것이 아니라 외부로부터 유입된 것으로 판단되는 부분이다.

이러한 주장은 당시 이슬람의 유리 제품이 대량으로 유입되었다는 점을 고려한 것이다. 송대에 안경을 사용한 근거로 언급되는 구절은 "옥관 사항史沆이 수정으로 눈을 받혀 비추면 보인다"[88]고 한 북송대 류기劉跂가 쓴 《가일기暇日記》의 기록에 근거한다. 뒤에서 설명하겠지만 사항의 기록은 수정으로 빛을 비추었다는 의미로 해석되기 때문에 안경을 발명했다는 근거는 될 수 없다. 하지만 적어도 송대 볼록렌즈 혹은 구형 경편이 제품화되어 유통되었다는 근거로는 충분하다.

이외에도 송대 소설류인《태평광기太平廣記》에는 '양수주陽燧珠'라
는 단어가 언급된다. 양수주는 동전 10만 민으로 거래되는 귀한 보
석류로 아랍에서 유입된 것이었다.[89] 양수주는 그 형태를 자세히 알
수 없지만 글자 그대로 불을 붙일 수 있는 구형의 렌즈일 가능성이
크다. 당시 아랍에서 수정이나《태평광기》의 양수주와 같은 구형 경
편의 유입은 상당히 의미 있는 현상이다. 이 무렵 기록된 심괄의 오
목경에 대한 이해 역시 아랍에서 학습되었을 것으로 추측된다.

의학 방면의 저술에서는 당신미唐慎微의《증류본초證類本草》에 유리
에 대한 다음과 같은 기록이 남아 있다.

> 유리는 본디 돌인데 자연스럽게 회리灰理해야 그릇이 된다. (중략) 일
> 화자日華子가 이르기를 파려는 차갑고 독이 없으며 마음을 편하게 해
> 두근거림을 그치게 하고 눈을 밝히며 눈이 뿌연 (증상을) 줄여준다고
> 한다.[90]

북송시대 의학·약학의 전문가인 당신미는 원우 연간(1086~93) 사
천의 성도에 이르러 의업과 저술에 종사했다. 그의 저술인《증류본
초》는《신농본초경神農本草經》뿐 아니라 고대의 경사·필기·문집의
약물 자료를 광범위하게 수집하고 이미 산실된 자료도 일부 확인할
수 있어 중요한 가치를 갖는다. 위의 인용에서 주목할 부분은 일화자
의 구절을 인용해 파려가 "눈을 밝히고[明目]"과 "앞이 뿌연 증상을 완
화하는[摩臀障]" 효과가 있다고 한 기록이다.[91] 대개 백태가 끼고 뿌옇
게 보이는 증상은 노안에서 생기는 여러 증세 가운데 하나다. 눈을

밝힌다는 내용인 '명목明目'에 이어서 해석한다면 파려는 노안의 여러 증상을 덜어준다는 의미로 이해할 수 있다. 당신미의 파리에 관한 기술은 시각 장애가 있을 때 의학적 처방으로 유리 제품을 사용하고 있다는 점에서 특별히 주목해볼 수 있다.

문학작품이기는 하지만 송대《태평광기》〈기인〉편에는 양나라 시대 만걸齝傑이라는 박학다식한 사람이 남긴 유리에 관한 흥미로운 이야기가 남아 있다.

부남의 큰 선박이 서천축국으로부터 와서 벽파려경을 팔았으니 넓이가 1척 5촌에 무게는 40근이 나갔다. 안과 밖이 희고 깨끗해 5색의 물건을 그 위에 두면 환하게 퍼져 보아도 보이지 않는다. 그 가격을 물으니 약 동전 1백만 관이라 했다. 문제가 유사에게 계산하게 해 창고를 기울여 보상해도 부족했다. 상인이 말하길 "이는 색계의 천왕이 복락을 두고 하늘을 섬기니 큰 비를 적시고 수많은 보석이 산과 같았습니다. 산에 들어 감추어 두고 취하기 어렵게 하기 위해 큰 짐승이 지키게 하고 고기를 던져주었는데 이곳의 고기가 썩어 보경을 끈적이게 했습니다. 새 한 마리가 물고 날아갔으니 (바로) 이 보물입니다"라고 했다. 온 나라가 알지 못하니 감히 그 값을 아는 이 없어 걸공傑公에게 보이니 공이 말하길 상계의 보물이 분명하다. 옛날 파라니사국波羅尼斯國의 왕이 큰 복이 있어 이 보경寶鏡 두 개를 얻으니 보경의 빛이 비추는 것이 큰 것은 30리, 작은 것은 10리였다. 현손에 이르러 복이 다하니 천화가 궁을 태웠다. 큰 거울의 광명이 능히 재화를 막고 작은 보경은 빛이 작아 불에 소실되었다. 비록 광채가 어둡기는 하지만 일찍이 여러 독물을 물리치며 방원은 백보에 이르니 아마도 이 구슬일 것이다. 당시 왕은 황금 2,000여 근에 팔아 마침내 상인의 손으로 들어가게 되었는데 뒤에 왕이 복이 줄어들고 그의 대보를 잃어버리니 이 보경을 수탈해 다시 왕국에 들였다. 이 왕의 10세손이 도를 잃으니 국인들이 모해해 이 거울은 다시 나가게 된 것이다. 당시 대신들은 그 얻은 바는 마땅히 상인에게 들어가야 한다 했는데 그 값이 천금이라 부고를 기울여도 당할 수 없었다.

이 글에서 전하는 파려경은 그 크기가 매우 큰 대형 렌즈다. 아마도 이 제품은 특별한 목적을 위해 제작된 것으로 보이는데 내용 역시 매우 신비로운 것이라 사료로 채택되기 어려운 부분이 있다. 이 렌즈가 어떤 용도로 제작된 것인지 확인하기는 어렵지만 특별한 유리 제품에 대한 당시 사람들의 관심을 이해하기에는 충분하다.

인도양 방면 교역의 증가와 함께 새로운 상품들과 지식들이 중국에 소개되었고, 당시인의 적지않은 관심과 호기심을 불러일으켰다. 네트워크를 따라 유입된 유리 제품들은 신비롭고 이국적인 설화와 민담으로 뒤섞여 전해졌을 것이다. 유리 및 광학 지식은 교역 네트워크가 가져온 문화적 세례였다.

11~13세기 유리 기술의 전파

10세기 이전 아랍은 유라시아 곳곳과 접촉하고 인도양을 누비며 각지에서 정보와 지식을 흡수했다. 인도와 접촉한 아랍인은 인도의 숫자와 공위의 자리에 0을 표기하는 방식 등도 채택했다. 광학 방면에서도 이븐 시나Ibn Sīnā의 붕사 등 광물의 정리와 알비루니의 유리에 대한 기술, 알하젠의 광학 방면의 성취는 바로 정보와 기술 방면의 새로운 사례를 적극적으로 수입했던 이슬람의 사회적 분위기를 반영한다. 아랍이 수정과 같은 맑고 내구성 있는 유리 제품의 제작과 수출에서 독보적인 지위를 점하게 된 것은 우연이 아니다.

10~12세기까지 아랍의 파리라는 상품은 유라시아 곳곳에서 주목받았다. 이 과정에서 파리를 바탕으로 같은 기원을 갖는 유리가 활용되거나 유통된 범위는 동아시아에서 유럽·아프리카까지 확장된다. 교역 네트워크의 확장이라는 측면에서 보면 이것은 광범위한 영역의 서로 다른 문명 권역에서 동일한 상품을 유통하고 소비했으며, 점진적으로 새로운 기술을 도입했다는 것을 의미한다.

13세기 유럽에서도 유리 산업은 유리창, 거울, 안경과 같은 새로운 기술을 만들어 냈고, 이 모든 것들은 매우 실용적인 수준에서 보는 방식에 영향을 주었다. 13세기 베네치아에서는 유리창, 유리 거울을 제작하기 시작해 유럽 전체에 퍼져나갔고 15세기 피렌체의 안경은 실로 대박을 쳤다.

한편 좋은 유리 거울은 상업적 부가가치 이상의 변화를 가져왔는데, 스테인드글라스가 기독교의 성스러움을 표현하는 데 활용되는 등 르네상스 예술 분야에서 유리예술이 중요하게 부각되었다. 또한 유리 기술은 광학과 그 응용 발전의 중대한 과정이었으며 나아가 유리렌즈와 거울 등이 종종 과학 실험에 사용되면서 천문학과 화학의 발전에도 의미 있는 영향을 가져왔다. 일각에서 만약 거울이 없었다

면 르네상스와 과학혁명은 일어나지 않았을 것이라고도 단언한 것도 무리는 아니다.[92]

새러 딜런Sarah Dillon은 르네상스의 시각예술 발전에 대한 저술에서 베네치아의 유리 기술 발전에서 특별히 레반트의 역할이 중요하다는 점을 언급했다. 13세기 이전 선물, 상품으로 베네치아에 유통되던 동양의 유리그릇이 단순한 전리품이나 사치품이 아닌, 그 이상의 의미가 있다는 것이다. 13세기에 이르러 기왕에 이슬람에 축적되었던 유리 관련 지식들은 봇물처럼 베네치아와 주변의 상업도시들에 전달되었다. 베네치아인은 레반트 지역의 유리 가공업자들에게 우수한 시리아 유리 제작방법을 학습할 수 있었을 뿐 아니라 특히 시리아에서 수입된 유리 원료와 유리 파편 등을 사용해 저비용으로 유리 용해질을 쉽게 만들어 내고 고품질의 유리 제품 제작 수준까지 접근할 수 있었다.[93]

베네치아가 레반트 지역과 지속적인 교역 네트워크를 확보하고 유리 제작의 비법을 획득해 르네상스의 유리 공예와 예술 방면에 혁신을 가져온 것은 르네상스의 혁신이 그리스·로마시대 고전의 부활에만 국한되지 않는다는 것을 보여준다. 그리고 일각에서 주장되는 것처럼 16세기 상업도시 사이에 일어났던 새로운 문화 조류가 17세기 과학혁명을 만들었다면[94] 이러한 모든 성공은 13세기 유리 산업의 성공으로부터 비롯된다고 할 수 있다.

또한 중세 이슬람이 보유한 상당한 분량의 지식들이 유럽의 고대 철학과 과학 철학, 천문학, 지리학에 대한 탐구에서 비롯되었지만 그 상당 부분이 인도의 수학과 천문학 등에 의해 진전되고 체계화되었

산티 지오반니 에 파올로(Santi Giovanni e Paolo)의 스테인드글라스
1430년대 건축된 베네치아의 대성당에 있는 스테인드글라스로 당시 화려한 유리 제품 제조 기술을 확인할 수 있다.

다는 것도 잊지 않아야 한다. 티베트에서 인도·페르시아로, 인도·페르시아에서 아랍으로, 아랍에서 중국과 유럽으로 전달된 유리 제품과 유리 제작기술은 역시 인도양의 아주 오래된 방법을 응용한 것이었다. 13세기 초 이러한 기술적 이전이 전 유럽으로 확산된 것은 교역 네트워크가 활발하게 작동했기 때문이며, 베네치아가 그런 교역 네트워크를 유럽에 연결하는 접합부였기 때문에 가능한 일이었다.[95]

13세기 유럽의 상업도시들에 혁신을 가져온 유리 제품은 유라시아의 동쪽 끝에 위치한 중국에는 그보다 일찍 전달되었다. 파려와 파려를 활용한 안과적 치료 방식, 화주나 수정, 각종 유리등과 유리기명들에서의 성취, 그리고 이슬람의 광학지식 전달은 유럽과 같거나 이른 것 같다. 베네치아가 레반트 지역에서 각종 유리 제품을 수입하고 제작했던 시기인 남송대 중국에서는 화려한 유리 제품들이 각종 장식품과 종교적 용기로 사용되었다. 오랫동안 송대를 '동방의 르네상스시대'에 견주어 왔던 주장은 경제적 발전, 도시 문화의 발달, 문학 방면의 혁신, 과학적 성취 등 다양한 측면에서 해석되지만[96] 적어도 유리 기술 방면에서 이룬 성취는 동서양이 동일한 시대의 타임라인으로 이해하게 한다. 그리고 13세기 유럽의 유리 제작 혁신이 '르네상스'를 견인하는 하나의 끈이었다면, 중국에서도 유리 상품의 보급과 유리에 관한 각종 정보가 '중국의 르네상스'를 이끄는 중요한 요소였다고 이해할 수 있지 않을까? 그러고 보면 인도양 교역 네트워크는 중국과 유럽을 동시에 자극했다고 할 수 있다.

13세기 아랍의 유리가 유럽과 동아시아에서 공유된 것은 10세기 이후 계절풍을 활용해 짧은 구간에서 큰 이익을 창출할 수 있는 구역 무역의 패턴의 정착과 관련이 있다. 해양 공간을 이해하고 있던 아랍은 계절풍을 이용해 단일한 상업 네트워크로서 이 공간을 묶어냈다. 장거리 무역은 비록 서로 다른 권역에 속한 권역이 자본을 교환했고, 상이한 지식 체계, 서로 다른 신앙, 어울리지 않는 가치관의 만남도 있었지만 이러한 상이한 권역 사이에서도 상품 등 물질적 방면에서의 교류는 지속적으로 이루어지면서 계속 자극했다. 전근대 무역에 의한 사치품의 교류가 지속성과 항상성을 갖기에는 한계가 있었지만 이 교역 네트워크의 일부 상품들은 그것을 가능한 방향으로 이끌었다. 교류를 통해 고대 세계의 서로 다른 권역들은 서로 밀접한 관계(하지만 이러한 관계는 발굴이 쉽지 않다)를 형성했고, 문명사적으로는 비슷한 단계의 정보와 상품들을 서로 공유할 수도 있었다.

소결

인도양 주변에는 최소한 5~6개 이상의 서로 다른 문화적 특성을 가진 소문명권역들이 존재했다. 물론 이 권역들은 대개 종교적·지형적·경제적 구별이 있었고 서로 다른 문화적 기호가 있었지만, 바다를 중심으로 몇 개의 권역들은 다시 상호 학습되면서 공통적인 특징을 갖는다. 중국의 유리 관련 사료들은 고대부터 다양한 지역으로부터 수입된 유리가 유통되었다는 사실을 보여준다. 한대부터 기록에 남아 있는 로마의 유리구슬들 뿐 아니라 인도 서북 지역으로부터 온 유리구슬들, 그리고 사천이나 우전국에서 주조되었다는 화주, 곤산 일대의 랑간 등은 제작 방법이나 상인들과 함께 중국에 알려졌다.

다양한 유리 제작에서 교역 네트워크의 연결에 효율성을 더하며 성장한 아랍은 새로운 유리 문화의 창달과 보급에 적지 않은 역할을 했다. 특히 아랍의 유리는 유리 제작에 붕사를 활용한 것으로 보이는데 이것은 유리의 기능과 투명도를 훨씬 강화시켰다. 붕사와 붕사유리 유통과 관련해 주목되는 곳이 사천과 운남, 티베트 등지다. 사산조의 유리 제작 방식에 더하여 붕사를 유리 제작에 적용하는 방식을 터득한 아랍은 우수한 유리 제품을 생산하고 보급할 수 있었다. 아랍의 유리는 유리의 투명도를 높이며 수정과 종종 비교되기도 했다.

이러한 아랍의 성취는 이들이 교역 네트워크에 활용될 정도였다. 특별한 시스템을 만들어냈기 때문이었다. 10세기 이후 항해 기술의 발달과 더불어 인도 방면으로 진출을 서둘렀던 이슬람 상인들은 계절풍이 만들어낸 장거리 교역 방식과 결합하여 출신과 종교, 문화적 차이를 넘어서 정보와 상품을 수집하고 판매할 수 있는 교역 방식을 채택했다. 그리고 아랍인이 고안한 교역 방식은 교역 네트워크의 상품과 정보의 수집과 보급에서도 효율적으로 기능했다.

교역 네트워크상의 이슬람의 성취는 유리뿐 아니라 유라시아 곳곳의 상품 정보들의 수집과 상품화에도 변화를 가져왔다. 유리 제품은 그 자체가 상품이기도 했지만 한편 용기로서 액체나 분말 상태의 상품의 운반에도 중요했다. 다양한 화장수나, 안료 혹은 술과 기름, 수액 등을 담는 유리용기들은 교역 네트워크의 상품 목록을 풍성하게 했고 송대에 유행한 유리등·유리잔·장미향수·맹화유 등은 중국 도시 문화의 일부를 이루었고 상인들을 자극했다.

11세기 후반 중국인의 인도양 진출은 중국이 교역 네트워크상의 상품과 정보를 더 많이 흡수할 수 있게 된 기회였다. 송·원대 아랍의 유리 제품과 장미수 등의 유행, 동아시아에서 사향이 획득했다는 수정에 관한 기록, 《몽계필담》에 나온 볼록렌즈의 상이 맺는 원리와 같은 지식의 보급, 그리고 아랍이 수정완을 수출하면서 동아시아 유리 유통에 남긴 인상적인 기록 등은 새로운 상품과 기술의 유입으로 관련 정보가 증가되었기 때문이다. 이것은 유라시아와 인도양 전체를 연결하는 네트워크의 발달에 따른 것이다.

유리 제품의 제작에서 아랍은 경쟁력 있는 기술을 확보했고, 이것은 종교적·문화적 기호가 되었다. 인도양과 유라시아의 상업도시와 그 주변에서는 그 상품과 기술을 재빨리 유통시키거나 도입했다. 송대 《태평광기》 등에 전하는 유리 제품의 기사는 언뜻 보면 민담과 설화 수준의 소설적 내용이지만 송대 사람들의 동경과 모험을 불러일으키기에 충분해 보인다. 특히 《몽계필담》에 전하는 볼록렌즈의 원리는 초점의 원리까지 정확한 비유를 들어 설명했다.

　안경과 유리에 관한 문헌자료를 통해 부분적으로만 확인할 뿐이지만, 유리 문화의 보급과 파리 등 언어의 어원 등을 고려하면 해양에서 일어난 교통과 상업의 혁신은 세계를 새로운 단계로 올려놓았다. 10세기 이후 점차 뚜렷해지기 시작한 인도양을 엮어내는 교역 네트워크는 11세기 중국의 진출과 함께 더욱 활발하게 작동하기 시작했다. 장거리 교역 방식의 혁신은 상품과 정보의 공급을 통해 서로 다른 권역을 자극하고 포괄하며 일체화 진행을 추동하는 방향으로 나아가고 있었다.

2부

기술과 정보의
이동으로
연결된 세계

—

안경의 변화

1장

안경의 기원과 광학 기술의 발전

안경의 기원에 관한 논쟁들

안경이 언제, 어디에서, 누구에 의해 제작되었는지에 대해 학계에서는 여러 논쟁이 이어졌다.[1] 1915년 영국인 라스무센O.D.Rasmussen이 춘추전국시대에 안경이 발명되었다고 주장한 이래로 중국을 안경 기원지로 보는 몇몇 발표가 이어졌다.[2] 여러 연구 중에서 1950년대에 발표한 섭숭후聶崇侯의 연구는 북송대 류기가 쓴 《가일기》의 기록[3], 남송대 조희곡趙希鵠의 기록, 그리고 마르코 폴로가 북경에서 원 조정의 관리가 안경을 낀 것을 보았다는 기록 등을 근거로 안경이 중국에서 발명되었다는 것을 입증하고자 했다. 이러한 초기 안경사 연구는 대개 의학계가 중심이 되곤 했다.[4]

그러나 사료를 엄격히 해석하는 전문적인 연구들은 시력 교정을 위한 안경이 원대 혹은 명대에 중국에 들어온 것임을 분명히 했다.[5]

특히 주성朱晟은 그간 중국에서 안경이 발명된 근거로 제시되어 오던 내용을 일일이 부정하며 서양에서 전입된 것이라고 했다. 그의 분석에 따르면 안경이 중국에서 발명되었을 것으로 추정하게 하는 마르코 폴로의 기록은 우리에게 알려진《동방견문록》에서 확인하기 어렵다. 원대인이 애체를 사용했다는 주장 역시 송·원대 판본에서 해당 내용이 확인되지 않았고 명 말의 자료에 언급되었기 때문에 사실로 받아들여지지 않는다.

중국 기원설의 유력한 증거는《가일기》에 나온 사항史沆이라는 자가 사용한 수정렌즈에 관한 기록이다.《가일기》의 저자 류기의 활동 시기는 북송 신종 연간으로, 대략 12세기 초반에도 생존해 있었던 것으로 보인다. 류기의 기록에 따르면 사항이라는 옥관獄官이 수정 10종을 구해왔는데 처음에는 깨닫지 못했다가 뒤에 수정으로 "해를 받혀 비추면 보인다[以水晶承日照之則見]"는 것을 알게 된 것이다.[6] 이 사료에서 안과의학을 전공한 섭숭후는 "해를 받혀[承日]"를 "눈을 받혀[承目]"로 바꿔 해석했고, 이를 송대 안경 사용의 증거로 제시했다. 그러나 이 사료는 사항이 수정의 본래 기능이 무엇인지 모른 채 가져왔다가 우연히 햇빛 아래에서 빛을 확산시키는 데 활용했다는 정도로 해석될 뿐, 시력 보조 기구로써 안경을 발명한 상태였다고 보기는 어렵다.[7]

안경의 서양 기원설은 이탈리아의 유관 문헌들, 특히 베네치아에서 1300~1310년 있었던 고등회의의 자료를 근거로 한다. 이 자료 중 크리스틸 업자들의 기술 규정 등은 이미 14세기 이전부터 안경이 제작되었다는 것을 보여준다.[8] 유럽에서 안경을 제작한 가장 유력한 사료는 1306년 산타마리아 노벨라의 피렌체 성당에서 수도사 조르다노 다 리볼타Friar Giordano da Rivolta가 안경이 세상에서 가장 쓸모 있는 기술 중 하나이며 이것이 발명된 지 약 20년도 되지 않았다고 한 발언이다. 이로 추측컨대 유럽에서 안경이 발명되었다면 아마도 1280년대일 것으로 보인다. 카밍치우開明裘는 유럽 기원설을 지지해 처음 중국에 유입된 안경은 유럽의 것으로, 포르투갈이 점령한 말라카를 거쳐 온 것이라고 주장하기도 했다.[9]

이외에도 "피사의 산타 카테리나 수도원의 선교사 알렉산드로 스피나Alessandro Spina가 안경을 제작할 수 있었다"는 기록을 근거로 그가 안경을 발명했을 것이라고 알려지기도 했지만 이 주장은 이것을 인용한 연구들이 사료를 변질, 위조했다는 사실이 알려지며 설득력을 잃었다.[10] 가장 이른 시기 안경을 쓴 사람을 그린 회화는 1352년 화가 토마소 다 모데나Tomasso Da Modena가 이탈리아 베네치아 트레비조 교구의 산니콜로 성당 부속건물에 그린 벽화다. 이 그림은 교회당에서 40여 년간 봉직했던 위그 추기경Hugh of Saint-Cher의 유상이다.[11]

안경의 중국 발명설에 반대했던 황음청黃蔭清은 안경이 처음 제작된 지역이 베네치아의 무라노 지역이라는 주장을 지지했다. 그는 이 지역이 13세기 유럽에서 가장 먼저 유리를 제작했기 때문에 기술적으로 본다면 렌즈를 제작할 수 있었을 것으로 보았다.[12] 이 지역의 유리 기술 중 뛰어난 점은 글라인딩 기술이었다. 렌즈 제작은 뛰어난 유리 글라인딩 기술을 가진 자들에 의해 우연히 발명되었을 수 있다. 그러나 서양 기원설 역시 베네치아가 안경이 발명된 진원지라고 여겼던 핵심적인 사료가 왜곡된 것임이 밝혀진 뒤, 13세기 말 안경이

위그 추기경의 유상

1352년 화가 토마소 다 모데나가 이탈리아 베네치아의 트레비조 교구의 산니콜로 성당 부속건물의 벽화에 그린 그림으로, 이른 시기 안경을 쓴 사람의 그림으로도 알려져 있다.

베네치아에서 널리 사용되었다는 정도로 정리되고 있을 뿐이다.[13]

1268년 영국의 철학자이자 자연과학자인 로저 베이컨Roger Bacon은 투명하고 얇은 절편의 물체를 통해서 글자를 본다면 문자를 훨씬 더 잘 볼 수 있고 더 크게 볼 수 있을 것이라고 기록했다. 다만 안경을 실제 사용했는지 확인할 길은 없다. 광학 관련 기록은 이미 2세기 전 알하젠이 설명했고, 그의 기록 이전에 독일 등지에서 문자의 확대에 대한 기록이 있었으므로 베이컨의 기록이 첫 번째라고 인정되지 않는다.[14]

그동안 안경 관련 고증에서 많이 언급되지 않았던 아랍 쪽의 자료도 조금씩 그 면모가 드러나면서 안경의 역사에 대한 관심을 환기시켰다. 아미르 마조르Amir Mazor는 아랍 쪽의 전기와 공문서 기록을 통해 14세기 중반 이전 다마스쿠스 등지에서 안경이 사용되었음을 확인했다. 유럽에서 안경이 확산된 것은 14세기 중반부터이므로, 아랍에서 처음 안경을 사용한 타임라인은 유럽과 거의 일치한다고 파악된다. 비록 안경이 발명된 곳이 아랍 쪽인지의 여부는 아직 명확한 근거는 없지만, 지금까지 확인된 아랍의 사료들은 극히 일부이기 때문에 아랍의 안경 제작과 보급에 관한 정보는 여전히 업데이트될 여지가 있다.[15]

안경이 유럽에서 발명되었다는 근거는 미흡하지만, 현재까지는 1280년대 유럽에서의 안경 관련 기록보다 더 이른 시기에 안경이 활용된 뚜렷한 증거가 없기에 유럽이 가장 먼저 안경을 '도입'했다고 인정할 수 있다. 어쨌든 안경 발명자를 찾는 것은 아직 과제로 남아 있으며 이슬람 쪽의 추가 사료가 발견되기를 기대하고 있다.

지금까지 안경의 발명지와 시기를 규명하고자 한 연구들은 초기 안경 제작과 전파에 관한 의미 있는 성과를 가져왔음에도 안경의 발생지를 구체적으로 입증하는 데는 실패했다. 오히려 이 연구들은 중국과 서양 모두 안경이 '전입'되어온 것임을 확인했을 뿐이다. 초기 연구들이 안경의 기술사적 발전에 대해 자국 혹은 자문화의 독자적인 발전상들을 발견하려는 노력들이 주류를 이루었던 것에[16] 비교하면, 최근의 경향은 안경의 발명을 교류의 결과로 이해하는 데 인색하지 않은 편이다. 안경의 전입을 명쾌하게 설명하고 인정하는 이 연구들에서 더 중요한 가치는 다양한 문화를 폭넓게 이해하고 용인하는 태도인 듯하다. 이러한 태도는 세계화가 진행되면서 문화의 독자성·단일성을 강조하기보다는 다양성·개방성을 강조하는 움직임과도 무관해보이지 않는다.

안경은 언제 제작되었고, 동아시아에 보급되었을까? 나는 이에 대한 답을 다양한 문화권역을 포괄하는 유라시아의 교역 네트워크가 보여주는 역동성에서 찾고자 한다. 안경을 '발명'했다고 여기는 13세기와 안경 사용이 확산된 14~15세기 무렵, 유라시아 교역 네트워트는 유기적으로 작동하고 있었다. 이 교역망에서 활동하는 상인들은 서로 다른 지역의 정보를 수집함으로써 상업적 이윤을 획득할 수 있었다. 안경은 이 교역망 어디에서인가 발명되었고 전파되었으니 그 교역망이 어떻게 형성되고 유지되었는지를 이해하는 것은 새로운 단서들을 찾아가는 데 필요한 과정이다.

고대의 광학 이론과 알하젠의 업적

인류가 광학이라는 개념을 갖기 시작한 것은 언제일까? 서양의 광학 이론의 역사를 검토한 자료에 따르면 일찍이 기원전 5000년 바빌론 사람들은 광선의 직사론을 알고 있었다. 고대 유럽의 저명한 광학 저자로는 유클리드Euclid, 헤론Heron, 프톨레마이오스Ptolemaeos, 다미안스 등이 있다. 이 가운데 유클리드의《광학》과 헤론의《굴절광학》일부는 아직까지 전해온다. 플라톤은 일찍이 자신의 저작에서 유클리드를 "기하광학의 아버지"라고 칭했다. 광선의 반사원리는 헤론의 논증에서 도출되었다. 그는 투사각angle of projection과 반사각angle of reflection의 규칙을 얻어냈다. 한편 프톨레마이오스는 굴절광학을 체계적으로 연구했다. 그는 다섯 권에 달하는 자신의 저작에서 공기,

유리굴절율 등에 관한 기록을 남겼다. 이후 빌레브로르트 스넬리우스Willebrord Snellius, 르네 데카르트René Descartes에 의해 광선이 두 종류의 서로 다른 광학 계면을 통과하면서 굴절현상refraction phenomenon이 발생한다는 원리가 밝혀졌다.

시각이 발생하는 원리에 대해 로마인은 동공 때문이라고 생각했다. 두 사람이 서로 바라볼 때 동공 안에 작은 상을 볼 수 있는데, 당시 사람들은 이를 보고 동공이 시각이 발생하는 곳이라고 인식했다. 당시인들은 실제 생리해부에 대한 지식이 부족했다. 기원전 500년 무렵 피타고라스Pythagoras가 광선이 눈을 통해 발출되고 직행해 물체와 접촉하면 시각이 발생한다고 했다. 이러한 시각 발생 이론은 꽤 오랫동안 지속된 것 같다. 17세기에 이르러 정신중추에서 나온 시기視氣(senpheuma)가 물체에 닿았을 때 시각이 발생한다는 사실이 알려졌지만, 여전히 시각이 생기는 원리는 일종의 가설이며 해부생리학적 지식은 결여되어 있었다.[17]

렌즈 사용의 사례는 광학 이론의 체계화 과정과 관계없이 나타난다. 현존하는 가장 오래된 렌즈는 이집트 서기관의 묘지에서 발견된 수정렌즈다. 기원전 2500년~4500년 정도로 추정되는 이 렌즈는 재질이 맑고 투명한 수정을 사용했다. 이 묘지의 주인이 서기관이라는 점을 고려하면 수정렌즈의 용도는 분명 문자를 확대하기 위한 용도로 보이지만 확실치는 않다.

이외에도 1916년 이집트의 옛 묘지에서 2~3세기 무렵의 볼록 유리가 발견되었고, 에게해 남쪽 섬 크레타의 칸디아박물관 안에 진열된 수정의 볼록경 조각도 이집트의 옛 묘지 안에서 발굴되었다. 사실이 볼록렌즈들은 단순히 유리조각에 불과할 수 있으며 시력 교정과는 아무 관계가 없을 수도 있다. 하지만 볼록한 물방울과 수정구슬이 물체를 확대할 수 있다는 사실은 투명도만 확보된다면 쉽게 얻을 수 있는 경험 지식이었으므로 볼록렌즈로 활용되었을 가능성이 전혀 없는 것은 아니다.

또한 로마 황제 네로Nero가 경편을 손에 들고 다니면서 무사들의 경기를 보았다는 기록도 있다. 하지만 이것은 황제가 약시 때문에 녹보석을 눈앞에 대어 태양광 자극을 피했을 것이라고 이해된다. 같은 시기 마르쿠스 키케로Marcus Cicero가 시력 저하로 고민했지만 해법을 찾을 수 없었다고 한 사례가 있어 아직 시력 보조를 위한 도구가 사용되지 않았다는 근거가 되곤 한다.[18] 로마인은 일찍이 유리구슬 안에 물을 넣어 확대경이 되는 원리를 알고 있었다. 그러나 당시 사람들은 이것을 물의 작용이라고 오인하고 있었고, 렌즈의 목적을 설명하지 못했기 때문에 확대경의 원리를 이해했다고 판단하기 어렵다.

일반적으로 빛의 투과 원리를 바탕으로 한 렌즈의 제작 측면에서는 알하젠의 성과를 주목한다. 아바스 왕조의 수학자이자 물리학자, 천문학자로 잘 알려진 알하젠은 광학의 개념과 렌즈의 원리를 체계적으로 이해했다. 그는 최초로 사물이 눈에 보이는 현상을 해명했으며 구면경과 렌즈의 원리를 밝혔다. 알하젠의 저서에는 유리구슬을 사용해 물체가 실물보다 크게 보일 수 있다고 기록되어 있다. 그의 저서는 1240년이 되어서야 라틴어로 번역되어 유럽 수도원의 수도사들이 읽게 되었다.[19] 13세기 후반 유럽에서도 이러한 렌즈의 보급을 확인할 수 있는 기록이 있다. 베이컨은 구형 유리를 책 위에 두면 노안에 좋다고 기록했다.[20] 광학 이론에 관심이 많았던 베이컨이 렌즈에 관한 지식을 습득했을 가능성은 충분하다.[21] 따라서 1280년대 유럽에서 안경이 제작된 것은 광학지식의 도입과 활용으로 이해되곤 했다.[22] 알하젠으로부터 서양에서 안경이 제작되는 13세기까지는 200여 년 이상 소요된 셈이다.

서양의 과학사에서 '광학의 아버지'라고 일컫는 알하젠은 사실 아바스 왕조의 칼리프 알하킴 비 암르 알라의 치세에서 재상을 지냈던 인물이다. 알하킴은 성묘교회를 훼손한 칼리프로, 유대교와 기독교에 대해 차별한 것으로 알려져 있다. 알하젠은 나일강의 치수 문제로 알하킴에게 노여움을 살 것이 두려워 관직을 그만두었다고 한다.[23] 이것이 사실인지는 정확하지 않지만 적어도 알하젠이 이룬 광학 성과는 부정할 수 없다.

유럽과 아랍은 상호 가까운 위치에 있었지만 그 가까운 거리에 비하면 활발하게 교류하고 있었다기보다는 베네치아와 같은 일부 지역만 무역으로 호황을 누렸다. 13세기 이전까지 유럽은 인도양 세계의 변두리였고 아랍의 과학적 성과에서 상당히 멀리 떨어져 있었다. 이에 비해 초점의 원리가 정확하게 이해된《몽계필담》을 기준으로 한다면 동아시아의 이슬람 광학의 도입은 상당히 이른 셈이다.

동아시아 사료로 보는 안경의 기록

중국에 안경이 전입된 시기가 송·원대라고 주장되는 근거는 명대 과학자인 방이지方以智의 기록에 근거한 것이다. 그는 그의 저서《통아《通雅》에서 송대 이종理宗 연간에 편찬된 조희곡의《동천청록洞天淸錄》을 근거로, 애체는 안경을 가리키며 이를 사용하면 시야가 밝아진다는 점과 함께 그것이 만랄가국에서 온 것이라고 기록했다.[24] 하지만《총서집성초편叢書集成初編》과《문연각사고전서文淵閣四庫全書》에 수록된《동천청록》에서는 위와 관련된 문장을 찾을 수 없어 이후 산삭刪削된 것으로 보인다. 앞서 설명했듯이 렌즈로 활용되었을 사항의 수정 등은 당시 안경이 유입될 만한 정황적 증거이지만, 아직까지 안경이 발명 혹은 전파되었음을 보여주는 정확한 증거는 없다. 송대 안경의 전파를 확인할 수 있는 유일한 근거인《동천청록》에서 그 내용을 확인하지 못했기 때문에 중국의 안경 전입에 대한 논증은 명대의 자료에 근거해야 한다.

한편 조선의 이규보李奎報는 〈안경변증설〉에 다음과 같은 기록을 남겼다.

애체라는 것은 안경의 이름이다.《자서字書》에 구름이 성한 모양에서 근본했다고 한다. 한편 애희僾俙라고도 한다. 이등의《성유聲類》에는 애僾는 의倚 음으로 발음하니 애희는 소리를 유사하게 한 것이라고 했다. 송대 조희곡의《동천청록》에서는 애僾라고 썼고 장자렬은 체靆라고 했으니 지어낸 것이다. 노인들이 작은 글씨를 판단할 때 이것으로 눈을 가리면 밝아진다.《백천학해百川學海》에 이르기를 서역의 만리국에서 난다고 했다(만리의 利는 刺의 오류로 말라카滿刺加국이다). 원대의 소설에 애체는 서역에서 난다고 했다.《방여승략》에 만래카에서 애체가 난다고 했다.

이규보는 어떤 자료를 보고 이것을 정리했을까? 그는《자서》, 이등의《성유》,《조희곡趙希鵠》,《동천청록》, 장자열張自烈의《자서》,《백천학해》, 원대의 소설,《방여승람》등 총 7개의 자료를 언급했다. 그리고 애체라는 이름과 기능에 대해 정리한 내용은《통아》,《정자통正字通》에서 추출한 것과 크게 다르지 않다.

여기에서 주목할 부분은 이규보가 참고한《동천청록》관련 기록이다. '애체'에 관한《동천청록》의 기록은《통아》,《정자통》,《연재각지신록燕在閣知新錄》등에서도 인용되었는데 대개《동천청록》에 있다는 기록을 단순히 재인용했다.

그런데 이규보는 이 뒷부분이 상이하고 정확하지 않다고 생각했는지 직접 확인한 듯하다. 그는 중국 측 안경 사료에서 잘 인용되지 않았던《백천학해》를 인용하여 그 고증을 진행했다. 이규경이《백천학해》를 삽입한 것은 사용 시기의 연원을 설명하려는 의도였을 것이다. 이규경은 문헌상 이해되지 않는 안경의 기원을 송·원대 기록을 직접 찾아보려는 탐구욕을 발동시켜《백천학해》내용을 '원인소설' 구절 앞에 끼워 넣어 시대별로 고증의 순차를 맞추기까지 했다. 그러나 아쉽게도 우리가 참고할 수 있는《백천학해》에는 안경이나 애체 관련 기록을 찾아보기가 어렵다. 더욱이 당시 조선의 문인들이 편집본을 참고하곤 했기 때문에 이규경이 참고한 책도《백천학해》가 아닐 수도 있다.

나는 사실상 동아시아 사료에서 송·원대 안경 전파 사실을 확인하는 데 실패했음을 고백한다. 그럼에도 이와 같은 결론에 아쉬움은 남는다. 다시《동천청록》으로 돌아가보자.《동천청록》에 기록되어 있었다는 원대 소설의 안경 관련 내용을 우리는 애써 부정하고 있는 것은 아닐까? 당시 세계의 유기적인 네트워크를 고려할 때 아랍과 유럽에서 1300년대 초 안경이 보급되었다면 늦어도 1300년대 중후 반에는 중국에도 안경이 보급되었을 가능성이 크지 않을까? 유리와 광학 지식의 전달 속도를 보면 아랍과 유럽에서 활용된 안경은 분명 단시간 내에 중국에 도달했을 것이다.

많은 연구자가 중국의 안경 도입 시기를 논증하려고 시도했고 "시 력 개선 도구로써 안경이 도입된 것은 명 이후"라고 못 박았지만 여 전히 송·원대 전파설을 완전히 부정했다고 보긴 어렵다.[25] 이에 대해 나는 당시의 상품과 정보의 교역 네트워크를 이해해야 한다고 제안 한다. 상품과 정보의 유통이라는 측면에서 중국을 아랍과 유럽 등의 지역과 보편적 타임라인으로 설정하는 것은 안경의 중국 전파 연대 를 끌어올릴 수 있는 우회적 방법이 될 수 있다. 이러한 정황은 계속 해서 인도양의 항해 방식과 기술적 검토, 내륙에서 상품유통의 긴밀 성 등 전반적인 상황을 이해함으로써 좀 더 분명해질 것이다.

광학의 진전인가, 수공업의 성취인가?

아랍의 안경 전파에 대한 유력한 자료로 활용된 것은 유명한 페르시 아 출신의 시인, 알라흐만 자미al-Rahman Jami가 쓴 시다. 1480년 66세 에 쓴 이 시에서 그는 프랭크의 도구를 사용하지 않는다면 그의 눈들 은 아무 쓸모가 없다고 한탄했다.[26] 프랭크는 아랍인이 유럽인을 일 컬을 때 사용되는 용어이므로 유럽인 안경업자에게 안경을 구입한 것으로 이해된다. 이 사료는 한동안 아랍의 안경에 관한 최초의 기록으로 알려져 있었기 때문에 아랍의 안경 도입은 15세기 후기의 일로 이해되곤 했다.

아랍의 안경 도입이 늦어진 것은 여러 가지 논쟁거리를 만들었는데 그중 하나는 안경 사용 방면에서 유럽의 조기 확산과 기술적 우위를 인정하면서 아랍의 문화적 지체, 아랍에 대한 유럽의 기술적 우위를 설명하는 방식이다. 안경사에서는 유럽에서 안경이 전파되는 데 성공한 원인을 알하젠의 광학을 계승한 데서 찾는다.[27]

일찍이 아랍에서는 해니 이븐Hunayn Ibn, 알킨디al-Kindi, 이븐 샬Ibn Sahl과 같은 학자들이 광학의 기초적인 지식에 접근했다. 이러한 광학 지식을 정리하고 체계화한 알하젠의 《광학Kitam al-manazir》은 광학의 수준을 한 단계 높이고 시각 광선으로써 의학적 개념을 도입했다고 평가된다. 특히 알하젠은 시각을 수학적으로 취급해 새로운 방법론을 제공했을 뿐 아니라 '보는 것은 무엇인가'에서 '보는 것은 어떻게 가능한가'로 바꾸며 광학의 새로운 패러다임을 열었다.[28] 이러한 알하젠의 이론이 수용되기까지 유럽은 약간의 시간이 걸리긴 했지만 13세기 무렵 그의 이론은 유럽 전역에 알려졌다. 그리고 알하젠의 광학이 알려진 시기는 안경의 발명 시기와 거의 일치하며 안경의 발명에 영향을 준 것으로 설명된다.

광학지식 면에서 아랍 측이 알하젠의 이론을 계승한 것은 13세기 후반 카말 알딘Kamâl al-Din이 자신의 물리학 이론서에 알하젠의 이론을 포함시킨 후라고 본다. 카말 알딘은 알하젠의 《광학》을 광학에 관한 가장 진보된 책으로 꼽으며 아랍 세계의 주목을 끌었고 알하젠이 시각에 대한 궁극적인 권위자임을 확인했다.[29] 알하젠의 학술적 성과가 수용되기까지 아랍 세계는 유럽에 비해 50여 년 이상 지연된 셈이다.

유럽과 아랍의 안경 도입에서의 시간적 차이에 대해 버나드 루이스Bernard Lewis는 망원경과 안경이 공간 식별을 더 정확하게 향상시켰다고 제안함으로써 안경의 사용이 인류의 진보에 기여한 부분을 강조한다.[30] 중세 천문학, 의학 등에서 중요한 성취를 이룬 아랍이 그 주도적 지위를 유럽에게 내준 배경들에 접근한 그의 관점은 아랍이 안경을 늦게 사용하면서 측정의 중요성을 간과하게 됨으로써 결국 문명 발달의 중요한 시기를 잃어버린 것처럼 보이게 한다.

그럼에도 주목해야 할 또 다른 논점은 안경의 발명과 보급이 광학 연구와 유관하다고 입증할 충분한 증거는 없다는 것이다. 유럽 안경의 역사적 기원에 대해 문헌자료와 고고학적 성과를 종합한 연구 성과를 발표한 빈센트 일라디Vincent Ilardi는 안경이 광학에 충분히 접목된 것은 17세기 이후의 일이며 유럽에서 보급된 안경이 이론적 토대에 기대지 않고 최소 3세기 동안 독자적으로 발전해왔다고 주장한다.[31] 그리고 실제 안경의 발명에 기여할 수 있었던 사람은 피사나 혹은 베네치아 등 그 근처에서 일하는 숙련공이나 수도사일 것으로 추정된다. 이 숙련공들은 유리를 그라인딩하는 기술을 유지했던 그룹으로 안경의 지식과 제조와 같은 작업을 효율적으로 수행할 수 있었다. 또한 수도원의 수도사들에 의해 수공업과 상품 제조 기술의 전수가 이루어졌다고 보는 관점도 설명할 수 있다.[32] 이탈리아의 도미니크회 수도사였던 지오란도Giorando는 많은 지역을 여행했는데 이 과정에서 안경을 다양한 곳에 전해주었다. 그는 스스로 안경을 착용했으며 그것을 어떻게 제작하는지도 알고 있었다.[33]

유럽에서도 광학 이론을 시력 교정에 도입한 것은 15세기 후반이었다. 그렇다면 13~14세기 말 유럽과 아랍에 도입되었던 안경은 광학에 상관없이 수공업자들 혹은 장인 그룹들이 비밀스럽게 전수했을 기술일 가능성이 높다. 그리고 이러한 기술은 상인들과 승려, 혹은 사제들의 여행과 순례, 그리고 상업적 목적으로 교역 네트워크를 통해 전파될 여지도 충분하다. 게다가 아랍의 안경 도입 시기를 14세기 초까지 끌어올릴 수 있게 되면서 아랍이 광학 수용 지연과 안경 제작 지연으로 인해 뒤늦게 발전했다는 논리는 억지스러워진 셈이다.

한편 아랍과 유럽에서 안경이 거의 같은 시대에 처음 보급되었다는 것은 안경이 갖는 상품성에서 기인한 것이기도 했지만 그만큼 교역 네트워크가 긴밀하게 연결되었다는 것을 보여준다. 이 지점에서 우리는 동아시아의 안경 전입 시기에 대해 다시 생각해볼 필요가 있다. 현재까지 연구에서는 안경이 남쪽에서 해상 무역이나 내륙 무역을 통해 15세기 초에 중국에 도착했다고 알려졌다.[34] 그러나 14세기 초 유럽과 무슬림 사회에서 동시에 착용한 안경이 동아시아에 120년 뒤에 전파되었다는 것은 교역 네트워크의 연결 상태를 생각할 때 선뜻 동의하기 어렵다. 특히 14세기 초, 원 제국 통치하의 중국은 해양 무역이 크게 일어났고 일시적으로 강화했던 해금도 1322년 전면적으로 해제되었다. 아랍과 유럽이 14세기 초 안경을 착용하기 시작했다면 늦어도 1330년 무렵에는 중국에도 안경이 전달되었을 가능성이 무척 높다.

원대의 소설에 등장했다는 '애체'의 기록에 대해 부정적인 판단을 유보하고 당시 교통로의 긴밀함과 신속한 속도 등 다양한 측면을 더 면밀하게 검토한다면 중국의 안경 전입 시기에 대해 좀 더 열린 결론에 도달할 수도 있을 것이다.

2장

유라시아 교통의 발달과 상품의 교환

원대에 이미 안경은 유입되었다

중국의 안경 전입 시기에 대한 이론들은 사료를 엄격하게 검토해 15세기 초로 상정했다. 그러나 이러한 결론은 유라시아의 교역 네트워크에서의 상품과 정보 전달 속도와 방법을 적극적으로 고려하지 않았다. 안경과 같은 놀라운 물건이 가져왔을 문화적 충격을 고려할 때 당시 교역 네트워크의 정황상 유럽과 아랍에서 13세기 말에 공유되었던 상품이 1세기 반이 더 지나서야 중국 황실에 전해졌다는 주장은 믿기 어렵다. 앞 장에서 이미 살펴보았지만 이미 11세기 이후 인도양에서는 상품과 정보의 교역 네트워크가 유기적으로 통합되었으며 정보의 흡수와 전달이 매우 효율적으로 이루어지고 있었다. 더욱이 1250~1350년까지 몽골이 동쪽 초원으로부터 서진과 남하를 반복하면서 육상과 해상의 정보 전달 속도에서 효율성이 높아졌다.

물리적 측면에서 원 제국의 통합은 유라시아의 역사에 강렬한 인상을 남겼다. 1250년 몽케 칸이 권력을 장악한 이래 본격적으로 남송과 중동 지역을 정복하기 시작했다. 몽케와 쿠빌라이가 집권하는 동안 1253년까지 운남 지역을 판도에 들이고 1270년대에 이르러 남송을 완전히 장악했으며 시박을 설치하는 등 해상 무역 부흥에 주력한다. 그리고 1270~80년대에 이르면 동남아시아와 인도 일대의 국가들에 대해 조공을 요구하며 신복臣服하지 않는 국가들에 대해서 원정을 단행하는 등 해양의 국제 질서를 재구축하려는 일련의 시도들이 상당히 체계적으로 이루어졌다. 그러나 일본과 자바 원정, 인도와 베트남·버마·참파 등의 남방 진출은 대체로 부분적 혹은 일시적으로만 성공했을 뿐, 인도양 일대에 대해 몽골인이 확실한 영향력을 확보했다고 보이지는 않는다. 인도양의 교역 네트워크는 몽골인에 의해 조직되지도, 통제되지도 않았다.[35] 그럼에도 초원에서 발원한 원제국이 내륙아시아뿐 아니라 해양에 존재하고 있었던 교역 네트워크를 연결해 인도양 방면에 영향력을 확대해갔다는 점은 놀라운 반전이다.

원 정부의 남해 원정에 종종 가려지곤 하는 외교적 성과들은 원이 인도양 세계와의 연결에 얼마나 공을 들였는지 보여준다. 《원사》에 따르면 쿠빌라이는 양정벽陽庭璧을 대표로 내세운 사신단을 인도 방면으로 파견하기도 했다. 양정벽 등의 사절단 파견은 인도양 일대의 각 번국들을 번속으로 편입시키기 위해 1279년부터 1283년까지 총 네 차례에 걸쳐 이루어졌다. 당시 코로만달 해안을 장악하며 중국과의 무역을 주도하던 국가는 마팔아국이었는데 양정벽은 마팔아국 너머 말라바르 해안에 위치한 콜람 등의 인도양 국가들을 번속으로 편입시키기 위해 상당한 노력을 기울였다. 2차 사행이 있었던 1280년, 양정벽이 이끄는 몽골의 사절단이 스리랑카 일대에 이르렀는데 풍향이 좋지 않자 마팔아국에 긴급히 정박하면서 실패했지만 3차 사행에서 콜람의 조공을 받는 데 성공한다. 이후로도 다시 서양에 나간 양정벽은 총 네 차례에 걸쳐 인도 방면으로 출사하는 동안 인도 서해안 방면으로 구자라트의 솜나트, 크랑가노르, 트렝가누 및 인도양을 연결하는 수마트라 서북의 라무리 등 10여 개국과 번속 관계를 맺는 데 성공했다.[36]

당시 연결된 도시들의 교역 네트워크에서의 위치를 고려한다면 원의 외교적 노력이 의미하는 것은 분명하다. 몽골은 세계 최대의 항구였던 남중국의 자이툰으로부터 알렉산드리아 혹은 동아프리카 해안까지 연결되는 인도양 항해에 안정적으로 참여하게 되었을 뿐아니라 페르시아만을 연결하는 루트를 확보함으로써 유라시아를 '대여행의 시대'[37]로 이끌었다.

몽골이 인도양의 교역 네트워크를 활용한 분명한 사례도 남아 있다. 1286년 일 칸국의 군주인 아르군Arghun은 자신의 부인이 죽자 쿠빌라이에게 사신을 보내 부인을 대신할 왕녀를 보내달라고 요청했다. 마르코 폴로는 쿠빌라이가 보낸 왕녀의 호송을 맡은 사절이었는데, 당시 일행을 태운 14척의 선단은 천주를 떠나 항해 26개월 만에 목적지에 도착했다.[38]

14세기 초 이븐 바투타Ibn Battuta의 첫 번째 여행은 모로코의 탄자에서 출발해 다마스쿠스, 메카, 이스파한, 바그다드 등을 거쳐 홍해

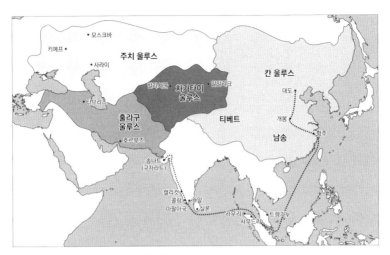

몽골 유라시아의 네 울루스와 양정벽의 출사
13~14세기 몽골 제국은 유례없이 광대한 영역을 연결할 수 있었다. 또한 양정벽의 출사를
통해 11세기부터 체계화된 해양의 무역 시스템과도 통합되었다.

를 통해 아라비아반도의 남안에 위치한 예멘으로 갔다. 또한 그는 아
프리카를 돌아 페르시아와 호레즘, 사마르칸트 등의 내륙아시아에
이르렀으며 인도 동쪽과 서쪽 해안을 거쳐 스리랑카, 몰디브 제도,
벵골 지방과 미얀마, 말레이반도를 거쳐 천주, 항주, 북경에 이르렀
다. 그의 이러한 여정은 큰 저항과 제한을 받지 않았다.[39] 원 제국 시
기에 진행된 내륙과 해양에 대한 정복과 외교 등 일련의 과정은 조공
관계를 맺고 교통과 무역에서 상호 우호적인 관계를 공식화하는 것
으로 귀결되었다. 결과적으로 원 제국은 유라시아 내륙으로부터 해
양에 이르는 교역 네트워크를 하나의 구심점으로 하여 통합적 상태
로 이끌어냈고, 더 긴밀하게 연결했다.

　이 문제에 대한 토머스 올슨의 접근은 흥미롭다. 그는 몽골 지배

시기 스텝 지역에서 해양까지의 상품 교류를 보여주는 중요한 증거로써 진주의 유통과 문화적 영향을 제시하며 스텝 지역의 몽골인의 오래된 네트워크의 복원과 인도양 세계에 익숙한 무슬림 네트워크의 활용이라는 두 가지 측면에 대해 접근했다. 특히 무슬림은 중국, 동남아시아 및 인도에 수많은 거주지를 형성했을 뿐 아니라 페르시아만과도 특별한 관계가 있었다. 원 정부는 이러한 무슬림을 고용함으로써 홍해, 지중해 동부 지역의 이슬람 상업 네트워크를 넓혀 인도양의 상업 황금기를 이어간 것으로 파악된다.[40] 올슨이 주목한 몽골인의 성과는 육상의 교역 루트를 연결하고 11세기 무렵 발달한 해양 교역 네트워크의 성과를 흡수하면서 이룬 것이다. 그리고 이것은 역참제도의 운영과 인도양 항해 방법에서 더 분명하게 드러난다.

원대의 성취, 역참 제도

교역 네트워크의 통합 혹은 일체화에서 원대의 성취는 무엇보다도 육상에서 역참을 확대해 운영한 것에 있다. 역참은 장거리를 주파하기 위해 말을 갈아타며 달릴 수 있는 릴레이 시스템이라고 할 수 있다. 몽골어로 '잠jam'이라고 하는 역참의 운영은 몽골이 맨 처음 도입한 것은 아니다. 하지만 우구데이 칸 이후 넓어진 영토를 효율적으로 관리하기 위해 적용된 역참은 그보다 긴밀하게 더 넓은 면적에 적용되었다. 몽골이 정복전을 지속하는 동안 확장된 영토에 대해 설치한 역참은 중앙아시아를 거쳐 흑해 연안의 초원 지역까지 이란과 페르시아, 중국 전역 및 동남아시아 각지에 모두 6만 킬로미터의 도로에

마르코 폴로의 《동방견문록》에 수록된 삽화

마르코 폴로 일가가 중국에 입국한 시기는 카이두의 세력이 성장하며 쿠빌라이와 갈등관계에 있었던 때였다. 이 시기에도 유라시아를 가로지르는 교역은 여전히 가능했다.

1,400개 소 이상에 달했다.[41]

역참은 문서의 전달과 사신의 이동이 주된 목적이었고 황실에서 필요로 하는 물자를 조달하기도 했다. 각 역참에는 물자를 공급하는 호구를 따로 지정해 운영에 필요한 가축·식량들을 조달하게 했고, 내륙의 역참에는 말과 수레를, 바다와 강이 있는 곳에는 배를, 북방 지역에서는 개가 끄는 눈썰매를 준비하며 각 지역에서 필요로 하는 교통편을 제공했다. 역참은 60~100리(약 33~45킬로미터 간격) 단계로 설치되어 허가된 여행자에게 가축과 사료 및 서신 공문 전달을 지원받을 수 있도록 했기 때문에 이를 이용하면 하루 약 350~400킬로미터의 먼 거리를 이동할 수 있었다.[42] 역참과 함께 몽골이 운영한 전령 시스템은 하루에 약 300리의 거리를 갈 수 있었는데 군무와 같은 급한 사무는 역마를 사용해 더 신속하게 전달할 수 있었다.

황실의 정치·재정을 위해 설계된 역참은 일반인들이 사용하는 것은 아니었지만 실제로는 몽골 귀족과 오르탁이라는 협력관계를 맺은 상인들이나 유력한 상인들이 점차 역참을 임의적으로 사용하게 되었다.[43] 이러한 부정한 사용과 역참의 남용으로 인해 역참에 물자를 공급하는 호구들에게 큰 부담이 되어 사회적 문제가 되었다. 이에 몽케 시대에는 역참 제도가 재정비되어 상인들도 비용을 지불하고 역참을 이용하게 되었다.

제국의 확장에 따라 몽골 울루스 전체에 기능했던 역참제도는 마치 모세혈관과 같이 유라시아 곳곳으로 인도하며 제국의 광역적 교통 네트워크로 기능했다. 쿠빌라이에 이르러 전 몽골 울루스들의 통합 구심점인 대도의 건설이 기획되자 대도-상도-카라코룸을 연결하는 역로 건설 및 서역으로 연결되는 역참의 운영에도 힘을 기울이는 등 동서양 교통로상의 통합은 더 견고하고 지속적으로 운영되었다.[44]

비록 카이두 세력과의 갈등으로 인해 천산남로 통하는 길이 일시적으로 폐쇄되기도 했으나, 마르코 폴로 일가의 입국에서 볼 수 있듯이 유라시아를 가로지르는 여행은 여전히 가능했다. 1303년 이후 양자가 화해하면서 동서 교통로는 다시 원활해졌다. 특히 친족 의식이 강했던 울루스들은 각종 인적, 물적 교류와 왕래를 원 말까지 이어갔다.[45] 특히 몽골의 세금 수취는 관영 상업망의 유지와 발전을 위한 요건이었으며 그 중요성은 제국과 함께했고, 그 영향은 제국의 존재를 넘어서게 된다.[46]

인도양의 선박들

중국과 인도양 사이 해상 교류와 정보 및 상품 교류의 급증은 선박 기술과 항해 기술의 발달을 가져왔다. 물론 선박 기술의 발달이 무역 발달에 영향을 미치는 유일한 요소는 아니지만 적어도 해양 교역의 확대는 선박 제조 기술에서도 중요한 변화와 진전을 의미한다.

피에르이브 맨귄Pierre-Yves Manguin은 무역과 선박 기술의 발달 관계에 관한 통찰의 중요성을 언급하며 동남아시아 일대를 오간 난파선들과 중국 기록들을 통해 인도양을 오갔던 대형 무역 선박들을 조명했다. 중국 측 사료에서 동남아시아 선박으로 분류되는 곤륜선은 1천여 명이 승선 가능했던 대형 선박으로 기록되어 있다. 이 선박은 돛을 사용해 바람을 활용하도록 고안되었지만 못과 경첩은 사용되지 않았다.[47] 중국에서는 외국의 대형 선박들을 '박舶'으로 분류했는데 당대 이후 중국의 역대 왕조에서 번박에 대한 과세를 관리하던 시박市舶 제도 역시 상업을 위해 해외에서 오가는 '박선舶船'들을 관리·통제하기 위한 제도였다.

8~9세기 페르시아·아랍·인도를 오가는 1998년 발굴된 아랍의 난파선에 의해 대강 짐작할 수 있게 되었다. 20세기 동남아시아 수중 고고학 역사상 가장 큰 성과로 알려진 이 난파선의 유물들은 대부분 도자기 등 중국 상품들로 채워져 있었다(국내에서는 목포해양박물관에서 전시된 적이 있다). 이 난파선은 판자를 밧줄로 묶어 고정시키고 돛을 사용하고 있으며 못과 경첩을 사용하지 않는 형태로 동남아시아에서 활용되던 선박의 형태를 띠었다. 이러한 선박은 봉합선이라고 일컬었는데 삼각돛을 단 봉합선의 형태는 파손 시 손실부분을 최

소화할 수 있었다.[48] 이 선박은 외각의 중심이 20~22미터, 넓이 5.1 미터 정도였고, 풍속의 3분의 1까지 속도를 올릴 수 있으며, 최고 속도 10노트 정도에 이를 것으로 예측된다.[49]

아랍·동남아시아 양식과 다른 중국인 무역선도 11~13세기 인도양을 누볐다. 13세기 중국의 무역선에 관한 사료에 따르면 대형 선박은 대략 600여 명이, 중간 선박은 2~300여 명이, 그리고 소형은 100여 명이 승선할 수 있었다.[50] 마르코 폴로가 1292년 무렵 목격한 남인도 항구 사이를 오간 선박은 삼목과 송목으로 건조되었으며 쇠와 못으로 선각을 고정했고 다수의 돛대와 선창이 달린 대형선[51]으로 적재량은 1,860톤 정도로 추정된다.[52] '정크'라고 불리던 중국의 선박은 다수의 선창을 마련해 적재면을 확보하고 각종 해난 사고에서 난파 시에도 쉽게 가라앉지 않도록 해서 장거리 원양 항해에 적용되었다.

이븐 바투타 역시 13척의 중국 선박을 캘리컷 해안에서 보았다는 기록을 남겼다. 그가 관찰한 다양한 크기의 중국 선박은 못을 사용해 두 개의 나무벽을 잇대어 만들어졌으며 밀폐 상태의 선실 등으로 설명되지만[53] V자형 선각, 용골이 있는 형태였다. 이 선박은 전통적으로 중국의 해안과 강을 오가는 선박 형태인 평저 무용골의 양식과는 차이가 있어 중국형과 동남아시아형이 결합된 형태였다.[54]

중국이 동남아시아 선박 건조 기술에 영향을 받았지만 이 무렵 돛, 나침반 등 중국의 개량된 항해 기술과 선박 제조 기술도 인도양에 적지 않은 인상을 남겼다. 인도의 케랄라 카다카라팔리 해안에서 발굴된 선박은 평저선, 무용골, 철제를 사용해 고정하고 있어 중국인 조선 기술의 영향이 보인다. 목재는 현지에서 조달한 것이지만 중국인의 조선 기술이 도입된 것이다. 인도의 케랄라 해안은 수심이 낮고 항만이 매우 복잡한 형태였기 때문에 대형 선박이 운항하기 어려운 구조였다. 당시 이 지역에서 단거리를 오가는 선박은 중국식 평저선을 활용하는 것이 상당히 유리했으므로 중국식 평저형 선박의 도입은 무척 자연스러운 선택이었다.[55]

앞에서 설명한 것처럼 송대 중국 상인들도 본격적으로 인도양 일대에 진출하기 시작했다. 이 무렵 조선 기술의 발달은 나침반과 같은 항해 보조 기구나 별자리를 관찰하며 항해하는 성문도항법의 보급과 함께 항해의 안정성을 확보하고 해양을 통한 교류의 비중을 키우는 중요한 요인이 되었다. 특히 원대에 해양 무역 규제가 풀리게 되자 계절풍을 이용한 항해 방법에 기반한 인도양 무역에 중국인의 참여는 더욱 활발해졌다.

몬순의 이용과 항해 방법

인도양 교역 네트워크상에서의 이동은 계절풍의 영향을 많이 받았다. 몬순으로 알려진 인도양의 바람은 거의 '시스템'이라고 할 만큼 고정적이면서 전체 공간을 구성하는 핵심적인 요소였다. 적도에서 히말라야까지 이어지는 고압 및 저압의 교대 띠는 바람을 매우 규칙적으로 전환시켰기 때문에 인도양의 항해 시즌은 우호적인 바람의 타이밍에 의해 정밀하게 고정되었고, 숙련된 선원들은 대부분 이를 확실하게 예측할 수 있었다. 몬순을 이용한 항해 방식은 인도양에서 매우 중요한 정보였기 때문에 다양한 지침서에 이에 관한 정보가 남아 있다.

14세기 중반 기술된《도이지략》에도 중국에서 인도양을 항해하는 방법을 다음과 같이 기록했다.

선박이 대서문代嶼門에서 네 개의 돛을 달고 바람을 타고 파도를 헤치며 나는 듯하니 서양(남인도)까지 혹 100일 남짓 걸린다. 그(만리석당) 지맥으로 낱낱이 궁구해보면 일맥은 자와(자바)에, 일맥은 발니(브루나이) 및 고리지민(티모르)에 이르며, 일맥은 서양 및 극곤륜(아프리카)에 이른다.[56]

대서문은 복건, 천주의 해입에 위치한 섬의 이름이다. 천주의 항구에서 대서문에 이르면 본격적으로 항해가 시작된다. 만리석당은 천주에서 동남아시아 방면으로 향하는 항로에 있는 산호초 지대를 말하는데 특히 참과 앞바다까지 뻗어 있는 서사군도를 가리킨다.[57] 서사군도 외에도 이 주변은 섬과 암초, 모래톱이 발달했는데 이를 우회하면서 지맥을 따라 항해의 방향을 잡았다.

서사군도의 지맥은 각각 자바, 브루나이, 티모르, 서양, 아프리카로 방향을 잡는 데 이정표 역할을 했다는 것으로 보아 이곳으로부터 자바 방면, 브루나이 방면, 말레이해협 방면으로 갈라지는 것 같다. 《도이지략》에서 서양은 인도양을 의미하기도 하고 혹은 서양국을 의미하기도 하므로 대략 남인도 지방을 가리킨다고 볼 수 있다. 이 기록은 만리석당의 지맥을 따라 항행 방향을 달리해 곧장 인도양, 혹은 인도에 도착할 수 있었음을 보여주는 것으로, 복건에서 아랍, 아프리카까지 계절풍을 이용한 직항 항해로를 설명한 것이다. 위의 사료를 소극적으로 해석하더라도 복건에서 남인도까지의 항해는 100일 정도면 충분히 도착할 수 있었다.

정화의 항해 기록인《전문기》의 일정에 따르면 정월에 복건에서 출발한 선박이 11월 중순에야 캘리컷에 도착했는데 대개 봄의 계절풍으로 자바·구항·말라카·수마트라 등 동남아시아 각 지역을 순회했으며 수마트라에서 가을 계절풍을 기다려 인도양을 건너는 여정이었다.《전문기》기록의 특징은 자바에서 약 4개월을 머무르다가 8월에야 수마트라에 도착하고 다시 수마트라에서 약 두 달을 체류하는 등 일정 소비가 많았다. 정화의 함대는 대규모였기 때문에 식수 등을 공급하려면 이동 속도가 느렸을 것이다. 일반적인 상선은 대개 각 항구에서 정박 기간을 줄이거나 정박지를 줄이는 것만으로도 기간을 단축할 수 있었다.《전문기》일정에서 항해 기록만 따진다면 복건에서 참파까지 16일, 참파에서 자바까지 25일, 수마트라에서 스리랑카(실론)에 이르기까지 35일, 스리랑카에서 캘리컷까지 9일 소요된다고 했으니 순수 항해 날짜를 계산하면 인도양을 건너는 데 85일이면 충분했다.

정화의 항해일지가 대규모 함대임을 감안한다면 일반 선박의 경우 도항 시간은 더욱 단축되었다고 보인다. 실제로 비신費信은 수마트라에서 출발해 순풍으로 12일이면 스리랑카에 도착한다고 기록하기도 했다.[58] 복건 항구를 출항한 선박이 인도 남단에 도착하는 데 걸리는 시간은 100일이면 충분했다.

마선과 아랍 상인들의 항해

인도양 항해 전반에 대해서는 이미 송대에 어느 정도 알려져 있었던 듯하다. 송대《영외대답》〈항해외이〉편에는 인도양 항해 방법에 대해 다음과 같이 요약해두었다.

> 대식국(아랍) 사람들이 올 때 작은 선박으로 남쪽으로 가다가 고림국(콜람)에서 배를 바꾸어 동쪽으로 간다. 삼불제국(스리비자야)에 이르면 삼불제국 사람들이 중국에 입국하는 방법과 같다. 점성(참파), 진랍(캄보디아)의 경우 베트남 바다의 남쪽에서 가까워 삼불제국, 사파국(자바)의 절반[일정]이면 되고, 삼불제국과 사파는 또한 대식국의 절반[일정]이다. 각 번인이 중국에 들어오는 것은 1년이면 왕복할 수 있는데 오직 대식만은 반드시 2년 남짓이라야 가능하다.[59]

위의 자료는 동남아시아·아랍 등지로부터 중국까지의 항해 기간에 관한 기록이다. 아랍인이 작은 배를 타고 콜람에 이르는 것은 아마도 말라바르 해안의 복잡한 해안선과 깊지 않은 해수면 때문이었을 가능성이 있다. 어쨌든 송대 바다를 통해 중국으로 입국하는 동남아시아와 인도인은 대략 1년이면 왕복할 수 있었고 가장 먼 거리에서 오는 아랍인만 중국을 왕복하는 데 2년 정도가 소요되었다.

남인도의 콜람에 관한 설명에서는 당시 계절풍 항해에 대한 더 많은 단서를 얻을 수 있다.

> (중국의 선박들이) 풍신(바람의 시기와 방향 때문에)에 늦게 도착하면 마

선은 이미 가버려서 화물을 가득 싣지 못한다. 또한 풍신이 혹 거꾸로 바뀌면 남무리양(수마트라 이서의 바다)을 건널 수 없으며 또한 고랑부 안의 노고석鹵股石의 재앙을 만날 수도 있다. 그러므로 중국의 선박들은 이곳에서 겨울을 지내고 다음 해 8월 마선이 다시 이르는 것을 기다려 선박을 캘리컷으로 돌려 호시를 한다.[60]

마선은 아랍인이 인도에서 후추로 바꾸어 가기 위해 유향과 함께 말을 실어왔기 때문에 불린 이름으로, 실은 아랍인의 다우선을 가리킨다.[61] 대개 인도 서해안을 누비는 작은 선박들은 다우선의 일종이었다. 이들 선박들은 남인도 방면까지의 단거리 무역으로 물량을 확보하고 가을 계절풍이 시작되기 전인 8월 전후에 회항했다. "고랑보안의 노고석의 재앙"이란 산호초 지대의 위험을 말한다. 현재 인도와 스리랑카 사이의 산호초 지대에서 인도와 스리랑카의 남쪽 해안을 돌아 항해하는데 바람을 잘못 받게 되면 인도와 스리랑카 서쪽 사이에 발달한 산호초 지대에 걸려 좌초될 우려가 있었다.[62] 따라서 인도 남단에서 물산이 가장 풍부한 시기는 마선이 이르는 8월 전후였을 것으로 보이며, 이들이 오는 시기에 맞춰 도착해야 가을 계절풍을 타고 귀항할 수 있었다. 제 시간에 도착하지 못한 중국 상인들이 아랍의 상품들을 확보하기 위해서는 다음 해까지 인도에 머물러야 했다. 8월 전후 인도 해안에 도착한 중국 상선들이 북동풍을 따라 항해를 지속한다면 아랍과 아프리카까지는 1년 이내에 도달할 수도 있었다.

한편 아랍 쪽의 자료 분석에 의하면 오만의 상인들이 중국 광주에 도착하기까지 120일이면 충분하다는 보고도 있다. 물론 이 계산은 몬순을 기다리며 일부 항구에서 기다리는 시간은 포함하지 않았다. 일반적으로 무슬림은 페르시아만에서 9월에 출발한 뒤 12월에 말라바르 해안에 도착했다가 다음 해 1월 북서풍 몬순을 이용해 벵골만을 건너 4~5월에야 광주에 이를 수 있었으니 두 해에 걸쳐 항해가 이루어지곤 했다. 아랍인은 10월이나 12월에 중국을 떠나 귀항을 시작했고, 남몬순이 시작할 무렵 페르시아만에 도착했다. 아랍인이 중국에서 페르시아만에 귀항하는 항해는 평균 반년 이내에 가능했다.[63]

계절풍을 이용한 인도양의 '직항' 항행이 가능했다는 점은 더 많은 문명권역들을 해양의 네트워크로서 긴밀하게 묶어냈다는 것을 의미한다. 이 계절풍 항행은 유라시아 문명권역들을 외연에서 연결하는 인도양 교역의 간선 네트워크라고 할 수 있다. 수많은 다우선과 정크선들이 몬순의 시간표에 따라 항시를 가득 메웠다. 그리고 카라반의 일정도 몬순의 시간표에 따랐다. 인도양의 물산을 나르는 대규모 카라반이 연해를 떠나 교역 루트를 지나게 되면 그 해의 도시들은 상업 에너지로 흥청거렸다.

인도의 남쪽, 특히 콜람과 캘리컷, 스리랑카 등은 몬순의 작용으로 동아시아, 동남아시아, 그리고 아프리카 동해안을 수평으로 연결했다. 즉 계절풍을 이용한 간선 네트워크의 중간 기점이 바로 인도 남부였다. 남인도의 여러 도시, 예컨대 콜람·코지·캘리컷과 같은 지역들은 동남아시아, 동아시아, 그리고 아랍과 아프리카의 양방향을 연결하는 중요한 교통 요충지다. 원대 계절풍 항해를 이용한 교역은 중국과 인도 사이의 물리적인 거리를 좁히며 활발하게 전개되었다.

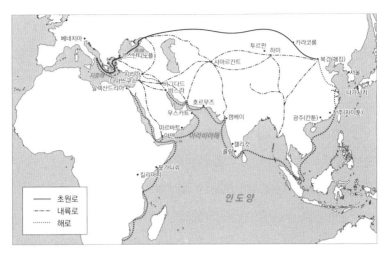

초지역적 루트를 연결했던 대도시들

고대 이후 동서를 연결하는 실크로드는 13세기 육상과 해양의 교통 시스템이 발달하면서
유라시아 곳곳을 모세혈관과 같이 연결했다. 계절풍 주기와 대규모 카라반의 동선에 따라
발달한 도시들은 대규모의 상품과 정보를 유통시키는 중심지로서 번영했다.

복잡한 상품 네트워크

12~13세기 무렵 중국인의 교역 네트워크 활동이 크게 활발해지면
서 동남아시아와 인도양 일대로부터 수집된 다양한 상품들이 중국
으로 유입되었다. 이 사실은 난파선과 해저 유물들에 의해 더 명확해
진다. 1271년 천주 해역에 가라앉은 난파선의 13개 화물창에서는 향
료(흑후추, 유향, 용연향龍涎香), 단향, 대모, 유리그릇, 방직품 등이 쏟아
져 나왔다. 이 산품들은 동남아시아에서 실은 것이었고, 용연향은 동
아프리카에서 운반된 것이었다.

　해양의 교역 네트워크는 항구도시들 간의 빈번한 무역으로 상호
간 격차를 줄였다. 비록 인도양 세계의 각종 작물, 약재, 사치품 등의

제한적인 물품에 불과하지만 이러한 교류는 생활 양식·종교·언어 방면의 동화도 이루어져 문화적 용융이 일어난다. 정보와 상품의 전달 주체와 수용 주체의 거리가 멀 때 상호 간의 문화적 격차는 클 수밖에 없지만, 지리 지식이 증가하고 그 접촉 공간과 시간이 확대되면 교류가 활발해지고 상호 격차는 줄어든다.

중세에 이르면서 접촉 빈도에 따라 자연스럽게 권역들이 형성되었다. 그런데 10세기 이후 항해 기술이 발달하고 지리 지식이 보급되면서 고대부터 교역로로 이용된 인도양 주변은 계절풍 시스템에 따라 몇 개의 서로 다른 권역들을 연결하는 순환 네트워크가 생겨났다.

계절풍을 활용해 먼 거리를 효율적으로 연결할 수 있는 광역적 거점도 등장한다. 특히 인도양의 계절풍에 의해 뚜렷하게 구분되는 지점이 남인도였다. 인도반도의 서쪽은 반건조·건조 기후대에 속하며 유목 경제에 의존하는 편이었다. 또한 농업보다는 상업이 갖는 비중이 컸다. 이곳은 유라시아에서 가장 유력한 상품 작물이었던 후추의 최대 생산지이기도 했다. 인도 이서의 네트워크는 페르시아만을 통해 바스라에 이를 수 있으며 다시 육로를 통해 아랍·아프리카·유럽 등 세 대륙이 접촉하는 공간에 연결되었다.

반면 인도반도의 동쪽은 배후지를 깊숙이 연결하는 강이 발달한 평야지대가 발달했고 농업문명이 크게 발달했다. 인도 동쪽을 비롯해 벵골만 안쪽과 미얀마·타이·캄보디아·참파·베트남으로 연결되는 인도 이동 지역은 고대 인도 문명이 오랜 시간 폭넓게 영향을 미쳤으며 불교가 해양을 통해 동전되며 불교문화는 이 지역의 주요 어젠다가 되었다.

인도양을 중심으로 볼 때 12세기 무렵 최소한 5~6개의 서로 다른 문화적 특성을 가진 소문명권역들이 연결되었다. 각각의 문명권역은 서로 이질적인 성격을 갖는 집합체로서 폐쇄적인 상태로 보인다. 그러나 이 권역들은 해양을 중심으로 좀더 큰 범위의 네트워크에 접속되어 있었다. 유라시아를 횡적으로 연결할 때 도시들의 물리적인 접촉면은 단순해보이지만 도시들을 오고 간 사람, 상품은 다중적·개방적인 상태였다. 인도·아랍인·유대인·위구르인은 그들의 상품과 함께 해양 곳곳에 그들의 흔적을 남겼다. 더욱이 인도양의 주요 도시들은 다른 문명권역에 대해 더 열린 상태였다. 동남아시아나 인도 남부의 도시들은 계절풍을 따라 모이고 흩어지는 선박들과 다양한 문명권역의 상인과 승려, 이민자에 의해 번영했다.

　　원 제국 출현 이전에 이미 인도양에는 무슬림 상인, 유대인, 소그드 상인, 위구르 상인, 인도 상인 등이 주도하는 다양한 교역망이 복합적·중층적으로 존재했고, 해로와 계절풍을 활용한 몬순 지역과 육로의 카라반 교역이 유기적으로 연결되어 있었다. 그리고 몽골 제국의 출현으로 유라시아 내륙 네트워크와 인도양 해역의 교역 네트워크가 더욱 강력해졌고, 초원 지역까지 포괄하는 광범위한 결속력을 갖게 되었다. 그 결과 내륙과 해양 네트워크의 연결로 '광역적'이고 '포괄적'인 정보와 상품의 환류가 가능해졌다. 이러한 상품의 환류에서 가장 번영했던 곳은 남인도였다.

교역 네트워크의 확장과 장거리 무역

중국 자료에서 볼 때 해양에서의 교역 네트워크가 그 모습을 드러낸 것은 13세기 이전이다. 비록 시기적으로 주요 항구의 위치가 바뀌기도 하지만 도시와 도시의 연결 루트는 항구를 중심으로 편재되면서 기본적인 패턴을 완성했다. 그리고 몽골의 정복 전쟁으로 교역 네트워크는 내륙을 더 확장적으로 연결했다. 동아시아에서 아프리카까지 연결하는 인도양 전체를 횡단하는 장거리 무역은 체계적이고 수준 높은 항해 기술, 생산과 판매의 사회적 조직화, 상거래를 지도하기 위한 제도적 정비 등에서 정교해졌으며 1250~1350년까지 다양한 종교와 문화권을 뛰어넘는 개방적 상태의 근대 세계체제가 성립되었고, 유럽을 포함한 전체 '세계'는 모두 이 유익한 공존으로 이득을 보았다.[64]

주목할 만한 변화는 초원에 위치했던 카라코룸이 교역의 중심으로 등장했다는 것이다. 정복 이후 주요 교역 도시로 이주하지 않고 초원에 남아 있었던 몽골 황실과 귀족들은 교역 네트워크의 큰손으로 등장했다. 막대한 재력을 갖게 된 몽골 귀족들은 이 상인들에게 자본을 대거나 후원했다. 상인들은 이들과 강력한 동맹을 맺었고 문제가 발생하면 칸과 그 가족에 연결된 상업 대리인에 의해 궁정에서 해결책을 찾았다. 특히 관대하고 후한 가격을 제시했던 우구데이 칸의 상업 마인드, 그리고 오르탁에 의한 궁정의 귀족과 귀부인들의 투자 등 다양한 요인들이 상인들을 기꺼이 초원으로 불러들였다. 하지만 몽골 제국에서 일어난 시스템의 변화를 설명한다면 합리적인 가격을 제시했던 칭기즈 칸의 사례나 국가 질서를 근본적으로 회복시키며 부패한 상업 관행을 줄여나갔던 몽케의 사례에서 찾을 수 있다. 몽케는 우구데이 시절 역참제도를 운영하면서 생긴 각종 부패와 부담을 감소시켰으며, 근본적으로는 상업을 장려하고 자극하며 제국의 번영을 다시 이끌었다. 몽골 제국하에서 상업활동은 '법과 질서'에 기반한 행정에 의해 운송 비용의 합리적인 적용, 관세 비용 등의 법제화 등 제반이 갖춰졌고 제국적 차원에서 지지되었다.

이외에도 티머시 메이는 몽골 제국시대, 내륙에서의 교환 방식에 주목했다. 몽골 귀족들에게 공급해야 할 물산들은 장거리 수송에 소요되는 비용으로 산정했기 때문에 당연히 고가로 거래되곤 했다. 몽골이 가져온 장거리 교역에서의 변화는 상인들의 활동 범위와 능력치를 끌어올릴 수 있게 했다. 예컨대 양을 가지고 있지 않았던 무슬림 상인들은 그들이 가져온 상품을 몽골에서 양과 교환하고, 획득한 양을 가지고 바이칼 주변에 이르러서 다시 양과 가죽을 교환해 최종적으로 그들이 원하는 가죽을 손에 넣을 수 있었던 것과 같은 일이다.

낙타를 '사막의 배'라고 부르는 것은 사막과 해양의 무역 방식에서 교통 수단과 유사한 역할을 하기 때문이다. 오아시스와 섬, 도시와 항구는 카라반 무역과 선박 무역을 연결하는 중요한 중심이 된다.[65] 각 항구가 인도양의 상품을 모아 각각의 배후지로 상품을 전달하는 교량적 역할을 했다면, 육상의 교역 중심 도시들은 주변의 촌락으로부터 수집된 상품들을 카라반이 가져온 이국적 상품들과 교환했다. 쵸두리도 카라반과 선박 무역의 유사성을 "카라반 무역과 도시는 항구도시와 해로들을 함께 묶은 좌표의 거울과 같은 이미지"라고 썼다.[66] 알레포·팀북투·바그다드·사마르칸트와 같은 도시들은 호르무

낙타를 무역에 활용한 카라반

1839년 데이비드 로버트(David Roberts)의 그림으로, 아라비아해 그라이아 섬을 지나는 카라반을 묘사했다. 사막과 해양의 무역 방식에서 낙타는 유일한 교통수단이 되었다.

즈·말라카·광주·알렉산드리아나 아덴·스리랑카 등의 항구도시와 같이 상품과 상인을 연결하는 중심 도시였다. 이 도시들은 대규모 카라반과 다양한 권역의 상인들을 수용할 수 있는 시설이 마련되었다.

육상과 해양의 도시와 교통수단의 유사성은 단순한 상징이 아니라 교역 육상과 해양의 긴밀한 네트워킹과 통합적 시스템에서 더 의미 있게 해석할 필요가 있다. 유럽에서 파견한 사절과 선교사들은 흑해 연안에서 출발해 타브리즈-호르무즈-바다흐샨-파미르고원-하서주랑-초원로-카라코룸에 이르기도 하고 북해 연안으로 들어가 킵차크 칸국에서 초원로를 이용해 차카타이 칸국의 수도에서 카라코룸에 이르는 내륙로를 선호하기도 했지만 귀국 시 천주를 통해 호르무즈를 경유하는 방식을 선택할 수도 있었다.[67] 원 말 역사가인 위소危素는 그의 저술에서 "사방의 인사들은, 먼 곳은 만 리나 되고 가까운 곳은 수백 리에 달하지만, 배와 수레를 타고 동서남북으로 이르는 자들에게 막힘이 없었다"[68]라고 기록했다.

장거리 교역 방식은 해양뿐 아니라 내륙의 교역 도시에서도 채택 가능했다. 그리고 원대에 이르러 북방 초원의 모피 교역부터 인도의 면포와 후추, 동남아시아의 주석에 이르기까지 초원에서 해양에 이르는 광범위한 공간에서 장거리 교역의 교환 방식이 채택되었다. 13세기 이후 교역 네트워크상의 교역량은 그전보다 월등하게 증가했고, 세계 곳곳의 닫힌 문명들을 열어 만나게 했다. 도시들은 상인들에게 개방적·효율적인 시스템을 제공하는 전형적인 인도양 항구들의 모델들이 적용되었다.

다시 안경의 문제로 돌아가보자. 유럽 및 서아시아의 주요 교역 루트상에 위치한 안경이 동아시아에도 전달되었다고 보는 것은 결코 심증에 의지한 판단이 아니다. 13세기 말 초원의 궁정에서 안경을 보았다는 마르코 폴로의 기록은 현재 전하지 않지만, 그 가능성은 충분하다.

3장

사람, 정보, 상품의 이동

14세기 아랍의 안경 제조

15세기 중기에서야 아랍 세계에서 안경의 패용이 이루어졌다고 보는 지금까지의 주장을 보강하기 위해서는 맘루크 시대의 안경 패용에 대해 의심할 수 없는 증거 두 가지를 더 주목할 필요가 있다. 하나는 이집트 카이로의 역사가였던 알사이라프Al-Sayrafī의 기록이고, 다른 하나는 아이백 알사파디Aybak al-Safadī의 기록이다.[69]

알사이라프의 기록에서는 카이로의 행정관인 하나피가 술탄으로부터 유럽인 프랭크에 의해 생산된 안경을 보내라는 요청을 받았고, 또한 많은 안경을 술탄에게 보낸 사실이 언급되었다. 술탄과의 편지에는 안경들이 은으로 테를 제작한 것인지를 확인하는 내용이 포함되어 있다. 앞서 언급했듯이 아랍에서 프랭크는 유럽인의 대명사처럼 사용되었다. 이 사료는 카이로가 지중해와 아랍 세계 사이의 교역에서 중요한 역할을 수행했으며 유럽인에 의해 제작된 안경도 이슬람 방면으로 흘러갔다는 것을 보여준다. 또한 술탄은 특별히 은테 안경을 요구하고 있어서 안경의 기능적인 부분보다는 시각적·미적 측면에 관심을 두고 있었다는 점이 흥미롭다.

두 번째 사례인 알사파디의 기록도 맘루크 술탄 시대에 해당되지만 이보다는 150년이나 이르다. 알사파디는 맘루크 재상의 아들로 다양한 행정 업무를 했지만 역사가로도 알려져 있다. 그는 무함마드부터 자신의 시대까지 살았던 관료, 학자, 맘루크 술탄 지역의 여행가 등 그가 겪은 많은 사람들의 일대기를 남겼는데 그중 무함마드 바들이라는 사람에 대한 기록은 이슬람 세계에서 안경의 전파를 이해하는 데 상당히 중요하다.

무함마드는 1289년에 태어나 1355년까지 살았으며 이집트에서 태어났지만 생의 대부분을 시리아에서 보냈다. 아프리카산 용연향을 주로 취급했던 무함마드는 원래 다마스쿠스에서 아이들을 가르치다가 시리아의 트리폴리·알레포 등지로 옮겨갔으며, 마지막에 베이루트에 정착했다. 그는 모스크에서 예언집을 낭송하는 일도 했으며 무역 일에도 관여해 비단 사업을 위해 다마스쿠스에 다녀오기도 했다. 달력을 계산할 수도 있는 지식인이었던 그는 독서를 위해 안경을 사용했다. 알사파디의 자료는 아랍에 보급된 초기 안경이 원시경이라는 사실과 함께 14세기 전반 아랍 세계에도 안경이 전파되었다는 것을 보여준다. 위의 사실은 다마스쿠스가 안경의 초기 전파지였으며, 안경 제작과 보급에서 유럽과 아랍이 거의 같은 타임라인을 갖는다는 것을 확인할 수 있다.

14세기 교역 네트워크의 특성을 고려한다면 위의 사료들이 안경사를 이해하고자 하는 우리에게 전달하는 메시지는 분명하다. 안경은 15세기 베네치아, 다마스쿠스의 간의 활발한 교류 품목이었을 뿐 아니라 이미 14세기 전반 시리아, 터키, 이집트, 다마스쿠스 일대에서 상업에 밝고 학문적 식견이 있는 사람들에게 안경 관련 정보가 공유되고 활용되고 있었다는 사실이다. 당시 교역 네트워크에 관한 연구들은 제노바 혹은 베네치아의 상인들이 일 칸국이나 인도 등지에서 자신들의 상업 네트워크를 견고하게 유지하고 있었음을 알게 하는 충분한 사례들을 보여준다.[70] 그렇다면 과연 안경 관련 정보는 아랍 혹은 유럽에만 독점적으로 알려졌을까? 해양과 내륙의 교역 네트워크상에서 도시들의 연결을 고려할 때 맘루크 시대의 상인이 가지고 있던 14세기 초의 안경이 중국까지 전파될 가능성은 충분히 있었다.

남인도의 도시들

아랍의 상품과 정보들은 내륙과 해양 방면으로 빠르게 전달되었다. 특히 14세기 중반 아랍과 긴밀한 관계를 맺고 있었던 곳은 캘리컷, 코치 등과 같은 인도반도 서남쪽의 말라바르 해안에 위치한 항구 도시였다. 왕대연汪大淵은 캘리컷을 "거해巨海의 요충지"이며 "서양 각 번의 항구"라고 했다.[71] 캘리컷에서 나는 산호, 진주, 유향 등의 화물은 모두 감리와 불랑에서 나는 것이었다. 여기서 감리는 오만의 서쪽 끝 해안을 가리키고, 불랑은 페르시아어 'Farang'의 역음으로 유럽

혹은 지중해 동부 지역에 해당한다. 이븐 바투타는 각 지역의 물산이 집중된 캘리컷에 대해서 말라바르의 주요 항구 중 하나이며 중국, 자바, 마할, 예멘, 페르시아 등 각 지역 사람들이 참여하는 "세계 최대의 항구 중 하나"[72]라고 기록했다.

교통의 요지로 번영했던 또 다른 항구는 콜람이다. 《영외승람》에 따르면 대식제국의 상인들은 중국에 오기 위해 반드시 콜람에 이르러 배를 바꿔 타야 한다고 기록했으며, 마르코 폴로도 중국인은 이곳에서 배를 바꿔 타고 가야 한다고 기록했다. 13~14세기 동쪽의 중국과 서쪽의 아랍을 연결하는 최대의 항구 중 하나는 남인도의 콜람이었다.

송대 인도반도의 최남단인 콜람 지역에 대해 "대식국(아랍 사람들)이 말을 팔려고 이 나라에 와서 물건을 사간다"[73]라는 기록도 있다. 아랍과 인도 해안 사이에 대량의 말이 유통된 것은 인도 지역이 말을 생육하는 데 조건이 좋지 않아 대부분 수입에 의존했기 때문이다. 아랍인은 유향과 말을 실은 마선을 타고 남인도 캘리컷이나 콜람에서 후추와 교환했다.

인도반도 이서 지역은 큰 산맥들이 해안선을 따라 내려오고 있고, 항해할 수 있는 강은 반도의 동쪽에 비해 현저하게 적다. 대개 인도의 서해안은 복잡한 해안선과 소규모의 만으로 이루어져 있어 대형 선박이 뭍에 가까이 접근하기 어려웠다. 강들은 항해할 수 없어 강 상류의 배후지로 접근할 수는 없었다. 인도반도의 동쪽에 비해 서쪽의 땅은 척박했으며, 그나마 항구로부터 내지로 가는 방법은 건조 혹은 반건조 지대에서와 같이 낙타에 의존해야 했다. 그러므로 인도의 서부

콜람(17세기)
13~14세기 동쪽의 중국과 서쪽의 아랍을 연결하는 최대 항구 중 하나는 남인도의 콜람이었다.

해안 구자라트와 데칸고원의 이서 해안들은 중소형 선박과 수많은 보트가 참여한 연해 항해 무역이 매우 중요했다.

수마트라에서 대형 선박을 이용해 인도양을 건너온 상인들은 인도 서해안의 작고 무수한 숫자의 작은 만과 후미를 항해하기 위해서 인도 남단의 콜람이나 캘리컷에서 유용한 작은 배를 이용했다. 인도의 남단은 자연스럽게 동서 무역의 중계지가 되었다. 서쪽에서 이르는 작은 선박들의 화물은 상당 부분 동쪽에서 오는 대형 선박들로 옮겨졌다.

따라서 콜람과 캘리컷 등 남인도에는 다수의 문화권에서 온 많은 상인·여행가들이 모여들었다. 마르코 폴로는 "콜람은 많은 기독교도, 경교도, 세라산인과 유대인이 있다"고 했으며 "만자蠻子, 아랍과 요르단에서 온 상인들이 이 나라에 와서 대량의 선박에 화물을 가득 실어 오니 교역국은 화물의 이익이 많고 또한 이 지역의 화물을 휴대해 각자 귀국한다"고 기록했다.[74] 중국 박상舶商들은 아라비아, 즉 페르시아만에 가고자 하면 반드시 콜람에서 배를 바꿔 타고 간다고 했다.[75] 콜람은 중국인이 접근하기 쉬웠으며, 이곳에서 서편에서 도항한 유럽, 중앙아시아, 아랍인 등과 만났다. 즉 콜람은 아라비아해와 동남아시아해를 연결하는 중계지였다.

1340년대 이븐 바투타는 콜람이 중국에서 가장 가까운 말라바르 성진이며, 이 때문에 수많은 중국의 상인을 흡수한다고 했다. 그는 중국 상인이 콜람에서 잘못 체류하게 된 한 무리의 중국 사신들을 도왔다고 기록하고 있는데, 이는 다수의 중국인도 이 네트워크에 참여하고 있음을 보여준다.

서역인

원대 교통로 상의 가장 큰 성과는 초원로·육상로·해로가 동서를 밀접하게 연결했다는 것이다. 동서의 교역에 안정적 기반을 마련한 이 교통로들은 서로 교차 연결되어 동서양의 사절·상인·승려·여행가들의 이동이 용이해졌다. 원대 사적에는 정치, 상업, 그리고 각종 학문 분야에서 활동한 많은 서역인, 색목인이 이름을 올렸다. 이 외에도 정복 전쟁 이후 몽골군을 따라 페르시아 일대의 많은 사람들이 이주해왔다.[76] 원대 몽골인은 정복된 민족과 지역을 관리하고 통제하기 위해 다수의 서역인을 고용했다. 그러나 그 사람들은 아주 일부만 행적을 확인할 수 있을 뿐이다. 국내에 출간된 《몽골 제국, 실크로드의 개척자들》(책과함께, 2021)은 다양한 문명권에 남겨진 사료들을 통해 맘루크 제국, 킵차크 칸국, 이라크와 이란, 아제르바이잔, 중앙아시아 출신의 장군, 지식인, 상업 후원자, 학자들을 소개했다. 이 책은 다양한 국가와 지역 출신의 사람들이 몽골 제국에서 어떻게 활동했는지 보여준다. 예컨대 각국의 언어와 천문학, 의학에 능했다고 하는 이사 켈레미치는(한적 자료에서는 '애설愛薛'이라고 기록되어 있다) 아제르바이잔인이었다. 쿠빌라이의 신임을 받은 그는 외교와 정치 등 다양한 방면에서 황제의 자문역과 통역관으로서 보좌했다.[77] 또한 그는 원 궁정에 이슬람의 의학이 도입되고 이슬람 의학 전담 기관으로써 광혜사廣惠司가 설치되자 이 직을 도맡기도 했다. 그의 부인 사라 역시 경사의약원을 주지한 것으로 알려졌으며 그의 아들도 원대 의료원 등지에서 근무했다.[78]

원대 사적에는 인도양에서 활동한 중국인도 적지 않게 남아 있는데, 13세기 원 제국이 성립한 이후에도 황실의 지지 아래 인도양에서 활동한 중국인이 크게 증가했기 때문이다. 중국 상인들이 주로 활동한 것은 동남아시아 방면이었지만 인도 페르시아만 일대까지 활동 범위는 점차 인도양 전체에 이르렀다. 중국인이 인도양 일대로 활발하게 진출하면서 아랍·인도·동남아시아 일대의 연해에 중국인 집단 거주지가 생기기도 했다. 1269년 원조의 사절로서 동포채에 갔던 주달관은 그곳에 자리 잡은 '당인唐人'들의 생활 모습을 곳곳에 기록했다.[79]

인도양 일대에 대한 다수의 정보를 남긴 중국인 여행가로 강서성 출신의 왕대연을 빼놓을 수 없다. 그는 직접 해상에 나가 듣고 본 기록을 반영해 동남아시아와 인도양 일대의 기록을 남겼다. 그가 남긴 저술은 이후 사신들의 출사 시 기본 지침서가 되는 등 상당히 광범위하게 유전되어 알려졌으니[80] 중국인의 '서양견문록'이라고 칭할 만하다(뒤에서 설명하겠지만 당시 서양은 인도양을 가리켰다).

왕대연의 자는 환장煥章으로 강서성 남창南昌 사람이다. 그가 천주로 옮겨와 해외로 나가게 된 이유는 자세하지 않다. 다만 당시 해외무역으로 번영했던 천주가 국제항으로 이름이 높았으며 무역을 통해 큰 부를 축적할 수 있었기에 상인들에게 매우 매력적인 도시였다는 점에 주목한다면, 왕대연은 생계나 모험을 위해 이곳으로 이주한 것으로 볼 수 있다. 최소 두 차례 이상 해양으로 모험을 떠난 것으로 보이는 왕대연은 때마침 청원군淸源郡의 지방지를 제작하고자 했던 군수의 요청으로 《도이지》를 써서 지방지에 붙였다가 따로 간행했다(이 책은 명대에 《도이지략》으로 불렸다). 청원군은 천주부의 원대 이름이다.

고증된 자료에 따르면 그의 출생 연대는 대략 1311년으로 추산되며 그의 항해 시기를 특정하기는 어렵다. 다만 서양과 동양으로 1~2차에 걸쳐 항해했을 것으로 보이며, 1차 항해는 대개 1330년 무렵으로 그의 나이 19세 정도라고 추정된다.[81] 유영승劉迎勝의 고증에 따른다면 특히 1차 항해는 주로 인도양 방면으로 출항한 것으로 보인다. 《도이지략》에 근거해 그의 인도양 항해 여정을 더듬어 보면 그는 아체와 말레이반도를 거쳐 벵골·오리사·마두라이·나가파티남·캘리컷·라매사와란섬·코친·고아 등 인도의 동서 해안, 이란·호르무즈·바스라 등 페르시아만 안쪽, 아랍반도 동쪽 방향으로 아덴과 이슬람 성지인 메카, 그리고 아프리카 동쪽의 말린디 등을 거쳐 인도, 스리랑카, 동남아시아를 거쳐 다시 돌아왔다고 보인다.

마르코 폴로의《동방견문록》에 관한 논란처럼《도이지략》이 실제 본인이 쓴 기록인지에 대한 문제도 있다. 그리고 어쩌면 그도 해양에 유통되던 지식을 적당히 편집했을 가능성도 있다. 그가 서술한 순서는 항해의 방향과는 실제 맞지 않는 경우도 발견된다. 그럼에도《도이지략》의 서술 방식은 매우 사실적이며 단순한 전문만으로는 기록하기 어려운 부분이 많고 도시의 형세, 특산물, 거리와 풍속 등을 종합하고 있어 여행을 통한 경험 지식의 축적으로 보인다. 또한 도시를 중심으로 해양으로 연결되는 지역에 대한 정보를 정리하고 있는《도이지략》의 서술 방식은 이후《영애승람瀛涯勝覽》 등에서도 반영된다.

한편 송·원대 사적에는 다양한 인종과 서로 다른 문화를 가진 많은 사람을 서역인 혹은 회회인으로 기록했다. 서역인의 대거 이주는 몽골의 조기 정복 전쟁부터 시작되어 계속해서 몽골군이 중국의 동남 방향으로 남하하면서 함께 이주해 동남 연해에 자리 잡았다. 그중 가장 많은 비중을 차지한 것은 역시 아랍 페르시아인으로 이슬람 권역에 속하는 서역의 상인들이다.[82] 서역 상인은 많은 자본, 경험을 가지고 있었을 뿐 아니라 원대 육로와 해로의 교역에서 중요한 비중을 차지했다.

특히 당시 세계 최대의 국제항으로 이름을 남긴 천주의 대외무역을 장악한 이는 포수경蒲壽庚이다. 송대 중국에 들어온 서역인 포수경의 선조는 원래 광주에 거주하며 해외무역으로 광동과 광서를 통틀어 제일의 부자가 되었다. 그후 전란을 피해 천주에 자리 잡게 된 포수경 일가는 포수경이 해적을 물리친 공을 인정받아 천주의 시박제거市舶提擧 임무를 수행하면서 대외무역에 적극 관여해 부를 축적했다. 몽골군이 남하하자 포수경은 다시 원에 투항해 계속해서 천주 시박사의 업무를 관장했다. 그는 자신의 가족과 일가를 동원해 외국의 상선을 유치하며 천주의 무역 전성기를 열었다. 포수경의 아들 포사문蒲斯文 등의 일가들은 천주 지역의 시박제거사직을 승계하며 시박제거의 권한을 활용해 수백 척의 상박을 운영하고 향료무역을 농단하며 해외무역을 통해 막대한 부를 쌓았다. 포 씨의 사위인 회회인 불련佛蓮이 천주에서 아들 없이 사망했을 때, 그가 소유한 해외 번박만 80여 척이었고, 몰수된 가산으로는 진주만 130석에 달한다고 기록되어 있다.[83]

당시 이슬람 상인들의 활동 범위와 규모를 알 수 있는 것은 이슬람 사원 청진사의 건축과 증축의 기록이다. 원대 청진사는 섬서·감숙·천주·광주·항주·양주·운남과 내몽골 지역에 건설되거나 증축·보수되었다. 이븐 바투타는 북경에서 이슬람교도들의 기도시간을 알리는 무에친의 소리를 들었다고 기록하기도 했다.[84] 이는 해외 교류가 일어나는 대부분의 상업 도시에 이슬람 상인이 자리 잡고 있었음을 보여준다. 그리고 이러한 대도시에 어김없이 이슬람인의 묘원이 조영되었으니, 천주에 남은 묘비만 200여 기에 가깝게 발굴 조사되었고 항주에도 100여 기가 출토되는 등 다수의 묘비석을 확인할 수 있다.[85]

중국 복건에 위치한 청진사
이슬람 상인들의 활동 범위와 규모를 알 수 있는
이슬람 사원으로, 해외 교류가 일어나는 대부분
의 상업 도시에 이슬람 상인이 자리 잡고 있었음
을 알 수 있는 건축물이다(ⓒ한지선).

　해외 상인의 다양한 활동은 원대의 관대한 해외 무역에 기인한다.
원은 광주, 천주, 경원 등 세 곳에 시박을 설치해 운영했고, 이후 일
곱 곳까지 확대·설치했다. 또한 당국은 관본선제도를 실시해 이슬
람 상인들을 상업상의 파트너로 삼아 인도양의 보물들을 확보하고
적극적으로 무역 이익의 흡수에 나섰다. 비록 자바를 공격할 때부터
간헐적으로 해금의 실시와 폐지가 반복되었지만, 1차(1292~93) 때를
제외한 이후의 해금은 해상들의 세력 조정이나 관본선 무역선들의
이익 확보를 위한 것이지 근본적으로 무역을 막는 것은 아니었다. 더
욱이 관과 궁정의 지지를 받은 이슬람 상인들의 상업활동은 종종 해
금에서 예외였고, 그나마 1322년부터는 해금이 완전히 해제되기에
이르렀다.[86]

교역 네트워크가 크게 열리면서 인도인의 활동도 눈에 띈다. 인도에서 중국으로 이주한 마팔아국의 왕자 포합이布哈爾 일가의 사적 기록[87]은 상당히 구체적이다.

공의 본명은 살제세薩題世로 서역사람이다. 서역에 합랄합달哈喇哈達 (위치는 비정할 수 없다)이라는 성이 있는데 그 선조들이 원래 머무는 곳이었고 먼 조상 때 서양으로 옮겨 살았다. 서양은 바다에 면하고 화물이 풍요로워 대대로 장사를 하며 살았다. 아버지 포합이가 서양 군주의 총애를 얻어 그의 여러 형제와 함께 부림을 받았다. 형제들 다섯 명이 있었는데 포합이는 여섯째로서 돌연 여러 부를 거느리며 더욱 귀하고 부유하게 되니 시첩이 300명으로 상아로 만든 탁자와 황금의 치장을 저울질했다. (아버지) 포합이가 죽자 공(살제세)이 그 업을 이어받으니 왕이 더욱 사랑해 무릇 명령을 내릴 때 오직 그 아비의 이름으로 했으므로 그의 이름은 알려지지 않았고 다만 아비의 이름으로만 알려졌다. 성조가 송을 평정하자 공이 그것을 듣고 기뻐하며 '중국은 대성인이 혼일한 지역이다. 천하가 태평해졌는데 어찌 아니 귀부하겠는가?' 라고 하며 이내 사절을 파견해 방물을 가지고 입공해 괴이한 보물을 극진히 바치니 이로부터 해마다 끊이지 않았다.[88]

위의 비문이 처음 세워진 것은 대덕 4년(1300)의 일이다. 즉 비문의 정보는 대개 14세기 이전의 일을 작성했다는 의미다. 비문 안에서 언급한 포합이는《원사元史》열전의 〈마팔아등국전馬八兒等國傳〉에 나오는 마팔아국의 재상 불아리不阿里라고 한다.[89]《원사》의 불아리는 고려 충선왕 때에 예물을 바쳐 온 발합리孛哈里와 동일인이다.[90] 포합이는 중국뿐 아니라 고려 일대까지 무역을 하고 있었던 셈이다. 이 비명에서는 포합이의 먼 조상이 '서양'으로 옮겨 살았다고 기록하고 있다. 의미상 서양은 남인도의 촐라나 판디야를 의미하지만 대개 인도양을 가리키는 용어였다. 이 비문은 지금까지 알려진 서양이라는 용어를 활용한 가장 오래된 기록이기도 하다. 이상과 같이 인도인으로 보이는 포합이는 서양국, 즉 마팔아국에서 신임을 받았으며 멀리 동아시아의 무역에서 적지 않은 성공을 거두었다. 모험적인 유대인, 기독교인, 중앙아시아인 등이 상업적으로 성공하는 것은 결코 드문 사례가 아니었다.

교역 네트워크가 가져온 선물

몽골 제국의 교역 네트워크는 단순히 초원에서 인도양까지 영토를 통합했다거나 정복 이후 20여 개 이상의 국가들이 사라지면서 비통일 상태에서 상인들이 감내해야 했던 통행료와 세금 부담, 그리고 위험이 줄었다는 것 이상의 변화에 주목해야 한다.[91] 특히 몽골 제국 이후 기술·사상·문화·종교·전쟁 등 각 방면에서 괄목할 만한 전환이 일어났는데 그중에서도 이슬람 세계에서 있었던 학문의 수용과 다양한 문화의 접목은 교역 네트워크가 가져온 두드러진 성과였다.

몽골인은 정복 과정에서 서역인을 대거 이주시켜 왔고 각 분야에 적극적으로 활용했다. 서역인은 주로 회회인, 즉 이슬람교도이지만 이들 중에는 이슬람교도가 아닌 유럽인, 페르시아인, 아제르바이잔인 등 다양한 문화권역의 사람들도 포함되어 있었다. 이들의 협력은 전술상으로 매우 중요했지만, 이외에도 확대된 국가의 운영이나 페르시아·아랍 방면의 학문을 수용하는 데도 필요했다. 중국인과 서역인은 잡거하며 혼인도 할 수 있었으므로 회회인이 중국의 대도시에 대규모 유입되는 경향을 두고 "회회인이 천하에 두루 퍼져 있다"[92]라고 일컬어졌다. 또한 해외에 출항하는 선박에는 절반이 회회인이라고 할 정도로 다수의 회회인이 무역에 참여했다. 중국에 대거 이주해온 서역인은 몽·원 제국의 정치뿐 아니라 원의 정치·사회·문화·학술 및 음식 기호에 이르기까지 다양하게 영향을 주었다.

주목할 만한 현상 중 하나는 14세기 이후 서역인이 대량으로 자리 잡으면서 페르시아어가 중요한 비중을 차지하게 된 것이다. 원대에 다양한 지역으로부터 이주해온 서역인은 페르시아어를 공통어로 받아들여 학습했다. 페르시아어는 중요한 관용 문자 중 하나가 되었고, 이후 명대에도 주요 외교어 가운데 하나로 자리 잡았다. 특히 페르시아어는 서역의 과학을 학습하는 데 필요한 학술어로써 비중이 매우 높았기 때문에 페르시아어를 구사하는 것은 지적 정보에 가까이 갈 수 있다는 의미이기도 했다. 당시 천문과 달력을 관장하는 사천감司天監에서 근무한 학자만 37명에 달했는데 특히 자말 알딘, 이사 켈레미치 등 페르시아어에 정통한 학자들이 사천감을 이끌었다.[93]

서역 학자들의 활동으로 10~12세기 이슬람 학문의 성과는 원 궁정에도 계속되었다. 천문학 분야에서는 자말 알딘이 《만년력》을 저술했고, '회회역법'이 중국에 전래되었다. 아랍의 천문학에 대한 관심은 태양력 도입으로 이어졌다. 쿠빌라이가 적극 채택한 곽수경의 수시력은 태양의 주기를 채택한 역법으로, 실제 태양의 공전 시간과 26초밖에 차이가 나지 않았다. 수학에서는 아랍의 곱셈법이 들어왔으며, 이슬람이 흡수한 인도 유럽의 이름난 수학서들, 예컨대 유클리트의 《기하원본》도 이미 중국에 전래되었다. 의학 방면에서는 이븐 시나의 의학서 대부분이 번역되었고, 서역의 약물은 중요한 의료 처방이 되기도 했다. 지리학 방면에서는 유라시아 각 지역의 지리 정보가 모두 포함된 지도가 제작되기도 했다. 당시 알려진 최첨단 지리 정보의 종합이라고 할 수 있는 조선에서 제작된 〈혼일강리역대국도지도混一疆理歷代國都之圖〉 역시 원대 유라시아 전역의 지리 정보 유통이라는 당시 시대적 상황을 반영한다.

서역에서 수입된 각종 상품들은 중국의 건축·음식·음악·의약 등 다양한 분야에 적지 않은 변화를 가져왔다. 음식 문화에서 주목할 현상을 꼽자면 서역 상인들은 파리병에 담긴 포도주를 유통시키기도 했고, 유리병에 천년대추조와 같은 발효식품을 반입한 것 등이다. 남송 이종 연간 몽골에 사절로 파견되었던 서정徐霆은 타타르인이 종종 의식의 수요가 충분하지 않아 한인과 회회인이 초원에 가서 타타르에게 판다고 하며 수많은 물산이 초원까지 유통되고 있었던 정황을 반영하고 있다. 당시 타타르인이 즐겨 먹던 유리병에 담긴 포도주는 회회인에 의해 유통되었던 것이다.[94]

인도산 상품에 대한 선호도도 크게 높아졌다. 특히 '서양西洋'이라는 수식어를 붙여 '물 건너온' 외국 상품에 대한 기호와 선망을 반영한 인도의 면포들은 의례와 축하를 위해 특별히 전달되는 상품이었다. 원 말부터 명 초까지 생존했던 강소성 출신의 문인 사응방謝應芳

은 서양포를 선물 받은 일을 매우 기뻐하며 시를 지어 자신의 문집에 기록했다.[95]

서양[96]은 인도 물산의 산지를 표기하는 방법으로 동남아시아 사람들과 구분해 인도의 물산이나 사람을 가리킬 때 사용되었다.[97] 《이역지異域志》에서는 마팔아국에 대해 서양국으로 호칭하며 "면포는 매우 섬세하고 깨끗하기가 종이와 같다"[98]고 하는 등 인도산 면포는 다른 면포와 차별화된 상품으로 알려지면서 선물로 선호되었다. 그리고 남인도에서 나는 고급 품질의 면포를 '서양포'라고 일컬으며, '서양' 일대에 대한 문화적인 배척보다는 그 우수한 기술적 수준, 상품에 대한 선망을 담고 있다. 이것은 당시 남인도를 거쳐 유입된 유리제품, 고급 향료, 향수, 화장수 등 이역의 상품과 물질에 대한 당시인들의 기호와 맥락을 같이한다.

인도양 주변에서 면포의 소비는 문화적 확산이라는 측면에서 매우 중요하다. 인도의 면포가 중국에 유입된 것은 후한대의 사료에서 확인되지만 면포의 생산과 소비가 급격하게 증가한 것은 송·원대다.[99] 이 당시 중국의 생산성 증가, 도시로의 인구 집중 등의 현상으로 소비가 크게 증가하면서 서양포는 교역에서 중심 품목이 되었다. 값비싼 보석류들에 비해 부피가 큰 면포는 상인들에게 큰 수익이 나는 상품이 아니었지만 계절풍 활용 기술의 보급과 대형 선박 건조 기술로 안정적인 항해와 대량의 상품 수송이 가능해지자 서양포도 매력 있는 교역품으로 부상했다.

서양 면포에 대한 기호는 단순히 무역상품을 넘어 이 상품이 유통되는 많은 지역에서 다시 생산하는 토착화로 이어졌다. 인도 목화는

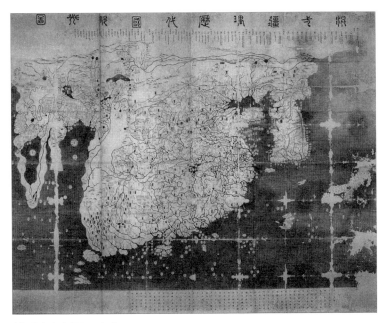

〈혼일강리역대국도지도〉

유라시아 각 지역의 지리 정보를 종합한 이 지도는 원대 유라시아 전역의 지리 정보가 유통되었다
는 당시 시대적 상황을 알 수 있다(ⓒ국립중앙박물관).

중국의 사회경제적 번영과 그 수요에 따라 13세기 중엽 동남아시아
일대를 거쳐 복건·광동·광서, 그리고 장강 유역의 각 성으로 유입·
종식되었다. 또한 인도산 면포는 육로를 통해서도 들어와 육상 실크
로드의 중요한 기착지인 섬서 등지에서 유통이 활발해졌으며 목화
의 종식 면적도 크게 증가했다.

   중국 이외의 동남아시아, 동아시아 역시 면포 재배와 생산이 활발
해졌다. 중국 사서에 등장하는 점성포占城布·파나포婆羅布·방갈랄포榜
葛剌布·고리포古里布 등의 명칭은 중국 시장에서 해외 면포에 대한 관심

이 높았음을 보여준다. 남아프리카 혹은 인도에서 자생하는 것으로 알려진 목화가 동남아시아와 인도 각지에 토착화하면서 질과 규격, 용도 면에서 매우 다양한 종류가 생산되었고 다시 인도양 교역 네트워크를 통해 유통되었다. 이것은 교역 네트워크를 따라 유라시아에 공통된 기호의 상품이 확산되는 모습을 반영하는 흥미로운 현상이다.

교역 네트워크상의 '서양'은 단순히 인도나 인도양으로서만이 아니라 다양한 상품과 문화가 교차하며 공유되는 문화 전파의 중심 지역이었고, 이 네트워크는 인도양을 너머 동아시아 해안까지 연결했다. 인도를 중심으로 상품들은 연해의 항만들을 따라 유통되었고, 대도시를 거쳐 배후지로 유입되었다. 목화의 종식과 면포의 유행은 육상과 해상의 네트워크를 통해 서양포가 유통되고 토착화하면서 다양한 문명권에서 수용되며 그에 대한 기호가 양산된 결과라고 볼 수 있다.

소결

지금까지 안경의 발명에 대한 역사를 규명할 때, 알하젠 이전의 성과는 경시되곤 했다. 그러나 알하젠이 이룬 광학 이론이 실제 안경에 적용되기는 아직 어려웠다. 안경이라는 복합적 기술의 산물이 출현하기까지는 유리 제작 기술의 개선과 실용화가 더 중요했다. 안경을 제작할 만한 여건이 우수한 유리 제작이라면 유럽에서는 13세기 무렵 일정 수준에 도달해 있었다. 이 시기 매우 투명한, 그래서 수정과 같다고 여겨지는 렌즈의 기능이 있는 유리 제품들이 이미 유통되고 있었다. 사실 투명도가 확보된다면 볼록하게 제작된 유리를 통해 글자가 커보이는 현상은 쉽게 관찰할 수 있다. 렌즈는 누군가의 손에 이끌려 소개되길 기다릴 뿐이었다.

13세기 교역 네트워크의 복잡한 연결은 안경이 어디서 발명되었는지 모호하게 만든 측면이 있다. 단거리를 연결하며 팔려나가게 된 안경은 무척 희귀해서 소문보다 늦게 전달되었을 가능성도 분명히 있다. 그렇다고 하더라도 수도사 여행가들이 노안에 좋다고 상품을 소개한다면, 누구라도 직접 안경을 제작해보지 않았겠는가!

은밀하게 전하던 안경은 본격적으로 14세기부터 유럽에서 확산되기 시작했고 인도양의 주요 상품으로 부상했다. 이런 결론은 13~14세기 아랍인의 상업적 성공과 몽골 제국의 확장을 고려한 것이다. 초원에서 발원한 원 조정은 역참을 통해 유라시아를 더 빠르고 긴밀하게 엮었으며 인도양의 주요 도시나 국가들과도 우호적인 관계를 맺음으로써 육상과 해양에서 통합적 네트워크를 구축했다. 그리고 이 확대된 영역에는 이슬람 상인들의 교역 방식이 채택되었다.

몽골 제국하의 교역 네트워크는 유라시아의 문화적 경계들을 유연하게 만들었다. 중국에도 다양한 언어와 문화를 배경으로 하는 사람들이 대거 이주해왔다. 또한 원대 해상무역이 중요해지면서 해양으로 진출하는 중국인이 크게 증가했고 동포채, 남인도 등지에는 중국인 집단 거주지가 형성되었다. 12세기 이후 중국의 대형 선박들도 인도양 무역에 활용되기 시작했으며 인도인도 동아시아에서 활약했다. 인도양 세계의 사신과 상인의 왕래가 활발해지고, 해외에서 획득한 지식들이 증가하자 중국인은 다수의 견문록, 여행기, 지리서 등을 남겼다. 인도양 세계에 진출한 중국인은 이 일대를 '서양'이라고 불렀다.

인도양 세계의 주요 항구도시들에서는 인도양 세계의 각종 작물, 약재, 사치품 등의 물질적 교류와 함께 생활양식·종교·언어 방면의 동화도 이루어져 문화적 융융이 일어났다. 중세에 이르기까지 정보와 상품의 전달 주체와 수용 주체의 거리가 멀수록 상호 간의 문화적 격차는 상당히 벌어진 채였지만 10세기 이후 해양에서의 교통 방면 혁신, 13~14세기 유라시아의 교통로 창신이라는 다양한 요소는 이러한 서로 다른 권역들이 정보를 수집하는 데 요구되는 시간차를 상당히 좁혀놓았다. 인도양 일대에 항해 기술과 선박 제조 기술이 발달하고 지리지식이 보급되자 주요 항구도시에서 공통적인 기호가 나타나고 세계적인 히트 상품이 출현한 것은 이 때문이다. 이 상품들은 바로 서양포·장미수·유리 제품·각종 향료 등이다. 복합적인 지식과 기술이 필요했던 안경도 이 인도양 세계를 배경으로 탄생했고, 이 네트워크를 따라 전파되었다. 활발한 교역 네트워크를 고려했을 때 원대에 이미 안경은 전파되었다고 보는 것은 무리한 추론이 아니다.

3부

시스템이
만들어 낸
안경의 시대

—

안경의 유입

1장

안경 유입의 단서들

명대의 안경 전파에 관한 기록

명대에 안경이 전입된 근거 자료로 주목할 기록은 정화의 항해에 대한 민간 기록인 라무등羅懋登의《삼보태감서양기통속연의三寶太監西洋紀通俗演義》다. 이 기록에 따르면 영락 8년(1410) 말라카 왕이 애체 10매를 조공했다[1]고 한다. 라무등은 만력 연간의 사람으로 알려졌으며, 주로 소설과 희곡류에 관심이 많았다. 그가 남긴 소설《삼보태감서양기통속연의》는 정화의 출사 기록을 보충할 수 있는 자료로써 종종 활용된다. 이 기록은 정화의 항해로부터 80여 년이나 지나 생성되기도 했고 신이적 요소가 많아 문제가 되긴 하나 자료의 내용 상당부분은《명사》나 실록에서도 고증할 수 있어 사료로서 가치를 인정하곤 한다.[2] 특히 정화의 기록이 대부분 소각되었기 때문에 사라진 항해 내용을 보충할 수 있다는 점에서 상당히 중요한 자료다. 이 사료에 따르면 안경의 전입 시기는 영락 8년이라고 못 박을 수도 있다.

　다만 정화의 항해 당시 말라카에서 애체 10매를 조공한 기록은 그 근거를 확인할 수 있는 다른 자료가 없다. 특히 정화의 출사 기록들, 예컨대 마환馬歡의 《영애승람》, 비신費信의 《성사승람星槎勝覽》, 공진鞏珍의 《서양번국지西洋蕃國志》 등에서는 말라카가 안경을 조공했다는 사실뿐 아니라 안경에 대한 기록 자체를 볼 수 없다. 《영애승람》은 4차 항해부터 항해에 참여했던 마환의 기록으로 가장 믿을 수 있지만 안경이나 애체에 대한 언급이 없다. 따라서 대개 라무등의 애체 조공 기사는 작가가 생존해 있던 17세기의 정황이 반영된 것으로 판단된다. 뒤에서 설명하겠지만 17세기 해양을 통해 유럽의 안경이 대량으로 유입되었다. 그리고 말라카는 당시 포르투갈의 속국이었기 때문에 유럽의 안경이 유입되는 통로였다. 따라서 유럽에서 보급된 안경을 말라카에서 수입하고 있었던 정황을 소급해 정화에 가탁했을 가능성이 있다.

　그럼에도 명대의 안경 전입에 대한 조기 기록은 명 전기, 적어도 선덕 연간 무렵에 이루어졌다고 볼 수 있다. 이에 대해서는 청대 학자 조익趙翼의 안경에 대한 고증을 참고하자.

　기이하도다. 참으로 아름다운 물건이다. 어찌 감탄을 금하랴. 인력이 그 끝에 도달하니 다시 하늘의 기술을 빌린 것이다. 서로 전하기를 선덕 연간에 번으로부터 선박을 타고 왔다고 한다. 내부에서 늙은 신하에게 사여하니 귀함이 금값에 당한다. 도공屠公이 주었기 때문에 오관吳寬이 시를 써서 감사를 표했다. 내 오관의 문집을 보니 처음(당시)에는 유리를 새겨(조각해) 얇기가 종이와 같고 새롭고 빛난다. (이후) 중토에서 모방해 제조했는데 수정으로도 또한 미치지 못했다. 처음 물지를 창조함을 알았으니 모든 것은 화하에서 나지 않는다. 다만 내 습관을 부끄러워하니 책을 쥐고 자못 파헤치곤 한다. 옛날에 내 눈은 별처럼 총기가 많았는데 나에게서 멀어진 것이 한 척의 배가 떠난 듯하다. 이 천년의 얼음을 안으니 칼이 칼자루를 떠나기 어려운 것과 같다. 이미 늙어 점차 침침한 것을 알고 있었는데 다행히 빛이 있어 빌릴 수 있었다.[3]

조익은 안경을 접하고 안경 제작 기술에 대해 극찬을 아끼지 않았다. 심지어 중토에서 모방해 제조된 것이 미치지 못한다고 하면서 모든 것이 화하에서 난다는 중화 중심적 사고에 의문을 품었다. 그는 새로운 물건을 창조할 수 있다는 것에 놀라워했다. 그리고 옛 문집들을 들추어 이 놀라운 안경이 '선덕 연간에 번박을 타고 왔다'는 점을 언급했다. 그 증거로 오관의 문집에 전하는 시를 언급하며 내부에서 도공에게 사여한 안경이 오관에게 증여된 사실을 제시했다.

오관은 성화 8년(1472) 장원급제해 한림수찬翰林修撰을 지냈고 일찍이 효종의 강독 선생이었다. 효종이 즉위하자 그는 좌서자左庶子, 즉 태자의 시종관이 되었고 《헌종실록》의 찬수에도 참여했으며 관직은 예부상서까지 올랐다. 오관의 시는 명대의 안경 전입을 확인할 수 있는 비교적 이른 시기의 사료이기 때문에 다수의 문인들이 안경을 고증하는 데 활용했다. 도공은 당시 이부상서 도용屠滽으로, 오관에게 안경을 사여한 것은 두 사람이 함께 이부의 일을 맡았던 홍치 9년(1496) 2월과 홍치 13년(1500) 5월 사이의 일로 추측된다.[4] 이때

도용은 이부상서에 임직하고 있었고, 오관은 이부우시랑吏部右侍郎이었다.

도용의 안경은 황제가 노신에게 하사한 것이므로 홍치제에게 하사받은 것으로 봐야 할 듯하다. 조익은 선덕 연간에 들어왔다는 출처 불문의 사실을 전하면서도 홍치 연간에 황제로부터 사여된 안경이 활용되었음을 확인하고 있어 늦어도 15세기 말 안경이 전파되었음을 알 수 있다.

명 말과 청 초의 두 문인인 라무등과 조익의 기록에 따르면 중국에 안경이 유입된 시기는 유럽인이 들어온 시기보다 일렀으며, 주로 안경이 바다를 통해 유입되었다고 할 수 있다. 그러나 이 두 문인의 활동은 모두 해양을 통한 교역량이 크게 증가한 시기에 해당하므로, 정확한 정보는 좀더 앞선 시기의 기록들을 살펴봐야 한다.

명대 선덕 연간에 안경이 유입되었음을 확신할 수 있고 신뢰할 만한 사료는 당대 시문학가이자 화가인 장녕張寧의 기록에 있다. 그는 경태 5년(1454) 진사에 급제하고 예과급사중禮科給事中까지 올랐으며 천순 원년(1457)에 명을 받아 조선에 사신으로 왔었다. 귀국 후 얼마 되지 않아 정주汀州의 지부知府로 좌천되었는데 곧 병으로 벼슬을 그만두고 30여 년을 낙향해 지내다가 사망했다. 그의 저술로는 《방주집》, 《방주잡언方洲雜言》, 《봉사록奉使錄》 등이 있다.[5] 그의 《방주집》에는 생활, 기물 등 다양한 방면이 잡다하게 기술되어 있는데, 이 자료에서 그는 자신이 경험한 2부의 안경에 대해 다음과 같은 기록을 남겼다.

중국에서 사용한 접이식 안경
명대에 들어서면서 안경이 본격 유입
되었고, 여러 기록에 따라 안경의 전입
시기와 유통 방식, 출처를 확인할 수
있게 되었다.

접때 경사에 있을 때 일찍이 지휘指揮 호롱胡瀧의 거처에서 그 아버지
종백공宗伯公[6]이 갖고 있던 선묘가 사여한 물건을 보았다. (중략) 근자
에 참정 손경장의 거처에서 한 벌을 다시 보았다. 사용해보니 다시 그
러했다. 경장은 좋은 말을 주고 서역의 상인 말라카에게 얻었는데 그
이름을 애체라고 들었다고 한다. 두 물건은 모두 세상에서 보기 드문
것이다.[7]

위의 사료는 장녕이 자신이 두 번 안경을 접했던 경험을 기록으로
남긴 것이다. 하나는 경사에서 지낼 때 그의 교우였던 호롱의 집에서
본 것으로, 이 안경은 호롱의 부친이 선묘, 즉 선종 주첨기朱瞻基[8]로부
터 사여받은 것이었다. 호롱의 아버지 호영胡濙은 선덕제의 중신 중
한 명으로 예부상서를 지냈다. 선종이 하사한 안경은 장녕이 북경에

서 벼슬할 때 본 것으로, 선덕 연간(1425~35)에 유입되었다고 보이는 유력한 증거가 된다. 아마도 조익의 "선덕 연간 안경이 번박을 타고 왔다"는 사실도 이에 근거했을 것이다. 장녕의 이 기록은 안경이 포르투갈인이 말라카로 진출하기 전, 15세기 중기 이전에 전래되었다는 사실을 증명한다.

위의 사료는 안경의 전입 시기와 유통 방식, 출처를 확인하는 데 매우 중요한 단서를 준다. 우선 호롱의 부친이 선덕제로부터 사여받았다는 안경은 해외 국가와 조공무역을 통해 들어온 것으로 안경의 유입 시기는 1435년 이전이라고 짐작해도 큰 무리는 없을 듯하다. 이 시기에 유입된 것이 사실이라면 앞서 라무등의 소설 내용도 재고할 수 있다. 정화가 조공 받은 10매의 안경에 관한 기록은 남아 있지 않아 확인할 수 없지만, 정화 일행의 마지막 항해가 선덕 5년(1430)에 있었고 말라카의 국왕이 직접 조공하러 이르기도 했다는 점을 기억할 때 전혀 근거 없는 이야기는 아니다.

안경이라는 명칭의 유래

오관의 시는 비교적 이른 시기의 안경에 관한 정확한 자료를 제공하기 때문에 중국의 안경사에서는 무척 중요하다. 특히 그가 지금까지도 일반적으로 사용하고 있는 '안경'이라는 중국적인 용어를 사용한 것은 매우 흥미롭다. 외래 상품의 유입에서 명칭 문제는 상당히 중요하다. 중국 사료에서 이국으로부터 들어온 낯선 물건들을 명명할 때 그 재료나 용도에 따라 대강의 명칭을 부여하기도 했고, 본래 외국 이름을 그대로 사용하는 경우가 많다. 따라서 안경의 수입처를 확인할 수 있는 중요한 단서를 주기도 한다.

그런데 이미 15세기 후반, 오관은 '안경'이라는 중국적 명칭을 사용하고 있었다. 이것은 당시 안경의 보급이 상당히 보편화되어 중국화한 명칭으로 통용되었다고도 할 수 있지만 이 무렵에는 안경에 대한 단서가 많지 않고 안경을 접한 고위 관료들도 일생에 한두 번 접한 경험을 기술해서 단순화하기는 어렵다.

청 초 다수의 저술을 남긴 손승택孫承澤은 오관의 시를 인용하며 안경이 '서역'에서 난다는 점을 분명히 했고 그 명칭도 '안경'이라고 명확히 쓰고 있다. 오관의 시는 다음과 같이 해석된다.

안경은 어디에서 왔는가. 서로 달라 물을 수가 없구나. (중략) 편작이 오장육부를 보아도 기이한 술법이 있음을 약속하지 못하는데 몸을 따라 혹 이것을 얻어 마침내 눈이 빛나고 촉촉하다. 세세에 전해 성긴 밝음과 이별하니 두 눈은 침몰할 수 없다. 천년의 누런 대지를 이것으로 바꾸니 백금의 가치가 된다. 듣자하니 서역에서 나는데 그 명칭은 하나가 아니니 내 그 바탕을 따른다.[9]

오관은 당시 안경을 지칭하는 여러 가지 이름이 사용되었으나 그 성질에 따라 명칭을 쓰겠노라고 하며 '안경'이라는 이름에 의미를 부여했다. 오관이 '안경'이라는 용어를 처음 사용한 것은 아니다. 다만 눈을 밝히는 이 기구에 대해 여러 명칭이 있는데 그 속성상 안경이라는 이름이 적당하다는 것이다. 안경이라는 말이 그 속성과 가장 잘 어울린다는 것은 무슨 의미일까?

안경을 한자로 풀면 '눈에 비추는 거울' 혹은 '눈의 거울'이다. 그런데 유럽식 이름인 'eyeglass'는 직역하면 눈의 '유리'라고 해석되는데 중국어에서 거울과 유리가 쉽게 전환되는 개념은 아니다. 현대 중국어에서 '경鏡'은 거울이라는 의미나 렌즈의 의미를 갖고 있기는 하나 글래스의 의미는 없다.

15세기 중국인이 '경'이라는 글자에 'glass'의 의미를 담았을까? 아마도 유리를 칭하는 다른 명칭, 예컨대 초자 혹은 파려, 유리라는 이름을 붙이는 게 적절했을 것이다. 안경이라는 이름이 유럽의 안경으로부터 온 것 같지는 않다.

실제로 중국의 초기 안경의 명칭 가운데 유리를 활용한 특징을 드러낸 경우도 있다. 《대명회전》에 따르면 하미의 조공 사절들이 가져온 '초자차안硝子遮眼' 세 매를 비단 한 필로 보상한다[10]는 기록이 있다. 명대 사이四夷의 단어를 번역한 진사원陳士元은 '초자차안'을 번의 왜납[11]이라고 각주를 달았다. 대개 '초자차안'은 안경에 대해 기능과 재료에 따라 명명한 것이며 왜납矮納은 중국 내에 알려진 이름이라고 볼 수 있다.

동아시아어에서 안경이라는 명칭은 '왜납'이라는 명칭과 더 통한다. '왜납'은 아랍어 '알운와이나트al-unwainat', 페르시아어 '아이낙ainak'의 음역이다. 주로 사마르칸트나 하미에서 들어온 안경을 지칭했다. 페르시아어 '아이낙'에서 'عینی'은 '아인'으로 발음되며 거울을 의미한다. 중국에서 안경의 또 다른 명칭이었던 왜납이 페르시아어로 거울을 의미하는 것이 우연한 발음의 일치는 아닌 듯하다. 명대 사이관에서 어학 공구로 사용된 《화이역어》에는 '경(거울)'의 페르시아어 발음을 '아의납阿衣納'이라고 표기했는데 중국어로는 '아이나'라고 발음한다.[12] 그 이름의 내원은 더 검토되어야겠지만 유럽인이 도래하기 전 동아시아에서 '안경眼鏡'이라는 이름의 기원이 페르시아어로부터 유래했을 가능성을 보여준다. 카스피해 일대에서 흑해 일대와의 교역에 참여했던 아제르바이잔인은 여전히 안경을 '아이닛'이라고 부른다. 다시 말하면 동아시아어 '안경'은 거울을 의미하는 페르시아어가 중국어로 번역된 것으로 안경과 왜납은 결국 모두 통하는 개념이다. 13세기 이후 중국 내에서 페르시아어가 차지한 비중을 고려한다면 왜납의 산지는 페르시아 일대 어딘가였을 가능성이 크다.

장녕은 뒤에 손경장이 보여주는 물건이 두 배로 확대되어 보이는 효과가 있어 노안에 좋다는 것을 알게 되었는데 그 기능이 호롱에게서 보았던 것과 같다는 사실을 깨달았다. 그리고 두 번째 '안경'을 경험한 뒤 말라카인으로부터 알게 되었다는 '애체'라는 이름으로 기록했다.[13]

애체 역시 명대에 안경을 가리키는 용어로, 안경 제작이나 전파 진원지를 이해할 수 있는 핵심적인 어휘이긴 하나 정확한 명칭의 유래는 확인할 수 없다.[14] 오히려 초기 안경이 유통되었던 당시 그 명칭도 잘 알려지지 않았던 것 같다. 명 만력 연간에 기록된 《동서양고》에서는 말라카의 물산을 설명하면서 다음과 같이 기록했다.

애체는 속명 안경이다. 《화이고》에 이르기를 크기는 동전만 하고 바탕은 얇고 투명해 유리색과 같고 운모와 같다. 매번 시력이 흐릿하여 작은 글을 판단하지 못하면 이것으로 눈을 가리니 정신이 흩어지지 않으며 서화는 두 배로 밝아진다. 말라카에서 난다. 애체는 가벼운 구름의 모양이니 가벼운 구름의 일월을 삼태기로 가려도 통하는 것과 같이 그 밝음을 가리지 않는 것과 같다. 애태曖曃라고 해도 또한 옳다.[15]

애체라는 용어는 안경의 등장과 함께 나타난 단어는 아니었고 당대唐代에도 사용되었다. 다만 이때 애체는 안경을 뜻하는 용어는 아니었다. 이에 대해서는 명대《정자통》에서도 다음과 같이 정리되어 있다.

> 애는 구름이 성한 모양이니 첫째, 구름이 어두운 것이다. (중략) 뜻은 애희靉靆(흐릿함)와 같으니 즉 애희僾俙다. (중략) '애僾' 음은 '의倚'라고 하니 애희와 방불한다. (중략) 또한 애채는 안경이다.《동천청록》에 애체는 노인들이 작은 글씨를 보지 못할 때 이것으로 눈을 가리면 밝아진다고 한다. 원인元人들의 소설에 애체가 서역에서 난다고 했다. (중략) 또한《방여승략》에서 말라카국이 애체를 만든다고 했는데 지금 서양이 파려를 갈아 천리경을 만들어 긴 통으로 보면 수십 리를 밝힐 수 있으니 또한 애체의 종류다.[16]

장자열은 애체에 담긴 두 가지 의미를 발음과 함께 정리했다. 애체가 구름이 성한 모양의 의미로 사용된 것은 당·송 시기의 시가 등 여러 문학작품에서 접할 수 있다. 그러나 이것은 구름이 성하거나 얇게 깔린 모양을 형용한 것이고, 시력 보조기구 단어로 사용된 것은 명

이후의 문헌에서 나타난다. 장자열의 기록에 따르면 애체는 '애태曖曃' 혹은 '애체僾逮'라는 명칭으로 표기되다가 명 후기 '애체靉靆'라는 표기로 통일된 것이다. 이것은 원대 소설에서 사용하는 '애체僾逮'와 같은 단어들이 그 이전부터 사용했던 '애체靉靆'라는 단어와 상관없었음을 짐작하게 한다.

《방주집》에서는 '왜납'이라는 명칭을 두고 "그 이름이 애체처럼 들린다"라고 기록했다.[17] 이에 근거해 애체가 '아이낙'이라는 소리를 표기한 것으로 파악하는 주장도 있었다.[18] 물론 애체와 왜납이 같은 음가를 표현했다고 보기에는 아직 충분한 증거가 없고, 뒷부분의 음가가 많이 차이난다. 다만 '애채'의 중국식 발음인 '아이따이'의 첫 부분이 거울을 의미하는 '아인', 혹은 '아이나'와 같은 발음이라는 점은 애체와 왜납의 제작 연원을 보여주는 공통분모가 될 수도 있다. 어쩌면 페르시아어 '아이낙'이 다양한 버전으로 알려져 그중 하나가 애체라는 용어로 흡수했을 수도 있고 또 다른 안경 제작 진원지로부터 전파되어 붙여진 이름일 수도 있다.

안경의 명칭을 통해 안경과 왜납의 어원 공통성은 확인할 수 있었지만 이것이 안경의 최초 제작지라는 근거로는 충분하지 않다. 다만 명대에 유입된 안경의 내원은 페르시아-아랍 일대였음을 상정할 수 있다.

15세기 무렵 전파된 안경의 형태

13세기 말 유럽에서 안경이 처음 알려진 뒤 20년 만에 안경 제작과 사용 사례는 급속하게 증가했다. 따라서 14세기 중기 유럽은 각종 회화, 문서에서 안경을 사용한 예를 쉽게 찾아볼 수 있고 15세기에 이르면 그러한 예는 부지기수였다. 이에 비해 중국은 공식적으로 알려진 기록이 15세기 중기 무렵이며 그것도 매우 적은 수의 안경에 대해서만 기록되어 있을 뿐 본격적인 사용은 16세기에서야 비로소 가능했다. 이렇게 볼 때 중국에 안경이 보급된 타임라인은 유럽보다 150여 년이 늦은 셈이다.

따라서 조기 중국에 유통된 안경은 유럽에서 제작된 것일 가능성도 있다. 유럽인이 동아시아에 도착하기 전부터 중국에 안경이 보급되었지만 상품의 경우 상인이 직접 이르지 않아도 교역 네트워크상에서 장거리 무역 방식을 통해 간접적으로 전달될 수 있다. 하지만 중국에 조기 유입된 안경이 유럽으로부터 전파된 안경이라고 확언하는 것은 안경 문화를 단순하게 정리한 것이다. '보기만 하고도 제작 가능했던' 안경을 유럽에서만 생산했다고 보는 것은 완벽한 결론은 아니다. 14~15세기에 이르면 어떤 지역에서든지 안경은 제작 가능했다고 보아야 한다. 물론 유리 연마 기술이나 배합의 특별한 비밀들은 지역마다 존재했기 때문에 모두가 동일한 안경을 제작한 것은 아니었다. 그러므로 문헌상 남겨진 초기 중국에 전파된 안경의 착용형태와 모양을 통해 중국에 도입된 안경이 유럽에서 유행하던 양식인지는 유추할 수 있다.

이에 대해서는 처음 전입된 것으로 보이는 장녕의 《방주집》에서 묘사한 안경의 형태를 참고해보자.

동전 크기만 한 두 개는 그 형색이 운모석류이니 세상에서 초자라고 하는 것이다. 바탕은 매우 얇고 금으로써 서로 윤곽해 그것을 따라 손잡이와 끈이 있다. 그 끝을 합하면 하나가 되고 가르면 둘이 되니, 시장의 상자갑처럼 펼쳐진다. 노인은 눈이 어두워 작은 글자를 분별하지 못하니 이 물건을 두 눈에 펴면 글자가 밝아지고 크기는 두 배로 커진다.[19]

1400년대 전반에 전파된 안경에 대한 장녕의 기록은 최초 안경의 모양과 기능, 착용 방법에 관한 몇 가지 정보를 준다. 우선 초자석이라는 이름의 유리 재질이 특징이다. 이시진의 《본초강목本草綱目》에 따르면 초자석 혹은 초자는 약물을 사용해 태워 만든 것으로 기안이 있다고 하며 '해수정海水精'이라고도 했으니 광동 지역에서 제작한 가수정을 부르는 명칭으로도 알려졌다.[20] 이에 따르면 광동 지역에서 이슬람의 파려 제품을 모방해 제작한 유리들을 초자라고 명명한 것을 알 수 있다. 이시진은 이슬람의 파려를 수정이라고 했고, 약물로 재리해 제작한 유리인 초자는 가수정이라고 분류했지만 모두 유리를 가리킨다.

초자로 제작된 장녕이 접한 안경은 유리 재질로 매우 얇게 제작되었고 금테를 두른 것이다.[21] 그리고 그 양쪽 끝에는 손잡이와 끈이 있다. 안경의 렌즈 두 개는 가운데에 고정못이 있는 형태로 접고 펼 수 있는 형태다. 그리고 이 안경은 두 배로 커진다는 점, 노인들이 사용한다는 점으로 미루어 원시경이었다. 호롱의 안경은 조공품을 하사받은 것으로 얇은 렌즈가 특징인 고급 제품에 속했으며 기능도 우수해보인다.

황제가 하사한 것으로 보이는 안경의 형태에 대해서는 오관의 시도 참고할 수 있다.

둥글기는 콩깍지·동전과 같고 맑기는 운모와 필적한다. 또한 태성과도 같으니 양측이 같은 것은 타고난 것 같다. 눈동자에 가까이 가져가면 서질을 대함에 편안하다. 머리에 묶으면 작은 글씨가 밝아지고, 밝음은 곧고 분명하다. 날 때부터 책을 보면 어른거렸고 근시가 있었으니 눈의 질환으로 고통받았다. 이에 이르러 이부의 일을 맡았는데 안건은 저녁이 되도록 끝나지 않았다. 재상께서 나의 어려움을 아시고 증여해주시니 하루아침에 이 물건을 얻어 옛 질환이 일시에 사라졌다.[22]

오관은 안경을 취득한 후 자신의 눈에 대한 문제를 해결하는 과정을 한 편의 시로 남겼는데 매우 자세하게 안경을 설명한다. 양 렌즈가 둥글고 머리에 묶는다는 것으로 보아 오관의 안경은 양쪽에 끈이 있으며 후두부에서 고정시킬 수 있도록 제작되었음을 알 수 있다. 한편 자신의 증상에 대해 어릴 때부터 책을 보면 침침하게 보였고, 잘 보이지 않는 병으로 힘들어했다는 표현이 있어, 안경에 관심이 많던 손승택은 오관을 근시안으로 추측하며 당시 오목렌즈의 근시경이 도입된 증거로 보기도 했다.

이보다 조금 뒤인 낭영郎瑛의《칠수류고속고》에 기록된 안경의 특징은 위의 사례와는 조금 다른 인상을 준다.

어렸을 적에 귀인에게 듣기에 안경은 노인들이 책을 볼 때 작은 글씨를 크게 보게 하는 것으로 서해안에서 나는데 오랑캐[虜人]들이 얻어 제작해 중국에 보내니 세세의 보물이 되었다. 내 궁금함이 있어 문선을 보니 (중략) 모두 안경을 제조하는 일을 말하지 않았다. 뒤에 도사 곽자기가 나에게 1매를 보내주니 바탕은 백유리와 같고 동전 크기만 하며 붉은 테를 두르고 두 부분으로 이루어졌다. 둥근 것이 등잔을 자른 듯하고 열 수도 있고 접을 수도 있다. 그 오는 바를 물으니 말하기를 예전에 감숙에 임했을 때 이인夷人들이 조공해 얻은 것이라고 했다. 내가 매우 기뻐하며 미간에 두었으나 사람들이 말하는 것과 같지 못했다. 매번 의심이 나서 사람들에게 물으니 풍남우豐南禹가 말하길 대차거大車渠의 주낭을 갈아 만든 것이니 항상 품 안에서 길러 말라 죽지 않게 한 연후에 글자를 비출 수 있다고 했다. 나는 서번에서 온 것임을 알았으나 서번의 소차거는 사람들이 길러도 반드시 그렇지 못했다. 이것을 얻은 지 20년이 지나도록 보물은 쓸모가 없으니 쥐가 황금을 감춘 것과 같지 않은가? 책에 기록해 근심을 전하노니 아는 자들은 필히 내게 알려주시길.[23]

낭영이 곽도사에게 받은 안경의 소재는 '백유리'라고 일컬은 것으로 보아 유리 재질임이 확실하다. 크기는 앞서 장녕이 언급한 것과 같이 동전만 한 크기였는데 붉은색으로 테를 두르고 있다는 점은 다르다. 곽도사의 안경도 두 부분으로 이루어지고 가운데가 고정되어 두 안경알이 하나로 포개질 수 있는 형태였다. 그러나 그는 자신이 얻은 안경이 전해들은 바와 달리 실제 아무런 효과도 없었다고 하며 20년 동안 지니고 있지만 쓸모없이 소장하고 있을 뿐이라고 고백했다. 아마도 그가 지니고 있던 안경이 어쩌면 연마의 과정이 제대로 되지 않은 저급 안경일 가능성도 있다. 그가 '백유리'라고 일컬은 유리는 투명성이 어느 정도 확보되었는지도 확인할 수 없다.

주목할 점은 이 안경이 끈이 달렸는지에 대한 여부를 밝히지 않고 다만 미간에 둔다고 표현한 것이다. 이 안경을 낭영이 불만스럽게 느낀 것은 기능상 자신의 시력과 맞지 않았을 수 있다. 당시 유럽에서는 근시경 안경도 보급되고 있었다는 점도 고려되어야 한다. 그러나 만약 양질의 근시 안경이라면 사물에 비춰볼 때 작고 선명하게 보이는 현상을 무시하지는 않았을 것이므로 단순 기능의 품질이 낮은 원시경이라고 판단된다.

만력 원년(1573)에 간행된 전예형田藝蘅의 《유청일찰적초留靑日劄摘抄》에는 〈애체靉靆〉라는 이름으로 안경의 형태를 다음과 같이 설명했다.

제학부사 조양朝陽의 임공林公은 두 개의 물건이 있으니 크기는 동전만 하고 바탕은 얇고 투명해 초자석과 같기도 하고 유리색과 같기도 하니 운모와 같다. 매번 문장을 볼 때 시력이 어두워져 작은 글씨를 분별하지 못하니 이것으로 눈을 가리면 정신은 흩어지지 않고 필화는 배로 밝아진다. 가운데에 능견綾絹으로 이어져 머리 뒤에 묶으니 뒷날 사람들이 모두 알지 못하고 내게 물었다. 나는 이것은 애체라고 하며 서역 말랄국에서 난다고 했다.[24]

이 사료에 등장하는 '제학부사 조양의 임공'은 고증에 의해 임대춘林大春으로 밝혀졌다.[25] 광동의 조주부潮州府 조양현潮陽縣 출신인 임대춘은 '애체'라는 이름의 안경을 가지고 있었는데 전예형은 그의 안경과 선묘에게 사여받았다는 장녕의 안경과 비교하면서 같은 것이라고 했다. 또한 능견으로 이어져 머리 뒤에 묶는 형식이 같다. 서화가 배로 밝아진다는 것으로 보아 이 안경 역시 원시경이었음을 알 수 있다.

서역식 안경

그러면 안경의 형태는 어떠했는지 그 특징들을 살펴보자. 낭영의 기록을 보면 그는 자신이 소지한 안경이 유리질이며 "대차거大車渠의 주낭珠囊으로 만든 것"이라고 하며 "항상 품 안에서 기르고 죽지 않게 한 이후에야 글자를 밝혀준다"고 했다. 그의 기록은 풍문을 옮긴 것으로 정확한 의미는 잘 파악되지 않는다. 제작의 과정을 고려해 볼 때 안경은 투명한 유리의 확보도 중요하지만 커팅·연마의 단계가 필요하므로 유리 제작의 작업과 관련이 있을 듯하나 확실하지는 않다. 대차거는 유리 제작 시 활용된 소재일 수도 있고 다양한 연마제 중 하나일 수도 있다. 낭영의 막연한 설명은 어떤 근거에 기반한 것인지 확인하기는 어렵다. 다만 안경의 소재로 언급한 대차거는 안경 관련 정보의 출처들을 추정할 수 있는 단서다.

차거란 '硨磲'라고 표기되기도 하며 바다에 사는 조개류로 껍질의 표면은 백색 혹은 암갈색인데 껍질의 안쪽은 백옥과 같다. 큰 것은 3척에 달하며 각종 장식품을 제작할 수 있어서 서역 7보의 하나로 알려져 있다.[26] 이에 대해 청대 진원룡陳元龍이 쓴 《격치경원格致鏡原》의 안경 기사에는 낭영의 기사를 정리하며 "대차거의 주낭을 갈아 만든다"[27]라고 했으니 차거가 유리 제조 등에 특별한 비법으로 활용된 듯하다. 어쨌든 안경의 제작은 차거의 생산과 유통이 가능한 지역에서 이루어졌을 것으로 추측할 수 있는데 중국 사료에서는 이것이 페르시아에서 산출된다고 알려졌다.[28]

일반적으로 조기 중국에 보급된 안경은 볼록렌즈의 원시경으로 간주된다. 안경테는 금과 은으로 된 금속 테도 있었으며 아닌 것도 있지만 그 끝은 끈으로 연결되어 후두부에 묶어 고정하는 형태와 끈이 없는 형태 두 가지 모두 있었다. 안경의 알은 동전의 크기로 비교되는데 또한 그보다 작은 것도 있었다. 앞에서 살펴보았듯이 15세기의 안경은 13세기 말부터 안경이 제작되었음이 확실한 유럽의 것이 말라카 등 동남아시아 일대를 통해 중국으로 중계되어왔을 가능성이 있다.

여기서 한 가지 주의할 점은 14세기 서구의 것과 중국으로 유입된 것은 착용법이나 형태에서 서로 상이한 점이 많다는 것이다. 13세기 서양에서는 유리를 가공한 렌즈가 등장했는데, 중국에 전해진 안경도 유리질 렌즈로 제작된 것이었다.[29] 그런데 대부분의 서양 안경들은 14세기 내내, 그리고 15세기에 이르러서도 코안경의 형태를 띤 것에 비해, 15세기 전반 중국으로 유입된 안경은 육로로 들여온 것이든 해로로 들여온 것이든 비단과 끈으로 고정하는 형태가 대부분이었다.[30] 이와 같은 형태는 이동이 많은 문화군, 즉 유목생활에 기반한 지역에서 활동성을 강조하는 가운데 제작되었을 것으로 보인다. 그리고 중국에 유입된 이러한 형태의 안경이 대개 서역에서 들여온 것임을 반영한다면 당시 유럽과 '서역'은 서로 다른 안경 문화가 동시대에 발전하고 있었다고 볼 수 있다.

15세기 중앙아시아와 동남아시아 일대에서 유통된 안경 중에는 유럽식 안경과 또 다른 형태가 있었다. 이 안경은 형태상 유럽과 구분되는 독자적인 형태로 제작되었고 나름대로의 정형성을 유지하고 있었다. 이 책에서는 서술상의 편의를 위해 유럽의 안경과 구분해 이를 '서역식' 안경이라고 명명하도록 하겠다.[31] 서역식 안경이라고 칭한 것은 이른 시기에 명에 유입된 대부분의 안경이 이른바 '서역'이라는 명칭으로 그 출처를 밝히고 있기 때문이다. 뒤에서 기술하겠지만 끈으로 머리 뒤에서 묶는 형태의 안경은 이후 중국에서 수정·흑수정으로 제작·계승되었고 한동안 고가로 거래되었다.

중국에서 끈으로 묶는 형태의 안경이 제작되었다는 사실은 육상 실크로드의 문화를 수용한다는 상징적인 의미가 있다. 물론 서역식으로 일컬어지는 안경이 유럽에서 전혀 사용되지 않은 것은 아니다. 리처드 코손은 끈으로 귀에 묶는 형태를 '스페니시-이탈리안 스타일'이라고 했는데 유럽에서는 이러한 안경의 이른 형태가 16세기 스페인 일대에 나타났다. 그러나 이러한 양식은 유럽에서 주류가 되지 못했고 곧 사라졌다.[32] 이에 비해 중국에 유입된 두부 고정식 안경은 15세기 초 유입된 것이다. 이것은 유럽과는 또 다른 안경문화가 존재했음을 보여주며, 16세기에는 스페인까지 확산된 것으로 추정할 수 있다.

'서역'의 의미는 시대별로 달라지는데 명대에 이르면 이슬람과 중앙아시아 상당 지역이 '서역'의 범주에서 다루어졌고, 인도양을 통해 접근하는 지역들도 '서역'이라는 용어로 통합되었다.《명사明史》〈서역전西域傳〉에서 다루는 지역은 합밀·유성柳城·화주火州·토로번土魯番 등과 이 지역을 통해 명과 교류했던 중앙아시아·인도 및 서남아시아 등의 국가들을 포함하고 있으며 멀리는 대진, 즉 유럽 일부까지 포함된다. 특히 천방국 역시 서역의 범위에서 언급되었다. 서역식 안경은 안경의 진원지가 유럽인지 아닌지의 여부에 관계없이 유럽의 것과 구분되는 또 다른 스타일의 안경이 육로와 해로를 따라 상당한 범위로 확산되었음을 보여준다.[33] 그리고 풍부한 물산과 기술적 노하우가 축적된, 예컨대 아랍·페르시아 등지에서 안경을 제작하고 그 문화를 주도했다는 것은 그리 놀라운 일이 아니다. 페르시아·아랍 방면에서 유통된 안경들은 명대에 어떻게 중국에 유통되었을까? 이에 대해서는 다음 장에서 살펴보자.

2장

안경을 조공한 나라들

조공의 주요 물품이 되다

조기 안경 전파에 대한 기록들은 안경이 중국에서 제작된 것이 아니라 수입된 것임을 명확하게 보여준다. 안경 관련 사료에서 조기 안경 유입의 경로에 대해 동일하게 가리키고 있는 지역은 서역, 만랄국, 남해, 서해라고 하며 그것을 가져온 사람들을 고호賈胡, 이인夷人, 오랑캐[虜人] 등으로 기록했다. 구체적으로 보면《연산재찰기》에는 "서역에서 난다고 들었다",《류청일찰적초》에는 "서역 말랄국" 혹은 "남해의 고호로부터 난다"는 것을 확신하고 있다.《칠수속고七修續藁》에는 "서해 중에 난다"고 했으며,《방주집》에서 전하는 손경장의 안경은 서역 만랄국으로부터 온 것이라고 했다.

안경의 입수 경위에 대해서《칠수속고》에는 "노인虜人들이 얻어 제작해 중국에 보낸다"라는 기록이 있으며 낭영의 안경은 곽도사가 감숙에 근무했을 때 이인들이 조공해 얻은 것이라는 점을 밝혀두었다. 조기 전파된 안경은 주로 조공을 통해 유입된 것이다. 조공에 의해 획득된 것으로 보이는 사례는 호롱과 오관의 것이다. 특히 오관은 자신의 시에서 도공으로부터 증여받은 것이라고 했는데 조익의 고증에 따르면 황제가 도공에게 사여했고 이것을 오관이 취득한 것이었다. 호롱의 부친이 갖고 있던 안경은 선덕제에게서 받은 것으로 이해할 수 있다. 앞서 보았듯이 선덕 연간은 정화의 마지막 항해가 있었던 해이므로, 조공 사절들이나 왕의 입공 과정에서 안경이 유입되었다고 볼 수 있다.

이러한 기록은 중국의 공식적인 무역 루트인 조공이라는 방식이 안경의 유입에 매우 중요했다는 점을 보여준다.《예부지고》,《대명회전》은 여러 나라와의 조공 관계 성립의 연혁이나 조공의 빈도의 정례 등과 함께 실제 조공에 대한 회사가 어떻게 이루어졌는지 그 시말이 정리되어 있다. 이와 같은 공식적 자료에서 조기 안경 혹은 왜납과 같은 물산을 조공한 나라는 하미, 사마르칸트, 천방국으로 확인되며 비공식 자료까지 고려하면 말라카도 포함할 수 있다. 비록 안경을 조공했던 나라들은 많지 않지만 이들이 갖는 교역로상의 위상은 매우 특별했다.

사마르칸트

명대 사료에서 살마아한撒馬兒罕으로 기록된 곳은 티무르 제국 건국 초기의 수도였던 사마르칸트다. 이미 당 제국 시기에도 사마르칸트는 번영했고, 많은 조공 사절들이 모여들었던 곳이었지만 몽골 제국 이후 사마르칸트의 성장은 건국자 티무르와 깊은 관계가 있다. 티무르 제국은 차카타이 칸국의 동서 분열의 혼란 와중에 칭기스칸의 후예를 자처하는 티무르가 서차카타이에서 분기해 건국했다. 사마르칸트 외에도 티무르의 아우와 자녀들에게 분봉된 지역들도 각각 조공해왔지만 15세기 초 티무르의 수도였던 사마르칸트는 곧 티무르 제국이자 수도였다.

티무르 제국을 건설한 아미르(재상) 티무르는 일칸의 술탄 아메드를 격파하고 킵차크 칸국을 공격해 볼가강 유역까지 진출했다. 또한 이슬람 억압에 대한 항변으로 인도에 진출해 델리를 약탈했으며 오스만투르크와 경합해 에게해까지 진출했다. 그는 신흥 명나라에 대해서도 몽골 제국을 패망시킨 원수이므로 1404년 대원정을 기도했으나, 1405년 사망하면서 뜻을 이루지는 못했다. 하지만 그는 원 제국 멸망 이후 중앙아시아를 중심으로 페르시아 영역과 인도 북부까지의 유라시아 내륙의 상당 부분을 통합적 상태로 이끌었다고 할 수 있다.

티무르의 위업은 정복 전쟁뿐 아니라 '푸른 이슬람'이라고 일컬어지는 사마르칸트의 재건에도 깊은 인상을 남겼다. 특히 티무르는 세계 각국으로부터 건축기사를 모집해 건축물을 건설했고, 도로 숙박소를 정비해 상업을 진흥시켰다. 특히 그는 평생 정책적으로 각지에 상인을 파견해 세계 곳곳의 지도와 기록을 모으고 제공해서 외국의 정세에 정통했다. 이러한 정보력은 그의 외정이 성공하는 데 크게 기여했음은 물론, 그의 도시를 화려한 건축물로 채우는 데도 활용되었

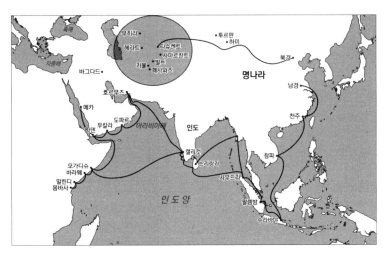

진성과 정화가 출사한 주요 목적지와 루트

정화와 진성이 출사한 중앙아시아와 인도양의 도시들은 정치적·상업적으로 중요한 길목에 위치했다. 명은 티무르 제국 및 동남아시아와 인도양의 크고 작은 권력들과 정치적 관계를 맺음으로써 15세기에도 교역 네트워크의 번영을 이어갈 수 있었다.

다. 그는 원정 때마다 세계 각지에서 일류 건축 기사들을 데리고 들어와 왕궁과 모스크, 마르랏사 등 각종 건축물을 건설하고 관개망을 정비하는 데도 동원했다. 또한 그는 사마르칸트 주위에 바그다드·다마스쿠스·미스르(카이로)·시라즈·술타니아 등 이슬람권의 주요 도시의 이름을 딴 취락을 건설하기도 했다.[34]

한편 각국의 수공업자들에게 유리 제품·도자기·융단·자수·제지·무기 등을 제작하게 하고 이를 수출했는데 사마르칸트의 유리 제조업은 이를 계기로 크게 발전한 것으로 보인다. 진성은 당시 사마르칸트를 다음과 같이 기록했다.

사마르칸트는 헤라트의 동쪽에 있으니 동북으로 섬서도사 감숙위 가욕관에서 9천 9백여 리 떨어져 있고 헤라트에서는 2천 8백여 리에 위치한다. (중략) 헤라트의 성 안보다 사람과 연기가 많고 길과 골목이 종횡하고 점포들이 주밀하다. 서남西南의 번객番客들이 많이 모이고 있다. 가는 곳마다 상품이 많지만 모두 이곳의 산물은 아니고 대부분은 외국 상인이 운반해온 것이다. 또한 은전을 사용하는데 모두 본국에서 만들었다. (중략) 동북 모퉁이에 토옥이 있어 회회교도들이 천주에 예배하는 곳인데 규제가 매우 정밀하고 장관을 이루며 모두 푸른 돌로 만들고 조각은 특히 교묘하다. 사면이 복도로 둘러 있고 광창한 중당은 강연의 장소이다. 경전은 모두 양피지로 배접하고 니금泥金으로 경經을 쓰는 등 상당히 훌륭한 제품이 많다. 금·은·동·철·전鐥·계罽의 산물이 있을 만하다.[35]

진성이 남긴 기록은 사마르칸트가 인구가 조밀하게 분포하고 도로와 상업이 발달해 많은 지역으로부터 다양한 물산이 유입될 뿐 아니라 수공업 상품의 제작이 가능한 환경이었음을 보여준다.

바자르의 건설과 규모를 살펴보면 사마르칸트가 상업도시로 발전했다는 것을 이해할 수 있다. 티무르는 사마르칸트에 공공사업 기금을 모으기 위해 시장을 확장하고 상인들을 불러들였다. 1403년 스페인의 사절로 클라비호가 다녀갈 무렵 사마르칸트에서는 국제 시장인 바자르가 대규모로 열렸다. 당시 킵차크한국, 인도, 타타르 등 여러 나라에서 사마르칸트로 들여온 상품은 실로 엄청나서 성 안에는 둘 곳이 없었고, 진열해서 판매할 큰 시장도 없을 정도였다.

티무르는 사마르칸트의 성을 관통하는 상업시장을 새로 건설하게 하고 상인들을 불러 물건을 진열하고 판매하게 했는데 이 시장의 규모는 사마르칸트의 한쪽 끝에서 다른 쪽 끝까지 이어지는 대시장이었다.[36] 티무르는 무역에 기반해 사마르칸트를 중심으로 내륙아시아 일대를 통합하고 이를 바탕으로 이슬람문화의 꽃을 피우며 각종 건설 사업을 일으키면서 번영을 절정기로 이끌었다.

티무르 사후 인도 서북쪽에서 아라비아 반도 북부에 이르는 광범위한 영토가 정치적으로 불안해지지만 그 교역 범위는 이러한 정치적 문제에서 상대적으로 덜 영향을 받은 듯하다. 이러한 티무르 제국의 광범위한 영토 확보와 영향력은 이 지역에 유통된 물산들을 통해 확인할 수 있다.

명대 각 번속들의 조공품 기록에 따르면 사마르칸트는 말과 낙타, 그리고 옥석·아사마역화주阿思馬亦花珠(울금향[37])·살란주賽蘭珠(실론주 루비)·마노주(마노)·수정침·번침·산호수주·어보(두터운 고급 직물)·오동감(호동나무 수지[38])·왜납·빈철도·빈철좌·뇌사·합라석·안경·영양각·은서피·철각피[39] 등을 조공으로 바쳤다.

사마르칸트에서 조공한 물산은 구체적인 산지를 알 수 있는 품목이 많다. 예컨대 살란주, 산호수주 같은 것은 이곳에서 생산되지 않고 페르시아만이나 지중해와 홍해 일대에서 난다. 은서피, 철각피와 같은 가죽과 뿔은 스텝, 초원지대로부터 획득한 것이다. '아사마역화주'는 울금향 구슬로 보이는데 인도에서 주로 생산되었다. '초석아사마역'이라고 기록되기도 했으니[40] 울금과 같은 진한 황색을 띤 유리구슬로 아마도 울금향을 염료로 해 제작되었을 것으로 보인다. 빈철도[41]는 유럽에서 다마스쿠스칼로 알려진 검신에 화문이 있는 강철 칼이다. 원래 인도와 파키스탄 하이더라바드산의 광석을 사용해, 폴란드 우츠에서 제련을 거친 강철을 다마스쿠스에서 수입해 무기화한 것이다. 중국에서는 원대에 빈철국이 설치되어 이를 제조하기 위해 노력한 것으로 보이지만 명대에도 여전히 빈철도와 그 칼집은 중요한 조공품이었다. 합랄석은 헤라트에서 나는 유리나 보석류로 봐야 한다.[42]

상품들은 이 도시가 유라시아 교역 네트워크 곳곳과 연결되어 있었음을 보여준다. 사마르칸트는 초원 지역과 페르시아, 인도, 동남아, 아랍 방면과 연결 가능했던 내륙 아시아의 물류 네트워크의 중심이었다. 명에 조공했다고 하는 상품 목록은 당시 사마르칸트에서 유통된 상품의 일부에 불과했다.

사마르칸트의 조공품 목록에는 왜납과 안경이 모두 이름을 올렸다. 왜납과 안경 두 품목이 함께 기록된 것은 두 안경의 양식이 서로 달랐을 가능성도 있지만 시간이 흘러 안경을 칭하는 용어가 변했기 때문일 수도 있다. 하지만 안경을 칭하는 두 이름을 모두 확인할 수 있다는 것은 적어도 안경사에서는 특별히 의식할 필요가 있다. 즉, 사마르칸트는 중국에 지속적으로 안경을 공급하고 있었고 중요한 위치를 차지한다고 추정할 수 있다. 황제가 대신들에게 나누어준 안경이 사마르칸트의 조공으로 습득되었을 것으로 보인다.

사마르칸트에서 취급되는 상품들에 대해 진성은 그 물산이 이곳에서 나는 것이 아니라고 하며 '서남의 번객'들이 이곳에 모여들기 때문이라고 했다. 그리고 이 화물이 비록 많으나 모두 당지에서 생산한 것이 아니라 대개는 여러 번국에서 무역한 것이라는 점도 부연했다. 진성이 말하는 '서남의 번객'은 바로 중국에서 볼 때 서남 방향, 즉 동남아시아 혹은 인도양에서 활동하던 상인들을 의미한다. 사마르칸트는 인도양에서 활동하던 상인들도 모여드는 곳이었다. 티무르 제국은 인도 서북쪽에서 아라비아 반도 북부에 이르는 일대까지도 제국의 영향력을 미쳤으며 초원부터 해양에 이르는 교역 네트워크를 연결했다.

그렇다면 사마르칸트는 안경을 자체 제작했을까? 사마르칸트는 중앙아시아의 경제적·문화적·학문적 중심지였다는 점에서 안경을 직접 제작했을 가능성도 없지는 않다. 티무르 사후, 내외의 혼란을 진압하고 제국을 전성기로 이끌었던 샤루흐와 그의 아들 울르크 벡은 이슬람 학문의 전통에 대해 우호적이었다. 특히 '옥좌에 있는 학자'로 일컬어지는 울르크 벡은 자신의 통치 시기 사마르칸트에 천문대와 마드라사madrasa(교육기관)를 건설했다. 그가 건설한 천문대와 다수의 도서관 및 마드라사는 천문학·과학·기학·지리학·의학 등을 가르치고 연구하는 당대 최고 수준의 종합 학문 아카데미였다.[43] 이 천문대에서 연구한 사람들은 잠시드 카시Jamshīd-i Kāshī, 알리 쿠시지Alī Qushjī, 카디자다 루미Qāḍīzāda-yi Rūmī, 그리고 역사가로 알려진 야즈디Yazdī를 포함해 당대 가장 창의적인 과학자들이었고, 이들에 의해 지이 술타니Zij-i Sultani 천문표를 작성하는 성과를 냈다. 울루크벡 천문표로 알려진 이 성과는 16세기 지이 일카니Zij-i Ilkani 천문표가 작성될 때까지 1세기 동안 천문표의 표준이 되었다.[44] 울루크 벡의 천문대 건설은 사마르칸트가 광학, 천문학 방면에서의 이슬람 세계의 학문적 전통을 잇고 있는 도시였음을 보여준다. 선행 연구에서 볼 수 있듯이 티무르 제국의 정체성은 샤루흐 시기 이슬람 정책, 역사 서술 활동의 고조 등 이데올로기를 새롭게 공식화면서 형성되었다. 즉 티무르 제국은 이슬람 전통 안에 그들의 제국을 자리매김해 이슬람 세계(dar al-islam)의 일부가 되었다.[45] 이슬람 문명의 세례는 중앙아시아에 기술과 문화의 발전을 가져왔다. 중앙아시아 티무르 제국은 중앙아시아에서 이슬람 문명의 구심점이었고 아랍의 천문학과 광학의 전통을 이어갔다. 그리고 천문학과 광학의 전통을 이어간 티무르 제국에서 안경을 '제작'할 수 있었다고 보는 것은 매우 가능성 높은 추측이다. 진성 역시 사마르칸트의 물산이 대부분 무역에 의해 획득되었다고 했지만 그 건축물의 정교한 장식 등으로 미루어 수공업이 발달했을 것이며, 금·은·동·철·전·계의 산물이 있을 만하다고 보충 설명했다.[46]

안경이 사마르칸트에서 자체 제작되었다면 사마르칸트에서 접근 가능했던 권역에서 그 제작 기술을 습득해오거나 혹은 그 기술자가 옮겨 거주했을 수 있다. 어떤 경우든 이 안경들은 비슷한 형태로 제작되기 마련이다.

명대에 사마르칸트에서 조공한 안경들이 무역으로 습득한 것인지 아니면 사마르칸트 자체에서 제작된 것인지 알 수 없다. 그럼에도 나는 사마르칸트가 인도양 물산의 유통이 순조웠기 때문에 안경 제작에 필요한 재료가 충분히 공급되었다고 보며, 기술적으로도 자체 제작 능력은 충분했을 것으로 판단한다. 분명한 것은 안경에 대한 상품 정보와 기술 등이 유라시아의 상업 중심 도시였던 사마르칸트를 통해 명에 전달되고 있었다는 사실이다.

합밀

명에 안경을 조공했던 국가는 사마르칸트 외에도 합밀이 있다. 합밀
은 오늘날 천산북로 입구의 하미를 가리킨다. 명대 사료에는 합밀 혹
은 합매리哈梅里라는 도시명으로 언급되기도 했다. 홍무제 때 차카타
이 계열 몽골의 후예였던 올납실리兀納失裏에게 충순이라는 왕호를
내리고 회유해 지역의 정치체를 인정해주었다. 영락제 때에 이르러
하미 지역의 중요성을 고려해 위소를 설치하고 위소의 관리 및 주변
을 통제하게 하고 그들의 조공을 적극적으로 받아주었다.

하미는 홍무 연간부터 중국에 수차례에 걸쳐 말을 조공해왔는데
명은 대개 이들의 조공을 허락했다. 하미는 중국과의 왕래가 빈번했
으며 조공의 차수도 많았다. 영락 연간(1403~24) 하미가 조공한 횟수
는 총 47차에 달하며 매년 평균 2~3차에 걸쳐 사신을 파견했다. 영
락 연간에서 정덕 연간(1403~1521)에 이르는 100년 간 쌍방의 무역
은 200여 차에 달했다. 명은 하미에게 조공에 대한 보상을 관대하게
해 유인하는 한편 대규모의 호시도 허락했다. 명 영락 원년 하미의
통치자 안극첩목아安克帖木兒(Engke Temür)의 입공 시에 명조는 임시로
마시를 열어 4,740필의 말을 수매했고 영락 21년(1423)에는 하미의
충의왕 면력척목아兔力帖木兒가 파견한 사자 90여 명과 말 1천 필, 낙
타 336마리의 조공을 허락했다. 이외에도 하미는 감숙에서 지리적
으로 가까웠으므로 감숙 지방의 관청에서 공식적으로 수매하는 것
외에도 사시가 열려 수시로 무역했다.[47]

대개 명은 거리의 원근과 조공의 충성도에 따라 조공 보상에 차등
을 두었는데 하미에 대해서는 매우 관대한 편이었다. 그 이유는 하미

가 교통로에서 중요했기 때문이었다. 6~7세기 이래로 오아시스로가 쇠퇴하자 천산북로의 중요성이 부각되기 시작했는데 하미는 천산북로로 들어가는 입구에 위치하고 있었다. 특히 원대 이후 하미는 몽골의 수도 카라코룸을 연결하는 중요한 교통 중심지로서 부상했다. 명으로서는 초원에 위치한 몽골을 견제하고 서역에 진출하기 위해 하미의 경영은 무척 중요했다. 명이 홍무 연간부터 이 지역에 대해 군사력을 집중시킨 것은 전략적으로 중요했기 때문이었다. 그러나 하미의 왕권은 부족들의 분열로 안정적이지 못했고 오이라트의 위협이 상존해 있었다. 특히 이슬람 세력인 투르판(토로번)이 화주와 유성을 병탄하고 새로운 강자로 대두하며 하미를 압박하고 감숙 일대를 약탈하는 상황이 반복되었다. 결국 하미는 정덕 9년(1514)에 투르판에 병탄되어 멸망했다.[48]

《예부지고》에는 명 전기 하미의 조공 품목이 어떻게 증가했는지, 그리고 명은 하미의 조공품목에 대해 어떻게 보상했는지 기록되어 있다. 하미의 조공품은 사마르칸트를 훨씬 초과해 50여 가지를 망라한다. 하미의 조공품은 다른 사절들보다 그 종류가 특별하게 많은 편이다. 그 품목 가운데는 초자아사마역, 즉 울금향이 나는 구슬 1개, 견 1필, 은서피·청서피·사자피 등 각종 가죽과 뿔 등이 망라되어 있다. 당시 청금석 등과 같은 옥석류들을 포함하면 초원과 내륙아시아, 그리고 인도와 인도양 각지로부터 들여온 것이다.

하미에 당시 모든 유라시아 세계의 물산이 모여든 것은 해외 사신들이 중국으로 들어가는 인후지였기 때문이다. 아마도 하미가 조공한 초자차안은 다른 상인들에 의해 유통된 상품이었을 것이다.

한편 사마르칸트의 안경에 대해 명조에서는 어떻게 보상했을까? 명은 왜납 3부에 견 1필로 보상했다. 하미 사신단의 물품의 경우 왜납 4개는 견 1필을 보상했다. 손경장이 말 1필을 주고 안경을 샀다는 기록에 의거하면 저렴한 가격이다. 물론 명의 조공관계에 대한 회의론이 등장하면서 보상 가격이 조정되었을 수 있다. 현지인들과 안경을 직접 거래했을 때 더 큰 이익을 볼 수 있었다는 것은 안경이 민간에서 널리 유통되었을 가능성을 보여준다.

하미에서 왜납을 제작했든 그렇지 않았든 《예부지고》의 조공 기록은 이곳이 명에 안경이 유통되는 중요한 지점이라는 것을 확인할 수 있다. 투르판의 압박이 심했던 하미에서 각종 수공업이 안정적으로 발전했다고 보기도 어렵다. 그러므로 이 안경은 사마르칸트 혹은 페르시아 방면으로부터 유입되었을 가능성이 있다.

천방국

안경을 조공했다고 기록된 또 다른 나라는 천방국天方國이다.[49] 천방국은 정화의 남해원정 기록인 《영애승람》에서 조공국으로 언급되었던 이름으로 서양의 끝에 위치하는 곳이었다.[50] 《서양조공전록西洋朝貢典錄》에 따르면 천방국은 고리국(캘리컷)에서 서남 2만 리에 있는 곳으로, 순풍을 타고 3개월이면 질답秩滃(지다)에 이르고, 다시 지다에서 서쪽으로 하루만 가면 왕성에 닿을 수 있었다. 지다는 메카의 외항으로, 왕성인 메카에 이르는 경로를 설명한 것으로 천방국은 아랍 혹은 메카에 영향력을 갖고 있었던 왕조의 명칭이라고 볼 수 있다. 명 전기 메카는 맘루크에 의해 통치되고 있었고, 명 후기에는 오스만투르크의 영향권에 있었지만 모두 천방국으로 통했다.

천방국이라는 명칭 이전 아랍은 '대식'이라는 이름으로 알려져 있었다. 본래 대식이라는 명칭은 이란의 한 부족이었던 타지족Tazi에 대한 중국어 음사이다. 명대에 이르러 이슬람교를 믿는 아랍에 대한 총칭으로 천방이라는 이름이 사용된 것으로 보인다. 정화의 출사 기록을 담은《서양번국지》는 개아백愷阿白이라고 하는 사원인 천당天堂을 매우 자세하게 소개하는데 개아백은 카바의 음사다. 송대《영외대답》의 〈대식제국〉 조에서도 마가국麻嘉國을 언급하며 메카의 카바에 대해 방장方丈이라고 표기했다. 아랍어로 카바는 큐브, 즉 사방의 의미이므로 방장은 그 의미를 딴 것으로 보이며, 천방국이라는 명칭은 이 사방의 의미를 강조한 명칭인 셈이다.[51]《도이지략》에서는 '천당天堂'이라고 언급되었고, 원대《서사기西使記》에서는 '천방天房'으로 알려지기도 했으며《원사元史·곽간전郭侃傳》에서는 '대방大方'이라고 기록되기도 했는데 모두 카바를 의미한다.

중국의 사료에서 천방국은 미르바트에서 육로로 80여 일 거리에 있으며 무함마드의 출생지 메카를 의미한다. 천방국 메카는 무함마드의 기념일마다 대식제국의 왕들이 사람을 파견해 보배와 금은을 조공했다.《서양조공전록》에는 카바에 대해서 침향의 거목으로 다섯 개의 기둥을 세웠다고 소개하며 기둥의 크기와 장식을 소상히 기록했다.

메카에 대한 정보는 일찍부터 알려졌지만 명대 천방국과의 공식적인 기록은 선덕 연간부터 남아 있다.《영애승람》에 따르면 선덕

5년(1430) 정화의 함대가 고리에 이르렀을 때 일부 선대를 나누어 통사 7인이 사향, 자기, 비단 등을 실어 보냈는데 천방국의 국왕이 그 사절단을 파견해 명에 입공하면서 명과의 교류가 시작되었다. 실록이나 《명사》의 기록에도 선덕 8년 윤8월 사환 등이 고리·수마트라·실론·코친·가이러·아덴 호르무즈·조불아·감발리 등의 사신들과 경성에 이르렀다[52]는 기록이 남아 있다. 당시 사절들은 선덕 5년에 파견된 정화의 7차 함대가 귀항하는 여정에 함께 입공한 것으로 보인다. 천방국의 사신 사환沙瓛이라는 자는 기이한 보석과 기린·사자·타조·메카 지도(천당도天堂圖) 한 부를 북경으로 가져왔다.

정화 사절단은 4차에 걸쳐 호르무즈항에 입항했다. 그리고 마지막 출사에서 함대 일부는 메카에서 온 사절을 따라 지다를 거쳐 메카에 이르러 명 황제의 이름으로 개독開犢을 진행했다. 물론 메카에 황제의 위덕을 과시하려는 정화의 사절단들이 많은 사례를 했을 것이다. 정화의 메카 방문에 대해서는 이슬람 역사에서도 기록이 남아 있다. 선덕제가 호롱의 아버지에게 하사한 안경이 천방국으로부터 보내온 선물이라면 아마도 선덕 연간에 입항한 천방국의 사절이 가져온 조공품이 아닐까? 다만 정화의 사절단의 기록은 대부분 소각되어 안경·애체·왜납 등의 명칭은 전혀 확인할 길이 없다.

다만 이슬람의 문화적 특징에서 메카의 순례가 갖는 의미를 생각해볼 필요가 있다. 메카 일대는 이슬람을 믿는 자들의 모든 정보가 유통되는 곳이었다. 메카는 많은 학자, 종교인, 승려, 시인, 상인 및 수공업자 들이 모여들었다. 그리고 이곳은 여행자에게도 우호적이었다. 더구나 14세기 초 아랍의 다마스쿠스 일대에서 안경을 착용한

기록이 확인되므로 15세기 천방국이 안경을 조공한 것은 이상한 일
이 아니다.

말라카의 안경

말라카가 안경 10매를 조공했다는 기록은 믿기 어렵다고 하더라도
조기 기록 중의 하나인《방주집》에 '만랄'로부터 안경을 구매했다는
기록이 있어 유럽의 도항 이전 해양으로부터 안경의 거래가 이루어
졌음을 짐작하게 한다. 특히 말라카는 15세기 동남아시아 최대 무역
시장으로 성장했기 때문에 그 가능성이 더욱 높다.

원래 말라카에 항구가 설치된 것은 14세기 말 무렵이지만 당시 나
라로서 형태를 갖추지 못했고 국호도 없어 통치자 역시 '두목' 정도
로 칭해지며 해적들의 약탈품을 판매하거나 통행세를 받는 형태로
무역이 시작되었다. 당시 말라카가 독자적 국호를 칭하지 못하고 있
었던 것은 타이나 마자파힛의 압력과 지배를 받고 있었기 때문이다.
당시 말라카는 강력하게 성장하고 있었던 타이에 조공을 바치고 있
었다. 이러한 말라카가 국가로서 독자적으로 성장한 것은 영락 원년
(1403)의 일이다. 당시 명조에서 환관 윤경이 파견되어 비단 등을 하
사하자 말라카 두목은 적극 호응하며 충성을 다짐하고 사절을 파견
해왔다. 그리고 늦어도 영락 7년 정화의 함대가 두 번째 인도양으로
출사했을 때부터는 말라카의 두목이 명의 황제로부터 국왕으로 봉
해지면서 타이의 압력에서 벗어나게 되었다.[53]

말라카는 1403년부터 포르투갈에 의해 멸망할 무렵까지 약 32차

례 명에 입공했다. 그 가운데 세 명의 국왕은 처자와 신하들을 데리고 명을 직접 방문하기도 했다. 말라카 국왕의 방문은 영락 연간 1411년, 1414년, 1419년, 1424년, 선덕 8년(1433) 등 총 다섯 차례에 걸쳐 이루어져 정화의 5차 출사 일정과 겹쳐 있다. 이것은 이 시기 양국의 외교와 무역이 무척 활발했음을 의미한다. 첫 번째 방문인 1411년에는 말라카 국왕이 처자와 수행원까지 모두 540여 명을 이끌고 수많은 예물을 가지고 와서 명의 도성에서 2개월을 머물렀다. 당시 영락제는 수차례 연회를 베풀면서 말라카 왕과 사절을 크게 환대했는데 특별히 말라카 국왕에게는 황금 100냥, 백금 500냥과 수많은 동전과 비단을 하사했다. 그리고 마지막 방문이었던 1433년 말라카의 국왕은 수도로 오는 연도에서 대대적인 환대를 받았다. 광동의 포정사와 남웅·감주·임강·회안·제영·통주 등 곳곳에서는 지방관들이 말라카의 왕에게 차와 음식으로 접대했다. 국왕 일행은 남경에서 겨울을 보낸 후 다음 해 4월에 북경에 도착했으며, 다시 1년 뒤 1435년에 귀국했다. 귀국 시에 명은 말라카 국왕과 사절을 위해 대형 선박을 건조해주기도 했다. 당시 말라카 국왕 일행이 머무른 기간은 총 1년 6개월에 달한다.

《명실록明實錄》에 따르면 말라카는 1511년 포르투갈에 의해 속국으로 전락할 때까지 26차례에 걸쳐 사절을 파견했으며 영락 연간 말라카의 입공만 총 14차례 이루어졌다. 말라카는 정화 함대의 관창이 유지되어 인도양 방면으로 출항하는 항해의 중간역으로서 자리 잡았기 때문에 다른 동남아시아 국가들의 압박에서 벗어날 수도 있었다(이후 말라카의 조공의 차수는 줄어들었고 경태 연간에는 아예 조공이 이루

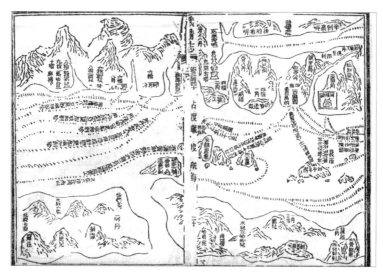

정화의 항해도

정화가 주요 도시를 항해한 기록을 살펴볼 수 있다. 당시 명대인은 육로로는 1년 걸리는 서역의 천방국이 해양을 통해 호르무즈에 이르면 40일 정도 걸리는 거리에 있다는 사실을 인지하고 있었고, 정화의 인도양 사행의 목적지는 '서역'이라고 일컬어지기도 했다.

어지지 않았지만 평균 7년에 1회 정도 사절을 파견한 셈이다.[54] 포르투갈에 의해 말라카가 함락되자 유불로 옮겨온 말라카 술탄은 1520~21년 사이 사절을 파견해 포르투갈의 침략에 대응, 투쟁하는 데 명이 지지해줄 것을 요청하기도 했다).

정화의 7차 항해와 함께 명의 주요 조공국으로서 그 입지를 다진 말라카는 15세기 저명한 국제 상항으로 성장했다. 동남아시아와 아랍, 인도 방면의 선박들이 말라카로 집중했으며 술탄 망속사蔑速沙 재위 시기 말레이반도의 풍부한 물산과 주변의 해양 교통 요로를 장악하고 파항을 함락시킨 뒤 조호르·페락·트렝가누·케란탄·케다·클랑·부르아스 등 말레이반도 남쪽을 차례로 왕국의 판도에 넣었다.

전성기의 말라카는 말레이반도와 리아우제도 일대, 수마트라 동해안에 이르는 지역까지 세력을 미치며 강력한 해항 국가로 부상했다.

이슬람화한 말라카에는 서아시아 각 지역의 상인들이 아닌, 호르무즈, 구자라트와 벵골 지구의 군주들이 보낸 편지를 들고 예물을 주고 바치며 통상무역을 청했다. 말라카는 전문적인 관원들의 책임하에 아랍인, 이슬람, 인도와 중동 등 구자라트에서 도항해 온 상인들을 관리하며 다국적 도시로서 면모를 갖췄다.

말라카의 조공품은 대개 향료와 향목이 대다수를 차지하지만 안경을 조공했다는 기록은 보이지 않는다. 그런데 말라카의 조공품 목록에는 동남아시아 방면에서 생산되지 않는 것들이 상당수 확인되며, 사마르칸트의 조공품과 같은 항목도 눈에 띈다. 예컨대 산호수, 산호주와 같은 보석류와 쇄복, 사합랄과 같은 직물들은 사마르칸트에서도 조공했다. 쇄복의 경우 육상에서는 사마르칸트, 천방국, 하미 등지에서 조공했다. 사합랄은 섬라국·수마트라·벵골국·실론·말라카 등 15세기 바다를 통해 조공했던 국가들 뿐 아니라 오스만투르크·투르판·하미 등 내륙의 사신들도 조공했다. 대개 인도의 서양포는 동남아시아나 아랍 등지에서 많이 활용되었지만 방한 기능이 있었던 두꺼운 직물로 분류되는 쇄복과 사합랄은 중앙아시아 및 내륙에서 많이 활용되었던 직물인데 말라카의 조공품 목록에서도 확인된다.

또한 티무르국의 수정완은 유리로 제작된 유리완과 같은 상품[55]으로 캘리컷, 말라카에서도 조공했다. 또한 캘리컷의 조공품 목록에서 확인할 수 있는 '보철도'와 티무르국의 '빈철도'는 서로 다르게 표기되었지만《물리소식物理小識》에 따르면 "여석礪石에서 보철이 난다"고

했고, 다시 "여석은 끽철석喫鐵石이며 갈라서 빈철을 얻는다"[56]라고
했으므로 결국 같은 재료로 제작된 다마스쿠스의 칼이다. 장미수 혹
은 장미로로 기록된 향수는 캘리컷뿐 아니라 말라카·섬라·자바·수
마트라 등지에서도 조공했다. 말라카는 인도양 세계의 거의 모든 물
품을 취급했다. 이것은 이곳이 인도양 물류의 창고와 같았고, 사마르
칸트에서 유통된 안경도 이곳에서도 충분히 취급될 수 있었다는 것
을 보여준다.

통일적 공간의 유라시아

일반적으로 명대의 북방과 해양 문제는 종종 구분해 이해되어 왔다.
특히 상품과 기호, 정보가 유입될 때 육상을 통해 왔는지 해양을 통
해 왔는지 구분하는 것은 전통적인 육상 중심의 사고의 틀을 벗어나
해양 중심의 역사 에너지를 발견하기 위해서도 필요한 접근이었다.
15~16세기 상업의 시대[57]가 도래하자 유라시아의 변방에 위치한 유
럽의 각국이 해양으로 진출을 서두르고 있었기 때문에 명이 실시한
해금은 그런 의미에서 이상한 정책이었다. 특히 명대에 변금과 해금
두 가지 모두 강화되었지만 북방에 대한 경계를 강화한 것보다 더 이
상한 것은 해금이었다. 중국은 송·원시대, 평화로운 해양의 교역 네
트워크에서 돌연 물러나와 문을 닫아버리고 스스로 고립과 폐쇄를
선택한 것이다. 이러한 관점이 강조될수록 대항해시대로 시작된 16
세기의 상업의 성과는 더 크게 느껴지기도 한다.
　그러나 사마르칸트와 말라카가 갖는 교역로 상의 위치를 고려할

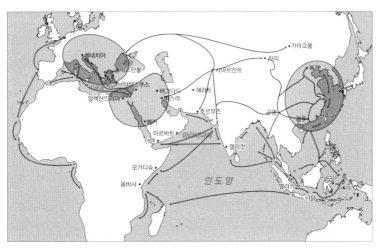

15세기 내륙과 해양의 주요 루트와 핵심 배후지

내륙과 해양의 주요 루트를 따라 안경이 동전했을 것이다. 화살표는 교역 루트이며, 원은 교역 루트의 중심 배후지다. 화살표는 교역 루트이며, 원은 교역 루트의 중심 배후지다. 내륙과 해양의 주요 루트를 따라 안경이 동전했을 것이다. 루트들을 연결하는 유라시아의 도시들은 당시 최대의 번영을 이어갔다.

때 중국이 고립과 폐쇄의 상태였다고 말하기는 어렵다. 인도양 곳곳으로부터 상품을 수합收合할 수 있었던 말라카, 초원에서 인도양에 이르는 교역 네트워크의 중심이었던 사마르칸트, 그리고 이 두 도시 사이에 이루어진 무역과 이 도시를 중심으로 뻗어나가는 광역적 교역 네트워크는 여전히 활발하게 작동하고 있었다. 그리고 이 두 도시는 중국을 각각 내륙과 해양 방면에서 긴밀하게 연결하며 유라시아 상업 네트워크로 인도했다.

　종종 우리는 내륙로와 해양로를 구분해 이해한다. 실제로 명대에 공식적으로 남겨진 자료들 역시 명이 북방과 해양을 뚜렷하게 구분해 관리하고 있다는 것을 보여준다. 명대 전장을 총 정리한《명회전

明會典》은 내륙으로 입국하는 조공국과 해양으로 조공하는 국가들에 대해서 엄격하게 구분해두었다. 주로 육상으로 연결되는 국가들은 서역으로 묶였고, 바다를 통해 조공하는 국가들은 서양의 범주에 포함되었다. 명대 내내 가욕관을 통해 연결되는 서역과 광주로 연결되는 서양이라는 개념은 통합되어 보이지 않는다. 《명사明史》에 다루는 〈서역전西域傳〉에는 서양의 어떤 나라도 포함되지 않았으며 명대의 신뢰할 만한 자료들은 내륙과 해양의 교역 네트워크의 연결을 기반으로 한 인도양 교역 네트워크를 이해하기 어렵게 한다.

하지만 명이 유라시아 공간을 접근한 방법이 이원적이라고 해서 이 공간을 분리해 이해할 필요는 없다. 15세기 무렵이면 초지역적 도시에는 초원에서 인도양까지, 그리고 동쪽 중국에서 아프리카에 이르기까지 서로 다른 기후대로부터 수입된 물산이 확인된다. 이것은 물류와 정보의 흐름에서 육상과 해양이 상호 활발한 교역과 교류가 있었다는 의미다.

이외에도 명대인이 인도양에서 천산북로에 이르는 공간을 분리해 이해하지 않았다는 분명한 증거도 있다. 예컨대 육로로는 1년 걸리는 서역의 천방국이 해양을 통해 호르무즈에 이르면 40일 정도 걸리는 거리에 있다는 사실[58]을 인지하고 있었으며 정화의 인도양 사행의 목적지는 '서역'이라고 일컬어지기도 했다. 이와 관련해 《만역중수청정사비기萬曆重修青淨寺碑記》에서는 4차 항해를 준비하던 정화에 대한 흥미로운 자취를 살펴볼 수 있다.[59]

영락 11년 4월 태감 정화가 칙서를 받들어 서역 천방국에 가는데 길이 섬서에서 나므로 국어를 통역하고 사자가 믿고 의지할 수 있는 자를 구했다가 이내 본 사찰에서 교육을 관장하는 합삼哈三을 얻었다.[60]

이 기록에 언급된 이슬람 사원 청정사淸淨寺는 서안부치 동북쪽에 위치하며 명 홍무 17년 상서 철현鐵絃이 세웠고, 영락 11년 태감 정화에 의해 중수되었다.[61] 영락 11년 4월은 정화가 출사의 명을 받고 준비하던 시기다. 4차 항해는 페르시아만을 최종 목적지로 삼았으므로 통역 문제나 항해 지역의 종교 문화를 이해하는 것은 중요한 과제였다. 합삼[62]은 이름에서 알 수 있듯이 이슬람교도이며 아랍인인 것으로 판단되는데 항해 중 파도가 심해 선단이 위기에 처했을 때 그가 기도를 올리자 파도가 잠잠해졌다는 내용도 있다.

이 사료에서 또 하나 주목되는 점은 바다를 통해 출항을 준비하던 정화가 "길이 섬서에서 난다"는 점을 고려해 서역으로 가는 중요한 길목에 이르러 통역을 구한 것이다. 이는 정화가 육로를 통해 알려진 길과 해로를 통해 갈 수 있는 길이 상호 연결된다는 사실을 인지했으며 이 사정에 밝았던 합삼을 대동해 해로를 개척하고자 한 사정을 이해할 수 있다. 서역에서 인도양에 이르는 지리 정보는 원대에도 상당히 알려진 것이었다. 쿠빌라이 시대 출사 여정과 견문을 기록했던 류울劉鬱은 이란의 서북 경계까지의 여정을 밝히고 있을 뿐 아니라 서역에서 인도와 보달(바그다드), 서해, 즉 인도양에 잇닿아 있는 밀걸아국(이집트)과 부랑국(로마)에 걸친 지리 정보와 풍물 등을 기록하기도 했다.[63]

합삼 외에도 4차 항해에는 원대 서역인 포수경의 조카 포일화蒲日

和, 아랍어와 페르시아어에 능통했던 마환, 이슬람교 신도였던 비신, 캘리컷 사람으로 명에 귀화한 사반沙班 등이 참여했다. 이러한 인적 구성은 대개 이슬람 권역의 항해 비중이 커져가면서 아랍이나 서역의 혈통과 종교색을 가진 자들의 참여가 확대된 것을 보여준다.[64]

명대 서응추徐應秋의 문집《옥지당담회玉芝堂談薈》에서는 하미를 경유해서 오는 36국을 언급했는데[65] 그 가운데 화주·베시발리크(역력 파력)·사마르칸트·헤라트·우전(어전)을 제외한 나머지 국가에는 안남, 참파 등의 동남아시아 국가들과 캘리컷 등 인도 주변의 국가들, 호르무즈와 같은 페르시아 일대, 그리고 말린디 등 아프리카 국가들도 있었다. 서응추는 만력 44년(1616)에 진사에 오르고 광동 지역에서 향시를 주관하다 복건에서 좌포정사에 오르기도 했기에 해양 밖의 정세에 무척 밝은 자였다. 따라서 이와 같은 기술은 단순히 지리에 대한 정보가 부족해서 빚어진 게 아니라 이 지역들이 모두 하미와도 연결되는 통합적 공간임을 이해하고 있었던 것으로 볼 수 있다. 당시 중앙아시아·인도·동남아시아·아랍·페르시아 일대는 서역이라는 용어로 통칭되어도 이상하지 않았다.

다시 안경에 대한 기록으로 돌아가보자. 가정嘉靖(1522~66) 말, 낭영은 젊은 시절 귀인이 원시경을 사용한 경험을 들며, 안경이 본래 서해에서 나는데 노인虜人이 얻어 제작해 중국에 보냈다고 했다. 그리고 뒤에 감숙의 도사 곽자기로부터 물건을 얻었다고 했다. '서해'는 페르시아만, 혹은 홍해 등 인도양을 가리킨다. 그의 말이 사실이라면 낭영의 안경은 인도양이나 홍해 근처 도시에서 제작되었지만 사마르칸트의 서역인이 그 생산 기술을 습득해 제작하기 시작했고,

마침내 천산북로와 감숙 일대를 거쳐 중국으로 유입된 것으로 이해
할 수 있다.

3장

유라시아 교역 네트워크의 회복

14세기 중반 이후의 교역 네트워크

몽골 제국의 평화가 끝난 14세기 중반 이후 교역 네트워크의 연결을 설명하기는 쉽지 않다. 세계가 몽골 제국의 영향 아래 교역 네트워크의 기반을 형성했지만, 14세기 일련의 환경 위기와 기후 변화의 주기는 중국이 이런 교역 네트워크에서 떨어져 나간 배경으로 이해되기도 하며 명의 건국 이후 변금과 해금을 통해 강화된 정부의 통제는 명이 유라시아의 경제에서 후퇴한 것처럼 받아들여지곤 한다.

특히 1324년부터 1330년까지, 그리고 1339년에 중국 위안에서 있었던 메뚜기의 재앙을 동반한 일련의 기후 변화는 가뭄과 기근을 초래했다. 중국 기록에 따르면 홍수 이후 극도로 추운 겨울을 동반한 가뭄과 기근이 이어지는 위기를 겪었으며 마침내 1367년에 전염병이 돌아 원 왕조를 종식시켰다.[66] 우리에게 흑사병으로 알려진 이 전염병은 유럽 인구의 약 30퍼센트 이상을 죽게 했고 서아시아로 퍼진 또 다른 전염병은 무역을 침체시키며 '14세기의 위기'를 불러왔다.[67] 윌리엄 맥닐William McNeill의 가설을 인용한 위기설에 따르면 팬데믹 상태에 빠진 유라시아에는 팍스몽골리카의 영광이 저물고 있었으며 이와 함께 무역도 쇠퇴했다. 유럽과 중국을 직접 연결했던 상인들이 이용하던 내륙과 해양의 루트들은 14세기 중반부터 거의 기능하지 못했는데, 이러한 상황은 16세기에 이르러 새로운 성격의 교역 네트워크가 등장할 때까지 지속되었다. 이 가설에 따르면 15세기 인도양 세계를 설명하기는 어렵다.[68]

이에 대해 유라시아의 교역 네트워크가 완전히 단절된 것은 아니었다고 주장하는 견해도 있는데 특히 해상 교역 네트워크의 지속성이 강조된다. 이러한 견해에 따르면 유라시아를 덮친 강력한 전염병은 동남아시아에서 힘을 쓰지 못했으며, 또한 전염병을 극복하기 위한 음식 처방 등에서 향료는 더욱 중요한 지위를 갖게 되었다. 따라서 전염병이 창궐한 기간에도 교역 네트워크는 지속적으로 연결되었다는 것이다.[69]

두 견해의 이해 차이는 14~15세기 유라시아 세계의 교역 네트워크의 지속성에 접근하는 데 약간의 혼란을 준다. 그리고 중국에 유입된 유라시아 물산들을 설명하기가 곤란하다. 유라시아의 교역 네트워크가 심각하게 파괴되었다면 안경은 도대체 어떻게 중국에 유입될 수 있었을까? 중국에 대한 조공 사절은 어떻게 이해할 수 있을까? 교역 네트워크는 과연 16세기에야 다시 부활한 것일까? 물질문명 중심의 세계화가 일시적인 전쟁이나 질병으로 중단될 수 있는 것이라면 세계화의 시작을 군이 13세기 전후로 상정할 필요가 있을까?

　이와 관련해 몇 가지 문제 제기를 할 수 있겠으나 원 말·명 초 중국 연해사회의 성장, 동남아시아에서 일어난 마자파히트의 팽창은 분명 해양의 교역 네트워크에 활력이 일어나고 있었다고 추측할 수 있으며 안경의 중국 전입 역시 유라시아 교역 네트워크가 회복된 명백한 증거라고 할 수 있다.

　이 장에서는 선덕제가 하사한 안경 등 명대 안경의 전입이 유라시아 교역 네트워크의 회복과 무관하지 않다는 측면에서 명이 교역 네트워크에 어떻게 접촉하고 있었는지 조명하기로 한다.

　원 말 유라시아 전역에서 왕조의 붕괴와 분열, 내란과 혼돈이 지속되고 있었다면 또한 이러한 상태를 재편하는 강력한 지도자들도 등장했다. 몽골 제국의 광대한 영역을 계승한 중앙아시아의 티무르와 명의 주원장朱元璋은 14세기 '팬데믹' 상태에 이른 유라시아의 정세 속에서 민심을 안정시키고 국가의 기반을 공고히 다져야 했다. 이를 위해 국제질서의 안정은 중요한 과제였고, 여기에는 무역과 외교 라인의 정상화가 필요했다.

　15세기 유라시아 교역의 긴밀함이 몽·원시대와 같거나 더 촘촘했거나 더 확장적이었다고 말하긴 어렵다. 그러나 유라시아의 동쪽과 서쪽에 최대의 판도를 형성했던 명과 티무르 제국 사이의 관계가 회복되면서 15세기 명은 유라시아와 인도양 방면의 채널을 유지할 수 있었다. 다음 장에서 좀더 보충해 설명하겠지만 유라시아를 순환하는 상품과 정보 교류라는 큰 틀에서 보면 양국 간의 관계 회복은 원대 유라시아의 상품 순환을 위한 교역 네트워크가 여전히 맥동하게 됨을 의미한다.

명의 견벽청야 정책

14세기 후기 혹독한 기후 변화와 전염병 속에 일어난 원 말의 농민 반란을 이끌었던 것은 한산동韓山童을 교주로 하는 백련교 조직이었다. 미륵불의 환생 신앙을 설파해 농민의 지지를 받은 한산동은 송 휘종의 8세손을 칭하며 신도 유복통劉福通과 함께 반란을 꾀했다. 그러나 사전에 일이 발각되어 한산동이 처형되자 유복통은 한산동의 아들 한림아韓林兒를 황제로 옹립하고 국호를 '송'이라 칭했다. 당시 미륵불의 환생 신앙을 믿고 홍건을 머리에 둘렀던 홍건군은 가난한 농민들로 구성되어 있었다. 호주의 가난한 농민 출신이었던 주원장朱元璋 역시 청년기 홍건군을 이끌던 곽자흥郭子興 아래에 가담해 성장했다가 1353년 이후 독자적 세력으로 발전, 강남 지주 세력의 지지를 바탕으로 명을 건국했다.

주원장은 원의 옛 영토를 회복하며 지방에 할거한 군웅들을 정리하는 한편, 피폐한 농업 경제를 회복하고 향촌사회를 안정시키는 것을 우선 목표로 삼았다. 특히 연해 지역에서는 장사성張士誠, 방국진方國珍의 잔당들이 연해민이나 해외 세력들과 결합해 소요를 일으켰고 왜구의 문제도 심각했다. 당시 일본에서 남북조의 동란이 계속되면서 해상으로 망명한 무리들이 점차 고려와 중국 연해를 습격하는 일이 잦았던 것이다.[70]

더구나 건국 이후 초원으로 물러난 북원의 존재는 명에게 큰 부담이었다. 홍무 연간 북원을 여러 차례 되풀이해서 공격했으나 실패를 거듭했다. 연달아 북원에게 패하면서 명조는 북원 토벌에 신중을 기했다. 그리고 더 이상의 북진을 사실상 포기한 채 '견벽청야堅壁淸野'의 전술로 전환했다. 즉 아군의 거점을 견결히 지키고 적군의 물자와 인구 보급을 막는 이 전술은 대규모 군사력을 동원해 원의 세력을 일소하기보다는 영유한 토지를 강력히 통제하고 병력을 축적해 북진에 대비하는 한편, 변금과 해금을 실시하며 영토 내 몽골족과 여진족을 개별적으로 회유해 북원의 세력이 고립, 약화되기를 기대했다. 특히 해양은 원 말 동아시아의 외교 창구이자 무역 통로였기 때문에 명조가 북방의 몽골·조선·일본과의 외교 문제를 풀어나가기 위해서는 이에 대한 통제력을 확보할 필요가 있었다. 그리고 원 정부에 협력해 강남에서 북경에 식량을 조달하는 조량 해운 사업에 의해 크게 성장한 장사성, 방국진의 잔존 세력들을 일소하고 연해 지역에 존재하는 해상무역 의존 세력을 명의 통치 체제로 편입시키는 것도 중요한 작업이었다.

홍무제는 치세 내내 대외문제에 대해 조심스러운 태도를 취했으며, 무력에 의한 정벌에 회의적인 편이었다. 홍무제의 입장은 홍무 4년 9월, 신료들에게 내린 총 강령에 나타나 있는데 그 내용은 다음과 같다.

해외 만이蠻夷의 국가 중에서 중국에 근심이 되는 것은 토벌하지 않을 수 없지만 중국의 근심이 되지 않는 경우 갑자기 병사를 일으키는 것도 불가하다. 옛 사람이 말하기를 땅이 넓은 것은 오래 평안할 수 있는 계략이 아니며 백성들이 수고로워 난이 발생하기 쉬운 근본이라고 했다. 예컨대 수양제가 군대를 일으켜 류구琉球를 정벌해 이인을 살해하고 궁실을 불태우며 남녀 수천 명을 포로로 삼았다. 그러나 그 땅을 얻어도 공급할 수 없고 그 백성을 얻어도 부릴 수 없으니 다만 헛된 명예만을 흠모해 중국의 땅을 피폐하게 하고 사책에 남아 후세에 조롱감이 되었다. 짐은 여러 만이 소국이 산과 바다로 떨어져 구석에 있어 중국의 해가 되지 않는 경우 절대 토벌하지 않을 것이다. 오직 서북의 호융(몽골)만은 대대로 중국의 근심거리이니 삼가 준비하지 않을 수 없다.[71]

실록에 기록된 위의 내용은 《황명조훈皇明祖訓》 수장首章의 일부다.[72] 당시 중국으로서는 북방의 몽골족을 일소하고 국가 권력을 공고하게 하며 군사적 역량을 축적하는 것이 오히려 필요한 시점이었기 때문에 바다 건너 멀리 떨어져 있는 해상의 여러 나라에 대한 정벌이나 영토 확장으로 불필요한 출혈을 야기할 필요는 없었다.

주원장은 대외문제의 해법을 중국 역대 황제들의 대외정책의 교훈으로부터 학습했다. 일찍이 홍무 원년(1368) 주원장은 곳곳에 사자를 파견해 화이가 서로 평안하고 무사하게 태평의 복을 함께 누릴 것을 제안하며 침략의 뜻이 없음을 밝혔다.[73] 홍무 3년(1370) 주원장은 한 번 더 유지를 내려 자신이 전대 제왕을 본받아 천하를 다스리며 중외의 인민이 각각 그 지역에 평안하길 바란다고도 했다.[74] 중외의 인민이 지역에 평안하게 한다는 뜻은 각국들이 도발과 분쟁으로 변란이 발생하지 않고 평화적 관계를 유지하려는 의지를 보인 것이다.

자국의 정권 안정을 도모해야 하는 현실 속에서 주변국과 화평관계를 유지하는 것은 견벽청야를 위한 중요한 일환이었다. 더구나 아미르 티무르가 칭기즈 칸의 인척을 자처하며 팽창하고 있던 상황도 홍무제에게는 큰 부담이 되었다. 서자카타이칸국 통일의 기초를 다진 티무르는 유서 깊은 칭기즈 칸 일족의 후예라고도 하며 이름 없는 목부의 아들이라고도 한다. 또한 유명한 투르크 부족 출신이라는 설도 있다. 그러나 그는 카잔칸의 딸이자 아미르 후사인의 미망인과 결혼해 칸의 일족과 친척이 되었고, 사위의 칭호에 걸맞은 권리를 확보하면서부터 그 신분이 확실해졌다. 티무르는 동자카타이의 일리아스 호자를 격파하고 왕위에 올랐다. 그리고 티무르는 평생 칭기즈 칸의 위업을 잇는 것을 목표로 이란과 코카사스에 군대를 보내 일칸의 술탄 아메드를 격파하고 북방의 킵차크칸국을 공격해 서방을 석권했다. 이후 다시 남쪽으로 눈을 돌려 1398년부터 약 2년 동안 인도 방면의 원정을 단행하기도 했다.

티무르의 서정은 신생 명나라에게는 잠시 숨을 돌릴 수 있었던 유익했던 기회였지만 칭기즈 칸의 인척임을 자처했던 티무르가 '원의 복수'라는 명분으로 얼마든지 칼끝을 동방으로 향할 수 있었다. 티무르 생전 마지막 목표가 명나라였던 것은 홍무 연간 양자의 관계가 결코 평화로울 수 없는 긴장 상태였음을 보여준다. 몽골의 서정이 완료된 뒤에 결국 남송이 무릎 꿇었던 역사적 교훈 역시 홍무제가 티무르 제국을 의식하도록 했다.

특히 명의 입장에서 서역에 이르는 몽골 주변의 크고 작은 권력들을 통제하는 것은 중요한 문제였다. 몽·원시대부터 이어진 친원 성향의 소규모 정치 세력들은 여전히 산서·섬서·감숙·사천·운남 등지에 영향력을 갖고 있었다. 특히 천산북로 방면의 연도에 있었던 정치체들은 자카타이 계열과 혈연관계에 있어 대개 몽골계의 영향 아래 있었다.

명 정부의 입장에서 북방을 위협하고 있었던 몽골을 견제하고 서역에 대한 영향력을 관철시키기 위해서는 실크로드의 연도에 위치한 크고 작은 권력들에 대한 견제와 복속이 요구되었다. 특히 장건의 서역 개척 이후 중국의 통일 정부들은 왕조의 번영과 깊은 관계가 있었던 실크로드의 경영에 열중했고, 명 정부 역시 예외는 아니었다. 명 전기 강력한 변금과 해금의 실시로 변경과 해양에 대한 통제력을 확보한 명은 서역의 여러 도시와 국가, 그리고 인도양 제국에 관대한 무역을 보장해줌으로써 입공을 유인했다.

사실 명대 중국의 해금과 변금은 인도양과 유라시아의 열린 무역 네트워크로부터 스스로 고립을 자초한 것처럼 보이게 한다. 명조는 개인들의 대외무역과 외교의 창구를 일원화해 조공이 없으면 무역도 이루어질 수 없게 하고 조공의 인원, 조공 품목, 보상가, 혹은 조공로를 엄격히 규정했기 때문에 강력한 구심력으로 엄숙한 서열관계를 형성, '중화 세계'를 조절한 것처럼 보인다. 그러나 실제로 해금과 변금을 강화했던 홍무·영락 연간 대외무역의 기조는 '후하게 보상하고 가볍게 받는' "후왕박래厚往薄來"[75]의 기조와 '먼 데서 오는 이인들을 관대하게 품는' "회유원인懷柔遠人"[76]을 외교 원칙으로 하여 서역과 인도양의 상인과 사절들을 적극적으로 수용했다. 선덕제가 사여한 안경은 영락 연간 관대한 무역 기조에 기반해 성립한 외교적 성과이자 광역적 교역 네트워크에 성공적으로 연결되었음을 보여주는 상징이었다.

명의 조공 체제

장녕이 남긴 위의 사료에서 또 하나 주목한 것은 당시 안경은 매우 귀한 물건이었다는 점이다. 황제는 안경을 특별하게 신하들에게 사여했고, 강남의 유력한 신사紳士들—고급 고시에 합격하지 못하고 지방에서 활동하던 문학가들 혹은 퇴직한 관료들—조차도 일생에 두 번 밖에 접하지 못할 정도로 이것을 소유한 사람은 극히 드물었다.

선덕제의 안경은 조공을 통해서 올라온 이민족들이 토산물과 함께 황제에게 바친 조공품이었다. 명은 조공을 통해 주변 제국과 외교 관계를 형성하고 무역을 허가했다. 조공이란 일반적으로 책봉관계를 맺은 주변 나라들이 그 나라의 토산물 등을 바치고 명조가 이들을 의례로 받아들인 전근대 외교 의례라고 할 수 있다. 이 과정에서 조공한 토산물에 대한 보상이 이루어지며 무역의 형식을 띤다. 또한 명에 입공하는 사절단들은 조공품과 사절단의 여비 등에 대해서도 따로 보상을 받았다. 이러한 외교와 무역의 기조는 영락·선덕 연간에 있었던 외교 사절 파견에도 적용되었다. 정화는 해외 각국과 조공관계를 맺었으며, 해외 각국으로부터 국왕과 사절의 답방이 이루어졌다.

조공은 원래 중국의 역대 왕조들이 주변의 국가들을 번속시켜 평화관계를 보장하는 일종의 외교의례였다. 한나라 이래 중국과 외교관계를 맺는 나라들은 일종의 외교적 의례를 맺고 국가 관계를 안정적으로 유지할 수 있었다. 그러나 명대의 조공제도는 고대의 조공제도를 계승했다기보다는 몽·원시대의 외교와 무역 등 국제관계를 기반으로 14세기 역사 무대에서 성립된 것이다. 이 시기 명이 직면한 역사 무대란 원의 멸망과 함께 티무르의 성장과 북방으로 밀려 몽골의 위협, 그리고 동아시아와 동남아시아에서 신흥국들의 건국 등 정치적 상황만을 의미하는 것은 아니었고 팍스몽골리카에서 시스템화된 인도양과 유라시아의 대도시들을 연결한 장거리 무역과 다양한 민족과 여행가들에게 개방된 유라시아의 상업 관행 등을 포괄할 수 있는 교역 네트워크와의 연결이라는 차원에서 이해되어야 한다.

특히 몽골 제국이 연결하고 있던 교역 네트워크를 명대에 국가적 차원에서 어떻게 수습했는가는 상당히 흥미로운 부분이다. 명의 조공제도는 이러한 측면에서 조명할 필요가 있다. 홍무제는 마자파히트에 보낸 조공을 촉구하는 조서에 "생업을 그대로 유지하고 지속할 것[安於生利]"을 보장하며[77] 명의 건국 이후에도 이들과의 관계가 원대와 다름이 없을 것이라는 의지를 보였다. 명조는 또한 타이·수마트라 동남부의 스리비자야·부르나이·캄보디아 등에도 사절을 파견하고 조공을 요구하는 외교적 노력을 경주했다. 각국에 내린 즉위조에서는 명이 생업을 보장하며 무력으로 제어하지 않겠다고 약속해 각 번들의 복속을 받았다.[78] 그리고 영락제에 이르러 중국 정부에서 제공하는 막대한 보상과 사신들에 대한 관대한 태도는 이들을 기꺼이 명에 신속하게 했다.

물론 국가적 관계에서 무역을 외교와 함께 통합하는 형식인 조공무역에서는 자국인의 대외 무역은 철저히 통제했다. 명 초 홍무·영락 연간 실크로드 연도의 크고 작은 권력 간에 분쟁이 지속되었으나 이러한 서역의 쟁란에 명은 직접 개입하지 않으면서도 국경에는 관문을 설치하고 중병을 파견하는 등 엄격한 방어 태세를 취했다. 해양에 대해서도 명은 자국민이 해금 번에 나가 교류하는 것을 금지하는 법률을 점차 강화했다. 연해민은 위소 군사나 수군으로 재편되었고, 도서 지역의 백성들을 내지로 이주시켰으며, 심지어 어업·연해무역의 금지 및 번화 사용 금지 등 일련의 조처를 취했다. 그리고 자국인이 해외 도항이나 무역을 임의로 할 수 없도록 하는 통번 금지의 법령은 빈번하게 천명되었다. 통번을 금하는 강력한 조처는 조공만이 유일한 무역의 루트였기 때문에 이민족들은 조공에 임했으며 결국 외교와 무역이 일원화되면서 명이 제어할 수 있는 조공 질서가 성립될 수 있었다.

유라시아 통일과 함께 광범위한 교역 네트워크가 형성되었던 원대에 비하면 명대의 무역관리는 엄격해진 측면이 있다. 그럼에도 명의 제도는 폐쇄적·배타적이지는 않았으며 오히려 '관대한 통제'의 상태였다고 하는 편이 적절하다. 몽골의 쇠락과 함께 강력한 정치력이 드리우던 영향력이 사라진 뒤 티무르의 성장 과정에서 천산북로는 아직 뚜렷한 회복이 이루어지지 않았으며 정치적으로도 자카타이 계열의 친몽골 세력이 언제든 명에게 등을 돌릴 수 있었다. 이러한 정황에서 명의 관대한 조공제도는 상업적 역량을 응집시키며 불안한 교역 네트워크를 안정시킬 수 있었다.

그리고 명 초 조공의 요구에 여러 번국이 기꺼이 응한 것은 국경과 연해 주변에 대한 강력한 통제가 가져온 효과보다는 정부의 조공에 대한 관대한 보상과 대우에 있었다. 명의 후왕박래厚往薄來 원칙에 따른 사신의 파견, 회유원인의 사절 접대는 서북 변경과 광동 시박으로 들어오는 조공단들을 만족시키기에 충분했다. 그들이 오가는 비용은 모두 명조에서 부담했고 황제는 이들에게 극진한 보상을 베풀었으며 각종 연회를 통해 위로했다. 또한 조공 사절단의 모든 체류비용을 부담했을 뿐 아니라 전별예우 또한 극진했다. 영락제는 종종 유지를 내려 각처의 조공사신이 경사에 이르면 접대의 일을 주문을 갖춰 보고해 먼 데서 이르는 이인들이 원망하는 마음을 갖지 않도록 하고 접대의 절차에서 소홀함이 없도록 배려했다.

명대 교역 네트워크의 연결이 원대와 달라진 점은 정복을 수반하는 행위로써 힘에 의해 굴복시키거나 침략 행위를 수반하는 폭력에 의해 성립하는 위계가 아니라는 점이다. 오히려 경제적 관계를 수반하는 외교 시스템인 조공은 만국이 기꺼이 황제에 조근하고 사방의 이민족들이 황제의 위엄에 복종하게 해 태평한 성세임을 확인하는 방법이었다.[79]

두 제국의 화해

유여즙兪汝楫의 《예부지고》에 따르면 살마아감국(사마르칸트)은 홍무 20년(1387)부터 조공을 해왔다. 하지만 티무르가 몽골의 후예를 자처하며 명과의 일전을 준비하고 있었기 때문인지 명 초 티무르의 조공은 지속적이지는 않았다. 홍무제는 티무르와 조공관계를 형성하고자 했으나 1387년 이전에는 뚜렷한 외교적 성과가 없었다.

1394년 다시 명이 사절을 보냈을 때 비로소 티무르의 사절이 200마리의 말과 서신을 가지고 도착했다. 홍무제는 이 편지를 받고 크게 기뻐했다는 기록이 실록과《명사》에 남아 있다. 이 조공은 홍무제의 통치 기간 중 티무르의 유일한 사례였다. 1395년 홍무제가 티무르의 본심을 파악하고자 부안傳安을 대표로 하는 1,500여 명에 달하는 사절을 파견했지만 티무르는 사절을 억류하는 등 양국 간의 관계는 다시 경색되었다. 이 사절들은 13년이 지나 홍무제와 티무르가 모두 사망한 뒤인 1407년에야 귀환할 수 있었다.

그동안 티무르의 군대는 바그다드 진출에 성공, 앙카라 전투에서 승리했으며 1402년에는 오스만투르크를 상대로 크게 승리해 중앙아시아에 영향력을 확보하게 되었다. 스페인의 외교 사절로서 1403년 사마르칸트에 방문했던 루이 곤잘레스 데 클라비호Ruy González de Clavijo는 당시 조공을 요구하러 온 중국의 사절단에 대해 기록했다. 그런데 스페인의 사절단이 중국 황제가 보낸 사절단보다 아랫자리에 앉아 있는 것을 본 티무르는 스페인의 사절단을 상석으로 옮겨 앉도록 하고 중국 사절단은 아랫자리에 앉혔다. 이 사절단은 아마도 주체의 즉위조를 전달하기 위한 사절이었을 듯하다.[80] 당시 명의 사절단은 비단·명주·사향·루비·다이아몬드·진주·대황 등을 700필의 낙타에 가득 실은 대규모 카라반이었기 때문에 클라비호는 크게 놀라워했지만, 티무르는 명의 열렬한 외교적 구애에 시큰둥한 태도를 취한 것이다. 명 초 일련의 사건들은 명과 티무르의 외교적 관계가 불안한 상태였음을 반영한다.[81]

홍무 말기 티무르 제국과 명의 관계가 일촉즉발의 위기로 치달았지만 1404년 명에 대해 대규모 침략을 준비하던 티무르가 사망한 뒤 영락 5년(1407)에 13년간 포로로 억류된 부환이 귀환하면서 두 정치 세력은 화해하게 된다. 영락제는 팽창 정책을 시작해 북방의 몽골을 다섯 차례에 걸쳐 정벌하면서도 티무르 제국에 백아아흔태白阿兒忻台·진성陳誠·이섬李暹 등의 사신을 수차례 파견하는 등 우호적인 관계를 유지하고자 했다.[82] 특히 그는 홍무제의 '후왕박래', '회유원인'의 정책을 계승해 조공을 장려했기 때문에 조공 사절들이 줄을 이었다.

사료에 대한 체계적인 분석 자료에 따르면 티무르 왕조는 멸망에 이르는 130여 년 동안 78차에 걸쳐 중국에 사신을 보냈다.[83] 또 다른 분석 자료에 따르면 샤루흐 통치 기간(1407~49)에만 모두 53차의 조공이 이루어졌다. 당시 사마르칸트의 이름으로 조공한 것은 34차에 달하며 기타 헤라트 14차·시라즈 6차·이스파한 2차·바다흐샨 2차·세이란 2차·타브리즈[84] 2차, 안득호이 2차였다.[85] 1368년부터 시작된 명의 티무르에 대한 사절단 파견은 1506년까지 계속되었고 총 33회에 이른다. 그리고 33회의 사행 가운데 29회가 명초인 홍무·영락 연간에 이루어졌다.

영락제의 티무르 제국과의 친선 관계는 적어도 두 가지 측면에서 확실한 효과를 거둔 것으로 보인다. 하나는 몽골 원정에 필요한 말을 교역을 통해 지속적으로 공급할 수 있었다는 것이고, 다른 하나는 신흥 티무르 제국을 우군으로 확보하고 천산북로 연도의 친몽골 성향의 소규모 권력들을 재편해 몽골을 고립시킬 수 있었다는 점이다. 특히 티무르 사후 중앙아시아에 내전이 이어지고 비슈발리크·하미·오이라트 사이의 반목도 반복되었지만 명은 서역의 각국 간의 갈등 혹은 내환에 개입하지 않으면서도 각국의 조공을 받으며 관계를 개선시켰다.

티무르 사후 중앙아시아의 분열을 봉합한 샤루흐에게 명과의 친교는 제국을 유지하는 데 유익했다. 샤루흐는 통치 기간 동안 아버지 티무르에 의해 팽창된 대부분의 영역을 확보했고 전쟁으로 파괴된 것을 보수하고 도시와 상업을 회복시켰다. 서역 제국에 대한 명조의 후왕박래의 보상으로 확보한 막대한 이익은 그의 치세 동안 정정定鼎과 상업의 번영을 가져왔으며, 샤루흐도 안정적으로 정권을 유지할 수 있었다.

영락제의 네 번째 사절이 헤라트에 도착한 것은 1419년이다. 당시 사절이 샤루흐에게 전달한 서한은 아부르에 의해 보관되어 있다. 영락제는 서한에서 사자·말·레오파드·매 등의 선물에 감사함을 표하면서, 사절과 상인은 계속 왕래할 것을 약속했다. 그리고 그간의 외교적 성과에 대해 다음과 같이 기록했다.

비록 우리들 사이에 그렇게 먼 거리가 있지만 우리의 우정은 마음과 마음으로 거울처럼 비춘다.[86]

외교문서에서 보여야 하는 엄격함과 절제와는 거리가 있는 이 매력적인 거울 비유의 문서는 1419년 진성을 비롯한 네 번째 사절단이 도착했을 때 전달되었다. 더욱 놀라운 것은 이 서신이 양자의 관계가 우정을 나누는 대등한 관계로 보인다는 점이다.[87] 이것은 당시 조공관계의 다면성을 반영한다. 명은 티무르와 조공관계를 내세워 신복시킨다는 입장이었지만, 샤루흐는 상호 대등하다는 입장에서 받아들였던 것이다.

명과 티무르 제국을 대등하게 위치시킨 이 문서는 어쩌면 번역 과정에서 수정되었을 수도 있다. 그리고 번역 과정에서 야기되는 인식의 차이를 명이 수용했는지는 잘 알 수 없다. 그러나 적어도 영락제가 헤라트에 있었던 샤후르와 나눈 '마음과 마음으로' 비추는 외교는 명이 이란 일대까지 영향력을 갖는 중앙아시아의 가장 큰 정치 세력과 우호관계를 유지하게 했다. 양국의 관계는 16세기 초 티무르의 멸망까지 이어졌다. 명과 티무르 제국 간의 관계는 중앙아시아에서 광범위한 교역 네트워크를 연결하고 있던 티무르 및 그 후예들의 정치권력과 유라시아 동쪽에서 강력하고 실질적인 영향력을 갖고 있던 명 제국에 의해 교역 네트워크 역시 안정적으로 유지되었음을 의미한다.

정화 함대의 출항

정화의 항해는 여러 가지 측면에서 전례 없는 기념비적인 사건이었다. 정화의 남해 원정은 영락 3년 이후 30년 동안 총 7차에 걸쳐 이루어졌으며 함대가 거친 국가만 해도 참파·자바·스리비자야·타이·남인도·스리랑카·호르무즈·모가디슈 등 30여 개국에 달했다.[88] 1~3차의 함대는 남중국해, 인도양으로 떠나 캘리컷까지 이르렀고, 4차 이후 아라비아해, 페르시아만 입구에 위치한 호르무즈를 목적지로 삼아 이슬람 세계의 중심까지 진출했으며 함대의 일부는 동아프리카까지 파견되었다. 그리고 정화의 마지막 항해였던 7차 항해 시에는 일행 일부가 메카에 이르기도 했다.

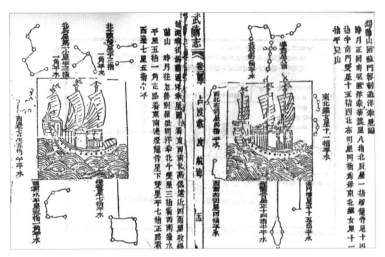

정화의 견성술과 함대

영락제가 정화를 인도양에 보낸 이유는 조공 사절단의 왕래를 위한 해도숙정이 1차적인 목
표였다. 대규모 사절단은 인도양 일대 여러 도시를 돌며 7회에 걸쳐 항해했다.

　　정화의 선단은 당대 세계 최대 규모로 1차 항해 시 대형 선박만
62척에 이르고 장정은 2만 8천여 명이 동원되었다. 이 당시 가장 큰
선박은 길이 150미터, 배수량 1만 톤급 적재량, 무게 7천 톤 등 세계
최대의 규모였으며 이 선박의 조타수만 최소 200여 명이 동원되어
야 했다. 7차 원정 중 규모가 비교적 컸던 4차 원정 시에는 크고 작은
선박이 200척이 넘었다고 한다.[89] 물론 이 수치에 대해 학계에서는
고고학적 증거를 바탕으로 회의적인 입장이다. 대개 학자들마다 1천
톤에서 3천 톤급 정도로 상이하게 보고하기로 했지만 정화의 보선이
당시 세계에서 가장 큰 규모였다는 데는 의견을 모으고 있다.[90] 정화
의 함대는 거만의 재물과 보화를 휴대해 '보물선[寶船]'이라고도 불렸

지만 수만의 관리, 관군, 병졸을 통솔해 100여 척의 거함을 타고 옛 번국에 이르렀으므로 거대한 군단이라고도 할 수 있었다.

정화가 인도양에 진출한 목적에 대해 여러 이설이 존재한다. 첫째, 영락제가 쿠데타를 일으키는 동안 실종된 혜제를 찾기 위해서라는 주장이다. 그러나 남해 출사에 비용과 시간을 생각한다면 이 자체가 목적이라고 보이지는 않는다. 둘째, 대개 함대의 규모나 운영이 군대의 편대라는 점에서 원정의 성격으로 보는 주장이다. 그러나 함대의 실제 활동은 일종의 방어적 차원에서 머물러 '용병'이라고 보기 어렵다는 점을 고려해야 한다. 셋째, 경제적 측면에서 물산을 확보하기 위해서라는 주장이다. 그러나 당시 인도양에서 교역을 통해 확보한 것은 반드시 사치품에 국한된 것도 아니었고 또한 대규모 사례품을 하사했다는 점에 미루어보면 그 근거는 미약하다.

이외에도 티무르가 막북(외몽골 지역)의 몽골에 대한 원조를 빙자해 동진해올 수 있었기 때문에 인도와 연합해 티무르 제국을 배후에서 견제하기 위해 정화를 파견했다는 주장도 있다. 그러나 티무르는 이미 영락 3년(1405) 2월에 사망했고 이후 티무르 제국이 명에 큰 위협이 되지 않았기 때문에 7차에 걸쳐 사절을 파견할 이유로는 적절하지 않다.[91] 이외에도 길을 개척하는 것 자체에 의미를 두거나 정화의 신앙심에 의지해 항해의 성격을 설명하기도 한다. 또한 함대의 규모를 고려한 많은 학자들은 공통적으로 '요병耀兵', 즉 병력의 과시가 목적이라고 이해한다. 즉, 이를 통해 명의 부강함을 보이고 막대한 사여품으로 회유해 조공국을 확보하는 게 목적이라는 것이다.[92]

영락제가 정화를 인도양에 보낸 것은 조공 사절단의 왕래를 위한 해도숙정이 가장 일차적인 목표였다. 당시 수마트라 북부와 말레이 반도 남쪽 해안을 장악한 해구들에 의해 인도양 제국과의 왕래가 차단되며 서양 제국과의 왕래가 중단되었다.[93] 실제로 1~3차에 걸친 정화의 출사는 조공로를 확보하는 데 큰 성과가 있었다. 1차 출항에서는 해구 진조의陳祖義를 사로잡아 포로로 삼고 귀국했고, 2차 항해 시에는 섬라의 압박으로부터 말라카 보호 등의 성과가 있었다. 실론의 사절에게 불손하게 대했다는 이유로 실시된 3차 항해 시 섬라의 사죄를 받고 말라카 왕을 책봉했으며 실론 왕을 굴복시켰다.

하지만 약 25년 동안 지속된 항해의 성격이 모두 같을 수는 없다. 4차 항해부터는 3차 항해와 성격이 좀 달라졌다. 무엇보다 해도가 숙정되어 해상의 각국이 자발적으로 조공 사절을 보내오는 상황이었는데, 오히려 정화의 출사는 영락 연간에만 세 차례 더 이어졌고, 선덕 5년 1차례의 항해가 이루어져 총 4번의 항해를 지속한 것이다. 4차에서 7차까지의 항해가 이전 항해와 갖는 차이점은 1년 이상의 준비 기간을 거쳐 이루어졌으며, 동남아시아 지역보다 인도양 일대에 정박한 지명 수가 더 많이 증가했다는 것도 특징이다. 또한 함대에 아랍어 전문 통역역이 보강되어 마환 등이 승선하기 시작한 것도 4차 항해부터였다.

정화가 새로 출사한 지역은 대개 아프리카 동해안 서북부 벵골국 등 이슬람화한 지역이었다. 특히 정화의 함대가 3차 항해할 때 목적지는 인도 서남단 캘리컷이었고 4차 항해부터는 페르시아만 입구에 위치하는 호르무즈가 최종 목적지였다. 그리고 본대가 호르무즈에 머무르는 동안 분견대는 아프리카와 아랍 각 지역에 파견되었다. 이는 그 목적이 해도숙정에 그치지 않고 그 너머의 인도양 일대 여러 도시에 목적이 있음을 보여준다. 정화가 직접 세운 유가항劉家港과 장락현長樂縣의 두 개의 비문은 최종 목적지로 호르무스를 기록했으며 이 가운데 제4차 서양 진출 시 남긴 비문은 아직 남아 있다. 정화의 마지막 네 번째 출사의 궁극적인 목적은 무엇일까? 인도양 항구 곳곳에 거대한 반향을 가져왔던 공전 규모의 사절단 파견은 어떤 의미가 있을까? 당시 또 다른 대규모 사신단 파견과 관련해 유추할 수 있다.

진성의 출사

정화의 원정이 지속되는 동안 서역으로 향하는 또 다른 사절단들도 거의 해마다 꾸려졌다. 서역 사행에 관한 구체적인 기록을 남긴 진성은 영락제 때 파견된 서역 사행이 갖는 메시지를 보여준다.

진성이 《서역행정기西域行程記》에서 자신이 출사한 지역으로 언급한 곳은 헤라트·사마르칸트·엄도회·발크·샤루키아·세이란·타슈겐트·테르메스·부하라·키시·잠불·베쉬발릭·투르판·교하고성·염택(투르판시 서남)·화주·루커친·하미 등 18개 지역이었다. 영락제가 서역으로 사절을 파견한 것은 그 이전에도 매년 있었던 일이었지만 이전의 사절 파견이 대개 한두 지역을 대상으로 했다면 진성의 출사는 2년에 걸쳐 다수 도시들에 대해 이루어졌으며 그 규모도 이전보다 컸다. 당시 진성은 우즈베키스탄 남쪽 국경 지역에 이르는 중앙아시아까지 깊숙이 진출했다.

비록 서역으로 보낸 사절단이 육로로 인도양까지 이르지는 못했지만 정화의 사절이 같은 시기 호르무즈로 항해했다는 사실을 고려할 때 이 두 사업이 별개로 이루어졌다고 보기 어렵다. 정화의 항해와 진성의 출사는 당시의 교역 네트워크의 특성을 반영해 이해할 필요가 있다. 앞서 설명했듯이 내륙과 해양의 교역 네트워크 통합은 해양과 육상에서 이슬람 세력의 확대, 그리고 몽골 제국의 성장과 관계가 있다. 원 제국하의 해양 교역 네트워크에서 동아시아의 연안과 도서 인도양 주변 일대, 아라비아해와 아프리카 동해안, 그리고 홍해및 지중해에 이르는 광범위한 지역을 장거리 무역 방식으로 연결되었다. 그리고 몽골 제국하에 유라시아에 걸친 광역적 역사 무대에서이슬람 세력은 상업적인 네트워크를 주도하며 그 역량이 크게 증가했다. 이 교역 네트워크는 단순히 동서의 연결통로가 아니라 상호 호혜적 무역을 보장하는 서로 다른 문명권들이 고리처럼 연결된 광범위한 경제 권역이었으며 중국 등 동아시아 지역도 물론 그 일부였다.

내륙과 해양 방면으로 대규모 사절단을 파견한 것은 명이 육상과해상을 아우르는 광대한 교역권역에 출사표를 던진 것과 다름없었다. 명의 영락제는 이러한 교통로를 확보하고 조공을 받음으로써 중화적 질서 속에 편입시키려 했다.[94] 진성과 정화의 출사에 대한《명사》편찬자들의 다음과 같은 평가도 참고할 만하다.

성조가 천하를 무력으로 평정한 이래 만방을 위의로 제압해 사신을 사방으로 내어 제국을 불러들였으니 이로부터 서역의 대소 제국은 신하를 칭하고 조공을 바치며 뒤를 두려워하지 않는 자가 없었다. 또한 북으로 사막을 다하고 남으로 명해의 끝, 동서의 해가 뜨고 지는 곳에 이르기까지 대개 배와 수레가 닿는 곳에 미치지 않은 바가 없었다. 이로부터 이역의 방언들을 쓰는 다양한 족속의 사신들이 폭주하여 조정에서 해마다 (선물을) 하사하니 창고가 텅 비게 되었다. 그러나 사방에 기이한 보배들과 특이한 금수를 헌상하려는 자 또한 더욱 증가하여 대개 한당의 성세를 아우르고도 남음이 있으니 백왕이 미치지 못하는 것이다.[95]

영락제 시기의 대외사업에 대한 평가는 부정적이기도 하고 긍정적인 부분도 있다. 대개 성화·홍치 연간의 내각들은 대외관계에 소극적으로 돌아선 측면이 있고 영락제의 '외정'에 비판적이었다. 결국 정화의 출사 기록은 대부분 소각되는 우여곡절이 있었다. 그러나 《명사》의 평가는 영락제의 사절 파견에 대해 상당히 우호적인 편이다. 물론 《명사》가 청대에 집필되었다는 점을 감안해야 한다. 이민족 정권인 청은 대외적으로 개방적인 편이었고, 영락제의 대외 정책에 대해서도 그로 인한 재정적 손실보다는 외교적 성과에 주목했다. 《명사》의 편수자들은 "북으로 사막을 다하고 남으로 명해의 끝까지 이르고", "배와 수레로 이르는 곳에 미치지 않는 곳 없을" 정도로 새 교통로를 만드는 것을 강조했다. 이것은 중국이 사마르칸트와 헤라트, 캘리컷과 호르무즈 등 유라시아의 교역 네트워크상의 핵심 요충지와 연결됨으로써 실질적으로 육상과 해양의 교역 네트워크 전체에 연결되었다는 의미였다.

영락제의 대외정책 기조는 무력에 의한 일통이 아닌 압도적 경제력으로 신속시키는 것이었는데 바로 조공제도라는 외교적 질서를 확대해 내외에 평화를 가져오는 것이었다. 그리고 변경을 통제해 천산북로 연도에 통제력을 유지하면서도 사절을 서역에 파견해 평화적인 교류를 적극적으로 추진했다. 이러한 기조는 영락제가 파견한 정화의 인도양 출사에서도 볼 수 있다.

한 통계에 따르면 홍무·영락 연간 명조는 62개 사단을 동남아시아 각국에 파견했고, 95개 사절단의 방문을 접대했다.[96] 이 통계는 홍무 영락 연간, 중국의 조공관계에 기반한 국제 질서의 성립을 위한 노력을 보여준다. 영락 연간 15개의 국가에 대해 감합을 나누어주고 해양에서 오는 사신들의 신분을 확인하기 위한 절차를 마련하기도 했지만 비감합국도 조공이 가능했다. 예컨대 동남아시아 일대에 8개국[97], 인도 아랍 방면으로 13개 지역[98], 인도양 도서와 아프리카 일대 6개 지역이 새 조공국이 명단에 올랐지만[99] 모든 국가에게 감합을 발행하지 않았다. 이외에도 하미로 입국하는 36여 개 국가들이 조공했다.[100] 비록 천방국과 같이 육상과 해양에 모두 그 이름을 올렸던 국가가 있긴 하지만 명에 입공한 국가는 해상 45개국, 육상 36여 개국 등 모두 80여 개국에 달한다. 이 통계에는 동아시아의 조선, 류큐, 몽골, 토사 등의 조공은 제외된 것이다. 선덕제가 사여한 안경이 정화의 출사 과정에서 확보되었는지는 알 수 없다. 그러나 질적으로 상당히 우수하고 소량만 유통되는 안경이 명 조정에 조공품으로 진상된 것은 다양한 국가들과 접촉하는 과정에서 긴밀한 교역 네트워크에 연결되었기 때문에 가능했을 것으로 보인다.

서역에서 사절로 활동한 진성과 인도양으로 출사한 정화의 활동은 중국이 유라시아 교역 네트워크에 성공적으로 결합했음을 의미한다. 정화의 출사에서 최종 목적지인 호르무즈가 교역 네트워크에서 갖는 의미를 생각할 때, 이 출사의 의의는 좀더 분명해진다.

호르무즈

당시 항해 기술상 중국에서 인도양 방면의 교통 요지는 인도 남단이었다. 인도 남단은 페르시아와 아랍의 많은 물산이 내려오는 곳이었고, 선박의 건조와 수리 등이 이루어질 수 있었으며, 무엇보다 중국으로 회항하기도 편리했다. 무역이 목적이라면 인도 남단의 캘리컷 정도가 거리상으로는 가장 경제적인 곳이었다. 그런데 굳이 4차 항해부터 본격적으로 호르무즈를 목적지로 삼아 페르시아만 안쪽까지 접근한 것이다. 《영애승람》에는 인도양에서 번영하는 항구를 다수 기록했다. 이렇게 많은 항구 가운데 호르무즈를 최종 정박지로 한 것은 이곳이 송·원대부터 인도양과 서역을 잇는 교통의 중심지였기 때문이다. 14세기 인도양의 항해 기록을 남긴 왕대연도 호르무즈를 서양의 주요 항구로 묘사했고, 해상 무역의 가장 중요한 핵심지라고 기록했다.

　나는 이 무역 핵심지의 의미를 육상으로 통하는 중요한 길이라는 의미에서 더 특별하게 해석한다.[101] 고대 실크로드에서 한 제국과 로마 제국의 실크 왕래가 있었던 페르시아만이 중요한 지역이었음은 알려져 있다. 당시 파르티아를 우회하기 위해 페르시아만이나 인도 북부 지역으로 내려온 물산들은 아라비아해를 따라 인도 서해안에서 홍해를 거쳐 지중해 방면으로 유입되었다. 지정학적으로 이란과 인도를 연결하는 항구였던 호르무즈는 11세기 중국인의 인도양 진출로 더욱 번영했다. 이란과 인도, 그리고 중국 사이의 상품 교역에서 중요한 위치에 있던 이 항구는 16세기까지 최대의 번영을 이어갔다.

13세기 말 페르시아만 입구 연안에 위치했던 호르무즈는 전쟁으로 대부분이 파괴되자 술탄이 키시의 통치자에게 주란Djeroun(혹은 Jiran, Juran)섬을 얻어 주민들을 이주시켰는데 이것이 신호르무즈다.[102] 마르코 폴로에 따르면 키시섬과 구호르무즈는 지중해 물산의 유통에 핵심적인 곳이었다. 이 두 지역은 13세기 무렵 정치적으로도 경쟁적인 관계에 있었고 호르무즈가 한때 키시를 점령하기도 했다. 하지만 쿠트 알딘 타함탐 2세Qutb ad-Din Tahamtam II의 통치 시기에 키시와 그 군도 등이 바레인의 통제하에 편입되면서 호르무즈와 키시의 적대 상태도 완전히 종결되었다.[103] 그리고 호르무즈는 페르시아만에서 이란 방면으로 들어가는 유일무이한 항구가 되었다.

사마르칸트의 외교관이자 역사가인 압달라자크Abdal-Razzâq는 1441년 호르무즈에 방문했다. 헤라트에서 인도로 가는 샤르후의 사절단을 이끌었던 그는 우만에서 배를 타고 이곳에 이르렀다가 몬순을 기다리며 두 달을 체류했다. 그는 당시 호르무즈 곳곳을 둘러보고 다음과 같은 기록을 남겼다.

그들이 또한 가룬Garün이라고도 하는 호르무즈는 지구상에서 가장 열린 바다의 항구다. 그곳은 스스로 이집트와 시리아, 로마, 아다르베이간, 아라비아·페르시아의 이라크, 파르·후라산 지방, 마 와라알 나르(트랜스옥시아나)와 투르키스탄 지방의 영역, 킵차크 평원과 칼묵 영역,

그리고 중국과 한발리크의 모든 동쪽의 영역 등 7개의 기후대에서 오는 상인들을 위해 전력을 다했다. 그곳의 해안의 거주자들은 중국·자바·벵골·실론·지르배드Zirbad(인도네시아 소재)의 도시들, 타나시리Tanasiri(말레이반도 소재)·사코트라Sacotra(예멘 소재의 섬) 그리고 디와마홀(몰디브)의 90여 개의 섬들, 말라바르(남인도)·아비시니아(에티오피아 소재)·잔지바르(아프리카 동부)의 나라들, 비자야나가르·쿨바르가Kulbarga(데칸)·구자라트·캠베이의 항구들, 아덴·지다·얀부Yanbu와 같이 먼 아라비아의 해안으로부터 희귀하고 귀중한 것을, 태양과 달, 그리고 구름의 혜택이 윤기와 아름다움을 부여한, 그곳에 가져온다.[104]

압달라자크가 인도에 사신으로 떠나기 위해 머무르던 호르무즈는 이 무렵 사마르칸트의 통치자들에 의해 상당한 영향을 받았던 것 같다. 사마르칸트의 연대기에는 관세 지불에 관한 호르무즈의 저항이 있었음을 보여주는데, 그것은 호르무즈에 대한 티무르 제국의 영향력을 반영한다. 또한 정화의 출항 당시 호르무즈의 통치자였던 다함이 사망한 뒤 그 아들들 사이에 분쟁이 발생하자 샤루흐가 관여해 사태를 종결시키기도 했다.[105]

이 무렵 호르무즈는 페르시아 방면에서 인도양으로 가는 유일한 항구였다. 압달라자크의 기록에서 호르무즈로 상품을 가져오는 7개의 기후대는 아프리카·유럽과 지중해·아라비아반도와 이란·중앙아시아·킵차크 초원 지역·중국과 몽골 주변을 포괄하는 것으로 사실상 유라시아의 전 지역에 해당된다. 그리고 호르무즈의 대안과 주변에는 중국·인도·동남아·아라비아반도·아프리카·몰디브 등에

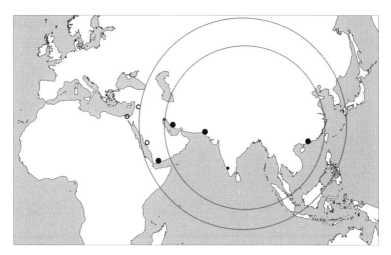

홍해와 페르시아만에서 인도양을 횡단하는 단일 항해
내륙과 해양을 연결하는 교역 네트워크의 순환 패턴으로, 유라시아의 7개 기후대를 모두
연결한다.

있는 여러 항구를 오가며 활동하는 부유한 상인들이 거주하고 있었
다. 이곳에서는 종교·민족의 문제에 상관없이 모든 여행자들이 공
정하게 거래할 수 있게 했다.[106]

16세기 중엽 토마 페레스는 이곳이 아덴과 캠베이, 그리고 데간
과 고아의 왕국들, 말라바르 해안의 나르싱가 왕국의 항구들과 무역
한다는 것, 그리고 이 지역의 번영이 배후지 페르시아와 언제나 깊은
관련이 있다고 했다.[107] 또 다른 17세기 포르투갈의 모험가 페드로 알
바레즈 카브랄Pedro Alvares Cabral은 이 지역이 인도양의 무역 도시들 중
에서 가장 부유한 장소라고 하면서 이 지역 주민의 말을 빌어 "세계
는 반지와 같고 호르무즈는 그 보석"[108]이라고 기록했다.

페드로가 인용한 반지의 비유는 유라시아와 인도양을 연결하는 교역의 핵심이 호르무즈임을 효과적으로 보여줄 뿐 아니라, 교역 네트워크가 마치 유라시아를 종단하는 순환고리를 이루는 것처럼 보이게 한다. 이곳에서는 초원과 스텝에서 온 모피부터 인도양에서 온 각종 향료들까지 모두 유통되었다. 14세기 중엽 팍스 타타리카Pax Tatarica의 시대는 막을 내렸지만 유라시아 내륙 곳곳과 해양으로부터 온 물산이 이 지역을 통과하면서 호르무즈는 여전히 최대의 번영을 이어갔다.

페드로는 파르스에서 나는 모든 형태의 잼과 말린 과일, 각양각색의 염료와 사치품들이 거래되었으며, 야즈드에서 온 실크와 카펫, 무기들, 그리고 페르시아만을 따라 말과 배양된 곰팡이들, 대추야자들이 판매된다고 했다. 이외에도 모든 종류의 진주와 아라비아·페르시아 말들은 바레인으로부터, 또 다른 말들과 무기들은 라르에서, 실크·향료들은 중국에서, 그리고 수은은 지중해로부터, 후추·생강·마늘·약품·쌀·금·향수 들은 인도에서 유입되었다.[109]

압달라자크와 토마 페레스, 그리고 페드로의 기록들은 이곳이 15세기 내륙 아시아와 인도양을 연결하는 십자로 상에 위치하며 육상과 해상을 연결하는 물류의 허브였음을 보여준다. 이곳은 전 세계 무역을 연결하는 핵심 무역권역이었고 수많은 정보가 유통되었다. 호르무즈에 대한 여행가들의 기록에서는 이곳에서 유통되는 많은 상품들을 언급했지만 이것은 일부에 지나지 않는다고 확신한다. 아랍의 어딘가에서 제작되었던 안경도 다마스쿠스를 거쳐 이곳을 통해 말라카로, 혹은 지중해 일대에서 제작된 안경이 홍해를 거쳐 이 지역을 통해 사마르칸트와 말라카로 팔려나갔을 것이다. 이러한 가능성은 충분히 열려 있다.

소결

명대 안경에 관한 기록 가운데 가장 이른 시기로 보이는 것은 호롱의 부친이 소장했다는 안경에 관한 장녕의 기록이다. 선덕제로부터 하사받은 이 안경은 분명 조공에 의해 명에 유입되었을 가능성이 무척 크다. 선덕 연간 정화의 마지막 함대는 이슬람 권역의 최대 도시 중의 하나인 호르무즈에 출항했을 뿐 아니라 사신단의 일부는 메카에 이르렀으며 천방국, 즉 메카의 사절은 명에 대한 감사의 사절을 정화 함대의 회항 편에 함께 파견해오기도 했다.

선덕제의 안경은 유라시아 교역 네트워크가 중국까지 연결되었다는 분명한 증거가 된다. 조기 유통된 안경의 질적 수준은 확인되지 않기 때문에 남아 있는 자료를 통해 모양과 이름, 재질 등을 통해 분석해본 결과 대개 유사한 기능과 모양, 유리 재질로 제작되었다. 특히 착용 방법까지 고려하면 일정한 안경 문화가 네트워크상에서 공유되고 있었던 것을 보인다. 특히 왜납 등 초기 안경의 명칭과 동아시아적 표기인 '안경'의 의미상 아랍-페르시아 일대에서 유래했다는 사실도 확인할 수 있는데 이것은 동아시아의 안경 문화가 아랍-페르시아 방면과 교류를 통해서 형성된 것임을 반영한다.

선덕제의 안경이 조공에 의해 유입된 것이라는 증거는《명회전》, 《예부지고》등 명대의 믿을 만한 자료로 보충할 수 있다. 이에 따르면 명대 안경을 조공한 국가들은 사마르칸트, 하미, 그리고 천방국 정도가 있다. 이외에도 신빙성이 높지는 않지만 정화의 함대가 출항했을 때 말라카가 안경을 조공했다는 기록도 남아 있다. 이 나라들이 바친 안경은 왜납, 초자차안이라고 표기되어 있어 안경이라는 명칭으로 통일되기 이전에 사용한 이름이기 때문에 조기 안경들의 출처로 상정할 수 있다.

안경을 조공한 국가들의 공통된 특징은 유라시아 교역 네트워크에서 핵심적인 역할을 했다는 점이다. 이 도시들의 물산 산지를 검토한 결과 이란, 아라비아, 인도, 아프리카, 지중해, 초원지대에 이르기까지 전 유라시아와 인도양으로부터 유통되고 있다는 것을 알 수 있다. 사마르칸트는 천문학과 광학, 의학 등의 방면에서 이슬람의 지적 혁신을 이어가고 있다는 측면에서, 하미는 유라시아 전 지역의 물산이 중국으로 혹은 중국의 물산이 유라시아로 빠져나가는 물류 인후지咽喉地로서, 천방국은 이슬람 세계의 순례의 중심지이자 전 이슬람 세계의 정보 중심지로서, 그리고 말라카는 인도양의 무역 허브로서 상품과 정보가 대규모 유통된 곳이라는 점에서 안경은 무역의 중심도시에서 전파되었음을 보여준다.

중국과 지중해의 상품들은 유라시아의 육상과 해양의 상업망을 따라 도시들을 중심으로 유통되었던 것이 분명하며 안경에 대한 상품 정보나 제작 방법 역시 이 도시들 사이에서 공유되었을 가능성은 매우 높다. 그리고 다양한 상품들이 유통되는 가운데 안경도 중국에 유입된 것으로 볼 수 있다.

그런데 명 전기 중국은 유라시아의 교역망과 어떻게 결합되었을까? 일반적으로 알려졌듯이 중국은 자국민의 국경 출입이나 바다를 통해 해외로 나가는 것을 금지했기 때문에 해양과 국경을 강하게 통제해 고립적·폐쇄적인 이미지가 있다. 하지만 명 제국 역시 유라시아의 광역적 교역 네트워크와 결합해 있었는데, 특히 홍무·영락 연간에 사절을 파견하고 접대, 조공에 대해 관대하게 보상해 유라시아의 상인과 사신단들의 조공을 확보할 수 있었다.

정화의 항해는 아랍인이 장악하고 있던 인도양 세계에 대한 도전이었다. 정화가 이끈 함대의 크기는 인도양이라는 세계 최대의 시장에 비례했다. 호르무즈로 출항을 떠난 것은 이러한 세계 최대 시장의 심장부에 진출한 것이다. 더욱이 서역에 대한 사절 파견까지 더하면 압도적인 규모의 무역 사절 파견, 강력한 군사력을 보여줌으로써 중앙아시아와 서아시아에 걸친 광대한 영역에 명의 힘을 과시한 셈이다. 대규모의 물류와 정보의 순환이 이루어지고 있었던 인도양을 인식했던 명은 이를 국정운영의 중요한 목표로 삼았다. 이것은 티무르 제국 자체에 대한 견제라기보다는 서아시아와 중앙아시아와의 평화를 통한 몽골의 고립, 나아가 명 제국을 중심으로 하는 국제 질서의 확립에 목적이 있었다.

15세기 선덕제의 안경은 명이 유라시아 최대 교역 네트워크에 진출했다는 증거다. 특히 우수하고 품질이 좋은 안경을 조공했던 것은 당시 조공품에 후한 보상을 했기 때문이다. 상인들은 유라시아에 유통되던 값비싼 사치품들, 특이한 보석과 상품들을 명에 기꺼이 헌납했을 것이다. 영락제는 정화를 인도양으로 파견했을 뿐 아니라 서역에도 대규모 사절단을 보내 외교적 관계를 맺었다. 이 사절단들이 유라시아의 교통로를 확보했다는 점에서 명은 교역 네트워크에 성공적으로 접속했다고 할 수 있다. 인도양 세계에서 새롭게 부상하고 있었던 상품, 특히 매우 희소하게 유통되던 성능 좋은 안경은 조공의 방식으로 중국에 흡수될 수 있었다.

4부

호기심에서
시작된
견문의 확장

—

안경의 보급과 확산

1장

유럽 안경의 유입

명 전기에 보급된 안경은 유럽에서 왔을까?

17세기 이후 안경이 크게 유행하자 안경이 어디로부터 수입된 것인지, 어디가 원산지인지에 대한 고증이 이어졌다. 이를 언급한 문헌들은 대개 간단히 출처를 밝히는 정도에 그치기도 했지만 송·원대 문헌들을 체계적으로 고증해 접근하려는 시도도 있었다. 안경의 출처를 밝히고자 체계적으로 고증하려고 시도한 학자는 방이지, 조익, 손승택 등을 꼽을 수 있다. 이들은 대개 선덕 연간에 안경이 유입되었을 가능성을 높게 보고 있다.

손승택은 오관의 시를 살펴보고 그가 이부의 관리였던 홍치·정덕 연간에 이미 안경이 있은 지 오래된 때였다고 하며 천주교가 처음 제조했다고 할 수 있겠는가라고 반문했다.[1] 손승택의 고증은 유럽인이 중국에 오기 전 중국에 안경이 있었다는 것을 강조함으로써 유럽인

17세기 유럽 안경의 다양한 형태
중국에서는 17세기 이후 안경이 크게
유행하자 안경이 어디로부터 수입된
것인지, 어디가 원산지인지에 대한
고증이 이어졌다.

의 것이 아니라고 한다. 이에 대해 선덕 연간의 안경이 유럽의 상품
이라는 것을 확신하는 조류도 적지 않다. 대표적으로 수차례 안경에
대한 시를 남기기도 하면서 안경에 상당한 관심을 보였던 건륭제는
"원·명대에 처음 서양으로부터 왔다"[2]고 했다. 원·명대의 '서양'은
인도양이고 건륭제 시기의 서양은 유럽이기 때문에 정확하게 유럽
의 도입을 설명했다고 보기 어렵다. 다만 건륭 연간 유럽으로부터 안
경이 다수 유입되던 시기였기 때문에 건륭제는 서양을 유럽의 의미
로 사용했을 것이다.

　조선에서도 안경에 대한 정보 수집이 활발해졌다. 조선의 상당수
문인들은 안경 관련 기사를 찾고 그 유래와 형태에 대한 시와 산문을
남겼다. 대표적으로 조선 후기의 학자이자 관료였던 이익李瀷은 다음
과 같은 기록을 남겼다.

애채란 것은 세속에서 이르는 안경인데《자서》에는, "서양에서 생산된
다" 했으나, 서양인 이마두利瑪竇는 만력萬曆 9년, 즉 신사년(1581, 선조
14)에 비로소 중국에 왔던 것이다. 내가 장영張寧이 쓴《요저기문遼邸記
聞》에 상고하니 (중략) 대개 이 애채란 안경은 선종宣宗 때부터 벌써 중
국에 들어왔던 것이다.[3]

이익은 위의 기술을 위해 중국 측 자료인《자서》와 장영의 책을 인
용했다. 그리고 안경의 전입 시기는 선종대에 이미 중국에 들어왔다
고 이해했다. 물론 이익이 인용한 부분은《요저기문》[4]이 아니라《방
주집》의 내용이다.

이익의 안경에 관한 정보는 대부분 중국 자료로 접한 것이다. 특히
이익은 애체에 관한 항목을 뒤져 애체가 서양에서 생산된다는 사실
을 유추했다. 그리고 그는 서양인 이마두(마테오 리치)가 만력 9년에
중국에 왔다고 하며 종백공이 선묘로부터 하사받았다는 내용을 토
대로 이미 선덕 연간에 유입되었다고 파악한 것이다.

이익은 이러한 사실을 다음과 같이 정리했다.

서양이 비록 멀다 할지라도 서역西域 지대 천축天竺 모든 나라는 중국
과 물화物貨를 서로 통한 지 오래고 천축은 또 서양과 거리가 멀지 않
다. 지금 형세로 보아 이 애채란 안경이 장차 중국으로 전해오게 될 것
이고 가정에서도 반드시 갖출 것이다.[5]

이 자료에서 '서양', '서양인'이라는 용어는 더 이상 인도·인도양

이 아니라 '유럽', '유럽인'을 가리킨다(대항해시대 이후 유럽인이 동아시아에 내항하면서 서양은 더 서쪽의 지역을 가리키게 되었고 대개 인도양은 서역으로 통칭되곤 했다). 이익은 서역, 즉 천축이 중국과 물화를 통했다는 점을 들어 선덕 연간의 안경도 유럽산일 가능성을 설명했다. 즉, 당시 인도가 많은 지역과 교역하고 있었기 때문에 유럽인이 아시아에 출현하기 전부터 간접적으로 유럽의 안경이 중국에 전달되었을 수 있다. 이익의 추측은 당시의 해양 교역 네트워크의 환경에서 볼 때 매우 타당하다. 과연 명대에 조기 보급된 안경은 유럽에서 왔을까?

유럽의 안경 제조업과 상업도시

15세기 유럽에서는 안경의 제작에서 상당한 발전이 있었고 몇몇 지역은 안경을 제작해 수출까지 했다. 그런데 이러한 안경 제작 기술은 상당히 비밀스러운 방법으로도 전파된 듯하다. 유럽에서 맨 처음 안경을 제작했다고 하는 알렉산드로 델라 스피나Alessandro della Spina는 알리기를 꺼려하는 어떤 자에 의해 만들어진 안경을 모방해 제작했다. 그가 가장 먼저 안경을 제작했다는 사실은 사료가 오염됐을 가능성이 있어 그 진위를 의심받는다. 하지만 그럼에도 1304년 피사의 도미니쿠스 교사의 수도사였던 조르다노가 쓴 메모에 의해 안경 제작 시기는 1280년대로 추측할 수 있다. 물론 이 당시의 안경은 대개 원시경이었다.

14세기 초 유럽에서는 유리를 안경 제작의 재료로 적합하다고 여기지 않았던 것 같다. 유럽에서는 초기 안경 제작에 유리로 제작된 것보다는 '베릴'이라는 수정으로 제작되거나 '펫블'이라는 석영편을 연마한 것을 선호했다. 당시 유럽의 유리로는 좋은 안경을 생산하기 어려웠고, 설사 양질의 유리라고 하더라도 유리를 연마하는 기술이 향상되었다는 뚜렷한 증거가 없다. 베네치아에서는 유리로 제작된 '가짜' 안경을 단속하기 위한 법령이 마련되어 벌금이 부과되었고 문제의 모조품은 압수, 폐기하도록 규정되었다. 베네치아의 가짜 안경 단속을 위한 법이 마련된 것은 조기 안경을 보급한 1280년대로부터 약 20~30여 년 만에 베네치아 일대에서 안경의 제작과 소비가 급격히 증가했기 때문일 것으로 추측된다.

한편 미국의 사학자 빈센트 일라디는 안경 산업의 중심지로서 15세기 중반 피렌체를 주목했다. 그에 따르면 이 당시 피렌체는 근시 교정을 위한 오목렌즈를 발명했고, 유럽의 안경 생산 중심지로 성장했다고 한다.[6] 유럽에 안경 보급이 확대되고 피렌체에서 안경 산업이 발전한 것은 교역 네트워크와 밀접한 관계가 있는 것 같다. 일라디는 남겨진 사업 편지, 회계자료, 그리고 계약서들과 고고학 성과를 토대로 지중해 일대에서 일어나는 안경 거래를 검토해 14세기 전반에 프랑스와 독일에서 안경을 무역했다는 사실을 알아냈다. 특히 주목할 부분은 15세기 피렌체와 근동의 레반트 지역과의 안경 무역에 관한 정보다. 그의 연구에 따르면 1482년에 약 1,100개의 피렌체의 안경이 다양한 오스만의 도시들로 팔려나갔다.[7] 이 무렵 피렌체에는 오목경, 나이에 따른 렌즈 보급이 가능했다. 그러나 중국에 조기 도입된 안경의 형태나 착용 방식을 고려하면 피렌체의 안경 제작 기술이 압도적으로 우월했다거나 유럽 안경 문화가 일원적으로 확산했

1582년 스트라다노(stradano)가 그린 풍속화
유럽에서는 15세기부터 안경 제작 기술이 발달하면서, 거리에서도 누구나
안경을 쉽게 써보고 살 수 있었음을 확인할 수 있다.

다는 의미는 아니다. 게다가 기술적으로 세련된 안경이 도입되기 전
에도 피렌체에는 우수한 안경을 구입하고자 하는 주문들이 이어졌
다는 사실이다. 방물장수 등에 유통되던 안경들도 다른 안경과는 구
분되는 가격, 그리고 우수한 기능으로 차별화된 상품이었다. 피렌체
의 안경 산업의 기술적 진보는 분명 이런 소수에게 제한적으로 공급
된 안경에 의해 자극받았을 것이다. 수공업자들 사이에 비밀스럽게
전하던 기술의 일부는 15세기 중반 피렌체에서 공식화되었고 피렌

체는 안경산업의 중심지가 되었지만 피렌체에서 특별하게 유통되는 안경에 대한 주문은 계속 이어졌다.

15세기 스페인 역시 유리와 안경 생산의 중심지였다. 바르셀로나는 일찍부터 시리아 다음으로 유리공업이 발달해 베네치아 등 다른 지역으로 유리를 수출하기도 했다. 스페인은 '바릴라'라고 하는 유럽에서 가장 좋은 석회-소다재 유리를 만들었던 것으로 알려져 있다. 주요 유리 생산지는 스페인 북동부 지역의 카탈로니아, 특히 바르셀로나인데 카스티야를 중심으로 안달루시아에서 동부 해안으로 올라가 루실론에 이르기까지 중심지들이 있었다. 카스티야의 유리기술은 16세기 후반 베네치아와 알타레로부터 유리 가공업자들이 이 지역으로 이주해오면서 베네치아와 경쟁했다.[8]

스페인만의 필수적인 자연 요소와 숙련된 기술자들은 안경 생산에서 중요한 역할을 할 수 있었음을 확인할 수 있지만, 이 도시의 수공업자들이 렌즈를 연마하는 데 어느 정도 수준이었는지는 매우 적은 흔적만이 남아 있을 뿐이다. 그렇지만 1422년과 1436년 사이 두 안경 제조 기술자들이 바르셀로나에 있었다는 것은 확실하다. 물론 그 이전에도 안경 제조 기술자들이 있었을 것으로 보이는데 1403년 무렵에는 2,160개의 안경이 바르셀로나에서 알렉산드리아와 베이루트로 팔려나갔다는 기록이 남아 있다.[9] 알렉산드리아와 베이루트는 지중해에서 근동으로 통하는 유력한 항구였다.

일라디는 이탈리아와 스페인의 안경들이 예수회 선교사들에 의해 더 동쪽으로 팔려나갔다고 했다. 그에 따르면 14세기 후반 이 안경들은 기존의 크리스털 확대경과 함께 서역의 사절들에 의해 중국에 유입되었다.[10] 14세기 후반이면 베네치아의 것이든 스페인의 것이든 모두 중국에 유입될 가능성은 크다. 주의할 부분은 유럽의 안경이 유라시아에 일원적으로 확산된 것은 아니라는 점이다.

베네치아 일대에서 유행했던 못으로 고정한 양알 접이식 안경은 16세기 초에는 실제 중국 문헌자료에서도 확인할 수 있다. 곽자기가 낭영에게 증여한 안경이 중앙에 못으로 고정해 두 렌즈알이 겹치는 형태다. 확실치는 않지만 1520년 무렵 그려진 것으로 추정되는 〈남도번회경물도南都繁會景物圖〉에 전당포 상인이 걸치고 있는 안경은 유럽의 고정못이 있는 접이식 렌즈 안경일 가능성도 있다. 이 형태의 안경은 남경의 시장에서 상인들이 걸치고 있을 만큼 16세기 초 중국에 상당량이 유입되었다고 보인다. 이러한 형태의 안경은 유럽인이 말라카에 도착하기 전부터 중국에 출현했던 것이다. 아마도 대항해시대 이전 유럽의 안경들은 장거리 무역 방식으로 상인들의 손을 빌려 중국에 유입되었을 것이다.

우리는 잠시 상인·직인들의 놀라운 역할에 대해 주목할 필요가 있다. 교역 네트워크상에서 15~16세기 이탈리아 도시들이 거둔 상업적·문화적 혁신들은 기술과 예술, 수학 과학 방면에서 상당한 성과를 가져왔고, 나아가 근대 과학의 발전에 기반이 되었다고 한다.[11] 이것은 '16세기 문화혁명'이라고 칭하는 중세 후기 베네치아를 비롯한 지중해 상업도시에서 시작된 특별한 상업적·문화적 혁신에서 기인한다. 그리고 이러한 성취의 주인공은 바로 상인과 직인들이었다.[12]

그럼에도 유럽이 확실하게 유리 제작에서 우월했는지는 확신하기

〈남도번회경물도〉(부분)에 묘사된 전당포 상인

1520년 무렵 그려진 것으로 추정되는 이 그림에서 전당포 상인이 걸치고 있는 안경은 유럽의 고정못이 있는 접이식 렌즈 안경이었다.

어렵다. 13~14세기 동안 시리아는 유리 제작 수공업으로 유명했고 유리 원료와 생산품을 동쪽과 서쪽 양방향으로 수출했다. 유리 원료는 관련 지식과 제작 기술과 함께 시리아로부터 베네치아 방면으로 유통되었다.[13] 이러한 방향이 변화한 것은 15세기였다. 이 시기 이탈리아, 특히 무라노는 아랍의 기술을 받아들여 유리 제작 분야에서 큰 발전을 이루었는데, 반면 시리아의 유리 산업에서 탁월했던 위치는 지속되지 않았으며, 유리의 원료는 역으로 아랍의 유리 제작 기술이 도입된 알프스와 독일에서 시리아로 흘러갔다. 이탈리아에서 이집트, 시리아 등으로 유리 수출은 증가했고, 15세기 중반 카이로의 술탄은 무라노에서 유리를 주문하기도 했다. 그럼에도 13~15세기의 유럽이 렌즈의 제작에서 다른 지역에 비해 월등한 기술력을 갖는다고 확신할 만한 증거를 찾지는 못했다. 유럽의 안경은 17~18세기 유리의 품질이 확실히 개선되기 전까지는 기능적으로 우수한 고급 안경이 생산되었다고 보기 어렵다.

유리가 어디에서, 어떻게 취급되어 왔는지, 그 기술적 발전은 어떠했는지 더 깊은 접근이 필요하지만 유리에 대해서는 이쯤 접어두고 안경에 집중하도록 하자. 유럽의 안경이 다수 보급되었다고 해서 유럽의 기술적 우위나 안경 문화의 역전을 의미하지는 않는다. 여전히 안경이 보급되기 시작할 무렵인 14세기 다마스쿠스에서 획득했다는 안경이 어떻게, 어디에서 확보되었는지는 어떠한 증거도 남아있지 않은 상태이며, 더군다나 15세기 초 방물장수들에 의해 유통된 안경과 유럽 직인들의 성취가 어디에서 왔는지 알지 못한다. 그리고 중국에서 처음 보급된 기능이 뛰어난 안경들이 모두 유럽에서 제작된 것이라고 보기는 어렵다. 중국의 상류 사회에서 더 많이 유통된 형태는 레반트 방면으로 수출 비중이 많았던 피렌체의 안경보다 스페인에서 잠시 유행했던 스타일과 더 비슷했다. 14세기 초 베네치아에서 크게 유행하고 있었던 유럽의 안경과는 다른 계열이 존재할 가능성은 여전히 남아 있다.

대항해시대와 유럽 안경의 직접 도입

안토니오 피가페타Antonio Pigafetta는 마젤란의 비서로서 동행해 1519년부터 1522년까지 지구를 여행했다. 그는 여행하는 동안 꼼꼼히 일지를 작성했는데 그중 보르네오에서 조금 떨어진 작은 섬에 대해 언급했다. 그에 따르면 그 지역의 원주민들은 선물로 제공되거나 물물

교환된 어떤 상품보다 철과 안경을 매우 소중하게 여겼다. 특히 그는
이 지역들의 원주민들에게도 거울을 가리키는 말이 있지만 안경의
경우 원주민들의 언어로 바꿀 수 없었다는 사실도 덧붙였다. 이 사례
는 당시 동남아시아 도서 변두리에서조차도 안경에 대한 수요가 상
당했으며, 또한 저가 안경의 수요도 충분했다는 것을 보여준다.[14]

유럽의 안경이 중국으로 직접 수입된 것은 건륭 16년 공상임孔尙任
이 자신의 시에 "백유리가 향산오에서 판매되기 시작했다"[15]라고 읊
은 것에 근거한다. 그의 시는 포르투갈이 대항해시대에 광동의 오문
반도[16]에 자리 잡으면서 누렸던 무역 네트워크상의 우월한 위치를
상기시킨다. 포르투갈인이 향산오에 자리 잡으면서 말라카와 아체
는 유럽의 안경이 수입되는 유력한 통로가 되었다. 만력 연간에 편찬
된 《동서양고》에 따르면 명 말 중국에 안경을 보급한 곳은 말라카와
아체였다.

이 무렵 예수회 선교사들이 들어오기 시작하면서 유럽의 안경이
본격적으로 유입되었을 가능성은 무척 높다.[17] 저명한 마테오 리치도
마카오, 광주를 통해 중국으로 들어왔다. 15세기 명에 유입된 안경이
유럽의 것일 수 있으나 유럽인이 직접 가져온 안경은 대항해시대 이
후부터였다. 특히 만력 연간 포르투갈이 마카오에 안정적으로 자리
잡으면서부터 유럽 안경도 본격 도입되었다.

선교사들은 상품으로서 안경을 들여왔을 뿐 아니라 광학기구에
관한 체계적인 지식의 보급에도 영향을 주었다. 천계 6년(1629), 애
덤 샬Adam Schall은 이조백李祖白과 함께 《원경설遠鏡說》이라는 저술을
남겼는데 이 책은 망원경과 안경의 원리, 제작, 사용 방법에 관한 것

으로, 광학기구를 체계적으로 파악할 수 있도록 했다. 이 책은 원래 지롤라모 시르토리Girolamo Sirtori의 저술을 번역한 것으로, 그는 렌즈 연삭 및 연마 기술을 극적으로 향상시킨 사람으로 알려져 있다. 그의 책은 청 입관 이후 수입되었지만 그에 앞서 애덤 샬이 이 책을 먼저 번역해 중국에 알려졌다.[18] 명 말 이러한 광학 기술 서적의 보급과 함께 도입된 유럽의 안경은 그 이전에 드물게 제공되었던 때보다 매우 지속적이고 더 광범위하게 중국의 안경 문화에 영향을 미쳤다.

잠시 공상임의 〈안경을 시용함試眼鏡〉이라는 시를 감상해보자.

나이 40여 세 두 눈은 점차 어두워지고

젊은 시절 책을 탐함이 도리에 맞지 않아, 정력은 모두 소모되었네.

오야가 되도록 고유를 태우니 일어나면 곧 새벽이라

흘연히 지금까지 쉬지 않았으나 명석한 지혜는 또한 옛날의 추억이 되었다.

서양의 백유리가 향산오에서 판매되기 시작해

안경을 만들어 동전만 하니, 추수秋水가 두 눈구멍에 가득해 즐겁구나!

눈앞에 두니 눈이 밝아져 털끝을 능히 볼 수 있으니 오묘하구나.

어두운 창에서 작은 글자를 읽으니 오히려 젊은 시절과 같다.

눈이 이 안경의 빛을 빌리고 안경은 해와 등잔의 밝음을 빌리니

빌리고 빌리는 경지가 다함이 없고 지극한 이치는 참으로 헤아리기가 어렵다.[19]

식견은 좁아 궁금한 것은 절로 많으니 어찌 어린이들이 비웃는 것을 막으랴?

상천이 내게 나이를 빌려주었으니 이것에 의지해 도를 물으리![20]

　이 시는 공상임이 나이가 들도록 오랫동안 독서에 힘쓰다가 눈이
건조하고 독서가 어려워진 괴로움을 토로하는 한편 안경을 쓰면서
학문을 계속할 수 있게 된 고마움을 읊은 시다. 공상임이 1648년에
태어났으니 약 40세 정도의 시기에 쓴 시라는 점을 고려했을 때 이
시는 대략 1690년 무렵에 쓴 것이다. 그는 아마도 원시를 심하게 겪
었던 것 같다. 안경을 착용한 뒤 어두운 창 아래에서 작은 글자를 읽
을 수 있게 되자 그는 원시의 제약으로부터 해방된 기쁨을 이 시에
담았다.
　서양식 백유리는 유리로 제작된 안경이다. 그리고 서양의 백유리
가 판매되자 광주 지역도 곧 제작에 들어갔다. 유럽인의 도래는 지역
사회의 안경 제작에 기폭제가 된 셈이다. 물론 시에서는 그 시기까지
언급하고 있지 않았지만, 광동의 향산오가 안경 전파와 제작의 주요
진원지였다는 것은 분명하다.

중국의 안경 제작과 보급

광동과 복건의 안경 제작

만력 이전 안경에 대한 기록은 상당히 단편적이다. 이러한 사정은 일반인들이 안경에 접근하기에는 매우 제한이 많았기 때문이다. 15세기까지만 해도 안경은 황제와 고관들, 그리고 그 주변인들만이 접할 수 있는 기회가 있었을 뿐이다. 안경의 보급도 매우 더뎠고 안경 한 부의 가격도 말 한 필의 가치에 해당하는 고가였다. 조공 사신단들의 입장에서 작은 부피의 안경은 큰 수익을 취할 수 있었던 상품이었을 것이다. 하지만 유럽의 안경은 품질이 낮고 가격도 일천해 조공품으로 적절하지는 않았을 것이다.

기능이 우수한 일부 특별한 안경이 관료나 도시 엘리트들의 관심을 모았지만 이것은 매우 극소수에 불과했다. 일부 민간에서 실제 접할 수 있던 안경은 그 기능을 확인할 수 없어 소장이나 감상의 대상

252   4부 | 호기심에서 시작된 견문의 확장: 안경의 보급과 확산

이었을 뿐이었다. 만력 이전까지 안경의 소비는 우연한 기회에 발생했으며 대개는 일회성 소비에 그치는 경우가 많았다. 안경에 대한 정보도 매우 제한적으로만 유통되었다.

안경에 대한 기록의 대부분은 호기심과 견문으로 접한 경우였고 혹 안경을 실제 소유했더라도 소지한 안경의 기능과 출처를 정확히 밝힌 것은 일부에 불과했다. 그럼에도 16세기 들어서면서 안경의 보급은 조금씩 증가한 것으로 보인다. 그리고 결정적으로 안경이 확산된 계기가 된 것은 중국에서 자체적으로 안경을 제작하면서부터였다.

중국에서 안경 보급의 확산은 모방 제작품이 보급되기 시작한 만력 연간부터 본격화되었다. 그 배경에는 중국산 안경의 제작과 보급이 가장 크게 작용했다. 명대에 유명한 장서가였던 장훤張萱은《의요疑耀》에 "복건과 광동 지역에 안경을 제작하는 자가 있는데 노인들의 눈가리개로 눈 가운데 매달면 터럭도 즉각 분별할 수 있다"[21]고 기록했다.《의요》는 본래 27권이었는데 만력 36년(1608)에 7권이 간행되었으니 만력 연간의 기록임을 확인할 수 있다. 또한 장훤은 광동의 혜주惠州 출신으로 광동의 사정에 매우 밝았으므로 그의 기록은 상당히 믿을 만하다.

서양인이 광주 경내에 드나들면서 광동 지역은 안경 제작에서 기술적으로 한층 발전했다. 특히 이 지역에서는 안경 제작에 유리뿐 아니라 수정으로 제작한 것도 보이는데 이에 대해서는 조익이 다음과 같이 언급했다.

이 물건은 전조 명대에 매우 귀중했다. 혹은 내부에서 사여하거나 혹은 고호로부터 구해 유력자가 아니면 능히 얻을 수 없었다. 지금은 천하에 두루 퍼져 있다. 대개 본래 외양으로부터 왔는데 모두 파려로 제작한 것이다. 뒤에 광동인이 그 방식을 모방해 수정으로 제작했는데 그 상품을 능가했다.[22]

조익의 기록에 따르면 안경이 외양으로부터 왔다는 것으로 보아 해양의 교역 네트워크를 타고 왔으며 당시 수입된 안경은 모두 파려, 즉 유리로 제작한 것이었다. 그런데 광동에서 수정으로 자체 제작한 안경은 파려로 제작한 것보다 훨씬 우수하다고 했다.

광주는 포르투갈인의 통상通商항으로 이용됐던 마카오와 매우 가까웠고 유럽인도 드나들 수 있었기 때문에 안경을 접할 기회도 많았고 제작기술도 가장 이르게 도입되었다. 따라서 안경 제작에 특별한 기술을 인정받아 생산지로서 지명도도 높았다. 이에 따라 안경을 전문적으로 취급하는 상점들이 잇달아 등장하면서 도시의 중요한 부분을 형성했다. 특히 이곳에서 제작된 수정안경은 사방에 유행해 안경 문화를 주도했다. 가경 말 황지黃芝는 광동 지역의 풍토를 기록하며 태평문太平門 바깥쪽에 안경의 거리가 있다고 소개했다.[23] 도광 연간의 《남해현지》에도 태평문 바깥에 위치한 거리 목록 중에 '안경가眼鏡街'라는 명칭을 확인할 수 있다.[24] 도광 연간 광동·광서 일대에서 관직을 지냈던 방준이方濬頤는 남해현청 소재의 도시 사람들이 모두 안경을 업으로 한다고 기록했다.[25]

명 말 안경 제작의 또 다른 중심지는 복건의 장포현漳浦縣 일대였다. 명 말 장주부의 해징현에서 편찬한 지방지에는 이 지역의 물산을 기록했는데 그중에는 애체의 이름도 포함되어 있다.[26] 뒤에 설명하겠지만 명 후기 해징현의 월항月港을 통해 중국 상인들의 해외 도항이 허가되었기 때문에 그 남쪽에 위치한 장포현은 물산의 수출입에 유리해 안경 제조업이 발달한 것으로 보인다. 복건 장주 연해 도시에서 제작되기 시작한 안경은 명 말에 이르면 주변 도시에도 빠르게 보급된 것 같다. 명 말 복건의 또 다른 도시인 복주福州의 이름난 문인이었던 서발徐㷿 또한 〈노태老態〉라는 시에서 작은 글씨를 쓰는 데 안경에 의지한다고 썼다.[27]

복건 지역에서도 문인들의 안경 관련 기록이 점차 많아지는데 특히 청 초에 들어서면 장주 일대는 수정을 이용한 안경을 가공하는 곳으로 이름이 알려졌다. 강희 45년(1706), 복건 순무 이사의李斯義의 막우였던 양빈楊賓은 수정안경을 구매하고자 인편에 은량을 보내 장포현의 지현에게 부탁했다. 당시 장포 지현이었던 진여함陳汝咸은 은자를 받지 않고 자신의 비용으로 구매해 보내주었다. 그런데 중도에 강도를 만나 안경마저 빼앗기게 되니 재차 구매해 보냈다. 이사의는 이네 개의 흑수정안경을 양빈에게 보내 고르도록 했는데 양빈이 그중 한 개를 골랐다고 한다. 당시 흑수정안경은 청 초에는 최고급 안경이었고 백수정보다 두 배 이상 값나가는 상품이었다.[28] 이 사례는 복건의 장포가 좋은 안경을 확보하고자 했던 문인과 관료들에게 상당히 알려진 지역이었다는 것을 보여준다.

1756년에서 1763년 사이 복건포정사를 지냈던 덕복德福에 의해 발간된《민정령요閩政領要》에는 장주부의 명물, 명산을 소개하고 있는데 이 목록에는 안경도 있었다.[29] 복건은 특히 광동 지역에서 수입된 수정 원석을 가공해 안경을 제작했고, 또한 수공업자들까지도 안경을 즐겨 사용한 것으로 보인다. 당시 기록에 따르면 일하는 석공들이 노소를 가리지 않고 안경을 사용하고 있었다고 한다.[30]

강남 대도시의 안경 제작

광주와 장주를 중심으로 해로를 따라 들어온 안경은 점차 북상해 명말 강남 지역까지 유입되었다. 숭정 초년 가흥 수수현 출신의 진무인陳懋仁은 평생 살아가면서 책을 놓지 않고 베껴 쓰는 일도 절제하지 않았는데 나이가 들자 글씨 쓰는 것도 어둡고 책 보는 일이 힘들어 고통스러워했다. 그런데 광동에서 애체 한 부를 얻은 뒤 그의 시력 문제는 상당히 개선되었던 듯하다. 그가 사용한 안경의 형태는《방주잡록方洲雜錄》에 쓰인 것과 같으며 만약 장년들 중 눈이 좋은 자가 보면 오히려 어둡고 눈을 상하게 한다고 기록했다.[31] 이 사료는 명말 강남 지역에 보급된 안경이 광동으로부터 보급된 것임을 보여준다.

복건과 광동 지역으로 유입되거나 자체 제작된 안경은 인구가 조밀하고 도시문화가 발달했던 송강松江·소주·전당錢塘 등 강남 지역에서 빠른 속도로 퍼져나갔다. 송강부 가정현 출신의 루견婁堅은 관직을 얻지는 못했지만 국자감생의 학위를 얻었으며 서법으로 지역에서 이름이 높았다. 그러나 어렸을 때부터 눈이 좋지 않아 젊은 시절 이미 시력이 떨어지게 되었고, 나이가 들면서 시력은 더욱 나빠졌다. 그는 유리안경을 착용해 보았지만 책을 읽는 것이 더디고 힘들었는데 이 무렵 아는 지인으로부터 안경을 얻어 쓰게 되니 그 감사함에 글을 남겼다.[32] 루견이 아는 지인으로부터 받은 안경을 '수경水鏡'이라고 칭한 것으로 보아 증여받은 것은 유리가 아니라 수정안경으로 보인다. 루견이 처음 쓴 유리안경은 그다지 기능이 좋지는 않았던 것으로 보이는데 저급의 유리로 제작되었을 가능성이 있다. 이에 비해 중국에서 자체 제작한 수정안경은 투명도나 기능에서 상당히 뛰어났던 것 같다.

같은 송강부 사람인 섭몽주는《열세편閱世編》에서 청에 입관 후 강남에서 유행했던 안경을 설명하면서 그가 어렸을 적에도 나이 많은 연장자에게서 안경을 본 적이 있다고 기록했다.[33] 그는 청 입관 당시 약관 정도의 나이로 추측되므로[34] 그의 어린 시절은 루견의 생존 시기와 대략 일치한다. 명 말 송강부에서 사인들 일부는 안경에 대한 정보를 공유했고, 또한 착용한 사람들도 있었던 것으로 보인다.

청대에 이르면 강남에서도 안경이 제작되기 시작했다. 소주는 청대 안경 제작으로 유명해진 도시였는데, 그 배경에는 청 초에 활동한 강남의 유명한 안경 제작자 손운구孫雲球가 있어서였다. 원래 오강현吳江縣 출신이었던 그는 이후 소주에 정착해서 안경을 업으로 했으며 《경사鏡史》라는 광학 관련 저술을 남기기도 했다.《경사》는 대부분이 애덤 샬의 저술《원경설遠鏡說》[35]을 통해 중국에 알려진 내용이었다. 손운구는 서양의 광학기술 기초 위에 수정을 글라인딩해 각종 광학기구들을 제작했다. 조윤원曹允源 등이 편찬한 방지《오현지吳縣志》에는 손운구가 72종의 렌즈 등 광학도구를 만들었다고 쓰여 있다. 물론 그가 제작한 각종 렌즈들과 현미경 등의 광학도구를 포함하면 72종이 넘는다.[36]

특히 손운구 이후 소주는 안경 제조에서 중요한 위치를 차지하게 된다. 그의 사후 각처에서는 손운구의 제조 방법에 의지해 안경을 제작했다. 안경이 유행하자 옥공들도 안경 제작에 뛰어들었다. 소주의 옥공玉工과 선장繕匠은 산호, 대모, 파려 등을 다루었는데 수정 안경 제작에도 상당히 숙련된 기술을 구사할 수 있었다. 청대인이 그린 《소주시경상업도책蘇州市景商業圖册》에는 '익미재益美齋'라는 상호의 수정안경포와 안경을 쓴 노인도 그려져 있다. 강남인은 소주의 전제항專諸巷에서 제작한 수정안경을 가장 좋은 것으로 여겼다.[37]

손운구는 항주의 제승諸昇, 동계桐溪의 유천추俞天樞, 서령西泠의 고일상高逸上, 전당錢塘의 진천구陳天衢로부터 안경 제작 기술을 배워 수정·보완한 것으로 알려졌으니 손운구 이전부터 강남 지역에는 안경 제작 기술자들이 두루 존재했음을 알 수 있다. 특히 강희 11년(1672) 봄에 손운구에게 경학, 즉 안경 제조 기술을 전수해준 항주의 제승諸昇도 안경과 광학기구 제작으로 이름이 높았다. 이에 대해 청 초에 이어李漁는 일찍이 선교사들이 중국인에게 제조 방식을 가르쳐준 일을 언급하며 제승이 이 방면에 능숙해 현미경 등을 제작했는데 모두 서양에서 난 것과 차이가 없었다고 한다. 또한 제승의 기술을 전수한 자 역시 우수한 근시경과 원시경을 만들었기 때문에 그것을 얻은 사람들은 귀한 보배와 같이 아낄 정도였다고 덧붙였다.[38] 제승의 기술을 전수한 자는 한둘이 아니지만 특히 손운구의 재주는 특별했던 것 같다. 제승은 손운구의 《경사》에 발문을 붙여주며 손운구가 그에게 배움을 구했다는 사실을 언급했다. 그는 안경을 만드는 사람을 여럿 겪었지만 그 모양만 흉내 낸 자들이 열에 예닐곱 명 정도이고 그 이

《소주시경상업도책》(부분)에 나온 익미재와 안경 쓴 노인

소주는 안경 제조에서 중요한 위치를 차지하게 된다. 소주의 옥공 선장은 산호, 대모, 파려 등을 다루었는데, 수정안경 제작에도 상당히 숙련된 기술을 확보했다.

치를 깨우친 자는 두셋에 불과하다며 "염화미소는 오직 손운구"[39]라고 치켜세웠다.

18세기 대부분의 강남 도시에 안경점이 생겨났으며 항주 주변에 안경 방문 판매자도 있었다. 건륭 연간 절강 사람인 주광업周廣業은 "애체가 명 중엽부터 알려졌는데 근세에 성행해 모든 대도시와 대읍에는 전포가 들어서 있다[40]고 기록했다. 강남 일대에서 활동했던 방훈方薰의 회화집인《태평환락도太平歡樂圖》에는 꾸러미·빗·칫솔 등과 함께 안경이 가판대에 늘어져 있는 모습이 그려져 있다. 그리고 어깨에 얹은 나무 대롱에 매달린 것은 조롱박형, 핵심형 안경갑(외알렌즈용)임이 틀림없다. 안경, 칫솔, 빗 등을 가지고 다니는 방물장수들은 '잡화람'이라고 일컬었다.

북경의 안경 문화

동림東林을 이끌었던 전겸익錢謙益은 70세에 가까워지는 장이도張異度에게 보내는 안경에 관한 시를 남겼다. 이 시에는 한림원 임직 시에 고호賈胡에게 증여받은 안경의 형태를 자세히 언급했다. 그가 사용한 원시경은 재질이 유리로 되어 있으며 안경의 테는 코끼리 가죽으로 제작된 것인데 종이와 같이 얇고 매우 밝았으며 가격도 상당히 고가였다.[41] 이 자료는 북경의 안경 도입 시기는 명 말이며 '고호'들이 이를 들여왔다는 것을 알 수 있다. 앞서 북경에서 관직에 임하고 있었던 공상임이 노안으로 인해 안경을 취득한 것도 북경 일대에 안경 보급이 활발해지면서 구매가 쉬워서였다.

북경의 안경 보급은 청대에 이르러 더욱 활발해졌다. 그런데 소주부 오강현 출신의 화가 책량涇朗은 안경에 대해서 정밀하게 만든 것을 좇는다면 "소주의 전제항에서 난 것이 가장 좋다"고 하며 "경사에서 팔린 것은 모두 소주 일대에서 만든 것"이라고 기록했다.[42] 이 언급은 유리창에서 고급 안경으로 팔렸던 것들은 소주부 일대에서 생산되는 안경이란 사실을 보여준다. 명 말 북경은 외국 상인들이 유럽에서 안경을 들여오거나 혹은 소주 등지에서 제작된 고급 안경들이 공급되면서 가장 활발하게 안경을 공급하는 도시 가운데 하나였다.

한편 안경을 건륭 연간에 수입한 주광업이 회시에 참가하고자 왔을 때 북경 이곳저곳에 대한 견문을 기록했다. 그는 당시 북경의 안경점에서 점포 앞의 대련에 사서四書의 문자를 모아썼다는 소리를 들었다. 그 상련에는 "내 (눈이) 어두워지면 이 두 개를 알게 되니, 그것을 사용하면 스스로 밝아진다"라고 쓰여 있고, 하련에는 "혹 가까우면 하나를 두고 만약 합한다면 또한 멀어지지 않겠는가"라고 쓰여 있다는 것이다. 그는 이 두 글귀에 대해 상련은 원시안의 경우 두 알의 렌즈의 안경을 가로로 얹어 사용하라는 의미이고, 근시에는 하나만 가지고 다닐 것을 조언한 것이라고 덧붙였다.[43] 청 초 근시경은 종종 외알로 보급되곤 했기 때문인 듯하다.[44]

북경의 안경 보급이 활발해진 것은 나이든 고관들이 많았고 황제로부터 고급 안경이 사여되면서 안경을 접할 기회가 많았기도 했지만 특히 회시·박학홍유 등 북경에서 열린 여러 고시는 안경 사용을 확대하는 데 중요한 시장을 형성했다. 북경에는 고시 응시자들이 정기적으로 모여들기 때문에 그만큼 우수한 안경을 필요로 하는 수요도 많았으며, 오랜 독서로 시력이 저하된 문인들은 북경을 오가는 가운데 우수한 제품에 대한 정보 공유가 이루어지게 되며 전국적으로 안경이 확산될 수 있었다.

북경의 안경 문화에 대해서는 조선의 사신으로서 다녀간 자들의 기록에도 남아 있다. 북경으로 가는 연행사절을 따라간 유득공柳得恭은 유리창에 들러 책을 보고 있었는데 양회염무분사兩淮鹽務分司에 임관한 적이 있었던 장도옥張道屋이 여러 사람과 함께 애체를 끼고 지나가는 것을 보았다.[45] 일찍이 고관을 지낸 장도옥은 고가의 안경을 사용하고 있었을 것으로 보인다. 유득공은 '안경을 끼고 활보하는' 장도옥을 호기심 어린 눈으로 바라보았다. 당시 근시경이 확대된 때이고 안경을 평상시에 착용하고 있다는 점에서 근시안경일 것으로 추측할 수 있다. 북경에서 고관들이 안경을 끼고 거리를 활보하는 모습은 조선의 사신에게는 상당히 이국적인 풍경이었을 것이다.

《태평환락도》(부분)에 수록된 안경을 파는 상인
방훈의 회화집인 《태평환락도》는 당시 풍속을 생
생히 묘사하고 있다. 안경을 파는 상인의 어깨에
나무 막대기가 있고, 조롱박형, 핵심형 안경갑이
달려 있음을 확인할 수 있다.

19세기 중후반 북경에서 관직을 지낸 이자명李慈銘은 1853년부터
1889년까지 꼼꼼하게 일지를 썼다. 1870년 2월 11일에는 큰 거리에
나가 안경을 산 일이 기록되어 있다. 그는 40세가 되면서 등잔 아래
에서 책을 너무 많이 봐서 눈이 점차 어두워져 열 보 앞도 볼 수 없었
기 때문에 안경을 쓸 수밖에 없다고 호소했다. 그리고 5월 5일의 일
지에는 안경에 1,800냥의 동전을 썼다는 메모도 남겼다.[46]

북경에 안경포가 출현한 시기는 정확히 알기 어렵지만 앞에서 살
펴봤듯이 1700년 무렵 이미 안경포가 출현했다는 증거가 있다. 도광
연간에 이르면 북경의 안경점은 점차 많아져서 다섯 배나 증가하기
에 이른다.[47] 도광 2년(1822) 조선의 사신 서유소徐有素는 안경포 실감
재實鑑齋에 들렀는데 점포 안에 안경이 1만 개나 된다는 것에 놀라워

했다. 당시 유리창에는 안경점이 9가에 달할 정도로 성업 중이었는데, 조선 사신에게는 왕경문이 운영하는 실감재가 가장 유명했다.[48] 청 말 고급 안경에 대한 관심이 증가하면서 우아하고 품질이 우수한 안경을 보급하는 안경점들에 대한 지명도도 높아진 것 같다. 그중에서도 청 황실에 안경을 공급했다고 알려진 계명재啟明齋와 수정안경을 유통했던 여윤재餘潤齋가 유명했다. 특히 여윤재는 대모 재질의 고급 안경테를 제작했다고 알려져 유명했는데 청 말까지도 같은 자리를 지켰다. 이외에도 청 말 유리창에 있던 안경포로는 만원재萬元齋, 계원재啟元齋, 삼산재三山齋 등이 이름을 전한다.[49]

3장

호시의 확대와 안경의 소비

안경 보급에서 보이는 호시의 단서

명대 조기 안경의 보급에서 조공이 중요한 루트라는 사실은 앞에서 확인했다. 선덕제가 소유한 안경이 사마르칸트의 하미 혹은 말라카 등지에서 조공한 상품이었음은 의심할 필요가 없다. 그리고 중국에서 안경의 제작은 만력 이후이므로 그 이전의 안경들은 역외에서 유입된 것이다.

그런데 이른 시기 전파된 안경 중에는 황제로부터 하사받은 것이 아닌 것도 있었다. 감숙 지역의 도사 곽자기가 준 안경, 서역 고호 말랄에게 말 한 마리를 주고 산 손경장의 안경, 그리고 앞서 본 1520년대 〈남도번회경물도〉에 그려진 안경의 경우 모두 만력 이전의 것으로, 조공 제도와는 다른 방식으로 입수한 것이었다. 내륙과 해양에서 동시에 유입된 것으로 보이는 이들 안경은 어떤 배경에서 유입된 것일까?

조공은 국가 간의 외교적 관계에 무역을 수반하는 제도였다. 따라서 조공 관계를 통한 무역에 대해 '공무역'이나 '관방무역官方貿易'이라고 부르기도 한다. 황제가 사여한 안경은 대부분 정식 조공으로 유입된 공무역의 형태로 유입되었을 것으로 보인다. 그러나 조공품은 다시 조공품과 비조공품으로 구분된다. 조공품은 명 정부가 가격을 정해 보상하는 방식으로 공식적으로 수매가 이루어졌다. 그런데 대개 사신들이 정해진 조공품 말고도 다른 화물을 추가로 가져오거나 개인적으로 휴대해 오는 비조공품의 반입도 적지 않았다. 이것은 조공무역과 달리 국가가 수급에 관여한 것이 아니므로 사무역, 혹은 비관방무역이라는 용어가 적합하다고 보이는데, 이렇게 유입된 화물은 조공에 기대어 온 것이라는 의미에서 사료에서는 '부탑화물附搭貨物'이라고 부르기도 했다. 부탑화물의 경우 사절단이 머무르는 일종의 관사인 회동관會同館 주변에서 사사로이 거래되었고, 이는 법적으로 허가되어 있었다. 회동관은 자금성 바깥 동남 방향에 설치되었는데 조공 사절단들은 조공 의례가 끝날 때까지 이곳에 머무르며 그 주변에서 사사로운 거래를 진행하곤 했다. 또한 입공을 허가받지 못한 사절들은 대부분 감주·숙주 등지에서도 무역을 진행했다.

바다를 통해 조공한 사절단들은 북경까지 가는 경우가 줄어들면서 대개 시박에서 수매가 이루어졌다. 시박은 당나라 때 처음 설치된 이래로 관세를 거두는 등의 무역 행정과 사신과 상인들의 접대나 관리를 관장하던 기구였다. 명대에 이르러 해외의 조공 사신단들을 받기 위해 남경에 가까운 태창太倉 황도黃渡[50]에 시박市舶을 설치하고 시박제거사를 두어 시박의 무역을 관장하기도 했다. 이후 황도의 시박은 폐지되었으나 영파·천주·광주의 시박은 일본, 류큐, 그리고 동남아시아 일대의 조공선들을 관리했다.

일반적으로 명대 대외무역은 조공이 있으면 호시가 있고, 조공이 없으면 호시가 없는[51] 것이 원칙으로, 조공과 호시가 일원화되었다고 파악된다. 그래서 관방에서 수매되지 않은 비수매품들은 대개 사적으로 거래되지만, 적어도 조공국이기 때문에 이러한 무역도 할 수 있다는 의미다. 황제가 사여한 안경을 제외한 나머지의 경우들은 대개 조공에 부수하는 화물의 거래를 통해 이루어졌다고 봐야 한다. 조공사절단들의 입공 절차를 고려했을 때 이 안경들은 사절들이 개인적으로 휴대했거나 조공사절을 따라왔던 상인들에 의해 조공길 연도나 사절들이 머무는 회동관 주변에서 중국인과 거래되었을 것으로 추측된다. 그러나 안경이 다수 출현했던 성화·홍치 연간에 명에 입공했던 조공국이 심각하게 줄어들었던 사실을 고려한다면 조금 복잡한 상황을 이해해야 한다.

호시의 활성화

영락·선덕 연간 조공무역은 사신들에게 각종 혜택과 막대한 이익을 보장해주면서 유라시아와 인도양 각지에서 온 상인들의 상품을 조공의 형태로 흡수했다. 그러나 막대한 보상은 명조에게 재정적으로 큰 부담이 되었다. 또한 조공 사절이 경사로 이동할 때 들어가는 운송비용과 모든 노동력은 민간에 큰 부담을 초래했고, 지방 정부 역시 조공 사절들의 체류비용을 전담해야 했다. 더구나 사절들의 질적 수준도 논란이 되었다. 사실 명조의 입장에서 보면 사절이지만 실제로는 대부분이 이익을 목적으로 한 상인들이었다. 이러한 사절단의 수준 문제는 이미 영락 연간부터 지적되었다. 명조는 이러한 문제들이 제기되자 보상액을 낮추는 한편, 내방하는 조공 사신에 대해서 시간·노선·규모 등에 제한을 강화하기 시작했다. 명조는 경태 연간부터 조공에 대한 보상을 점차 축소시켜 시가에 따른 보상을 원칙으로 했고, 사신들이 북경에서 이르는 것도 의무화하지 않았다. 조공을 빙자한 상인들을 물리치기 위해 명은 각각의 국가들에게 정해진 조공로와 조공 횟수를 엄격하게 지키게 했다.

교역 네트워크의 상업적 에너지를 흡수하던 명조가 조공 보상가 인하와 조공에 대한 제도적 정비를 강화하자 사절단들의 조공 횟수는 크게 줄어들었다. 특히 경태 연간부터 홍치 연간에 이르는 약 50여 년 동안 캄보디아·술루·브루나이·인도의 캘리컷·코친·스리랑카 등은 전혀 입공하지 않았다. 당시 명에 입공한 동남아시아 사절단은 참파·자바·타이·말라카 정도에 불과했으며 가장 빈번하게 조공한 말라카의 경우 평균 8~9년에 1회 정도 입공해 영락 연간 평균 1.5년 내지 2년에 한 번씩 입공했던 것과는 현저하게 차이가 난다.

비록 조공국의 숫자가 줄어들었지만 연해와 변경에서의 무역은 오히려 증가했다. 홍치 원년 예부의 논의에 따르면 "매년 합밀 및 투르판 등처의 입공자는 대부분 정해진 조공 빈도를 지키지 않으며 또한 사절단의 수가 많아 소모되는 비용이 너무 많다"[52]는 문제점을 제시할 정도였다. 특히 성화·홍치 연간 연해민들의 해금 위반 사례가 크게 증가했다. 또한 광동 연해에는 조공을 빙자해 무역하는 선박들의 숫자가 심각하게 증가했다. 심지어 시박 주변에는 조공선과 비조공선들이 어지러이 뒤섞여 시무역이 진행되었다.

사실 명은 조공제도를 통해 인도양 교역 네트워크상의 상업적 에너지를 국가의 압력과 권위로 흡수할 수 있었다. 그리고 이러한 권위가 작용했던 것은 후왕박래의 보상이었다. 즉, 명의 관대한 조공 운영이 교역 네트워크상의 무역 요구를 통합, 흡수한 것이다. 그러나 명조가 후왕박래의 보상을 철회하자 상인들은 자연스럽게 종전의 장거리 무역으로 회귀했다. 그럼에도 15세기 중반 유라시아의 교역 네트워크상의 상업 번영으로 중국의 연해와 변경에는 더 많은 선박과 카라반이 모여들었다.

비록 명에 대해 입공하는 국가들은 심각하게 줄어들었지만 해양 교역 네트워크상 중요한 위치를 차지하고 있었던 말라카는 중국과 동남아시아 물산이 대규모로 집적되며 최대의 번영을 이어갔다. 장거리 무역에서 말라카는 인도양과 동아시아를 연결하는 물류 허브로, 유럽인이 도래하기 전 100년 동안 '세계에서 가장 부유한 해항'[53]이었다. 인도양 멀리에 있는 여러 국가는 더 이상 중국까지 올 필요가 없었다. 조공국의 이름을 대는 상인들이 광동에 드나들며 물건을 실어 날랐고, 복건과 광동의 백성들도 해금을 위반하고 참파, 말라카 일대에 이르러 중국의 물산을 넘겨주었기 때문이다. 성화·홍치 연간 연해민들의 해금 위반 사례가 크게 증가하고, 조공을 빙자한 선박들이 급증하며 광동 연안 곳곳에서 무역이 일어났다. 심지어 선박 위에서 교역을 진행하기도 하는 등 무역은 더 활발해지고 있었다.

장거리 무역의 정착에 따른 조공 패턴의 변화는 내륙에서도 나타난다. 16세기에 이르러 왕호를 칭하는 사신들의 수가 급속히 증가하자 명조에서는 사신의 진위를 의심하기도 했다. 가정 4년 2월, 순무 감숙도어사 진구주陳九疇는 황제에게 절차에 따라 조공해 오는 자가 무려 수백 명에 이른다고 보고하기도 했지만 이들이 모두 진짜 왕공은 아니었으며 대부분 가짜 사신들이었다. 사실 이때 조공을 위해 온 천방국, 사마르칸트인이 이미 조공 사신단이 아닌 것을 알고 있었으나 명조는 이들의 조공을 그대로 용인하곤 했다.

　토마 페레스의 기록에서는 이 조공 사절단들을 다음과 같이 기록하고 있다.

> 회교도왕이 파견한 사절이 상인을 따라오니 다섯 국왕(노미·아랍·하미·사마르칸트·투르판)의 명의로 조공을 바친다. 그러나 앞에 언급한 네 왕은 원래 이들 사절을 알지 못하며 투르판의 국왕은 알고 있지만 조공을 하지 않으며 사절을 파견하지 않는다. 다만 형식상 사신을 임명하면 상인들이 조공품을 스스로 준비한다.

　페레스의 위의 기록은 명에 들어온 사절단이 대부분 교역로를 따라 흘러온 상인이며, 조공 사절단이 임의로 임명되고 꾸려졌다는 것, 대부분의 중앙아시아로부터 오는 사절들은 본국의 정식 사절이 아니었다는 것을 보여준다. 이들은 내륙아시아에서 흔히 볼 수 있는 카라반이며 명에게 많은 보상을 받기 위해 사절을 칭했지만 실은 이익을 목적으로 한 '상인 그룹'이었다. 명 전기 조공은 막대한 보상을 쥐

어주었기 때문에 거리가 멀더라도 조공을 통한다면 더 만족스러운 이익을 얻는 경우가 많았다. 그러나 보상가가 줄어들면서 유라시아의 장거리 무역 패턴이 되살아났다. 이들은 국경에서 중국인과의 무역만으로도 장거리 여정의 수고로움을 충분히 보상받을 수 있었고, 운이 좋으면 조공 사절로서 인정받을 수도 있었다.

카라반 상인들은 유럽 각지를 구간별로 연결함으로써 비단과 가죽, 진주 등을 유통시켰는데 특히 하미·투르판 일대는 중국 물산을 확보하는 데 중요한 지역이었기에 카라반이 더욱 집중되었다. 명 정부는 이들이 진짜 사절이 아닐 것이라고 판단했지만 조공을 거절하지는 않았다.

16세기 무렵 서역 사절단의 입공은 헤라트·사마르칸트·투르판·천방국 등을 주축으로 중앙아시아의 여러 왕국과 함께 조공이 이루어진 것이 특징이다. 또한 티무르 제국이나 하미가 멸망한 뒤였으므로 정권의 실체는 불분명했지만 이들의 이름으로 여전히 입공은 지속되었고, 사신단의 숫자도 급증했다. 예컨대 가정 11년에는 천방국·투르판·사마르칸트·하미 제국의 사신들이 함께 입공했는데 천방국의 왕호를 칭하는 자가 27명, 조공을 바친 자는 137명, 투르판의 왕호를 칭한 자는 75명, 입관해 조공한 자는 290명이었다. 당시 예부에서 그 이름을 쓰기도 번거로울 지경이었으므로 한 국가마다 한 사람만 왕호를 쓰도록 하고 나머지는 모두 두목이라고 일괄해 칭하도록 했다.[54]

사신단으로 분류되지 않더라도 명 중기에 생산성이 높아진 중국 사회에서 중앙아시아로부터 유입되는 사치품을 소비할 여력은 얼마든지 있었다. 16세기 중국인 고객들은 안경을 위해 말 한 마리 값을 아끼지 않기 때문에 가볍고 운반이 편한 안경은 분명 상품성이 있었다. 남경성의 전당포 주인이 안경을 획득할 수 있었던 것은 변경과 연해의 백성들과 서양과 서역의 고호들이 부지런히 움직였기 때문이었다.

광동의 시박

조공의 내항 횟수가 감소하고 시박이 치폐置廢를 거듭했지만 인도양과 유라시아의 교역 네트워크에서 명의 비중이 줄어든 것은 아니었다. 조공국으로 정해진 국가나 도시들은 여전히 광주 일대에서 무역을 진행했고, 조공국이 아닌 경우에도 광동과 복건 일대에 이르러 무역했다. 성화 연간 "광동 연안에 통번通番의 거주巨舟가 37척에 이르렀다"[55]거나 "성화·홍치 연간 조공을 위해 이르는 자 날로 많아졌다"[56]는 기록은 이 시기에 호시가 크게 일어났고, 해외의 상인들이 대거 드나들었음을 보여준다. 당시 연해에 이르는 선박들의 대부분은 조공을 명목으로 했지만, 사실은 제한된 규모를 훨씬 초과했으며 대개는 사무역을 진행했다.

《명明》의 규정에 따르면 조공국으로 지정된 국가는 조공의 보통 사례에 비추어 광주로 들어오도록 했다. 그러나 성화·홍치 연간 입공하는 자가 날로 증가하자 조공의 절차를 밟는 일부 사절을 제외한 나머지 사람들에게 연해 일대에서 무역을 진행할 수 있게 했다. 당시 동남아시아 일대에서 수입되는 향료 등 해외의 상품들이 광동 지역에 차고 넘칠 정도였으며 그 가격도 매우 저렴했다. 광동 연해 지역의 사람들은 저렴한 가격에 수매해 유통시킴으로써 광동 일대의 부유한 자와 가난한 자들이 모두 이익을 도모할 수 있었다. '조공'이라는 형식을 빌리지만 섬라국(타이)을 제외하면 광주에 들어왔던 상인들이 경사에 입공하는 일은 거의 없었다. 비록 조공국에 대해 감합이 발행되었지만 감합 없이도 조공이 허가되는 국가도 많았기 때문에 조공의 정해진 횟수는 의미가 없었다.

사무역이 증가하고 역외의 상품들에 대한 수요가 크게 증가하자 이를 관리하기 위한 방침도 변화했다. 사신이나 상인이 사사로이 들여온 화물에 대해 연해 관원들이 추분(화물세)을 실시한 것이다.[57] 지방 정부는 해외에서 상업을 목적으로 입항하는 선박에 대해 일정 부분을 세금으로 거두고 중국인과 무역을 허가해주도록 요구해 이것은 명 중앙의 비준을 얻었다. 기존의 조공무역에서는 정부의 보상과 민간 무역의 방식으로 해외에서 유입된 상품들이 거래되었고, 별도의 세금은 없었다.[58] 추분의 실시는 이러한 조공과 호시의 일원화 원칙을 포기했다는 의미이지만, 교역 네트워크상에서 보면 누구나 추분을 하면 무역이 가능한 보편적 무역 방식이 중국 연해에서도 채택되었음을 의미한다. 호르무즈, 말라카 등 인도양 일대에서 보편적으로 용인되던 자유무역의 방식인 호시를 용인한 셈이다.[59]

정덕 연간에 추분제도가 안정화되자 외국 선박들의 왕래는 더욱 활발해졌고 광동 연해 지역은 중국인과 외국인의 거래로 활기를 띠었다. 앞서 살펴본 바와 같이 조공무역은 사실상 횟수의 제한이 사라졌고 감합이나 국왕의 서신의 지참 의무도 중요하지 않게 되었다. 이에 따라 무역은 더욱 활발해져 "번박이 해오海澳(항구)에 끊이지 않왔고, 해외의 여러 상인은 광주부의 성에 어지러이 이르는"[60] 현상이 포착되곤 했다. 광주 지역에는 중국인과 외국인의 거래가 확대되어 도저히 기존 방식으로는 화물을 검열할 수 없을 정도였다. 융경 5년 (1571), 명은 외국 상선에 대해 장추제丈抽制로 세제를 개편했다.[61] 장추제는 광동을 드나드는 동서양 각국 상인들의 화물 검사를 포기하고 선박의 대소를 기준으로 세액을 정하고 과세하는 방식이었다.

성화·홍치 연간에 유통된 안경 가운데 황제에게 사여받은 것이 아닌 안경들은 시박이나 가욕관 일대에서 획득했을 가능성이 무척 크다. 특히 곽자기로부터 획득한 안경은 분명 감숙 일대에서 조발되었을 것이고, 서역 고호 말랄에서 말 한 마리 값으로 취득한 안경 역시 변경이나 조공로 연로에서 사사로운 거래를 통해 획득한 것으로 보인다. 명 정부의 안경 보상가는 비단 세 필 정도에 불과했지만, 민간에서는 훨씬 더 높은 보상을 받을 수 있었다. 안경에 대한 정보가 유통되기 시작하면서 민간에서는 새로운 수요가 일어나고 있었다. 만력 원년(1573) 간행된《유청일차留青日劄》에는 제학부사 임공이 남해의 고호로부터 안경을 취득했다고 한다. 임공의 안경은 조주부가 광동에서 가까웠기 때문에 해상의 호시를 통해 획득한 것으로 추측된다.[62]

1520년대 혹은 1530년대에 그려진 것으로 보이는 〈남도번회경물도〉에서 안경을 쓴 상인의 모습을 포착한다는 것은 중요한 의미가 있다. 이 시기에 시장의 상인도 착용할 수 있을 만큼 다량의 안경이 유통되었을까? 나는 충분히 그럴 가능성이 높다고 생각한다. 15세기 전기에 유입된 안경은 분명 황제가 조공을 운영한 결과이긴 했으나 강남과 광동 일대에서 유통된 안경들은 조공 없이 이루어진 호시의 확대에 따른 영향이라고 봐야 한다. 1450년 이후 동남아시아의 상업 성과는 인도양 교역 네트워크를 따라 유통되던 안경들을 강남의 도시 한복판으로 떠밀어 올렸다. 그리고 융경·만력 연간, 복건과 광주에 호시의 기회가 확대되면서 본격적으로 안경이 보급되었다.

북로남왜

포르투갈이 중국 연해에 출현한 것은 정덕 8년(1513)이다. 이후 정덕제에게 접근해 포르투갈 선박들이 둔문(屯門)에 정박하는 것을 일시적으로 허락받기도 했지만[63] 가정 연간이 되면 명조는 점차 초기 포르투갈에 대해 관대한 입장을 철회하고, 무역을 불허하는 등 강경한 태도를 취하기 시작했다. 이들이 다시 연해에서 거주 허가를 받는 데는 약 60여 년이 필요했다.

사실 호시를 요구하는 국가들에 대해 명이 단호하게 거절한 사례는 몇몇에 불과하다. 대개 명은 조공하러 오는 사신들을 거절하지 않았고, 최소한 연해에서 무역할 수 있도록 했다. 중앙아시아에서 우즈베크인이 티무르를 대체했을 때도 여전히 사마르칸트의 이름으로 조공하도록 했으며, 기존에 조공국이 아니었던 오스만투르크나 미스르의 사절들도 관대하게 보상했다. 물론 포르투갈은 명의 조공국인 말라카를 병탄했다는 점에서 다른 사절들과는 달랐다. 당시 명 조정에서는 포르투갈인의 조공 요구에 대해 "그 공물을 물리쳐 순종과 거역을 가려야 한다"[64], "포르투갈이 말라카의 옛 영토를 돌려주어야 한다"[65]는 주장이 제기되는 등 조공국인 말라카에 대한 찬역과 폭력적 분쟁을 일으킨 데 대한 응당한 조처가 필요하다는 논의가 있었다. 그러나 종속국 사이의 불화, 조공국 내의 찬역 등의 문제에 대해 명조는 종종 묵인하는 태도를 취하거나 새로운 권력을 용인하곤 했기 때문에 말라카에 대한 '의리' 차원의 구호는 명분상의 논쟁으로 끝났다.

다만 당시 정세를 고려하면 포르투갈은 두 가지 측면에서 운이 없었는데, 첫째는 무종 때의 폐정을 시정해야 하는 상황이었고, 둘째는 연해와 변경의 불법 무역이 치안 불안을 야기한다는 주장이 받아들여지면서 국경과 연해를 강력히 통제하자는 조공의 원칙주의가 대두한 것이다. 당시 가정제가 이러한 의견에 귀를 기울이게 되면서 명의 대외 정책은 급속히 보수화되었다. 연해 주변의 허가되지 않은 무역 장소들은 해금 원리주의자들에 의해 소탕의 대상이 되었고 심지어 광동 시박도 폐지되기에 이르렀다. 명 조정의 강력한 통제는 변경과 연해에 밀려오고 있었던 상업적 압력과 충돌하며 16세기 중반 '북로남왜北虜南倭'의 상황으로 이어지게 되었다. 몽골이 북방에 있는 한 명조에게 북방 위기는 일시적인 문제는 아니었다. 토목보의 변은 명에게 몽골이 얼마나 고역스러운 상태였는지 보여준다. 변경의 위기는 몽골의 새로운 리더의 등장과 통합으로 다시 시작되었다. 가정 5년(1527) 북원의 다얀 칸이 선부宣府를 공격해 내지의 안전을 위협했으며, 그의 손자 알탄俺答 칸은 그 부족을 이끌고 연수延綏·대동大同 일대를 반복적으로 공략했다. 가정 29년에는 급기야 알탄 칸의 군대가 북경까지 진공하는 '경술庚戌의 변變'이 발생했다. 이들은 촌락의 거민을 약탈하고 가옥을 불태우니 화마가 밤낮으로 끊이지 않았다. 몽골 군대의 북경 약탈은 8일 동안 지속되었다. 결국 명조는 몽골과 화의하고 대량의 선물을 주고 나서야 참화를 멈출 수 있었다. 이후에도 알탄 칸은 지속적으로 변경을 구략하니 가정 말 산서순무山西巡撫 허륜許論은 "지금 천하의 근심은 북적北狄에 있다"[66]라고 할 정도였다. 북로의 문제는 융경 5년, 명조가 알탄 칸을 순의왕으로 봉하고 국경무역을 허락하고 나서야 안정되었다.

16세기 중기, 가정 연간의 왜란(1553~1564)은 종종 '남왜'로 간칭된다. 대개 명 정부가 연해에 대한 해금을 강화하고 해상에서 일어나는 호시를 불법으로 규정하자 1553년 왜구 수십 명이 강남 연해 일대를 돌면서 약탈과 방화를 시작하면서 본격화되었다. 왜란이라고는 하지만 진왜와 가왜의 논란 등에서 나타나듯이 왜구의 실체는 불분명했는데 중국인·포르투갈인·일본인 등이 결합해 있었고[67] 왜구 10에 7~8할은 중국 연해민이었다. 특히 왜란의 주동자로 지목된 왕직王直·서해徐海 등은 중국인으로서 일본에 거점을 마련해 무역을 하고 있었던 상인이기도 했다.[68] 당시 왜란은 연해민의 이해관계와 얽혀 있어 상당히 장기화되고 토벌 또한 지지부진했다. 절강과 강소 일대에서 시작된 왜구 문제는 왕직을 체포한 이후에도 포르투갈인의 연해 약탈 문제 등으로 이어지며 복건과 광동까지 확대되었다. 남왜의 국면은 대대적인 토벌을 거친 뒤 융경 4년 무렵에 이르러서야 차츰 안정되었다.

사실 명이 일본과의 조공을 거절하고 호시를 제한한 것은 가정 2년(1523) 영파 시박에서 일어난 일본 사신들의 '쟁공 사건'으로 거슬러 올라간다. 쟁공 사건이란 일본의 조공을 관리하던 영파 시박에 조공하기 위해 두 정치 세력이 동시에 이르면서 발생했다. 당시 정치적으로 불편한 관계였던 호소카와細川 씨와 오우치大內 씨는 조공에 유리한 위치를 다투다 살인을 저질렀고 연해는 큰 혼란에 빠졌다.[69] 당시 이들이 일으킨 소요에 대해 분명한 해결이 이루어지지 않자 명조는 일본의 조공을 받지 않게 되었다.

하지만 이후로도 일본의 조공선들은 중국 연해에 입항하기도 했으며 일부 연해민들은 해상의 도서에 자리를 잡고 이들을 불러들여 무역을 했다. 쌍서雙嶼 등 절강 연해 도서 곳곳은 연해민들과 포르투갈인, 포르투갈령의 말라카인, 그리고 일본인이 뒤섞여 밀무역의 본거지가 되었다. 이에 명 정부가 강소·절강 연해의 밀무역에 대해 강력한 금압을 단행하니 양자의 충돌은 폭력적인 양상으로 변해 '왜란'으로 폭발한 것이다.

결과적으로 보면 북로남왜의 두 시련은 가정 연간 경색되었던 교역 네트워크를 회복시키는 배경이 되었다. 명 정부의 중앙관료들과 지방의 관료들은 북로남왜의 문제에 대해 격렬한 논쟁을 벌였고, 특히 지방 관원들은 경직된 무역 구조에서 그 원인을 찾곤 했다. 지방의 관원들은 무역의 이익이 안보에 중요한 역할을 할 수 있다는 점에서 그 해법을 찾았다. 이러한 방법 중에는 해외의 이민족들도 중국의 치안 문제에 협조할 수 있다는 점이 지적되기도 했고, 자국인의 해외 도항을 허가하는 것이 차라리 자국의 안전에 도움이 된다는 의견도 제시되었다.[70] 이러한 주장들이 오고 가는 가운데 16세기 후반 교역 네트워크를 연결하는 문호였던 광동과 복건을 중국의 대외 무역의 터미널로 삼는 중요한 결정이 내려졌다.

호시의 확대와 포르투갈인

북로남왜로 일컬어지는 연해와 변방의 혼란을 거치면서 진행된 논의들은 여러모로 중국의 대외정책 방향의 수정을 요구했다. 특히 무역을 단절하면서 연해의 경제가 피폐해졌고, 전쟁에 들어가는 막대한 비용을 재정적으로 어떻게 충당할 것인지도 중요한 문제로 떠올랐다. 현실적인 관료들은 여러 대안을 제시했지만 가정제는 국정을 다시 바로잡을 의지가 없었다. 본격적인 정책의 전환은 융경제가 등극하면서 시작되었고 만력제 연간 재상 장거정張居正이 재정 방면을 혁신하는 것으로 이어지며 성과를 보기 시작했다.[71] 대외무역에서 정책 변화의 기조는 연해의 상업적 이익과 역량을 체제 안으로 흡수하고 연해와 변방에서 호시를 인정해주어 리스크를 분산·완화시키는 형태로 나타났다.

북로남왜의 국면이 해소되는 가운데 이루어진 정책적 전환으로 가장 혜택을 받은 것은 포르투갈인이다. 포르투갈인은 가정 33년(1554) 무렵부터 상천도上川島·낭백오朗白澳·호경오濠鏡澳로 옮겨 가면서 임시 방옥을 짓고 교역을 진행하기 시작했다. 호경오의 포르투갈인은 1567년 무렵 900명을 넘어섰으며, 만력 초에는 1천 가구 이상이 거주할 정도로 크게 성장했다.[72] 광동 정부가 토지세地租의 명목으로 연간 500냥을 포르투갈에게 납부하게 하면서 오문(마카오) 거주가 확정되었다.[73] 1580년대 들어서 포르투갈이 오문 거주를 인정받게 된 것이다.[74]

명 말 예수회 선교사로서 활동했던 마테오 리치는 광주의 집시에 대해 다음과 같이 기록했다.

포르투갈 상인들은 이미 1년에 두 차례 집시를 거행하는 관습이 정해졌다. 1월에는 인도에서 오는 화물을 펼치고 판매하며 6월에는 일본에서 가져온 상품을 팔았다. 이 집시는 오문항이나 섬에서 거행하는 것이 아니라 성성省城 안에서 거행되었고, 관리의 특별한 허가를 받아 포르투갈인이 주강을 올라와 광동성의 아름다운 성회에 이르는 동안 이틀을 여행한다. 이곳에서 그들은 저녁에는 그들의 배 위에서 머물러야 하며 낮에는 그들에게 성안의 거리에서 무역을 진행할 수 있도록 허가되었다. 그러나 이것은 수많은 수비 아래 진행되었다. (중략) 일반적으로 두 달 정도로 규정되었는데 점차 길어졌다.[75]

마카오에 무역 거점을 마련한 포르투갈인은 광주성까지 들어와 중국인과 직접 교류를 진행했다. 포르투갈인은 오문 무역으로 일본 등 해외 수요가 높았던 중국 비단을 입수하는 데 유리했다. 또한 오문, 즉 마카오는 명 말부터 청 초까지 많은 선교사들이 중국을 찾을 때 활용되었다. 유럽인이 안경 기술을 전파하는 데 일정 부분 역할을 수행했다면, 그것은 광주에서 일어난 호시 덕분이었다고 할 수 있다.

포르투갈인은 광주에서 비단을 저렴하게 구매한 뒤 일본·필리핀에는 고가에 판매하고, 그곳에서 획득한 은을 가지고 오문에 왔다. 그리고 다시 오문에서는 인도로 가지고 갈 생사를 구매하는 방식으로 무역에서 큰 수익을 올렸다. 이러한 포르투갈인의 독점적 지위는 1620년대 네덜란드인의 활동이 본격화될 때까지 유지되었다. 포르투갈인의 오문 정착은 중국의 안경 문화에 적지 않은 변화를 가져왔다. 이들은 안경을 수입하거나 각종 의학 지식을 전달해주기도 했으며,

예수회 선교사들도 광주를 경유하며 다양한 정보를 가져다주었다.

　마카오에 포르투갈인이 자리 잡을 무렵과 비슷한 시기, 융경 원년 (1567) 명조는 장주의 월항을 개방해 복건 연해민의 해외 도항과 무역을 허가했다.[76] 월항의 무역제도는 해외 도항을 신고한 선박에 대해 선인船引을 발급해 선박세를 거두어 지방의 군대를 운영하는 경비로 활용하는 것이 기조다. 물론 선인을 발급할 때 '동양'과 '서양'의 항해 목적지가 각각 정해져 있었고 허가된 선박 수도 제한적이었지만, 복건의 상인들에게는 해외 도항을 인정했다는 점에서 해금의 부분적인 해제로 이해할 수 있다.

　동양과 서양으로 항해해야 할 선박들은 대개 본래의 목적지로 향하지 않고 열 배의 이윤을 안겨주는 일본으로 밀항하거나 신대륙의 은이 반입되는 필리핀으로 향하는 경우가 많았다. 가정왜란을 거치면서 일본으로의 무역은 엄격하게 제한되어 있었고, 선인을 발급하지 않았지만 일본의 은에 대한 중국의 수요와 중국 비단에 대한 일본에서의 수요는 월항의 선박들을 일본으로 향하게 했다.

　또한 1571년부터는 '마닐라 대범선The Manila Galleon'이라고 약칭되는 수백 톤에서 1~2천 톤 규모의 스페인 선박이 멕시코의 아카폴카와 필리핀 마닐라 간의 무역을 담당하기 시작하면서 신대륙의 은이 필리핀으로 반입되었다. 중국인의 필리핀 도항과 이주가 본격화된 것도 이때부터다. 1620년대에는 중국 연안에 출몰하던 네덜란드인이 대만에 자리 잡고, 해구 정지룡鄭芝龍 등과 함께 중국과 일본을 연결하는 무역을 주도했다. 인도양 일대에 출현하기 시작한 유럽인이 교역 네트워크의 일부를 장악하며 교류와 무역의 압력은 더욱 커졌으며 유럽의 기술적 성과에 접촉할 가능성도 열리게 되었다. 중국이 연해상에 도입한 '호시'의 방식은 이러한 무역 압력에 조응하는 방식이었다. 입관 이후 해양 방면에 대해 청은 일시적으로 폐쇄적인 모습을 띠지만 호시와 사무역에 대해서는 명대보다 훨씬 유연한 방식으로 대처했다. 하지만 무역의 요구는 이러한 유연함을 훨씬 넘어서고 있었다.

명은 임진왜란을 비롯한 만력 연간의 3대 원정(만력삼대정萬曆三代征)이 일어나면서 위기가 시작되었다. 가혹한 징세는 대규모 농민반란으로 확대되었고, 정치는 이를 수습하지 못했다.[77] 게다가 1620년대부터 나타난 소빙기의 기후 재앙은 수많은 사람을 굶어 죽게 하거나 반란에 참여하게 했다.[78] 그러나 황해와 가뭄이 번갈아 지속되는 동안 한편으로 교역 네트워크에서 넘실되는 부는 중국의 대도시들로 흡수되었다.[79] 만력 연간 유통이 확대된 안경도 새로운 소비재로 등장하면서 문인, 상인, 장인 들을 자극했다. 안경과 같은 유럽에서 도입된 상품들은 연해와 대도시에 활기를 불어넣고 있었다.

소결

15세기 후반부터 중국에는 조공과 같은 공식적인 방식 외에도 안경이 유입되었던 사실을 확인할 수 있다. 특히 일부 안경의 형태는 유럽에서 제작된 것으로 보이기도 한다. 이같은 현상이 흥미로운 것은 당시 조공 국가들의 입공이 심각하게 줄어든 상황이었기 때문이다. 이 시기 공식적인 조공이 아니라면 이들 안경은 조공을 빙자한 해외의 상인들이 변경이나 연해에서 사사로이 행한 무역에 의해 습득되거나 혹은 조공 사절들이 오가는 길에서 거래가 이루어졌을 수도 있다. 이것은 당시 조공의 방식이 아니어도 교역 네트워크 연결이 가능했다는 것을 짐작하게 한다.

사실 15세기 중반 이후 조공무역의 방식은 교역 네트워크상의 요구를 흡수하지 못하게 되었다. 영락제 때에 비하면 조공의 보상가는 충분하지 않았고 사절에 대한 배려와 예우는 만족스럽지 않았기 때문에 해양의 조공 사절들은 더 이상 번거로운 조공길을 감수할 필요가 없었다. 조공의 횟수가 심각하게 감소했지만 무역이 감소한 것은 아니다. 오히려 말라카는 중국과 인도양 방면을 연결하는 물류의 허브가 되어 15세기 내내 최대의 번영을 이어갔다. 내륙 국가들의 사절들도 마찬가지였다. 내륙의 상인들은 실리가 따르지 않는 위험천만한 모험을 감수하지 않아도 릴레이식으로 연결되는 장거리 무역 방식을 통해 필요한 물산을 확보했다. 대개 각국의 왕공을 칭했던 사절단과 조공품들은 하미·트루판 일대에서 꾸려진 것이다(중국에 유통된 안경은 대개 이러한 장거리 무역 방식으로 유통되어왔다).

16세기는 포르투갈인이 중국 연해상에 도착하자 중국인과 유럽인 사이에서 직접적인 교류가 시작되었다. 그러나 중국이 포르투갈을 조공국으로 인정한 것은 아니었고 포르투갈은 중국에 도착한 지 반세기가 지나도록 연해 주변을 맴돌 뿐 정식으로 무역을 허가받지 못했다. 가정 연간 명 조정에서는 조공·해금을 보수적으로 해석하곤 했던 관료들에 의해 변경과 연해민에 대한 무역의 요구는 종종 묵살되었다. 16세기 중반 '북로남왜'의 위기는 바로 높아지는 교역 네트워크상에서 무역의 요구와 국가적 권위가 충돌하면서 나타난 것이다. 결국 명은 알탄 칸과의 융경화의를 추진하고, 복건의 월항을 개항해 해금을 부분적으로 해제하기에 이르렀다. 해적 소탕에 공을 세운 대가로 포르투갈인도 오문에 자리 잡고 중국과 무역을 진행할 수 있는 교두보를 마련했다.

만력 연간에는 안경에 대한 기록이 급격히 증가한다. 이것은 중국이 자체적으로 안경을 만들기 시작하면서부터 공급이 빠르게 이루어졌기 때문이지만, 더 중요한 변화는 교역 네트워크와의 연결 기회가 확대된 것이다. 아메리카가 포함되면서 세계의 범위는 더욱 확대되었고 정보의 순환 역시 빠르게 이루어졌다. 중국은 해양과 변경을 더 관대하게 운영함으로써 변화의 일부를 흡수했다. 광주 시박은 더 유연하게 운영되었고 복건의 월항은 상인들에게 개방되었다. 마카오는 중국과 유럽인을 연결하는 중요한 거점이 되었다. 마카오를 통해 광주에 들어온 예수회 선교사들은 강남과 북경에서 활동하며 유럽의 광학 지식을 번역하는 데 기여하기도 했다.

광주와 장포 등 광동과 복건의 연해 도시들은 유럽의 상품과 기술 및 원료의 공급도 용이했기 때문에 안경 제작에서 명성을 얻을 수 있었던 것이다. 광주와 복건은 해외의 안경 기술과 상품이 도입되는 중요한 경로였다. 특히 광주는 해외의 유리와 기술을 수입하여 유리 혹은 수정으로 안경을 제작하면서 안경의 거리가 생겨났으며 일본에도 대규모로 수출하여 동아시아 안경 문화의 중심지가 되었다.

광주·장주 일대를 통해 유입된 안경 관련 지식은 강남 지역에 빠르게 확산되었다. 동아시아의 지식인들은 안경에 열렬한 관심을 보였다. 이미 명 말부터 안경이 유입되기 시작했던 항주, 소주, 송강 등 강남의 대도시들은 각종 안경의 생산과 보급에 중요한 역할을 했다. 특히 각종 과거 시험과 의례의 중심지였던 북경은 대량의 안경이 소비되는 동아시아 안경 문화의 진원지라고 할 수 있다.

필수품에서
기호품으로

—

안경의 소비와 문화

1장

중국의 수정안경 제작

두 가지 안경의 유행

15세기 동아시아에는 적어도 두 가지 형태의 안경이 유행했다. 한 가지는 앞서 본 곽자기가 낭영에게 증여한 것으로, 가운데 고정못을 축으로 두 렌즈알이 겹치는 형태다. 이 형태의 안경은 남경의 시장에서 상인들이 걸치고 있을 만큼 16세기 초에 상당히 많이 보급되었다. 또다른 하나는 두부에서 고정할 수 있는 형태로, 호롱 등이 가지고 있었던 것이다. 이것은 조공의 형식으로 유입되어 고급 관료들에게만 제한적으로 공급되었다. 이러한 안경들은 대개 귀중품으로 수십 년보관되면서 자손이나 지인에게 증여되는 형태로 보관되곤 했다. 사마르칸트, 천방국 등을 통해 유입된 이 안경을 서역식이라고 하자.

그런데 15세기 전기 중국에 유입된 것으로 보이는 초기 서역식 안경은 적은 자료만 남아 있지만 매우 기능적으로 우수했다는 메모들도 주목된다.

15~16세기에 명에 유입된 안경은 유목 사회의 착용 방법이 적용된 것으로 보인다. 이동이 빈번한 유목 문화군에서는 고정이 가능했던 안경을 선호했을 가능성이 크다. 아랍·페르시아에서 사용된 안경의 정확한 형태는 알 수 없지만 이러한 안경은 편리해서 상당히 지지를 받았음이 분명하다. 15세기 전반 중국에 조기 유입된 두부에서 고정하는 스타일의 서역식 안경은 상당히 센세이션한 방법이었을 것으로 보인다. 16세기 스페인 일대에서 귀에 고리를 묶어 고정하는 방식이 유행했던 것은 이베리아 반도에 남아 있는 아랍의 영향을 고려하면 충분히 납득할 수 있는 문제이지만, 이 유럽 일부 지역에서 채택된 안경과 아시아의 극동에 위치한 중국이 같은 스타일의 안경을 공유했다는 점은 무척 흥미롭다.

스페인 일대에서 서역식 고정법이 적용된 것은 단순히 스타일이 우수했기 때문은 아닐 것이다. 15세기 전반에 중국에 알려진 소수의 안경들은 확실히 뛰어난 기능을 갖고 있었다. 유럽의 안경이 아랍 방면으로 수출되었다고 하더라도 아직까지 유럽이 안경 기술과 문화를 주도했다고 보기에는 증거가 부족하다. 15세기 유럽의 안경이 알렉산드리아와 베이루트에 팔려나갔다고 하지만 대량의 안경 제작이 어려웠던 상황에서 유럽의 저렴한 안경이 갖는 의미는 쉽게 상상할 수 있다. 유럽에서 제작된 안경은 17세기 이후 유리제작에서 투명도를 확보한 후에야 중국에서도 인정받을 수 있게 된 것 같다.

명대 인도양의 각종 물산이 중국에 전입되었는데 그중에는 유럽식도, 스페니시 스타일의 서역식 안경도 있었다. 한편 안경을 두고 대륙형 혹은 유럽형이라고 구분하기도 하지만 스타일에 관한 문제일 뿐, 그것이 내륙로를 따라 들어왔는지 해로를 따라 들어왔는지 구분하기는 어려울 듯하다. 내륙이나 해양에서 유럽식과 서역식은 모두 들어올 수 있었다. 그리고 이 길 위에 위치한 대도시에는 그 독특한 양식과 기술의 모방이 이루어지고, 안경의 스타일 역시 일정한 패턴을 띠게 되었다.

그럼에도 중국에서 안경이 처음 제작될 때 스타일 면에서는 '서역식' 안경을 적용했다. 이것은 무엇보다 아랍·중앙아시아·동남아시아를 통해 전파된 안경이 착용 방식과 기술적 수준에서 뛰어났기 때문일 것이다. 말라카·천방국·사마르칸트 등지로부터 유입된 '서역식' 안경은 조공 질서 속에서 중국으로 전파되기 시작했고, 이후 중국의 자체적인 안경 제작에 적지 않은 영향을 주었다.

수정안경과 유리안경

유리 재질의 안경이 청 초부터 저가에 보급되었지만 중국에서는 수정으로 제작된 안경을 선호하는 양상을 띤다. 이것은 수정이 눈에 더 이롭다고 생각한 당대인들의 인식도 한몫했다. 수정 렌즈로 제작된 안경 대부분은 안경테에 줄을 이어 두부에 묶는 방식을 채택했다. 이러한 방식의 안경은 눈과 거리를 두기 위한 지지대를 받치는 등 다양한 형태의 안경이 고안되며 18세기 내내 우위를 점했다.

청대의 역사가 조익은 외양으로부터 들여온 것은 모두 유리로 제작된 것인데 "뒤에 광동인이 수정으로 제작하니 그보다 나았다"[1]고

할 정도로 수정으로 제작된 것을 고급 안경으로 파악하는 측면이 있었다. 그리고 이러한 양식의 수정안경은 일대 유행하며 가경 말기가 되면 "광동의 안경이 천하에 가득하다"[2]고 할 정도에 이르렀다.

수정이 눈에 더 이롭다고 생각한 당대인의 인식도 한몫했다. 당시 건륭제는 "유리는 눈에 해롭지만 수정은 폐단이 없으며 수정은 귀하고 얻기 어려우나 유리는 값이 저렴하고 쉽게 만든다"[3]고 여겼다. 건륭 연간 한림원 대과에서 '안경'을 주제로 시를 쓴 완원阮元 역시 "저렴한 유리(안경)는 건조하며, 품질이 귀한 수정안경은 화합和合한다"[4]고 읊었다. 건륭 이후 유리안경을 폄훼하는 설법은 더욱 정교화되고 수정안경에 우호적인 반응은 더욱 고조되었다. '수정이 눈을 맑게 한다'는 개념에는 사대부의 음양오행 관념까지 더해졌다. 최고층 관료들을 비롯한 사대부들은 수정안경의 우수성을 당연하게 받아들였으며 고가의 수정안경을 열렬하게 소비했다.[5] 이러한 생각은 더욱 체계화된 것 같은데, 18세기 말~19세기 조에 생존했던 증연동曾衍東의 글에서 확인된다.

안경은 처음에 빌려 모방해 만들었지만 지금은 변해 진짜가 되었다. 유리는 화기 때문에 꺼려지지만 수정은 진실로 물에서 얻는다.[6]

그에 따르면 이 무렵 수정 무테안경이 유행했던 것으로 보인다. 그는 수정안경이야말로 양질의 제품이라고 주장했는데, 유리는 불에 녹여 제작하기에 화기가 있다는 것 때문이었다. 대개 당시 중국인은 수정으로 제작된 안경이 눈의 건강에 더 좋다고 여겼다.

5부 | 필수품에서 기호품으로: 안경의 소비와 문화

필원畢元의 묘지에서 출토된 안경은 당시 고관대작의 사대부들이 즐겨 사용했던 종류였다고 추정된다. 소주 오현吳縣에서 발굴된 이 안경은 수정으로 제작된 원시경으로 양쪽에 끈이 드리워져 머리에 묶어 고정하는 형태였다.[7] 필원은 청대 강소성 태창太倉 사람으로, 청 건륭 25년(1760)에 과거에서 장원하고 섬서 등 여러 성을 돌며 안찰사·포정사 및 순무·총독을 역임한 건륭제의 중신이다. 그와 부인의 묘에서 발굴된 귀중품들은 필원 등 청대 사치품 소비군들이 누린 소비 규모를 가늠하게 한다. 그리고 그의 안경 역시 최고의 기술력으로 글라인딩한 고가의 상품이었을 것으로 판단된다. 이 안경은 두부에서 묶는 방식을 채택한 전형적인 서역식이다.

수정으로 제작된 안경은 나름대로 기술적 진보도 거쳤다. 다음은 청 말의 중국 안경 제조의 기술 상황을 알 수 있는 기록이다.

전 명기 중엽에 서양으로부터 왔으며 이름은 애체이니 가운데가 조금 볼록한 것을 노화경이라고 한다. 파리는 눈을 상하게 하니 필히 수정으로 만든 것을 써야 한다. 밝기는 원근을 나누어 책을 보고 글을 지을 때 그 적절한 것을 쓴다. 볼록한 것의 높낮이가 그것을 구분한다. 수정 또한 하나가 아니니 청명한 날에는 다정이나 흑정을 쓰고, 비 오고 흐리거나 등불 아래에서는 수정과 은정을 쓴다. 장년에 눈을 기르면 목광이 노년에 이르러도 감쇄하지 않으니 가운데가 오목한 것이 근시경이다.[8]

위의 기록을 보면 적지 않은 사람들이 유리로 만든 안경은 눈의 건강에 좋지 않다고 생각했다. 수정으로 제작된 안경은 주로 볼록렌즈였으나 가운데 높이를 조정함으로써 원근에 필요한 안경을 선택할 수 있었다. 조정동曹庭棟의 건강 지침서《노노항언老老恒言》에도 수정은 원근을 나누어 볼록면의 고하에 따라 구분해 사용하라고 권한다. 이는 수정안경의 꾸준한 수요와 함께 기술적으로도 상당한 진보가 이루어진 것으로 볼 수 있다.

다양한 안경 종류와 제조법

일찍이 오관은 머리에 묶어 고정하는 방법으로 안경을 사용했다. 명대 황제들과 고관들이 사용하던 이러한 착용 방식은 이후 수정안경을 자체 제작하면서 지속적으로 채택되었다. 18세기 중기 작은 해서를 쓰기로 유명했던 옹방강翁方綱은 근시로 고통을 받아 "일체의 모든 일에 안경을 사용했으나 오직 글을 쓸 때는 쓰지 않았는데 안경을 머리에 묶고 작은 해서를 썼다"[9]고 한다. 그는 평소 근시로 항상 안경을 사용했지만 글을 쓸 때는 안경을 쓰지 않아도 작업이 가능했기 때문에 불편함을 주는 안경을 제거했다. 그럼에도 작은 글씨를 쓸 때만은 머리에 묶는 안경을 선호했다. 아마도 정밀한 작업을 요할 때 양손을 자유롭게 할 수 있었기 때문에 이러한 착용 방식을 선호한 듯하다. 그가 평소 썼던 안경은 근시경이지만 작은 해서를 쓸 때에는 볼록렌즈의 안경을 썼을 것이다. 머리에 묶는 형태로 보아 중국에서 제작된 수정안경이었던 것으로 보인다. 당시 대부분의 중국인은 끈으로 안경을 귀나 모자에 묶어 머리에 고정시켰다.

수정안경은 안경알 재질에 따라 수정, 다정, 흑정유리로 구분되는

5부 | 필수품에서 기호품으로: 안경의 소비와 문화

데 안경알은 일반적으로 원형이나 타원형이었다. 안경다리는 금·은·동·뼈·상아·대모·소풀·금색무늬의 흑칠목·실끈 등도 사용되었지만 주로 금속류가 많았다. 안경을 교정하는 방식은 초기 머리에 묶는 형태였지만 청대에는 두 귀에 걸거나 혹은 양측의 두건 주변에 두를 수 있게 했다. 그러나 두 개의 경편을 사용한 안경은 실끈으로 고정할 때 눈에 밀착하기 때문에 코 주위를 불편하게 할 뿐 아니라 눈의 시력에 맞게 거리를 조정할 수 없다는 단점이 있었다. 이러한 안경을 사용하면 종일 귀 주변이 당기고 코 위의 압박도 심했다. 이 때문에 안경 제작자들은 이마 받침대를 고안해 안경 중간에 붙였다. '액탁額托'이라고 하는 이 부위는 안경을 머리에 묶어 렌즈가 밀착되는 것을 막고 안경과 눈동자 사이에 일정한 거리를 유지할 수 있게 했다.

안경갑은 원형·타원형·조롱박의 허리가 들어간 형태와 핵심형·장방형 등 다양한 형태로 제작되어 렌즈알이나 안경다리가 접히거나 접히지 않는 여러 가지 안경에 맞게 활용되었다. 안경갑의 소재는 녹상어가죽, 자수 및 아름다운 비단 등이 사용되기도 했으며, 자단목합·비단합·융단합·매화나 대나무가 그려진 흑칠합·검은 종이합·흑칠피합·조개 모양의 일본 칠합 등에 이르기까지 부드럽거나 딱딱한 형태의 다양한 안경합이 제작되었고, 일부는 비단 끈으로 장식되어 휴대할 수 있게 만들었다.[10] 화려한 안경갑이 선보이게 된 것은 종종 허리춤에 차고 다녔던 안경갑이 보관함의 기능 외에도 일종의 몸 장식으로써 돋보이기 위함이었던 듯하다. 주광업은 북경의 숭문문崇文門에서 안경갑을 소매치기 당할 뻔한 일을 기록했다. 당시 안경갑을 뒤에서 당기는 느낌이 들어 그가 뒤돌아보니, 상대가 몸을 숙여

인사하고 지나갔다고 전한다.[11]

수정안경 역시 청 후기에 이를수록 다양하게 발달했다. 앞서 소개한 증연동은 "수정 중 맑은 것으로 안경을 만들었으니 유리에 비교하면 밝았다"[12]고 해, 청대에 안경을 제작할 때에는 수정안경 재료를 꼼꼼하게 선정했다는 것을 보여준다. 광서 연간 거인擧人 학위자였던 서가徐珂는 안경 착용 문화의 다양한 특징들을 설명하기도 했는데, 안경을 세 종류로 구분해 다음과 같이 말했다.

첫째, 오목면의 유리안경으로 안구 내 수정체의 융기가 과도함을 보완해 멀리 있는 물건을 분명하게 보게 하니 근시경이라고 한다. 둘째, 볼록면의 유리로 수정체가 과하게 얇은 것을 보완해 볼록한 정도를 증가시켜 목전의 미세한 물건을 분명히 보게 하니 원시경이다. 대개 노인들이 쓰기 때문에 노화老化안경이라고 한다. 셋째, 평면 유리로 먼지를 막고 광선을 피하니 평광경이다.[13]

위의 안경 종류는 유리렌즈의 제조방법에 따른 구분으로, 당시 사람들의 시력 교정을 위해 오목면과 볼록면의 안경과 함께 눈을 보호하는 평면의 안경까지 구분해 제작되었다.

한편, 매카트니 사절과 함께 들어온 조지 토머스 스타운턴George Thomas Staunton은 당시 중국인이 사용하는 안경 사용 방법과 제조 방법에 대해 다음과 같이 기록했다.

광주의 공인들은 강쇠의 톱의 일종을 사용해 수정을 얇게 쪼갰다. 강거는 2~3개의 가는 철사문으로 줄을 만든다. 그들이 수정렌즈를 제작하는 방식은 유럽의 시계 장인이 각종 금속을 다루어 만드는 것과 같다. 그리고 수정 아래에는 작은 수조가 있어 톱질해 떨어진 수정 분말이 모두 물 안으로 들어간다. 수정으로부터 박리된 분말은 다른 분말과 함께 마광에 활용한다. 중국인은 광학의 원칙을 이해하지 못했고 사람들의 시력 결함에 따라 오목과 볼록의 정도를 적절하게 만들 수 없었다. 그들이 오목경과 볼록경을 제작해 고객에게 제공하면 사람들이 시용해보고 구매해 쓴다.[14]

그는 중국의 오목경과 볼록경의 제작이 전적으로 쪼개고 연마하는 과정을 통해서 이루어진다는 점을 지적한다. 중국인이 광학의 원칙을 전혀 이해하지 못했고, 시력 교정을 위해 안경을 맞추는 것이 아니라 단순히 구입하는 형태라고 평했다. 하지만 중국 사회의 안경 구매 형태는 어색하다고 생각하지는 않는다. 유럽에서 수입된 안경이 중국에서 어떻게 팔렸겠는가!

또한 매카트니는 중국의 유리 제작 능력도 폄하해 광동의 유리가 유럽산 유리를 수입해서 녹여 쓰는 것이라고도 했다.《월중견문粤中見聞》에 따르면 "광동의 유리는 모두 해박으로 운송"되어왔다. 또한 유리 원료는 용기로 제작하려면 회리의 과정을 거쳐야 했는데 "회리의 재는 노란빛으로 남해의 해안에서 난" 것을 써야 했다.[15] 이것은 중국이 좋은 유리를 만들 수 있는 원료를 확보하지 못했던 정황을 보여준다. 18세기 중반 이후 남아 있는 중국의 많은 문헌 자료들에서 '파려'와 같이 귀하게 여겨지는 유리를 직접 제작할 수 있었다고 증명할 만한 증거들을 찾을 수 있다. 다만 청 말 유리 제작에 대해서는 더 많은 자료들을 검토해야 하므로, 여기까지만 언급하고자 한다.

안경의 소비에는 패용자에게 적절한 안경을 제공하는 체계가 필요하다. 건륭 연간 민간에서는 자·축·인·묘 등 지지地支의 이름을 사용해 안경 도수를 12단계로 나누는 방법을 취했다. 이광정李光庭의 기록에 따르면 중국의 안경은 12진으로 나누어 해亥로부터 자子에 이르기까지 수를 거슬러 얇은 것부터 두꺼운 것에 이르게 된다. 이것은 서양의 안경 도수 방법을 모방한 것으로 판단된다.[16]

12단계 안경의 두께는 나이를 기준으로 제작된 것으로 보인다. 류정기劉廷璣는 안경으로 어두운 것은 밝게 하고, 작은 것은 크게 하며, 먼 것은 가깝게 보이게 할 수 있다고 하면서 비록 노년에 이르더라도 글을 볼 수 있게 되었다고 기뻐했다. 또한 그는 안경을 제작할 때 그 나이에 따라 12시로 서로 배합하니 더욱 기특하다고 기록했다. 이것은 노화의 정도에 따라 안경을 선택할 수 있다는 의미로 해석된다.[17] 이러한 제작 방식은 일찍이 옹정 연간 자금성 내의 안경 제작소인 안경작眼鏡作에서 '60세의 유리안경' 2부를 제작했다는 기록에서도 확인된다. 또한 완원은 나이 50세에 이르러 처음 안경을 쓰기 시작했는데, 10여 년이 지나 수정안경을 교체해야 할 시기가 되었다. 도광 9년(1829) 66세였던 그는 "70세의 원시경"을 사용했다. 청 말에 유월俞樾이라는 사람은 가벼운 근시가 있었는데 나이가 들어 노안이 진행되었다. 그는 82세가 되던 해 자술시의 시주를 달면서 다음과 같이 썼다.

근시자는 원래 노안을 겪지 않는데 나는 근시가 심하지 않아 원시를 면치 못했다. 올해 원시경을 사서 착용해보니 사물을 바라볼 때 비교적 밝아졌다. 원시경에는 깊이가 있으니 내가 쓰는 안경은 오히려 '60세 원시경'이다.[18]

이에 따르면 근시안이었던 유월은 원시경을 사용하게 되었으나 원시가 심하게 진행되지 않아서 비교적 연소자가 사용하는 원시경을 사용해도 지장이 없었다. 유월의 기록은 시중에서 안경을 구매해 획득했지만 시중의 안경이 일정한 나이의 평균 시력에 따라 제공되었음을 보여준다. 당시 안경을 팔 때 안경갑에는 시력 손상에 따라 선택할 수 있도록 '00세 안경'이라고 적혀 있었다.

청 말의 안경 제작 수준에 관해서는 1846년에 간행된 《경경령치鏡鏡泠癡》도 참고할 수 있다.[19] 중국에 축적된 광학 지식들과 안경 제작 방법이 정리된 이 책에는 오목경과 볼록경의 상이 맺히는 원리뿐 아니라 볼록면에 대한 설명도 구체적으로 서술되어 있어 이전의 안경 정보를 정리하면서도 훨씬 더 자세한 내용을 담고 있다.[20] 그 내용은 당시 유럽에서 영향을 받은 것이 분명하다.

안경 보급의 변화

중국에서 안경이 자체적으로 제작되면서 안경의 보급에도 변화가 있었다. 광동에서 처음 제작되기 시작한 중국에서는 청 초부터 손운구와 같은 전문적인 안경 제작자가 속속 등장했고 다양한 종류의 안경이 출현하기에 이르렀다. 중국에서 자체 제작된 안경의 경우 대부분 소재에 따라 값이 달라졌다. 안경 제작자들이 증가하고 재질 역시 다양화되면서 좀더 높은 신분임을 과시할 수 있는 수단은 바로 재질과 디자인 등에서 차별성을 드러내는 것이었다. 자국 내 생산된 유리로 제작된 것은 매우 저렴한 편이었던 반면, 흑수정으로 제작된 것은 값이 고가라서 일반 서민들이 쉽게 구매할 수 없었다. 흑수정뿐 아니라 백수정으로 제작된 것도 귀하게 취급되었다.

예컨대 강희 말, 일반 유리로 된 안경은 1부당 가격이 3~5푼이면 충분했지만 산동 미계米汁의 유리로 제작된 것은 그중에서도 귀하게 취급되는 편이었다. 수정안경은 이보다 귀하게 여겨졌고 흑수정의 경우 은 7~8냥에 이르기도 했다.[21] 저렴한 유리안경이 더 많이 보급되자 "백유리 중 좋은 것도 불과 수닙 밖에 되지 않아 지금 상하귀천 남녀 모두 사용하지 않는 자가 없다", "진보물이 마침내 포백(의 값)이 되고 콩과 밤(의 값)이 되었다"[22]고 기록되었다. 청대에 들어 유통량이 증가하자 유리로 제작된 안경의 값이 큰 폭으로 추락되었다는 것을 확인할 수 있다.

명 말 수정안경을 처음 제작한 광주는 청 말까지 수정안경 제작과 판매의 중심지였다. 특히 광동 지역에서 채취한 수정은 안경 제작지로 유명했던 복건 일대에도 수출되었다. 수정은 수성과 한성으로 구분하는데 물에서 생성된 수성의 수정은 윤택이 좋았고 산에서 생성되는 한성의 수정은 건조하고 귀하게 여겨지지 않았다. 그중 빛이 담홍색을 띠는 것을 다정茶精이라고 했고, 운모석과 함께 저렴한 가격으로 취급되었다. 흑색을 띠는 흑정黑精 혹은 묵정墨精은 눈을 보호할

수 있다고 여겨져 귀하게 취급되었다.[23]

흑정안경은 종종 지방관들에게 인기가 있었다. 이들은 위엄을 보이거나 안건을 심리할 경우에도 사용했고 거리에 출타할 때도 패용했다. 또한 치부에 성공한 사람들도 학위를 사고 나서 위엄을 보이기 위한 방법으로 흑정안경을 패용했다.[24] 이것은 흑정이 고가로 유통되었기 때문일 수도 있지만 안경이 갖는 독특한 느낌 때문이기도 했다.

청 말 흑정안경의 유행과 문화에 대해서는 서가徐珂의 글에 자세하게 나온다.

> 사람이 안경을 쓰는 일은 단시가 아니면 원시이기 때문이었는데 이어서 장식품이 되어 이를 의지해 굳센 모습으로 보이게 했다. 평광은 그 재료를 보통 대개 백색 수정으로 만들지만 또한 다정, 흑정이 있어 근시, 원시, 평광 모두 만들 수 있었다. 이것을 벗으면 겸손함과 공경함을 보이며 반대이면 거만한 것이다.[25]

서가의 글은 안경이 단지 기능적 측면뿐 아니라 장식품으로써 상대방에게 위엄을 보이기 위해 활용되는 아이템이었음을 보여준다. 그리고 흑정안경이 상대에게 적지 않게 거만한 인상을 주기 때문에 안경을 벗는 것이 예의라고 설명한다. 청 말 안경은 패용자의 이미지를 학구적으로도 혹은 거만하게도 보일 수 있었다. 또한 부유하고 귀한 신분을 드러내는 데도 안경이 사용되었다(흑정안경은 고귀함을 나타내기 때문에 북경과 상해의 사기꾼과 모리배, 소매치기들은 종종 상대의 경계를 느슨하게 하는 데 활용했다). 19세기 흑정안경은 일대에 유행해 동치·함

건륭제 시기 안경을 쓴 관리의 모습
중국에서 자체 제작된 안경의 경우 대부분 소재에 따라 가격이 달라졌다. 이에 따라 재질과 디자인 등에서 차별화한 안경은 높은 신분임을 과시할 수 있는 수단이 되었다.

풍 연간 강소성의 남자들이 모두 흑정안경을 쓴다고 일컬어졌다.[26]

한편 1885년 무렵이면 흑정안경의 가치가 급격히 떨어져 "저렴하기가 이루 말할 수 없다"고 할 정도였고, 그 흔하기는 "배우들이나 예졸隸卒까지도 안경을 사용"하는 상황에 이르렀다.[27] 흑정안경의 가격이 급격히 떨어진 것은 보급도 넘쳐났기 때문이기도 했겠지만 1840년 5개 항구를 개항하게 되면서 점차 수정안경이나 흑정안경이 점유했던 주류의 자리를 유럽의 안경에게 내줬기 때문이었다.[28]

황제들의 안경

청대 궁정의 안경은 주로 서양인의 진상에 의한 것이 많았다. 하지만 이외에도 광동 대신 및 월해관의 관원들이 진공한 것도 있었으며 궁정의 내무부에서 북경의 유리창 등으로부터 구매하기도 했다. 또한 안경은 황실의 필요에 따라 양심전養心殿 조판처造辦處에서 직접 제작되기도 했다.[29] 선교사들은 종종 황제에게 진상할 예물로 유리안경을 준비했다. 옹정 4년(1726) 10월 2일, 선교사 이그나티우스 쾨글러 Ignatius Koegler와 도미니크 파르넹Dominique Parrenin, 테오도리코 페드리니Teodorico Pedrini 등이 옹정제를 조견하는 가운데 안경 4부를 예물로 바쳤다. 이후 1729년, 쾨글러는 다시 안경 1부를 진상했는데 이 안경을 쓰고 옹정제는 즉시 시력이 밝아졌다고 전한다.[30]

청의 안경 입수처에 관해서는 위의 몇몇 출처 외에 특별한 기록도 남아 있다. 옹정 9년 8월 30일, 환관 살목합薩木哈이 외부에서 안경 100부를 진헌 받은 일이다. 이것은 서양 선교사들이 한두 벌의 안경을 예물로 올린 것에 비하면 대규모로 유입된 것이라 유럽의 것과는 구분되어야 할 듯하지만 정확한 입수처는 알 수 없다. 다만 궁정에서 필요로 하면 혹 고호에게서, 또는 유리창의 안경점에서 구매하기도 했기에[31] 당시 북경에 이르렀던 서역인에 의해 공급되었을 가능성도 배제하기 어렵다. 이후 사정을 고려하면 러시아 역시 안경 공급은 충분히 가능했을 듯하지만 살목합의 안경이 러시아로부터 왔는지에 대한 확실한 증거가 없다.

청 초 황제들은 유럽의 기물들에 큰 관심을 보였는데, 특히 안경은 황제들이 그것을 직접 패용하기도 하고 총신들에게 하사하기도 했다. 강희제는 본인이 안경을 사용했는지 알려지지는 않았지만 안경을 노신과 대신의 일가에게 사여한 많은 기록이 남아 있다. 강희 42년(1703) 5월, 예부시랑 손악孫嶽에게는 그 어머니를 위해 안경을 사여했고, 강희 46년(1707)에는 호광순무 류전형劉殿衡에게, 강희 55년(1716)에는 병부우시랑 조홍섭趙弘燮에게도 각각 안경을 사여했다.[32] 강남에 순회할 때 송락宋犖에게 유리 안경 1매와 담비모자 1개 등을 사여했으며, 사신행査慎行에게도 유리 안경 1매를 하사하기도 했다.[33] 67세의 형부상서 왕사정王士禎은 10월 초 서난각西暖閣에서 무과 전시의 채점 일을 하고 있었다. 당시 강희제가 합격 순위를 정하기 위해 들어와 왕사정의 나이, 과거 합격 연도 등을 자세히 묻고 서양의 근시경을 그에게 선물로 주고 쓰도록 했다.[34] 강희 연간 사여된 안경은 대부분 유리안경으로, 유럽에서 들여온 안경들이었지만 예부시랑 손악에게는 수정안경을 사여했다는 기록도 남아 있다.

강희제는 옹정제에게도 안경 1부를 사여했다. 옹정제는 어렸을 때부터 시력이 좋지 않아 근심이었는데 강희제가 내린 안경을 사용해 상당히 개선 효과를 보았다고 한다.[35] 늦은 나이에 황제가 된 옹정제는 51세부터 시력이 급속히 떨어졌다. 옹정세는 특별히 유지를 내려 이를 모방해 여러 벌의 안경을 제조하게 하고, 건청궁乾清宮·홍덕전弘德殿·원명원圓明園·사의당四宜堂 등 가는 곳마다 안경을 배치하게 했다.[36]

당시 황제의 필요에 따라 궁중에는 안경을 제작하는 곳도 마련되었다(303쪽 표 참조). 《청회전사례》에 따르면 궁정의 내무부에는 궁정에서 필요로 하는 수공업품을 제작하는 세공소나 수리소 같은 제작소가 있었다. 그중에 안경작은 전문적으로 안경을 제작하거나 수리하는 곳이었다.[37] 안경작 외에 잡화를 제작하던 곳에서도 안경을 제작했다. 당시 궁정에서 제작된 안경은 수정뿐 아니라 유리 재질로도 제작되었다.[38]

일시(옹정 연간)	책임부서	책임자	안경 종류와 수량
원년(1723) 10월 초2일	잡활작(雜活作)	보덕(保德)	근시안경
원년(1723) 10월 20일	잡활작	보덕	각종 재질안경 8부
3년(1725) 4월 12일	잡활작	장기린(張起麟)	다정(茶晶), 유리안경 각 1부
5년(1727) 10월 30일	안경작	해망(海望)	다정안경 1부
6년(1728) 정월 30일	잡활작	담유(沈喻)·당영(唐英)	원시경 20부
6년(1728) 3월 13일	잡활작	담유·당영	원시경 25부
6년(1728) 6월 초4일	잡활작	해망	다정안경 1부
9년(1731)	안경작	부상(不詳)	원시경 약간
10년(1732) 3월 22일	안경작	해망	천리안 1건
10년(1732) 5월 12일	안경작	해망	천리안 5건
10년(1732) 7월 15일	안경작	부상	천리안 5건
11년(1733) 정월29일	잡활작	부상	유리안경 2부
11년(1733) 2월 27일	잡활작	부상	근시안경 2부
12년(1734)	안경작	부상	수정다정 5부, 원시경 2부
13년(1735)	안경작	부상	각종 안경 12부

옹정제는 궁중에서 제작한 안경을 붉은 양피로 제작된 고급 안경
합에 담아 70세의 노신들에게 상으로 내리기도 했다. 옹정제의 안경
으로 추정되는 다정茶晶안경은 '희喜' 자를 수놓은 안경합과 함께 북
경의 고궁박물원에 소장되어 있다.[39] 강희제와 옹정제는 종종 나이
많은 총신들에게 안경을 사여하는 일이 있었는데 당시 기능이 우수
한 안경이 무척 귀했기 때문에 안경 은사는 신하에게 큰 영광으로 여

겨져 시집과 문집에 전한다.

건륭제 역시 45세 이후 노안이 심해지면서 65세 이후 시력이 매우 떨어졌다. 건륭제는 안경에 관한 몇 편의 시를 남겼는데, 1775년에 쓴 다음의 시는 안경에 대한 황제의 감상이 나타나 있어 주목된다.

도구에는 안경이 있으니 날로 어두워지는 것을 돕기 위해 갖춘다.
혹은 수정으로 만들고 혹은 파리로 만든다.
유리는 눈을 해하며 수정은 폐단이 없다.
수정은 귀해 얻기 어렵고 파리는 천해 쉽게 얻는다.
노년에는 필수적이니 착용하면 추호와 같이 작은 것도 본다.
그러나 나는 그것을 싫어해 지금에 이르도록 한 번도 착용하지 않았다.
가는 붓을 휘두르고 작은 각주를 어루만지는 때에 원래는 아주 작은 글씨도 볼 수 있었다.
도리어 다시 추친하니 구구矩具를 잡고(이치에 맞게) 그 뜻을 자세히 보았다.
그것에 의지하면 이를 밝힐 수 있으나 이것은 밝아도 이미 가림이 있다.
뒷사람들에게 경고하노니 내 말을 깊이 생각하라.[40]

위의 시를 보면 건륭제는 안경의 용도는 스스로도 잘 알고 있었고 부친이 안경을 애호하는 습관도 익히 보면서 자랐다. 그러나 그는 안경을 "한 번도 시착하지 않았다"고도 밝혀 안경을 사용하는 데 소극적이었음을 보여준다. 물론 안경을 패용하지 않음으로써 자신의 건재함을 확인시키고 흔들림 없는 군주권의 위상을 확립하거나 실질

강건한 만주인의 기상을 상기하고자 하는 노력일 수도 있다. 그러나 건륭제의 의도는 안경으로 눈을 밝힐 수 있다고 하더라도 눈에 일시적·제한적으로만 유용할 뿐임을 강조하는 듯하다.

이에 대해서는 건륭제가 마음에 들어 흡족해했다는 완원의 시를 통해 그 의도를 추측할 수 있다. 건륭제는 한림원의 관원들을 대상으로 정기적으로 실시한 시험에 안경을 제명으로 냈다. 당시 시험에서 완원은 황제에게 1등으로 낙점되었는데[41] 그 시는 다음과 같다.

안경을 쓰면 밝아지니 파리는 연마해 깨끗하게 한다.
아름다운 이름은 애체라 하니 좋은 것은 유럽에서 나온다.
문을 들여다보면 두 달과 같이 뚫려 있고 연못에 비기면 맑기는 일파와 같다.
환옥을 이으니 원은 열릴 수 있으며 둥근 옥을 합하니 얇기가 서로 연마한다.
옥감玉鑑은 작은 글씨도 볼 수 있고 정반晶盤은 작은 소라까지 구분한다.
바람에 먼지를 막을 수 있고 꽃 위에 이슬을 속이지 않는다.
눈동자는 어찌 이것이 필요함을 깨달았더라도 이것을 의지하지 않음이 중요하다.
성인은 원래 이것을 쓰지 않았지만 목력이 나이 들어(쇠해)도 많은 것을 취했다.[42]

완원은 여전히 유럽의 안경의 품질을 인정했지만 수정안경을 옥감과 정반이라고 하면서 이에 대한 애정을 드러냈다. 그러나 그는 안경이 필요하긴 하나 되도록 사용하지 않을 것을 권하고 있다. 이것은 안경을 사용해 그 밝아짐에 익숙해지면 또다시 시력 저하가 반복되는 것을 우려한 듯하다.

안경에 대한 완원의 이러한 관점은 건륭제의 이해와 맞아떨어졌을 것이다. 실제로 그의 아버지 옹정제는 여러 벌의 안경을 갖춰 사용했으며 갖가지 안경을 수집했다. 황제를 만족시키기 위해 궁정의 장인들은 여러 가지의 안경을 제작해 진상했다. 그럼에도 말년이 되자 시력 저하 문제는 더욱 심각해졌다. 따라서 건륭제는 아버지의 시력 문제가 안경에 의지했기 때문이라는 생각이 들었을 수 있다.

건륭제 이후 청의 황제들은 모두 안경의 유용성에 의미를 두고 있었다. 특히 옹정제는 안경 수집광이라고 할 만큼 여러 종류의 안경을 수집했다.[43] 비록 건륭제가 안경을 조금 멀리했지만 가경제와 도광제는 안경에 대한 관점이 건륭제와는 달랐고 안경에 대한 예찬시를 남겼다. 건륭제가 안경을 멀리한 것은 그가 겪는 원시안이 평상시 활동에 크게 문제되지 않을 정도였기 때문이라고 보인다. 1792년 영국 사신 매카트니가 황제의 생일 축하연에 참여했을 때 남겨진 기록에 따르면 건륭제는 사절을 만나는 동안 내내 눈빛이 빛나고 영롱했으며 매우 건강해 국사를 돌본 지 57년이나 된 것처럼 보이지 않았다고 기록한다. 건륭제는 사절단에게 자신의 나이가 82세에 달하지만 신체는 매우 건강하다고 하며 영국의 왕도 건강하길 바란다고 전했다.[44]

2장

근시경의 유행

오목렌즈의 도입

《동서양고》에는 말라카에서 수입한 안경이 기능적 측면에서 "정신이 흩어지지 않고 필화는 배로 밝아진다"[45]고 쓰여 있다. 이것은 다른 사료와 달리 "정신이 흩어지지 않는다"는 표현이 있어 오목렌즈로 된 안경으로 판단하기도 한다.[46] 당시 수입되던 안경이 대개 '말라카에서 난다'고 알려졌지만 실제 안경의 원산지는 유럽이었으며, 유럽에서는 근시경이 보급된 시기였기 때문에 타당성이 없지는 않다.

앞서 언급한 대로 손승택도 오관의 안경에 대해서 안경의 모양과 형태, 사용 방법, 효과 등을 자세히 분석해 문정공의 안경이 근시경일 것으로 추측했다. 특히 그의 추론은 오관이 어렸을 때부터 근시였다는 점, 그 크기를 '좁은 동전', '콩깍지만 한'이라고 한 비유를 근거로 했을 것이다. 그리고 오관의 안경이 근시경이라면 홍치·정덕 연간에 근시경을 도입했음을 인정하는 것이다.

리처드 코손은 16세기 안경 제작과 발전에서 가장 의미 있는 일은 근시용 오목렌즈가 소개된 일이라고 했다.[47] 이것은 15세기 후반 유럽에서는 마우롤리코Maurolico에 의해 오목렌즈의 근시경이 실제 시력 교정에 활용되었음을 염두에 둔 언급이라고 보인다. 이후 네덜란드와 이탈리아의 의사들이 근시에 좋은 오목렌즈 안경을 시력 교정에 사용하며 보급되었다. 그런데 근시경은 의과적 판단 없이 이미 사용되고 있었다. 교황 레오 10세는 지독한 근시를 앓았는데, 사냥할 때 근시경을 사용했다고 전한다. 레오 10세의 생몰시기로 미루어 볼 때 16세기 초 오목렌즈가 보급된 것으로 볼 수 있다. 일반적으로 유럽에서는 15세기 후반의 일로 보지만 더 이르게 상정하기도 한다. 즉 일라디는 15세기 중반 피렌체 지방에서 오목렌즈가 제작되었다는 증거를 제시함으로써 이 시기에 오목렌즈가 보급되었다고 한다.[48]

물론 유럽에서 조기 착용된 근시경은 매우 드물게 유통되었지만 오관의 안경이 근시경이라면 유럽에서 오목경을 사용한 타임라인과 어느 정도 일치한다. 비록 오관의 기록은 여전히 원시경으로써 더 많이 언급되는 편이므로 더 이상 논할 문제는 아니다. 다만 15세기 중반 유럽에는 매우 희소하게 오목경의 근시경이 유통되고 있었으므로 이 안경의 일부가 중국 황실에 조공되었을 가능성도 충분하다. 중국의 근시경 특징과 사용에 관한 글은 명 말, 청 초의 문인들의 기록에서 확인할 수 있다.

근시경이 가져온 변화

중국의 안경 문화에서 또 다른 변화는 오목렌즈로 된 근시경 보급이 가져왔다. 기왕에 해외에서 온 안경들은 코안경 형태이며 볼록렌즈로 된 원시경의 비중이 높았다. 그런데 앞서 보았듯 유럽에서 15세기 후반에 확산된 근시경은 17세기 전반 중국에도 알려져 있었던 것 같다. 방이지는 안경에 대한 정보를 수합해 근시경과 원시경에 대한 짧은 글을 남겼다. 그의 기록에 따르면 애체가 노인들이 눈을 가리면 밝아지는 것으로, 원시에 적합한 것이라고 하면서도 "부채의 끝에 작은 것을 제작하니 근시자들이 사용하면 멀리 보인다"[49]고 언급했다. 대개 부채의 끝에 외알렌즈를 매단 형태였다. 방이지의 기록은 가장 확실한 근시경의 자료라고 할 수 있는데, 이로써 명 말부터 광학 도구들과 함께 근시경이 보급되었다고 유추할 수 있다.

청 초에 이르면 두 알을 모두 갖춘 근시경도 확인된다. 명 말·청 초 상해의 독서인으로서 자신이 보고 들은 것을 꼼꼼히 기록했던 섭몽주葉夢珠는 안경의 유행에 대해 다음과 같이 언급했다.

안경은 내가 어렸을 때 우연히 나이가 많은 사람이 그것을 사용한 것을 보았는데 또한 그 가격을 알지 못했다. 후에 들으니 제조가 서양에서 온 것이 가장 좋았는데 매 1부(개)에 값이 은 4~5냥으로 유리로 재질을 삼고 코끼리 가죽으로 테를 만드니 아주 유력한 자가 아니면 가질 수 없었다. 순치 이후 그 가격이 점차 저렴해져서 매 1부에 값이 은 5~6전에 불과했다. 근래 소주, 항주 사람이 많이 만들고 여러 지역에 판매하니 사람마다 얻을 수 있어 매 1부당 은값으로 가장 비싼 것이

7~8푼에 불과하고 심지어 4~5푼, 단지 1부에 2~3푼인 것도 있었다. (이들은) 모두 눈을 밝히는 것에 기능했으니 일반인이 사용했다. 오직 서양에 유리가 테보다 두꺼운 한 종류가 있어 근시자가 가는 터럭도 모두 헤아릴 수 있게 했는데 매 부에 오히려 은 2냥의 값이었다. 만약 원시로 고령인 자가 그것을 착용하면 반대로 보이지 않는다. 시장에서 아직 판매하는 자가 없지만 아마도 결국 다시 몇 년이 지나 이 지역의 교묘한 기술로 많이 제작된다면 가격이 또한 날로 저렴해질 것이다.[50]

위 사료의 기록 시점은 대략 강희 연간에 해당한다.[51] 섭몽주는 안경의 모방품이 제작되면서 1부에 은 4~5냥이던 안경이 점차 저렴해지면서 2~3푼에 불과해 일반인들도 구매하기 쉬웠으며, '서양'의 안경이 상당히 우수하다는 사실을 자세히 기록하고 있다. 이 무렵 중국에서는 자체적으로 유리 재질의 안경이 대량으로 판매되어 저가의 안경이 시중에 보급되는 중이었다. 그런데 이 자료에서 '서양'의 한 종류가 비록 유리 재질로 되어 있기는 했으나 수정안경 못지않게 선호되고 있다는 점이 주목된다. 섭몽주는 이 안경이 유리 재질이지만 '상피象皮의 테'가 있다는 점과 '유리가 테보다 두꺼운' 렌즈가 장착되어 있다고 했다. 유리가 테보다 두꺼운 형태는 오목렌즈를 가리키는 것이 분명하다. 비록 이 안경은 유리로 되어 있으나 은 2냥 정도의 고가의 가격대를 형성하고 있었으며 '서양'에서 제조되었다고 밝히고, 기왕의 확대경 렌즈와 기능상 큰 차이가 있었다.

섭몽주가 말하는 '서양'은 어디를 가리키는 용어인가? 만력 이전까지 서양은 자바 서쪽에 있는 바다, 즉 인도양·페르시아만·북아프리카의 홍해를 가리키는 명칭으로 사용되곤 했다. 앞서 천방국이 서양의 끝에 있다고 기록한 《수역주자록_{殊域周咨錄}》 역시 대략 만력 연간의 기록이다. 그러나 청대에 이르면 서양의 개념은 의미가 변한다. 이러한 변화는 명 말부터 시작된 것 같다.[52] 섭몽주와 같은 시대에 살았던 곡응태_{谷應泰}는 애덤 샬을 서양인으로 표기했고[53], 마테오 리치를 대서양인으로 기록했기 때문에[54] 청 초에 서양의 개념은 유럽을 가리키는 명칭이었다. 이를 감안하면 '서양'의 안경은 유럽의 안경이었다.

물론 근시경이 동남아시아·페르시아 등지에서 제작되었을 가능성을 배제할 수 없다. 특히 섭몽주가 안경의 재료로 언급한 코끼리 가죽은 아시아 남부 지역이나 동남아시아, 아프리카 일대에서 생산된 것이다. 1600년대 중반 유럽에서는 나무나 뿔로 제작된 안경이 주류를 이루었지만 가죽, 귀갑, 혹은 대모갑으로 테를 만들고 오목렌즈를 장착한 안경은 유럽에서도 보급되었다.[55] 즉, 이러한 고급 안경이 1600년대 중·후반 유럽뿐 아니라 중국과 유럽·아랍·동남아시아 등에서 유통되고 있었다는 점은 상당히 흥미롭다.

오목렌즈의 근시경 안경은 특히 독서인들에게 환영을 받았던 것으로 보인다. 항주 출신으로, 17세기 말 남서방 한림원 찬수로서 황제의 독서를 도왔던 사신행_{査愼行}은 후에 귀향에 남은 여생을 보냈다. 나이 든 이 노학자는 분명 시력 문제로 고민이 많았던 것 같다. 그는 안경에 대해 "기교 높은 제품은 바다의 서쪽으로부터 전하니 조화의 권위를 다툰다"[56]고 평했다. 그의 판단은 아마도 적지 않은 경험 끝에 내려졌을 것이다.

한편, 강남에서 제조된 안경에 근시경이 도입되면서 많은 서생들은 안경을 소비할 때 기능을 중시하게 되었고, 자신의 처지에 맞는 안경의 입수가 중요해졌다. 따라서 근시경에 대한 관심은 기능이 우월한 서양식 안경으로 눈을 돌리게 했는데, 이러한 현상은 18세기 말부터 더욱 두드러졌다.

과거 응시에서 필수품이 되다

당시 안경의 소비는 결코 시력의 결함에 따라 오목과 볼록의 정도를 맞춘 것은 아니었고, 다양한 안경들을 연마해놓으면 구매자가 시용해 보고 '구매하는' 형태였다. 그럼에도 안경은 근시 혹은 노안으로 인해 지속적으로 독서가 불편해진 독서인들에게 매우 유용한 도구였다. 중국은 어릴 적 독서로 인해 근시가 있었던 자들이 적지 않았고, 심각한 경우 평상시 활동에도 영향을 받는 경우노 있었다. 섭몽주가 언급한 적이 있었던 동덕기董德其라는 향시 준비자는 근시가 매우 심각해 문장을 읽고 쓰는 데 1촌 밖이 거의 보이지 않는 상태였다고 한다. 강희 17년(1678), 지방의 과거시험(향시鄕試)에 참여했던 동씨는 손운구가 제작한 안경을 착용하고 1척 넘게 볼 수 있었기 때문에 과거에 합격했다.[57]

건륭 초, 광동 순덕현의 문인 나천척羅天尺도 회시에 참가하기 위해 북경에 왔다. 당시 함께 온 우인 병원炳園은 나천척에게 근시경을 증여했는데, 나천척은 시를 지어 다음과 같이 감사의 뜻을 표했다.

책상에 앉아 머리에 묶으면 일백 편을 읽게 되고 걸어두면 1장丈 앞이 망연히 (보이지 않습니다.) 많은 군자들이 갖추어 천지에 굴러다니니 손이 오그라들지만(감사함을 전하기가 부끄럽지만) 성남城南의 오척천尺五天[58]에 계신 분께 글을 올립니다.

북고남서의 지고 간에 손잡고 급히 달려가는데 생각이 무슨 틈으로 고원한 것만 바라보는 눈을 닿지 않게 했을까요? 객기로운 자라면 (그 고마움이) 강남 제일의 산과 같음을 인정할 것입니다.[59]

여기서 병원은 등표鄧彪의 자다.[60] 나천척과 등표는 광동 출신으로 함께 북경에 응시 차 다녀왔는데, 안경을 권유받은 나천척이 동료에게 감사의 편지를 쓴 것이다. 지방지에는 병진년 널리 인재를 구하는 박학홍유과가 열리자 나천척과 등표가 함께 응시했다는 기록이 남아 있다.[61] 북경에 가는 길에 나천척이 시력으로 무척 고통받은 것을 보고 등표가 안경을 소개해주니 이에 대해 고마움을 표하는 내용이다.

이 글에 따르면 18세기 무렵 중국은 안경이 '천지에 굴러다니는' 정도로 매우 흔한 상품이 되었다. 이 무렵 안경은 근시경, 원시경, 평광경 등이 시력 교정이나 심미적 이유 등 다양한 목적으로 제작 보급되었다. 수입 유리와 수정 등의 고급 재료나 저급 유리에 이르는 다양한 재질의 제품과 함께 유럽에서 직접 수입한 안경 등이 보급되었기 때문에 안경을 매우 쉽게 접할 수 있었다. 저가의 품질이 떨어지는 안경이 보급될수록 품질이 좋은 안경에 대한 관심도 매우 높아졌다.

나천척은 조금만 떨어져도 보이지 않을 정도로 극심한 근시안이었던 것 같다. 그는 과거 응시 과정에서 자신의 시력 교정에 효과를 거두는 안경을 확보했다. 그의 안경은 머리에 묶어 고정시키는 형식으로 사용되고 있어서 중국에서 자체 제작된 것으로 보이지만 시력 교정에서 상당히 효과를 거두었다는 것을 알 수 있다. 나이가 들수록 시력으로 고통받는 독서인들에게 안경은 중요한 도구였다. 그리고 기능이 향상된 안경들은 항상 환영을 받았다. 나천척의 사례는 과거의 응시가 지방의 문인들이 안경에 대한 정보를 교환했던 기회였고, 이 정보들은 귀향한 문인들에 의해 지역사회에 빠르게 흡수되었음을 보여준다.

대만의 역사학자 구중린邱仲麟은 그의 연구에서 무과에서 근시안과 관련된 두 가지 에피소드를 소개했다. 하나는 병역 기피 수단으로서 근시안을 이용한 일이다. 강희 13년(1674), 경정충耿精忠이 복주에서 병사를 일으키자 무부에서는 무과생원을 인선해 종군하게 했는데 대부분이 선발될 것을 두려워했다. 주사망朱師望이라는 자는 원래 담량과 지기志氣가 뛰어났는데 기꺼이 나와 자신의 이름을 올렸다. 다음 날 활쏘기 능력을 시험하는데 주사망이 품 안에서 안경을 꺼내 코끝에 걸쳐 근시안인 척 했다. 주사는 안경을 쓴 그를 보고 "썩은 유생을 어찌 기용하겠는가"라고 하며 명을 내려 즉시 방출시켰다고 한다.

청대 기인 선발에 대한 에피소드도 있다. 원래 무과라고 하더라도 사서四書를 이해하는 것은 필수였기에 기인들도 글 읽기를 소홀히 할 수 없었다. 그래서 어려서부터 독서를 지속한 젊은 기인들은 근시안이 되는 경우가 있어 이런 근시안의 응시자를 위해 실기 시험을 배려해주기도 했던 것 같다.

그런데 이런 사례가 있다 보니 악용하는 일이 일어나기도 했다. 건륭 40년(1775) 2월, 무과 회시가 있었는데 응시자 150명 중에서 근시 안이라고 보고한 자가 73명에 달했다. 다시 검사해 20명은 정상적으로 응시했는데 53명은 말 타기와 활쏘기를 시킬 수 없다는 것이다. 당시 건륭제는 근시자가 다수 발생한 것에 대해서 "만주인의 기질이 마침내 이와 같음에 이르렀으니 실로 분하고 한탄스럽다"라며 크게 분노했다. 그리고 황제는 이 53명의 근시안에 대해 모두 시험을 정파하게 하고, 이후 응시자 가운데 근시 등의 문제로 말을 타거나 활쏘기가 어려운 자들은 모두 고시를 정지시키도록 했다.

여전히 우위에 있었던 서양 안경

건륭 60년(1795) 편찬된 《양주화방록揚州畫舫錄》에는 도동塗冬이라는 양주의 화가에 대해 "단시가 있는 사람들은 대부분 안경을 쓰는데 그것을 벗기면 얼굴이 필시 변한다"고 하며 도동이 단시자들의 초상화를 그릴 수 있었다고 기록했다.[62] 단시는 근시를 말하는데 근시자들이 안경을 장시간 착용하면서 얼굴이 어색해지는 현상이 있었다. 따라서 근시안을 가진 사람들의 초상화를 그리는 것은 쉽지 않았다. 도동은 교묘한 기술을 가져 안경을 쓰지 않은 본래의 인상을 잘 그려낸다고 알려졌다. 이 글은 18세기 근시안을 가진 자들 대부분이 안경을 평상시에 상시 착용했다는 것을 보여준다. 옹정·건륭 연간 근시 안경은 대도시를 중심으로 상당한 보급이 이루어졌음을 알 수 있다.

옹정 연간에 찬술된 《월중견문》에는 유럽 안경에 대한 다양한 수입이 이루어진 것을 확인할 수 있다. 광동인은 수정으로만 안경을 제작하고 서양 안경은 유리로만 제작되었는데, 오히려 "서양의 아이는 10세에 유리안경을 끼는데 시력을 기를 수 있어 늙어도 눈이 어두워지지 않는다"[63]고 기록했다. 당시 유럽의 안경이 우수하다는 인식은 광동 지역에서 확산되고 있었다. 앞서 유리가 너무 건조하며 수정안경이 더 좋다고 여겼던 완원도 "정밀한 것은 유럽에서 나온다"[64]고 해 유럽에서 들여온 유리안경 가운데 우수한 것이 있음을 인정했다. 중국에서도 유럽의 안경이 자체 제작된 수정안경에 비해 기능적으로 우월하다는 인식이 확대되고 있었음을 확인할 수 있다.

강희 연간의 대관료였던 이광지李光地의 〈안경부眼鏡賦〉에서도 이러한 인식을 찾아볼 수 있다.

내가 나이가 점차 장성할 때에 이르러

젊은 망아지가 시력을 잃음으로

유리를 눈에 써보았으나

산행 때 안개가 가로막는 것과 같았다.

낙수가 일주기를 넘음에

요부[65]가 처음 장가든 때가 되니

홀연히 어두운 곳에서 머무르다가

두꺼비 달빛[66]이 얼마나 밝은지 알겠다.

이 보석을 서쪽 집(유럽)에서 빌려왔으니

길고 희게 칠한 브릿지[67]는 누르지 않는다.

귀를 당겨 떨어지는 것을 막으니

달리듯이 해도 붙어 있다.

일산을 내가 받아서 빛에서 멀어진 것처럼

진실로 특히 이것이 있어 하늘이 밝아졌다.

일찍이 그 얼마나 어두웠던가.[68]

이 시에 따르면 그가 청소년기에 시력이 나빠졌다는 것으로 보아 근시로 오랫동안 고통받았던 것으로 보인다. 그러나 유리 제품의 안경을 눈에 써보아도 뿌옇게 보였다는 것으로 볼 때, 아마도 중국에서 제작한 조악한 유리 제품이었을 가능성이 크다. 그는 다시 유럽산의 유리안경을 손에 넣으면서 그 기쁨을 어두운 밤에 비추는 달빛으로 비유했다. 이 안경은 평소에도 안경이 필요했던 근시안의 이광지에게 무척 유용했던 것 같다. 특히 이 근시경은 귀나 관자놀이에서 잘 떨어지지 않게 고안되어 더 편리해진 형태였다.

근시경의 기능에 대한 관심은 18세기 조선의 기록에도 나타난다. 1766년 홍대용洪大容의 연행기록에 따르면 연행사절의 수행원이었던 이기성李基成이 유리창 거리를 가다가 항주 출신의 엄성嚴誠·육비陸飛·반정균潘庭筠 등 세 사람을 만나게 되었다. 이들은 절강의 거인으로, 회시에 참가하기 위해 왔는데 모두 근시경을 끼고 있었다. 이기성이 그들에게 '근시'에 좋은 안경을 구할 수 없음을 호소하자, 엄성이 자신의 안경을 선뜻 선물로 주었다고 한다.[69] 홍대용의 연행 경험은 당시 근시경 안경에 대한 호기심을 반영한다. 특히 홍대용이 만난 서양인 선교사 할레르슈타인Augustinusvon Hallerstein과 고가이슬 Antonius Gogeisl 두 사람도 모두 안경을 쓰고 있었는데, 고가이슬은 안경 산업이 발달한 독일 출신이었다는 점에서 주목할 만하다.[70]

유럽식 안경 스타일의 유행

유리로 제작된 근시경에 관심이 증가한 이유는 안경이 사치품이나 소장품보다는 기능적 측면에서 유용하다는 점이 강조되었기 때문이다. 수정안경의 경우 원시안들에게 매우 유용했지만 무거워서 장시간 패용하기 어려웠기 때문에 근시안의 경우처럼 상시 착용해야 할 때 부담이 되었다. 안경의 선택에 재질보다 기능과 효과가 더 중요한 기준이 된다. 유리를 재료로 자체 제작되자 안경의 값은 더욱 내려갔으며, 보통 사람들도 구매가 가능할 정도로 저렴해졌다. 하지만 유용한 기능 때문에 유리로 제작되었다고 하더라도 근시경은 특별하게 취급되었고, 독서인들에 의해 주로 애용되었다. 특히 18세기 근시경에 대한 관심은 유럽의 안경에 관심을 불러일으켰고, 이러한 현상은 19세기에 이르러 더욱 두드러졌다. 더욱이 근시경은 계속 착용해야 했기 때문에 당시 사람들의 패션에도 영향을 미친 듯하다.

다음 두 편의 시는 당시 유럽식 근시경의 유행에 작용했던 미적 취향과 심리를 파악하는 데 도움이 된다.

근시의 사람들마다 안경을 쓰니

점포 안에서 깊고 엷음으로 눈 밝음을 구분한다.

눈을 기를 뿐 아니라 가볍고 또한 아름다우니

다투어 사는 자들은 모두 후생들이다.[71]

새로운 것을 좇아 방혜를 걸친다.

거리에서 옷자락을 흔들며 찡그린 표정을 짓는다.

안경을 걸쳐 근시를 꾸미니

사람들이 독서인이라는 것을 알도록 하는 것이다.[72]

　첫 번째 시는 문인 장자추가 항간에 유행하던 시를 수집해《속도
문죽지사續都門竹枝詞》에 수록한 것이다. 이 시에 따르면 적어도 18세
기부터 안경은 크게 유행했다. 내용은 서양의 안경을 좇는 젊은이들
을 풍자한 것이지만, 이때가 되면 적지 않은 젊은 문인들이 서양의
근시경 형태와 디자인에 매료되었던 분위기를 짐작할 수 있다. 두 번
째 시는 문인 양사안楊士安이《도문잡영都門雜詠》에 수록한 100여 수
의 시 가운데 하나다. 당시 북경 지역에서 채록된 이 시들은 북경의
유행과 그들의 심리를 풍자하고 있다는 점에서 주목을 끈다.

　특히 안경은 독서인이라는 증표로, 그들의 지적 소비재로써 부상
한 측면도 있다. 근시안이 많았던 젊은 독서인들은 안경을 패용하며
얻을 수 있는 시각적인 효과에 관심을 두었던 것이다.

3장

동아시아의 안경 전파와
장거리 교역 방식의 쇠락

광동의 해관제도

광주에서 제작된 안경은 대개 수정안경이지만 일찍부터 유리안경도
제작되었던 것 같다. 옹정 7년 무렵 광동의 지방관으로 부임해 안찰
사 직까지 역임했던 장거張渠는 《월동견문록粵東見聞錄》의 '호박유리'
를 설명하면서 "번박에서 수입된 파리"를 갈아서 안경과 기명을 만
드는데 "표리가 보석처럼 투명"하다고 했다.[73] 당시 광주에서 생산된
유리는 '토파리'라고 했는데 품질이 좋지 않아 해외에서 수입된 '양
파려'를 활용해 유리 기명과 안경을 제작했다. '양파려'는 이름으로
보아 유럽인이 가져온 유리 원료였다.[74] 파려가 특별히 우수한 유리
였다는 점을 고려할 때, 양파려는 그에 버금가는 수준이었을 것이다.
  광주는 당대 시박사가 설치된 이후 중국 전근대 역사상 가장 오랫
동안 유지된 대외무역항이었다. 1685년 청조는 각각 강해관江海關·절

해관浙海關·민해관閩海關·월해관粵海關 등을 설치해 외국 선박에 대한 출입과 관세를 관장하게 했다. 그러나 영국 상인들이 영파寧波와 정해定海 절강까지 올라와 불법적인 밀무역을 시도하자 외국의 선박은 단지 광동에서만 무역을 진행하게 했다. 그리고 아행의 일종인 13행으로 해금 외국인들의 무역을 전담 관리하게 함으로써 광주에는 '광동무역 체제'가 성립하게 되었다.[75] 그러나 이것은 유럽에서 이르는 선박들에 한한 것으로, 동남아시아 선박들은 다른 해관으로 입항도 가능했다. 그럼에도 광주의 월해관이 대외무역항으로서 독보적인 지위를 갖게 된 것은 지리적인 요인이 크다. 일반적으로 유럽의 상선들을 제외한 인도양의 여러 상선은 복건·절강·강소 지역의 해관에서 무역을 진행할 수 있었지만 월해관의 항구는 50여 개가 넘어 정박에 유리했으며, 남양 방면의 여러 선박이 가장 가깝게 들 수 있는 것은 광동의 해관이었기 때문에 자연스럽게 광주는 대외무역의 중심지가 된 것이다.[76]

청의 대외무역 운영 방식에는 명대의 방식과 차이점도 있고 공통점도 있다. 연해 사회의 경제에 심각한 타격을 주었던 해금과 연해 공동화 정책으로 연해민을 내지로 강제 이주시킨 천계령遷界令은 명과 청 두 왕조가 모두 채택했지만 명이 해금을 조법祖法으로 삼아 명 후기까지 유지한 반면, 청은 정성공鄭成功 세력을 진압한 뒤 1683년 이후 해금을 해제했으며 오히려 명 후기 호시의 무역 방식을 더 확장하고 계승해 광주를 대외무역 항구로 선포하는 등 연해 상인들의 해양 무역을 장려했다.[77]

청의 대외무역 관리 방식인 '광동체제'에 대해서는 긍정적인 평가보다는 부정적인 평가가 상당히 많다. 그것은 유럽 상인들의 중국과의 무역에 대한 불만스러운 상황이 반영된 것 같다. 서양 상인은 중국 상인과 직접 교섭을 진행하는 것이 아니라 광동 13행이라고 하는 특권 상인을 통해서만 교역이 이루어질 수 있었으며, 수출 상품의 종류는 제한되었다. 서양인의 활동도 여러 제약이 있었기 때문에 중국의 대외무역 방식은 유연하게 반응할 수 없는 것처럼 비춰진다. 더구나 광동의 특권 상인들은 청의 황실, 월해관 및 기타 관리가 끊임없이 요구하는 각종 기부금, 축하금 등의 착취를 부담해야 했으므로 이익을 도모하기 힘들었고, 오히려 영국 상인들에게 빚을 지며 파산하기도 했다. 따라서 광동 무역 체제로 대표되는 청대 대외 무역 관리 방식은 경제 발전에 합당한 장치로 이해되지 않기도 한다.

그러나 한편으로 청의 대외무역은 다양한 방식으로 명대의 시박제도를 보완했기 때문에 당시 대외 무역 전반을 고려하면 상당히 개방적이었다.[78] 청이 명대에 비해 더 적극적이고 유연했던 부분은 정치적·외교적 관계가 없었던 국가들에 대해서 무역관계를 허용했던 측면이다. 또한 조공국으로 인정하는 것에도 제한을 두지 않았다. 건륭 연간의 《대청회전大淸會典》에서 조공국으로 언급된 나라는 8개국이었는데, 가경 연간 간행된 《대청회전》에는 이탈리아국 등이 추가로 조공국으로 인정받아 총 13개국으로 증가했다. 물론 이 조공국들이 모두 정치적 관계를 긴밀하게 유지한 것은 아니었는데, 가경 연간 월해관을 통하는 조공국 13개국 중에서[79] 빈번하게 조공한 나라는 섬라뿐이었다. 그 외 미얀마의 경우 단 1~2회의 입공으로 조공국의 지위를 인정받았고 네덜란드는 해적 토벌에 공을 세워 복건의 입항

이 허가됐다.[80]

또한 경제적 관계에서도 청은 유연한 측면이 있었다. 예컨대 1727
~29년 옹정제는 동남아시아 여러 국가에 무역관계를 허가했다. 이
후 청대에는 조공국보다 무역만을 허가받은 국가들이 더 많았다. 청
은 공식적인 대외무역항을 광주 한 곳으로 제한했지만, 중국인은 사
해관 전 지역에서 무역할 수 있었으며 해외 도항도 사실상 인정되어
중국인의 동남아시아나 필리핀 방면으로의 교류도 활발했다. 1684
년 해금이 해제된 이후 연해 상인들은 기꺼이 해외무역에 참여했기
때문에 수부·타공 등 해외 무역에 종사하는 사람들이 급증했다. 특
히 복건과 광동의 해안에는 해외무역으로 생계를 삼은 자가 가장 많
았는데, 광동 한 곳만 해도 '수십만 명'에 달했다. 강희 56년(1717) 민
간인들의 해외 도항을 엄격하게 금지하기도 했지만, 1729년 이후 출
항을 막는 금령이 해제되었고, 1954년 이후로는 타국에 출항했더라
도 3년 이내에 원적에 회귀해야 하는 해외 무역상인에 대한 제한도
사라졌다. 물론 이러한 조처만으로 청이 '개방적' 상태였다고 보이지
는 않는다. 청 정부는 해외 출항 선박의 크기를 제한하는 등 해양 무
역에서 상당한 제한을 원칙적으로 두고 있었기 때문에 경쟁력이 높
지 않았다는 측면도 있다.[81]

그러나 청의 단순 무역관계의 허용, 해외도항의 규제 철회 등으로
옹정 건륭 이후 해양 무역은 상당한 번영을 맞이했다. 특히 광동지역
사람들은 먼 바다에 나가는 것을 두려워하지 않으니 남해 각지에 두
루 거주하기에 이르렀으며 특히 싱가폴·섬라 등지에는 광동인 점포
들이 즐비했다.[82] 이 과정에서 광동 지역은 해외 상품과 자재, 그리고

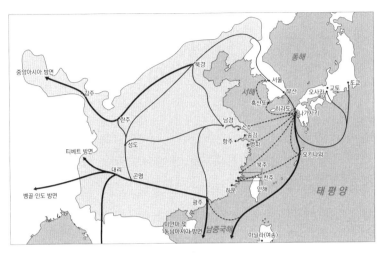

동아시아의 주요 도시와 내·외 교역 네트워크
란주, 북경, 광주, 나가사키, 류큐, 대리 등은 조공과 비조공 등 다양한 형태의 무역을 통해 동아시아 내의 국가와 도시들을 세계로 연결했다. 굵은 선은 외부로 연결하는 주요 루트, 점선은 동아시아 각 국가 간의 교역 루트, 실선은 중국 내부의 주요 교역 루트를 나타낸다.

다양한 정보들이 수입될 수 있었다.

　수요가 높았던 비단 등 중국 직물을 공급했던 중국 연해의 상인들은 해외의 도시들을 오가며 중국에서 필요로 하는 자재와 상품들을 수집하는 데 기여했음이 틀림없다. 그리고 이 과정에서 안경 및 각종 광학도구도 유입되었다. 장거는 《월동견문록》에 유럽에서 들여온 각종 유리 제품, 자명종, 풍금, 연발총기 및 해도 등 유럽인에 의해 제작된 낯설고 신기한 기물을 소개했는데, 특히 서양의 광학 도구들에 대해 다음과 같은 기록을 남겼다.

　서양인은 호기심이 많고 지혜롭다. 만든 여러 기물은 극히 교묘하다.

유리로 만든 천인경은 매달면 사물들이 모두 거울 안에 있다. 다보경
이 있는데 멀리 비추면 한 사람이 10만 인으로 보이며 하나의 사물은
10만 개로 보인다. 천리경은 수십 리 밖의 탑 끝에 말린 추녀도 분명하
며 사이의 가로와 빗김이 하나하나 시원스럽다. 현미경은 꽃술에 있는
벌레 새끼를 볼 수 있으며, 벌레의 터럭 길이까지 헤아릴 수 있다.[83]

장거가 언급한 천인경은 볼록거울일 것이다. 다보경은 만화경이
다. 망원경과 함께 만화경은 명 말부터 알려졌지만 근대 과학을 열었
다는 현미경과 볼록거울에 관한 기록은 흥미를 끈다. 이외에도 장거
는 다발식 총기와 자명종에 대해서도 기록했다.

광주를 통해 들어온 상품과 정보는 강남의 대도시들과 수도 북경
에 유통되었고 다시 조선과 일본 등지로 전달되었다. 조선의 천리경
과 자명종도 이곳을 통해 유입되었을 것이다. 물론 류큐나 나가사키
등이 동남아시아나 네덜란드를 연결하며 동아시아의 창구 역할을
했지만 광주는 동아시아 지역의 교역네트워크에서 동아시아와 유라
시아 세계의 여러 정보와 상품을 연결하는 가장 큰 규모의 상항이었
고 실질적인 문호로서 기능했다. 안경 등 광학도구들도 마찬가지였
다. 안경은 광주를 통해 다른 성으로 수출되었던 대표적인 상품이었
다.[84]

이외에도 적지 않은 안경이 내륙으로부터 유입되었을 가능성이
있다. 특히 러시아는 1693년이후 청에 사절을 파견해 오기 시작하면
서 북경에는 서역 상인들의 왕래가 빈번했다.[85] 분명 러시아 사절들
은 안경의 수입에 중요한 역할을 했을 것으로 보이지만 뚜렷한 증거

는 없다.

청의 대외정책의 폐쇄성을 강조하는 논점들은 청대 대외무역이 제한적이었고, 대외교역의 내용과 교역 상품이 액수가 많지 않아 중국사회에 미친 영향도 크지 않았을 것으로 추정하기도 한다. 하지만 동아시아에서 가장 많은 정보를 입수하고 전달할 수 있는 곳이 바로 광주였으며, 많은 이역의 물산이 광주를 통해 중국 내 각지로 판매되거나 혹은 조선과 일본으로 유입되었다. 더욱이 16~17세기 명 말·청 초 농업과 수공업 방면에서 혁신과 유럽인들의 동전, 그리고 신대륙 발견 등을 배경으로 청대 경제는 새로운 국면을 맞았다. 신대륙으로부터 태평양을 건너 은을 운송하는 마닐라 대범선의 출항과 함께 내륙 실크로드의 쇠락으로 해양 방면의 교역 네트워크상에서 광주의 비중은 더욱 높아졌다. 그리고 19세기 이전까지 이곳을 통해 유입된 안경 관련 정보들이 유럽에 비해 낙후된 상태였다고 보이지는 않는다.

북경에서 조선으로 온 안경

조선에 유입된 안경은 17세기 중반 이후 그 수가 급속하게 증가했는데, 이는 안경 문화의 진원지라고 할 수 있는 북경의 출입이 매우 빈번했기 때문이다.

박준원朴準源은 안경의 전입이 북경의 조공 사절을 통해 이루어진 것을 확신한 듯 다음과 같은 시를 남겼다.

검구나 그 문양이여 귀갑과 같은 안경의 테로다.

그 빛은 월륜과 같으니 안경의 몸이로다.

끈에 매어야 찰 수 있고 입을 수 있어

수창의 옥과 같이 드리운다.

인끈이 있어야 매듭을 지을 수 있고 고정할 수 있으니

맺은 것은 화제의 구슬과 같다.

안경이 사람에게 편리한 것은 가지고 다니며

그것을 때때로 쓰기 때문이다.

그 보석과 같은 희귀함과 그 꾸밈의 아름다움은 끝이 없으니

어찌 연시燕市(북경의 시장)로부터 나서

압록강을 건너 동전한 것이 아니겠는가.[86]

박준원이 설명한 안경은 둥근 렌즈에 끈을 매어 묶는 형태였다. 렌즈를 달의 광륜에 비유한 것으로 보아 렌즈의 형태와 투명도가 상당히 높은 수준이었고, 볼록렌즈 계열의 원시경이었을 것으로 추정된다. 그가 설명하는 안경은 앞서 살펴보았던 필원의 묘에서 발굴된 안경과 유사한 형태였을 것으로 짐작된다. 조선에서 유통된 안경의 대부분은 북경에서 가져온 것이었다.

이 기록은 18세기 동아시아 지역의 물질 교류에 대한 반응을 생생하게 전달한다. '연시'는 조선시대의 조공 사절들이 많이 드나들었던 유리창·융복사 주변 등 그들이 머무는 회동관 주변과 그 일대에 열린 시장을 말하는 것이다.[87]

1700년대 초반까지 조선 사신들이 머물던 옥하관玉河館은 자금성

의 남쪽에 위치한 예부 소속의 회동관 관사였다. 회동관은 조공을 위해 입경한 사절단이 머물던 일종의 영빈관으로 북쪽과 남쪽으로 나뉘어 북쪽은 주로 왕부의 사절, 여진인, 번인 등이 사용했고 남쪽은 몽골·조선·일본·베트남 등지에서 파견된 사절들이 사용했다. 회동관은 조공 사절들이 머물면서 명조와의 외교 업무를 처리하는 실무 장소였으며, 또한 양국의 인사들이 시문을 교류하고 학문을 토론하는 문화적 명소이기도 했다. 또한 회동관 근처에서는 사절을 수행해 온 상인들이 물자 교류를 진행하기도 해서 몰려온 상인들과 자연스럽게 시장이 형성되기도 했다. 비록 조선인이 머물던 옥하관이 아라사관으로 바뀌기는 했지만 이 무렵 사절들의 활동은 자유로워지면서 조선 사절들이 안경을 접할 기회는 더욱 다양해졌다.

　대개 연행의 루트는 육로만으로 제한된 측면이 있었고 1년 1회의 공기貢期가 정해져 있었지만, 목적에 따라 다양한 사절들과 사은사謝恩使, 주청사奏請使, 하진사進賀使 등의 별행들이 이어지곤 했다.[88] 잦은 사신의 왕래로 양자 간의 교류 역시 활발했다. 특히 사신의 활동을 회동관으로 제약했던 명대와는 달리 강희 연간부터 사신들의 출입이 점차 허용되어 18세기 후반에 이르면 제약은 거의 사라졌다. 18세기 연행사절의 기록에는 북경의 여러 시장에서 안경을 접한 기록이 다수 남겨져 있는 것도 이 때문이다. 유명한 안경포에서 직접 안경을 구매하는 일은 매우 용이했으며, 심지어 유럽인 선교사를 만나 유럽인의 안경을 직접 접할 수도 있었다.

　특히 18세기 초 안경은 북경 곳곳에서 관찰되고 판매되고 있었다. 중국 내에서 제작된 염가의 유리 안경이 대량 공급되면서 안경의 가

신윤복의 풍속화에 묘사된 안경 쓴 선비

조선에 유입된 안경은 17세기 중반 이후 그 수가 급속하게 증가했는데, 이는 안경 문화의 진원지라고 할 수 있는 북경의 출입이 매우 빈번했기 때문이다(ⓒ국립중앙박물관).

격이 떨어졌고, 항상적인 착용을 요하는 근시경도 보급되기 시작했기 때문이다. 북경과 대도시에서 안경을 판매하는 사람이나 착용한 사람을 만나는 것은 별로 어려운 일이 아니었다.

그중에서도 청대 조선의 연행 사절들이 안경을 접한 가장 큰 시장은 유리창이었다. 명대 궁에서 사용하는 유리기와를 굽는 곳이었던 유리창은 북경 정양문 밖 남쪽 성 밑에서 선무문 밖까지 쭉 뻗은 대로의 양옆으로 각종 서첩과 서적, 고물, 문방사우 등의 재료를 판매하는 점포들이 들어서 있었다. 17세기 초부터 이미 유리창에는 안경만 전문적으로 취급하는 판매하는 점포들이 들어섰다. 1769년(건륭 34, 영조 45), 이문조李文藻의《유리창서사기琉璃廠書肆記》에는 유리창의 다리를 사이에 두고 동편 시가지에 대해서 "서편보다 협소하지만 안경, 담뱃대, 일용잡화 등을 판매하는 노점들이 즐비하게 들어서 있어서 늘 북적대고 있다"[89]고 기록하고 있다. 그리고 건륭·도광 연간이 되자 안경 점포들은 그 수가 다섯 배 이상 증가하기에 이르렀다.[90]

유리창은 수많은 일용품과 문방구 서적, 그리고 서역의 물품이 거래되었으므로 입경하는 과거 응시자들과 관료들, 그리고 이역의 조공 사신들이 몰려들었다. 그리고 조선의 사신들은 이곳에서 서적과 함께 안경을 사서 귀국했다. 북경에서 조선으로 전해진 이채로운 광학 도구들은 새로운 상품에 대한 호기심을 일으키고 우아한 안경들은 조선에서도 인기를 끌었다. 북경에서 유통된 도구들은 저 멀리 유럽에서 들어온 것도 있었지만 18세기 중국에서 자체 제작된 안경은 조선에서 적지 않은 반향을 일으켰다. 1798년 10월 19일, 사은사 사행에 서장관으로 동행한 서유문徐有聞는 유리창에 대해 "안경포, 서첩포, 그림포가 여럿으로 두서너 달을 지냈어도 빠짐없이 볼 길이 없다"[91]고 전했다. 17세기 이후 연행사절을 따라간 역관들은 서적이나 서화와 함께 양질의 안경을 구입하는 데 무척 분주했을 것이다.

유리창 외에도 융복사隆福寺 주변의 시사 역시 '여러 시장의 으뜸'이라고 칭해지며 사신단들의 방문이 이어졌다. 융복사는 성의 동쪽 대시가의 서북쪽에 위치한다. 명 경태 4년 건설되었다가 옹정 원년 중수된 융복사는 매월 9~10일 그 주변에 묘시廟市가 열려 백화가 가득 들어차며 활기가 넘쳤다.[92] 또한 융복사 주변 거리는 왕푸징王府井 거리와 인접해 사신들이 종종 이곳에 들러 고관들을 방문하거나 책을 사곤 했다. 홍대용은 1월 26일에 유리창의 미경재味經齋 서점을 방문했으며, 다시 사흘 뒤인 1월 29일에 역관 조명회趙明會와 수레를 타고 융복사로 갔다. 그는 융복사 주변 시장을 둘러보며 여러 종류의 천리경에 대해 "짧고 작아서 통소 관처럼 생겼다"고 언급했다. 그는 천리관의 사용법에 대해 관을 한 마디 정도 뽑으면 주머니 안과 같이 되는데 이것으로 "50보 밖에 있는 편액 문장의 자획까지도 분명히 볼 수 있다"고 기록했다.

1680년 동지사의 일행으로 연행에 참여했던 이삼재는 북경에서 안경 한 부를 얻어 그의 친한 벗 이현일에게 증여했다. 오래지 않아 이현일은 이삼재에게 "안경을 보내주어 어두워진 눈에 한 번 걸치니 예전 보던 것으로 갑자기 돌아왔다. 이른바 이미 맹인이 된 시력에 은혜를 베풀어주시니 어떻게 감사하면 될까"[93]라고 답신을 보냈다. 이현일은 자신이 받은 안경을 매우 진귀하게 여겼고, 자신의 아들들에게 그 안경을 물려주었다. 이현일의 안경은 전형적인 서역식 안경이었을 가능성이 높다. 이처럼 북경의 안경점에서는 강남 일대에서 제조된 것이 다수를 점했다.

조선의 안경 전파

조선시대 안경의 최초 전입은 임진왜란 시기로 추정된다. 이에 대한 근거는 일본과의 회담에 참여한 심유경沈惟敬과 일본의 승려 현소玄航의 회담에 관한 기록이다. 이수광李睟光은 "두 사람 모두 노인으로 안경을 사용하여 작은 문자를 읽을 수 있었으니 모두 우리 조선에 없는 것이다"[94]라고 했다. 이 기록을 볼 때 안경이 조선에 알려진 것은 임진왜란이 한참 벌어졌을 때였다.

심유경은 일찍이 일본에 오래 머물렀기 때문에 일본에서 안경을 획득했다고도 볼 수 있지만, 심유경과 현소가 어떤 형태의 안경을 사용했는지는 명확하지 않다. 동남아시아 방면에서 유입된 안경의 양도 증가한 데다 중국에서 자체적으로 안경을 제작하기 시작했다는 점에서 그가 착용한 안경의 형태와 내원을 추론하기는 어렵다. 현소는 포르투갈인을 통해 안경을 입수했을 가능성이 높다. 이 기사는 이수광이 당시 회담의 일을 전해 듣고 글로 전한 것일 뿐이지만, 당시 동아시아 3국 모두 안경이 알려졌음을 보여주는 상징적인 사건이다.

김성일金誠—의 소유로 알려진 국내에서 가장 오래된 안경도 이 무렵 획득한 것으로 보인다. 김성일은 1577년 1월 사은사謝恩使 겸 개종계주청사改宗系奏請使의 서장관書狀官으로서 정사 윤두수尹斗壽, 질정관 최립崔岦과 함께 북경에 갔다가 7월에 돌아왔다. 또한 그는 1590년 통신사 부사로서 일본에 다녀왔기 때문에 해외 사정에 밝은 편이었다. 그가 북경이나 일본에서 안경을 입수했다고 보는 것은 문제가 없다.[95] 그의 유품이라고 알려진 안경은 중국에서 제작된 형태로 보인다.

공식적으로 인정되는 조선 안경 전파 기록은 임진왜란 이후 이호민李好閔이 남긴 것이다. 그가 1606년에 쓴 〈안경명眼鏡銘〉에는 안경에 대해서 "눈이 어두운 사람이 눈에 쓰고 글을 보면 잔글씨가 크게 보이고 흐릿한 것이 밝게 보이도록 한 것"이라고 정리했다. 그는 또한 "화인이 밝고 깨끗한 양의 뿔을 사용해 두 눈 모양으로 만든다"[96]는 설명을 덧붙였다. 당시 안경 제작 방식을 미루어볼 때 그가 언급한 양의 뿔은 렌즈를 만든 재료가 아니라 테를 만드는 재료로 해석된다. 뒤에

이하응 초상(와룡관학창의본, 1869년 작)
흥선대원군이 와룡관을 쓰고 학창의를 입은 채
교의에 앉아 있는 전신 초상화다. 탁자 위에 청
화백자 인주함, 탁상시계, 용문양 벼루, 둥근 뿔
테 안경 등이 배치되어 있다(ⓒ서울역사박물관).

언급하겠지만 17세기 후반 일본으로 수입된 안경 중에는 뿔이 사용
된 흰색의 프레임의 두텁고 큰 렌즈를 장착한 안경이 있었다. 동물의
뿔을 안경의 프레임으로 사용한 예는 16세기 유럽 일부 지역에서 보
이며, 네덜란드 동인도회사가 막부에 보낸 수입품 목록에서도 확인
된다.[97]

조선은 안경 등 광학도구들의 유입이 늦은 편이기는 했지만 보급
은 매우 신속하게 이루어졌다. 1700년대 중반이면 안경에 대한 정보
와 함께 상당수의 안경이 유입된 것으로 보이며 독서인들의 구매 요
구도 급증했다. 18세기 동아시아인에게 안경은 더 이상 신기한 물건
이 아니었다. 북경의 거리에서 수정 혹은 유리로 된 안경을 무수히

접할 수 있었듯이 조선의 한양 역시 수정과 유리로 제작된 안경이 유행했다. 그러나 독서인들에게 중요한 것은 역시 기능이 뛰어난 안경을 구하는 일이었다.

조선의 사절들은 주로 중국 궁정이나 관원들과 접하면서 안경에 관한 정보를 수집했기 때문에 고급 안경에 대한 이해도 높았다. 강희 52년(1712) 2월 초 6일, 조선 사신 김창업金昌業은 창춘원暢春苑에서 한인 관료 세 사람이 모두 문서를 보고 있거나 혹은 구부리고 글자를 쓰고 있는 모습을 기록했다. 창춘원은 현 북경대학교 서쪽, 원명원 남쪽에 위치하는 명원으로 명대의 청화원을 개보수하여 청대 황제들이 더위를 식히며 정사를 펼쳤던 이궁으로 사용되었다.

그중에는 중신 이광지가 한 명의 호인이 앞에서 시립하고 있는 중에 안경을 쓰고 문서를 들여다보고 있었다. 앞서 이광지의 〈안경부〉에서 확인했듯이 그가 착용한 안경은 유럽인이 제작한 것이었다. 1670년대 진사가 된 이광지는 강희제의 '삼번의 난' 토벌과 대만 평정을 도우며 이부상서, 문연각대학사까지 지냈으므로 그가 쓴 안경은 강희제가 하사한 것이었다고 추측된다. 거리에서 본 적 없는 안경을 쓴 이광지가 자연스럽게 집무에 열중하고 있는 모습은 조선의 사신단과 김창업에게 어떻게 비쳤을까? 이규경이 이광지가 쓴 시구를 인용한 것은 분명 기능이 뛰어난 유럽인의 안경에 대한 관심을 보여준다. 이규경은 수정안경보다 서양의 유리안경이 훨씬 우수하다고 판단했다.

조선인이 이해한 안경

조선인의 안경에 대한 경험 가운데 하나는 바다 건너 위치한 일본을 통해서였다. 1815년 이종덕李種德은 제주 정의旌義 현감縣監의 임기를 마치고, 제주에서 뭍으로 이동하는 과정에 일본 나가사키항에 표류했다가 1816년에 본국에 귀환했다. 그가 쓴 〈표해록〉은 전해지지는 않지만 이규경의 《오주연문장전산고五洲衍文長箋散稿》에 일부 전하며, 일본에도 그의 표해 관련 기록이 남아 있다. 이종덕은 당시 일본에서 네덜란드 사람들을 만났다. 그리고 안경을 쓴 이를 보고 그는 "(눈동자가) 돌출되어 게의 눈이나 벌의 눈과 같아 매우 이상해보였다"[98]고 한다. 이것은 조선인이 서양인을 관찰한 기록이라고 할 수 있는데, 여기서 안경에 대한 그의 기록은 상당히 흥미롭다. 1800년대면 이미 조선에도 안경이 상당히 보급되었을 무렵인데 그는 네덜란드인의 안경을 눈이 돌출되어 보이는 특징이 있다고 설명한 것이다. 아마도 그는 안경 자체가 이상한 것이 아니라 조선에서 보지 못했던 안경이었기 때문이었기 때문에 이상하다고 생각했을 것이다.

또 다른 표류 기록에서도 안경을 확인할 수 있다. 아래 문장은 1797년 9월 경상도 관찰사 이형원李亨元과 삼도도통사 윤득규尹得逵가 올린 장계다.

이국의 선박 한 척이 동래의 용당포龍堂浦에 표박하였는데 모두 50인입니다. 코는 높고 눈은 푸르며 하얀 모직 모자를 썼습니다. 배 안에 화물로는 초경硝鏡과 천리경, 구멍이 뚫리지 않는 은전류를 휴대하였습니다. 한어, 여진어, 몽골어, 왜어 모두 통하지 않았고 그들에게 글씨를 쓰게 하니 구름이나 산과 같았습니다. 손가락으로 동남 방향을 가리키고 입을 오무려 바람을 일으키는 모습을 만드니 바람을 기다린다는 뜻인 것 같습니다. 그 말 중 한마디는 '낭가사기'라는 단어가 있는데, 즉 일본어로 나가사키섬인 듯합니다.[99]

이 표류민들은 '낭가사기'라는 단어를 사용한 것으로 보아 나가사키에 상관을 운영하고 있던 네덜란드인이었을 것이다. 이들이 가지고 온 천리경, 그리고 구멍이 뚫리지 않는 은전류 등은 모두 유럽에서 직접 가져온 물건과 화폐로, 초경이라고 기록한 안경 역시 유럽에서 제작된 안경이라고 추측된다.

조선은 중국과 일본을 제외하고는 외교 관계를 맺지 않았기 때문에 서양인의 접촉은 매우 적었다. 1653년 배를 타고 온 네덜란드인이 진도에 표류했지만 안경을 휴대한 서양인이 직접 조선에 도착한 것은 그 후로 많은 시간이 경과된 뒤였다. 조선인과 유럽인의 직접적인 교류는 매우 드물게 기록된 편이었다.

그렇다면 조선은 안경과 광학에 대해 어느 정도 알고 있었을까? 조선은 유럽의 안경 문화와 완전히 동떨어져 있었을까? 이규경이 정리한 광학 도구들을 분석해 그 일단을 살펴보자. 이규경은 〈안경류〉에서 다음과 같은 순서로 안경과 광학 도구를 나열했다.[100]

① 노안경老眼鏡, 장안경長眼鏡, 중로안경中老眼鏡
② 근안경近眼鏡, 충안경虫眼鏡, 수안경數眼鏡, 원안경遠眼鏡
③ 서양모서화망원경西洋模書畫望遠鏡, 원경遠鏡

④ 취화경取火鏡, 취수경取水鏡, 현미경顯微鏡, 임화경臨畫鏡, 다보경多物鏡, 서광경瑞光鏡

⑤ 원안경遠眼鏡

위의 안경 그룹들 중 ①과 ②는 1713년 일본의 데라시마 료안寺島良安이 편찬한 《화한삼재도회和漢三才圖繪》를 참고한 것으로 보인다. ④에 언급된 상품명은 청대에 발간된 《우초신지虞初新志》에서 대부분 이름을 확인할 수 있다.[101] 데라시마 료안의 해석에 입각해 이 안경들을 해석하면 ①은 렌즈의 종류에 따른 안경으로 노안경은 원시안경, 장안경은 평면경, 중로안경은 근시안경이다. ②의 근안경, 원안경은 각각 근시안경과 원시안경으로 구분되어 보이는데 수안경과 충안경의 설명은 상당히 거칠어 이해하기 어렵다. 그런데 광학기구들의 네덜란드 명칭을 면밀히 검토한 보고서에 따르면 충안경은 취화경, 즉 양수의 기능을 가진 안경이라고 고증되었다.[102] 그리고 1670년 네덜란드 바타비아 총독부의 보고 기록에 따르면, 고배율의 렌즈로 된 크고 두꺼운 고급 안경이 일본으로 유입된 것도 확인할 수 있다.[103] 이규경은 이종복이 보았던 게의 눈이나 벌레의 눈과 같이 튀어나온 것처럼 보인다는 기록을 떠올리며 네덜란드에서 제작된 안경이 "추호를 헤아릴 수 있을 정도"라고 기록했다. 충안경은 고배율의 특별한 기능 안경을 일컫은 것 같다.

다만 ①과 ②의 구분은 근시안경과 원시안경이 중복되어 혼란스럽다. ①과 ②의 구분은 스타일이나 기능에 따른 구분이라고 보인다. 단서는 원시경에 대한 명칭 ①의 '노안경', ②의 '원안경'에서 찾을 수 있다. 즉 ①그룹은 '노' 자를 활용한 것으로 보아 중국에서 흡수한 렌즈 구분 방식이라고 보인다. 중국에서는 원시경을 '노화경'이라고 했다. ②그룹은 '원' 자를 활용했고 충안경과 수안경 등과 묶여 있어 유럽의 안경들이라고 보인다. 근시, 원시, 충안경, 수안경 등은 네덜란드의 수입 품목 목록에서 확인된다.

③과 ④는 청대 자료에서 그 기능을 찾을 수 있다. 아마도 중국 자료를 검토한 이규경은 ①과 ②에서 중복되지 않는 광학 기구를 따로 언급했을 것이다. 18세기 무렵 발간된 장조張潮의《우초신지》에는 이규경이 언급한 대부분의 광학기구들이 망라되어 있다.[104] 그리고 정복광鄭復光의《경경령치》는 19세기에 유통된 다양한 광학기구들의 기능과 제작 방법들까지 설명한 자료다. 정복광은 이규경과 거의 비슷한 시기에 태어났기 때문에 이규경이 소략한 광학도구의 기능을 파악하기에 용이하다.

③의 서양모서화망원경西洋模書畫望遠鏡은 명칭상 카메라 옵스큐라를 일컫는 듯하다.《경경령치》에도 카메라 옵스큐라에 관한 설명이 무척 자세하게 언급되어 있다. 원경은《경경령치》에 일식을 볼 수 있는 도구로 설명되어 있다. ③그룹은 대개 천문 관찰이나 전문성을 띤 광학도구다.

④그룹은 간단히 다음과 같이 정리할 수 있다. 취화경은 빛과 열을 모으는 양수의 기능을 할 수 있는 도구다. 재질에 따라 오목형의 빛을 모으는 방식과 볼록형의 빛을 통과시키는 방식이 있다. 취수경은《경경령치》에 따로 설명이 없고《우초신지》에는 "태음을 향하여 물을 취한다"[105]는 설명이 남아 있다. 나는 취화경과 취수경이 각각 오

목형의 빛을 모으는 방식(청동경)과 볼록형의 빛을 통과하는 방식(렌즈형)을 언급한 것이라고 본다.[106] 주지하듯이 고대 청동경의 오목경과 유리의 볼록렌즈는 모두 확대경의 원리에 해당하는 것이다.

현미경은 우리가 알고 있는 그대로다. 임화경이라는 이름 역시 《경경령치》에서 언급되지 않았고 장조의 《우초신지》에서 이름만 확인할 수 있다. 다만 임화경과 의미상 비슷한 유리 이름으로는 조경경照景鏡 혹은 취경경取景鏡이 있다. 조경경은 청동이나 파리로 제작된 거울이나, 유리창 등의 용도로 사용될 수 있는 일반 유리 제품을 가리킨다.

서광경은 집광 혹은 집열판인 듯하다. 대소의 차이는 있지만 큰 것은 지름 5~6척에 달하고 밤에는 수리를 비추며 가까이 있으면 온기가 있다고 기록되어 있다. 다보경은 중국 문헌에서 많이 언급되어 있는데 삼릉경보다 더 많은 면을 사용하여 사물을 수십, 수백 개로 볼 수 있는 광학도구다.[107] ④그룹은 유리로 제작된 실용·비실용의 다양하고 저렴한 광학 도구들을 포함하고 있다. 《우초신지》에 언급된 도구들은 천리경, 취수경, 서광경을 제외하고 별다른 설명이 없다. 이 명칭을 광학기구들에 비정해보니 아마도 나머지 도구들은 특별한 설명이 필요하지 않을 만큼 널리 알려졌기 때문일 것이다.

⑤의 원안경은 중국 사료에서 찾기 어려운 용어다. 원안경에 대한 고증에 의하면 17세기 후반 '먼 곳을 보는 안경'으로 해석되는 안경이 네덜란드인을 통해 수입되었다. 그리고 이러한 기능은 망원경이라는 이름으로 불렸다.[108]

이규경의 광학 도구들의 분류는 얼핏 보면 중복된 것으로 보이고 해석도 분명하지 않다. 하지만 그 명칭의 갈래와 유래를 기준으로 판단하거나 혹은 당시 유통되던 안경과 광학 기구에 비정해보면 상당히 정확한 기준이 있었다. 안경과 광학 도구들은 중국이나 일본을 통해 알려졌지만 조선 역시 교역 네트워크에서 얻은 정보와 상품들에 대해 상당한 정보를 확보하고 있었다. 그리고 안경에 관한 대부분의 지식들이 대개 유럽인을 통해 알려진 것이었다. 이것은 지식과 정보가 유통되는 교역 네트워크에서 적지 않은 변화가 있었음을 보여준다.

일본의 안경 전파와 문화

일본에서 현존 최고의 안경으로 알려진 것은 도쿠가와 이에야스德川家康의 유품이자 시즈오카현靜岡縣 구노잔久熊山 도쇼구東照宮에 보관된 것이다. 이외에도 교토시 무라사키노紫野 다이도쿠지大德寺의 다이센인에 소상되어 있는 안경은 무로마치 12대 쇼군인 아시카가 요시하루足利義晴가 소지했던 것으로 알려져 있다. 이곳에 보관된 안경은 상아 테의 코안경으로 가운데가 접히는 형태이며, 걸림 장치가 있는 호주박 모양의 안경갑과 함께 남아 있다. 그리고 안경테의 양측 아래에는 돌기가 남아 있어 끈을 고정하는 형태로 착용했을 것으로 보인다. 참고로 도쇼구에 소장된 안경은 두 테가 접히지 않는 형태다.[109]

안경의 역사를 기술한 오오츠보 겐지는 일본에 남아 있는 옛 안경을 각각 대륙형과 유럽형으로 구분했다.[110] 그는 고정못으로 고정하는 형태의 안경이 대륙을 통해 유입되었고, 도쇼구에 소장된 것은 유럽에서 개선된 디자인이 유입된 것으로 파악했다. 초기 일본에 전입된 안경은 대개 못으로 고정되어 후두부에 묶는 형태이기 때문에 유럽인의 진출 이후 유입은 따로 유럽형으로 구분했다. 동아시아에 일찍 출현했던 안경은 서역에서 유래한 스타일로 가운데가 접히고 후두부에서 묶는 유리 제품이며, 유럽의 안경은 코안경의 형태였다.

유럽의 안경이 일본에 소개된 것은 예수회의 활동으로부터였다. 당시 예수회의 활동을 면밀하게 기록한 포르투갈의 루이스 프로이스Luis Frois 신부는 프란시스코 자비에르가 스오우周防 지역의 오우치 요시타카大內義隆에게 헌납한 물건 가운데 안경이 포함되어 있었다고 기록했다. 또한 그는 근시였던 자비에르의 안경에 대해서 서민들이 크게 놀라워했다고 기록하기도 했다.[111] 이에 따르면 16세기 중반 일본에도 유럽의 안경이 전파되었고 특히 근시경도 함께 알려졌다는 것을 알 수 있다.

그럼에도 16세기까지 일본에서 안경은 쉽게 볼 수 있는 물건은 아니었으며 본격적으로 안경이 수입된 것은 17세기부터였다. 일본의 나가사키에는 안해, 하문, 복주, 광동, 광남, 샴 등에서 정크선이 입항했는데 당시 중국 상인들이 수입해온 중국제 안경에 관한 기록이 데지마出島에 상관을 두었던 네덜란드 동인도회사의 일지에 단편적으로 남아 있다.[112] 그리고 이 기록에 따르면 일본으로 수입된 중국 안경의 상당수는 정씨 일가의 영향하에 있던 안해 방면의 선박이 가져온 것이다.[113] 당선이 안경을 수입했다는 기록은 1640년과 1653년에 확인되지만 그 수량 정보는 남아 있지 않다. 하지만 1654년에는 200여 개, 1657년에는 150여 개, 1662년에는 1,600개, 1663년에는 2,700여 개가 수입되었다고 한다.

1570년 나가사키 개항 이후 18세기까지 일본에서 사용된 안경은 대부분 수입에 의존했다. 그중 상당수는 중국인 당선이 수입해왔으나 유럽인의 참여도 주목할 만하다. 일본 도항이 전면 금지되기 이전 일본과의 무역을 주도하던 포르투갈 세력들이 운반한 화물 중에 안경도 있었다. 일본에서 쇄국을 단행한 1639년 이전까지 무역선들의 안경 수입 수량과 단가 등의 분석에 따르면 1636년 포르투갈인은 일본으로 도항하는 선박 편에 생사와 견직물, 그리고 코안경 19,435개를 실어 보냈다. 그리고 그다음 해인 1637년에는 코안경 38,421개, 일본에서 추방되기 1년 전인 1638년에는 코안경 405개를 운송했다. 단편적인 자료만 보아도 포르투갈인은 일본에서 무역이 금지되기 전 코안경 수만 개를 유통시킨 것이다.

이에 대해서 포르투갈인이 일본에 들여온 안경이 포르투갈에서 온 유럽의 안경이라고 보기에는 당시 생산력과 무역 시스템으로 미루어 볼 때 적절하지 않다고 하며 아시아에서 난 것이라고 한다.[114] 하지만 명 말 중국에서 수만 개의 안경을 제작하고 유통시켰다고 보기에는 생산과 보급이 원활한 상태는 아니었다. 더욱이 명 말 중국 역시 상당수의 안경을 아체나 말라카 방면에서 수입하고 있었다. 따라서 이 코안경은 분명 애체나 말라카를 통해 들여온 안경이었을 것으로 보이며, 우수한 품질의 안경으로 보이지는 않는다.[115]

잠시 코안경의 의미를 생각해보자. 일본에서는 안경, 애체라는 용어와 함께 기능과 착용방법을 포함한 명칭을 사용했는데 대표적인 단어가 바로 '코안경鼻眼鏡'이다. 코안경이라는 명칭은 네덜란드어인 '노우스브릴렌neusbrillen'이라는 말을 일본어로 바꾼 것이다.[116] 즉, 이로 추측컨대 코안경은 유럽 쪽에서 만들었거나 혹은 그 양식을 따라 제작된 볼록렌즈의 원시용 안경을 일컫은 것으로 보인다.[117]

18세기 초 일본에서는 코안경뿐 아니라 수목경數目鏡, 기목경磯目鏡, 투목경透目鏡, 근시목경近視目鏡 등의 다양한 용어들이 사용되었는데 이는 광학 기구들의 다양함을 반영한다. 이 가운데 수목경은 나이의 평균을 기준으로 볼록면의 높낮이를 표기한 것으로 중국에서도 나이를 칭하는 도수 표현법에서 확인한 바 있다. 수목경은 오목과 볼록렌즈의 인식은 있었지만 그 광학적 규칙은 아직 정리되어 있지 않았기 때문에 당시 렌즈의 두께를 사용자의 연령층으로 표시한 것이다. 1640년대 일본에 보낸 네덜란드 선박의 송장에는 30~80세까지의 렌즈의 표준을 정리한 표도 확인된다. 이것은 렌즈 제작과 보급에서 유럽과 중국이 같은 방식을 사용하고 있음을 보여준다. 앞서 이규경이 언급한 수안경은 수목경과 같은 의미임이 분명하다.

일본의 쇄국 이후 나가사키의 무역을 주도하던 네덜란드인도 대량의 안경을 유통시켰다. 단편적인 기록이지만 1643년 입항한 선박의 경우 160개의 막부 진상용 안경을 들여왔으며, 그다음 해의 적재품에는 6개의 원시용 안경도 있었다. 네덜란드인이 초기 들여온 안경들은 대부분 기능이 비교적 우수한 안경들이었는데 이것을 향유할 그룹을 만족시키기 위해서 골랐을 것으로 보인다. 사실 유럽 안경이 유입된 개수가 매우 적은 양만 기록된 이유는 당시 독일과 프랑스 등 유럽의 주요 안경 생산국에서는 품질이 낮은 안경을 제작하는 것을 규제했고, 안경을 생산하던 길드가 기술적으로 전문화되는 등 다양한 요인이 작용했다. 그러나 이러한 법령이 존재한다는 것은 그만큼 저가로 된 불법 안경이 유통되고 있었다는 의미이기도 하다. 17 세기에는 외알렌즈로 된 근시경이 보급되면서 안경의 질적 격차가 뚜렷해졌다. 품질이 떨어지는 코안경은 대규모의 양이 바다를 통해 동아시아 방면으로 유통되었다. 이때 네덜란드 상관을 통해 일본에 공급된 안경 대부분은 코안경이었다.[118]

한편 일본인이 중국인의 선박을 칭하던 '당선唐船'들은 대부분 절강의 사포乍浦와 남경南京에 선적을 두고 있었다. 1637∼1833년 강남 연해에서 출발한 당선들은 수백에서 수천 개의 안경을 들여오기 시작했고 건륭 11년(1746)에는 3,480개, 건륭 21년(1756)에는 2,560개, 1768년에 남경에서 오는 선박은 1만여 개의 안경을 일시에 들여오기도 했다. 강남에서 수입된 안경은 최고 1만 2천여 부에 달하기도 했다.[119] 이러한 숫자는 일본에서 사용된 대부분의 안경이 중국에서 제조된 것임을 보여주며 중국 안경이 동아시아 안경 문화에 미친 영향력을 상상할 수 있게 한다.

18세기 동아시아의 안경은 중국에서 제작된 형태가 주류를 차지했다. 유럽에서 공급된 소수의 안경이 동아시아인의 열렬한 수요를 만족시키기는 어려웠을 것이다. 안경은 학자나 관료뿐 아니라 정밀한 수공업자들에게도 필요했다. 품질이 좋지 않은 안경이 보급될수록 수정안경의 선호도도 높아졌다. 이러한 분위기에 따라 각지에서 수정이 조달되고 안경이 제작되기에 이르렀다. 조선의 경주도 수정안경 제작으로 알려지기도 했다. 하지만 투명한 수정과 최고의 글라인딩 기술이 요구되는 수정안경은 안경에 대한 수요를 만족시키기 어려웠다.

에도 말기 안경의 유행
18～19세기 가쓰시카 호쿠사이葛飾北齋가 그린 풍속화로, 할아버지와 할머니
가 안경을 사용하는 모습이다. 당시 일본에서도 안경의 보급이 널리 확산되었
음을 확인할 수 있다.

교역 네트워크를 따라 유통된 안경은 관련된 학문과 기술을 상당
부분 함께 들여왔기 때문에 단순한 상품 이상의 가치를 갖는다. 광학
관련 상품과 정보들은 그것들을 필요로 하는 곳곳으로 전달되었다.
그런데 이것들을 수집하는 쪽의 정치·사회·문화적 요구와 기반에
따라 토착화하기도 했다. 각 도시나 지역마다 가치관도 달랐고 미적
기준도 다르기 때문일 수도 있다. 더욱이 안경과 같이 다양한 소재의
결합과 정교한 작업을 요하는 경우에는 환경의 영향을 받을 수도 있
었다. 원료는 확보하기 어려웠지만 질 좋은 노동력은 충분했던 중국
에서는 광동의 토인들이 확보한 수정을 정교하게 연마해 안경을 제
작했고, 이 안경은 눈에 자극을 주지 않는 우수한 상품으로 해석되었
다. 동아시아 곳곳에도 이러한 인식을 기초로 안경이 공급되었다. 동

아시아의 물질적 취향의 바탕은 중국에서 공급한 측면이 크다. '음양오행' 이론은 동아시아에서 상당한 의미를 갖고 있었으므로, 수정안경의 가치와 위상은 더욱 배가되었다.

동아시아의 안경 문화는 중국에 의해 해석된 방식이 지배적인 양상을 띠었다. 여기에는 '동아시아 세계'가 만들어낸 내부적인 긴밀함과 가치관이 작용했지만 조공과 호시, 그리고 밀수 등이 만들어낸 '동아시아 지중해'의 긴밀한 네트워크도 작용했다. 광주, 나가사키, 류큐 등의 상황은 장거리 무역 방식으로 세계와 동아시아를 연결하는 고리가 되어 중요한 역할을 했으며 중국과 조선, 일본을 외부로 연결하는 주요 다리이기도 했다. 명은 가정왜란을 거치면서 자국인이 일본으로 도항하는 것을 금지했는데, 이는 월항과 오문을 열었어도 적용해야 하는 원칙이었다. 더구나 임진왜란을 거치면서 중국의 해금은 유일하게 '통왜의 금(일본으로 도항 금지)'으로 작동했다. 이런 와중에도 일본에는 비단 등의 중국 상품 수입이 중단되지 않았는데 이것은 불법 밀무역이 상인 및 밀무역자들에게 막대한 시세차익을 가져왔기 때문이었다. 특히 이 밀무역자들은 조세의 은납화로 인해 중국에서 부족한 은을 일본으로 밀수해옴으로써 열 배가 넘는 차익을 실현시킬 수도 있었다. 그리고 도항 규제와 감시가 강화될수록 이윤은 더욱 높아졌기 때문에 중국 연해에는 지방관이나 아전과 결탁한 독점적인 밀수 집단이 등장했다. 이들은 단순히 중국의 상품을 수집해서 포르투갈인이나 네덜란드인에게 넘겨주는 것만으로도 막대한 차익을 거두었다. 이 수익은 다시 연해 관원들을 포섭하는 뇌물비용이나 자신들의 무장에 활용되었다. 명 말의 정성공 세력도 이러한 밀수를 통해 세력을 키워 성장했다.

중국에서 '통왜의 금'이 엄중할수록 일본을 연결하는 밀수 집단들과 연해민들, 그리고 포르투갈인의 활동은 활발했다. 막부는 포르투갈인의 기독교 포교에 긴장하며 무역 관계만을 함께할 새로운 파트너로서 네덜란드인을 인정했다. 일본은 중국과의 국교를 회복하는 데 실패했지만 조선과 류큐를 통해 교역의 길을 확보했다.

청대 해금이 풀린 뒤 중국의 선박들도 이 무역에 대거 참여했다. 중국 상인들의 무역 활동은 조선의 기록에서도 포착된다. 조선의 서해에 출몰했던 수백 척의 황당선들은 바다를 열었던 청의 조처와 밀접한 관련이 있었다.[120] 중국 연해 상인들과 네덜란드인은 중국 해안과 일본 사이에서 막대한 양의 안경을 유통시켰다. 그리고 이 과정에서 다양한 광학 도구와 지식들이 동아시아 곳곳에 공유되었다. 동아시아인이 유럽의 안경 기술과 정보에서 그리 멀리 있었던 것은 아니었다.

중국의 안경 제작 기술

명 말에 마테오 리치는 광동 총독에게 시계와 삼각형의 유리경 몇 개를 선물했다. 유리경 내부는 다섯 가지 모양과 여섯 가지 색으로 빛나게 반사된다고 했으니, 삼각 프리즘이 서로 비추고 반사함을 설명한 것 같다. 중국인은 유럽에서 온 광학 도구와 유리를 신기한 보물처럼 대했다. 광동 총독은 마테오 리치의 선물에 대해 매우 신기해하고 기뻐했다. 마테오 리치는 중국인이 오랫동안 파리를 매우 귀중한 보석으로 여긴다고 덧붙이기도 했다.[121] 심지어 투명한 유리 제품이었던 파리는 중국인에게 '수정'으로 불리며 명 말에 이르기까지 매우 귀중한 보물로 여겨졌다.

임진왜란 이후 보급되기 시작한 안경은 18세기 무렵 조선에서도 더 이상 귀한 물건은 아니었고 시장에서도 쉽게 만날 수 있게 되었다. 새로운 문물인 안경에 대해 이익과 이수광 등도 문헌을 뒤적이며 언급했지만 이규경은 국내에 전하는 기록과 함께 중국과 일본에 알려진 자료들을 종합하면서 다음과 같은 글을 남겼다.

초자에 대해서는 멸시하는 듯하나 서국에서는 초경으로 만든 것을 상품으로 치며 제조할 때 화기를 물리치기 때문에 눈에 자극을 주는 근심이 없다.

이규경은 당시 경주에서 제작되었다는 안경에 대해 비판적인 태도를 보이며 사람들이 유리안경을 멸시하는 경향에 반대하는 뜻을 편다. 특히 유리로 만든 안경이 제조할 때 화기를 물리치도록 제조되었다고 하며 눈에 자극을 주지 않는다는 것이다. 이규경이 생존했던 19세기 초 '초자로 안경을 만든다', '제조과정에서 화기를 물리친다'라는 설명에는 어떤 의미가 있을까?

19세기에 이르면 안경의 렌즈에 대한 이해가 높아지면서 불분명하게 전하던 안경의 렌즈에 대한 비밀도 상당히 알려졌다. 이규경이 참고한 광학 도구나 광학 지식은 중국이나 일본과 많이 다르지 않았다는 것을 앞에서 확인했다. 앞서 언급된《경경령치》의 저자 정복광은 이규경과 같은 시대 사람이니 그의 저술을 통해 이규경의 이해를 가늠해보자.《경경령치》에 따르면 안경을 만들 수 있는 재료는 수정과 파리 두 가지인데, 수정과 파리 모두 근시경, 노화경, 평광경 등 세 가지의 안경을 만들 수 있었다. 평광경은 렌즈를 평평하게 제작하는 것으로 먼지나 모래 등으로부터 눈을 보호하는 데 사용되었다. 당시 어두운 색의 수정으로 제작된 평광경은 햇빛을 가리는 용도로도 사용되었다. 중국에서는 원시안을 '노화'라고 했으며 근시안을 '단시'라고 표기했는데 근시경을 단시경이라고 하지 않은 것은 근시경이 유럽에서 도입되었기 때문일 것으로 추측된다.

수정과 파리는 이미 많은 자료에서 안경의 재료로 언급했지만 정복광은 파리에 대해서 매우 자세한 구절을 덧붙였다. 즉, 산동료山東料·양료洋料 등의 일반 유리들을 요기料器로 구분해 일반 그릇을 만든다고 보았고 '파려'도 파리와 구분해 설명했다. 그리고 파리는 다른 유리들과 달리 매우 섬세한 기술로 절단할 것과 그 옆면의 처리도 조심스럽게 다루어야 한다고 강조했다. 특히 파리는 회리해서 깨끗하게 할 것을 주문한다. 회리 과정에 대해서는 다음과 같이 설명했다.

아회牙灰는 광동에서 나니 색깔은 백색이나 조금 노란빛을 띤다. 상아색과 같아서 아회라고 부르니 바탕은 비교적 거칠다. 제작방법은 강비糠秕를 이관泥罐에 넣고 찧은 후 입구를 막고 큰 아궁이 불 속에 태워 붉어지면 때가 되기를 기다려(서서히 식혀) 이관을 깨뜨리고 안의 재를 꺼낸다. 이때 재는 이미 하나의 덩어리가 되어 있으니 이것을 깨뜨려 쓰면 된다.

유리안경의 제작에서 이 부분은 상당히 중요한 의미가 있다. 식물재 회리의 방식을 이용해 제작되면 유리의 기포를 줄여 투명도를 높이고 굴절률을 일정하게 할 수 있었다. 이미 유럽에서는 '브릴레'라고 알려진 회리를 거친 칼륨 유리를 사용해 안경을 제작했는데 중국도 이에 근접해 있었다. 이후 렌즈는 수차례 광택내기 작업을 거쳤다. 또한 그는 렌즈의 두께와 굴절까지 언급했다. 즉, 19세기 중국에서는 유리와 렌즈의 차이에 대해 분명하게 구분하고 있었다고 보인다.

다시 이규경의 변증을 살펴보자. '제조과정에서 화기를 물리친다'는 것은 수정안경이 유리안경보다 좋다는 동아시아인에게 알려진 '설법'에 대한 반박이지만, 그 제조과정을 고려하면 적절한 과정을 거친 것이라야 안경의 유리로 쓰기 적절하다는 의미다. 즉, 유리로 제조된 안경이 불로 녹이는 과정을 거치기 때문에 눈을 상하게 하고 수정안경은 화기가 없으므로 눈에 좋다는 통념에 정면 반박하며, 자연재 처리나 광택내기 작업을 거친 유리가 안경을 제조할 수 있다는 사실을 의식한 것으로 해석된다.

유럽의 안경 제작 기술과 문화

오목렌즈의 사용이 확대된 16~17세기는 서양에서 안굴 광학, 시각의 원리 등의 방면에서 큰 발전을 이룬 시점이었다. 이탈리아의 선교사 프란체스코 마우롤리쿠스F. Maurolicus는 안구가 하나의 유리알과 같으며 수정체의 작용이 안저의 상을 뒤집어 놓는다고 주장했다. 요하네스 케플러Johannes Kepler는 1611년 안저의 상의 형성을 해석했는데 그는 어떠한 물체든지 나가는 빛은 눈을 통과하며 굴광체의 절광 작용으로 물체를 축소할 수 있고, 아울러 시망막에 상을 뒤집어놓는 다는 사실을 보고했다. 1637년 르네 데카르트는 안구 후벽을 절제해 계란의 각내 백피로 붙여 눈의 도상 현상을 실험했다. 200여 년 후 영국인 게를링은 안저의 도상 현상을 실증했으며 1784년 벤저민 프랭클린Benjamin Franklin은 이중초점안경을 발명했다.

사실 유럽에서도 안경은 수정을 이용해 제작되었다. 그러나 15세기를 지나며 서양에서 유리가 완벽하게 크리스털을 대체하는 동안 중국에서는 청 말까지 수정안경이 호사품의 지위를 유지하며 주류를 점하고 있었다. 오히려 조악한 유리 모방품이 제작되자 수정안경은 더욱 각광받았다. 18세기 템플스타일의 곧은 다리 안경이 한 시대를 풍미하며 안경 문화가 교체될 무렵 '십전무공十全武功'의 건륭성세에 유행한 수정안경은 여전히 최고급 안경으로서 중국 및 동아시아에서 환영받았다.

중국의 안경 문화에는 기술, 사고방식, 여건 등 다양한 요인들이 작용했고, 양식 역시 유럽의 것과 구분되었다. 그리고 수정안경은 소비군에서 사치품으로 매우 특별한 대우를 받았다. 대만의 연구자 구중린은 수정안경 제작에 집중하고 있던 중국의 안경 산업이 서양에서 유리안경이 들어오면서 발전할 기회를 놓쳤다고 한다. 명 말 이래 중국사회에 토착화된 수정안경이 상층 사회의 지지를 받게 됨으로써 유럽의 안경 산업과 동떨어지게 발전한 것은 큰 패착이라는 것이다. 그러나 중국의 유리안경이나 광학기구의 수요가 유리산업을 견인하지 못할 정도는 아니었다고 생각된다. 다만 동아시아인이 유리

안경 대신 수정안경을 선호했던 것은 자연을 숭배와 경외의 대상으로 상정하고 순응하는 것을 이상적으로 여겼던 동아시아인의 사고 방식에서 야기되었으며, 이것은 분명 더 큰 문제와도 연결된다. 수정 안경이 우월하다는 인식에는 인류의 기술적 진보에 대한 부정적 의미를 담을 수 있기 때문이다.

한편 유리안경의 우수성을 알고 있었지만 동아시아의 상공업자들은 이러한 상황을 변화시킬 만한 적절한 방향을 찾을 수 없었다. 비록 중국의 유리 제조 기술에서 '광학 유리'의 단서—당시에는 광학 유리의 개념은 없었지만—는 읽을 수 있다 하더라도 단순한 경험치의 축적으로 이루어진 정보로는 더 향상된 기능의 안경을 만들어내기 어려웠다.

이에 비해 자본주의로의 거대한 사회 변화를 밟아가는 과정에서 유럽 사회는 과학적 사고에 기반한 지식의 혁신을 긍정했으며 자연으로부터 과학과 기술을 철저히 분리해 자연을 적극적으로 활용하고 이용하는 대상으로 상정했다. 그리고 이 과정에서 일부 수공업자, 장인들은 엘리트 계층들이 주도하던 과학 분야를 넘나들며 새로운 응용에 도전함으로써 전통적으로 장인들이 주도하던 기술 분야와 엘리트에 의해 주도된 고급 학문의 상호작용을 가져왔다.[122] 이것은 '제2의 과학혁명'이라고 일컬어지는 19세기 응용과학의 시대로 이어졌다.[123]

안경 발전에서도 위와 같은 변화가 감지된다. 안경 제작 기술의 가장 핵심적 문제는 안경알에 활용되는 유리에 관한 체계적인 정보를 확보하고 대량 생산하는 일이었다. 하층 노동 계급 출신인 프라

광학기술을 선도한 프라운호퍼
그는 19세기 안경 제작 기술에서 가장 핵심적인 안경알을 발전시
키는 응용 기술을 만드는 데 크게 기여했다.

운호퍼Joseph Fraunhofer는 색지움 유리, 망원경, 태양의, 그리고 각종 측
량 도구 등 물리 광학을 혁명적으로 변화시켰다.[124] 그의 노력은 이
후 광학의 발전에 중요한 기반이 되었다. 유럽에서 안경 산업이 비
약적으로 발전하게 된 것은 1846년 독일의 칼 자이스Carl Zeiss 회사의
설립에 주목할 필요가 있다. 궁정 목공 장인의 아들로 태어난 그는
1846년 현미경을 생산하는 공장을 설립한 뒤 광학 물리학자 에른스
트 아베Ernst Karl Abbe를 채용했는데, 아베는 수차례 실험을 거듭해 화
학 성분의 조성으로 굴절률이 일정하고 투명도가 뛰어난 유리를 만
들어 냈다.

독일의 화학자이자 유리 기술자인 프리드리히 쇼트Friedrich Otto
Schott는 유리의 화학적 조성과 물성의 관계를 체계적으로 조사해 유

리 물성의 근본적인 문제를 해결하며 광학 유리의 새로운 역사를 썼다. 1930년대 신소재의 렌즈가 발명되자 안경 문화는 다시 새로운 단계로 진입했다.

기능상 유럽의 안경과 비슷한 수준으로 유지되던 중국의 안경 제작 기술은 이제까지와 같은 단순한 모방으로는 유럽의 안경을 대체할 수 없게 되었다. 칼 자이스 등이 중국의 안경 제조업자보다 먼저 누릴 수 있었던 행운은 그가 광학기구에 관심을 갖고 새로운 돌파를 구상할 무렵, 정통 물리학에 기반한 물질의 체계적인 분석이 가까운 곳에 있었다는 점이다. 오랜 기간 실험과 이론으로 검증된 안과학, 광학, 물리학의 토대들은 충분히 그의 목표를 실현시켜줄 수 있을 만큼 발전하고 있었고, 연구소들은 이러한 기술적 요구에 적절한 답을 모색하며 응용했다. 이것은 같은 시대의 중국 등 동아시아에서 발견하기 힘든 요소들이었다.

소결

중국에서 모방 제작자들이 생겨나고 모방 제품이 보급되면서 안경에 대한 관심은 급증했다. 중국은 자체적으로 원시경·근시경을 제작할 수 있게 되었고, 안경렌즈는 시력에 따라 다양하게 제작되었다. 액타를 제작해 안경을 편하게 패용했으며, 무테부터 상아, 대모 등 다양한 재질의 테는 안경을 더욱 품위 있고 우아하게 만들었다. 중국인은 유리 재질보다는 수정 재질의 안경을 선호했는데 정교한 기술을 가진 장인에 의해 제작된 다양한 두께의 원시경은 투명도에서 중국의 유리 재질 안경보다 기능적으로 우수했고, 음양오행설의 지지를 받으면서 주류를 형성했다. 특히 흑수정으로 된 안경은 권위와 부귀의 상징으로 소비되기도 했다.

한편 18세기 안경의 선택에 변화가 일어났다. 근시안으로 불편함을 느꼈던 독서인들은 곧은 다리를 가진 유럽식 안경이 도입되자 장시간 안경 착용이 필요했기에 이를 기꺼이 패용했다. 서양의 안경은 기능뿐 아니라 실용성까지 더해지면서 독서인들의 요구에 부합했다. 곧은 다리의 템플 스타일이 채택되자 유럽식 안경은 근시안들의 열렬한 지지를 받았다. 중국에서도 유럽의 양식을 받아들여 관자놀이에 걸치는 안경이 제작되었다. 이동과 교류를 통해 생산성을 극대화하는 사회에서 유용했을 것으로 보여지는 서역식 스타일은 더 이상 매력적이지 않았다.

청대 동아시아의 안경 및 광학 도구들과 지식은 주로 광주를 통해서 유입되었다. 청대 대외무역에 관한 관대한 정책으로 인해 광동과 복건 연해는 안경 제작과 보급에서도 핵심적 지위를 유지할 수 있었다. 그리고 중국 내에서 자체 소화된 안경 제작 기술은 조선과 일본에서도 선호되어 광주 일대는 동아시아의 안경 문화를 선도하는 지역이 되었다. 중국에서 제작된 아름다운 수정안경들은 일정한 기술적 수준까지 확보하면서 주목을 받았다. 새로운 스타일의 유럽의 안경 착용 방식이 도입되긴 했으나 중국의 안경업자들은 곧장 그것을 따라 모방했다.

하지만 수정안경은 본래 굴절률에서 약점이 있었으므로 19세기는 더 맑고 굴절률이 높은 렌즈가 사용되자 심미적 측면과 착용감에서 열위에 있었을 뿐 아니라 두껍고 무겁기까지 한 수정안경은 더 이상 경쟁력을 갖기 어려웠다. 청대 유리안경 역시 서민들도 활용할 수 있을 정도로 가격이 저렴했지만 오히려 냉대를 받으며 중국사회의 변두리에 머물렀다. 19세기 이후 유럽의 안경 기술은 단순 모방으로 따라잡기 어려울 만큼 우월했으며, 보이지 않는 지식과 정보에서 동떨어져 있던 중국이 단기간에 성과를 내기도 어려워졌다.

육상에서 열 번의 무훈을 자랑하는 건륭제의 제국은 엄격한 법률 시스템, 합리적인 세제, 군수 물자 조달의 효율성 등 다양한 측면에서 제국으로서의 위상은 충분했다고 할 수 있지만, 제국의 확장에 따른 탐험의 기록과 수집에는 유럽처럼 부지런했다고 보이지는 않는다. 일부 장서가 사이에 수집된 정보들은 지식인들 사이에 공유되기도 했지만 작업장에서는 멀리 떨어져 있었다. 유가철학 기조 위에 단단하게 구축된 사고방식과 사회구조에서 일부 독서인들이 직접 현장에서 터득한 경학鏡學과 광학지식들은 호사가나 잡학가들의 취미 수준을 넘어서기 어려웠다. 중국은 식물과 동물, 각종 상품과 정보에 대한 체계적인 분석과 실험, 그리고 과학지식의 도입과 응용이 열정적으로 이루어졌던 유럽 제국들과는 전혀 닮지 않았다.[125]

중국인 및 동아시아인은 왜 유럽에 이르러 선진적인 정보와 지식을 체계적으로 접근하고 응용하지 않았을까? 교역 네트워크상의 정황을 보면 18세기 무렵 이미 유럽인이 장악한 인도양에는 중국 상인들이 다시 진출할 여지도, 경쟁력도 없었다. 더욱이 동남아시아 방면에서의 이윤만도 이미 충분했기 때문에 중국 상인들은 더 멀리 여행할 필요가 없었을 것이다. 중국에서 제작된 안경은 중국뿐 아니라 동아시아 곳곳의 수요를 충족시키며 유럽의 안경을 대체했다. 동아시아 안경의 수요를 유럽의 안경이 충분히 해결할 수 있었다고 보이지는 않는다. 안경은 전 연령층의 다양한 직업군에서 필수품이나 장식품으로써 보편적 상품으로 자리 잡았다. 그리고 이를 통해 상업 자본의 축적도 가능했고, 숙련되고 정밀한 작업에 특화된 수공업자들도 있었다.

중국의 숙련된 장인들은 수정에 대한 적절한 가공을 통해 유럽의 안경에 대해 크게 뒤처지지 않는 제품을 만들어 내기도 했다. 안경의 기능적인 측면에서 비교할 때 18세기까지는 두 지역의 타임라인이 비슷하게 보인다. 중국인은 곧잘 서양의 양식의 우수성을 인정했지만 특별하게 연마된 수정안경은 화려한 장식과 세공으로 독특한 안경이 갖는 매력을 인정했다. 그러나 물성에 대한 근본적 이해가 부족했던 중국의 안경은 렌즈에서는 근본적인 변화를 이끌어 내지 못했다.

중국의 안경업은 안경에 대한 기능적 개선이 요구되었을 때 질적으로 도약·성장하기 위한 과학적 기초도 없었으며, 새로운 지식을 담아낼 무대와 여건도 부족했다. 정치·경제·사회 전반에 걸쳐 유교적 이념 아래 구축된 시스템은 이러한 조류를 담아낼 정도로 성숙하지 않았다. 건륭 연간까지 유지되던 중국의 수정안경의 우월한 지위는 흔들리고 있었고, 18세기를 벗어나자 심각하게 내려갔다.

나가는 말
'보는' 도구에서 '상상'의 도구로

이 책은 오늘날 인류 모두가 즐겨 사용하고 있는 이기인 안경에 관해 그 발명과 전파 과정, 그리고 이에 대해 중국 및 동아시아는 어떻게 반응하고 있는지를 전반적으로 검토했다. 문인들의 안경에 대한 기록들을 수집하는 과정에서 안경을 사용하는 데 유사한 기호와 방식을 채택하기까지의 시말을 정리하게 되었고, 동아시아인이 인류가 보편적으로 추구하는 지식이나 가치에 어떻게 접근하고 있었는지 동서양을 비교하는 문제로 환원하다 보니, 동아시아 세계와 유라시아를 연결하는 교류 네트워크 접속 방식까지 글의 주제로 포함하게 되었다.

　13세기 이탈리아에서 전해진 소다재 유리 생산과 유리그릇의 제작기술은 유럽에 르네상스의 성스러운 유리 예술에도 활용되었다. 유럽의 유리 기술의 혁신은 그 뿌리가 인도와 오랜 교류 속에 축적된 아랍-페르시아 방면에서 온 것이다. 이러한 새로운 유리의 세례에 중국 역시 예외가 아니었으며 동일한 수준의 유리 문화를 누릴 수 있었다. 안경 전파에서도 유럽과 아랍, 동아시아가 같은 타임라인을 갖고 있었다고 보인다.

안경의 어원, 형태, 기능, 착용 방식을 고려할 때 명 전기 중국에 전파된 안경이 일원적으로 발전한 것은 아니었다. 그리고 안경을 조공한 국가들의 교역로상의 위상을 고려하면 15세기 교역 네트워크상의 대도시들, 예컨대 사마르칸트·다마스쿠스·말라카·인도·시리아·베네치아·메카·호르무즈·광주·북경·하미 등 육상과 해양을 아울러 연결하는 '안경 로드glasses road'가 존재했다. 이 도시들은 장거리 무역 방식에서 중요한 역할을 하며 유라시아 전역에 상업 에너지를 전달하는 핵심 지역이었다.[1]

안경 로드는 동아시아 내부 교역 네트워크, 합법적이이거나 비합법적인 다양한 형태의 무역 방식으로 조선과 일본까지 연결되었다. 북경과 조선의 수도 서울, 나가사키와 부산, 광동, 복건 절강의 항구와 연결된 공식 또는 비공식의 다양한 상업 네트워크는 안경을 비롯 각종 유라시아의 상품와 문화를 동아시아 내부에 전달하는 핫라인이었다. 유라시아 전체의 물류 순환 방식에 접근하면 유럽과 시리아 방면의 안경은 14세기 중반부터 중국으로 유입되었을 가능성이 크다. 그리고 중국에서 안경이 본격적으로 유행하기 시작했던 16세기 후기, 중국은 조공의 제한을 완화하여 교역 네트워크에 깊이 연결되었으며 자체적으로 안경을 제작하기 시작했다. 그리고 17세기부터는 본격적으로 다양한 광학 도구와 광학 정보들도 수입되기 시작했다. 청 말까지 중국 사료에서 접할 수 있는 광학에 대한 상당히 체계적인 정보들은 청의 교역 네트워크와의 개방성을 확인하게 해준다.

그럼에도 중국과 유럽의 안경 산업에서의 기술적 격차는 점차 벌어졌다. 그 이유는 무엇일까? 명대에 비교해 청대 중국의 대외 교역 네트워크와의 연결 상태는 변화에 유연한 것처럼 보인다. 특히 청대에 개방적이었던 만주인의 경영 방식을 고려할 때, 중국이 무역 이익을 포기했다고 보이는 증거들은 많지 않다.

그렇다면 동아시아는 왜 안경 문화에서 주류의 자리를 이어가지 못했을까? 단순한 이야기이긴 하지만 선진 안경 제조 방법을 막연히 따라가던 종전의 방식으로는 기술적 격차를 극복하기 어려워서였다. 안경의 제조와 맞춤에서 근본적인 혁신은 원료에 대한 이해와 새로운 재료의 배합에 대한 근본적인 지식과 정보 체계가 바탕이 되어야 했다. 연마 기술에서도 수공업에 기반한 방식은 섬세한 제품의 생산이 어려웠고, 에너지 동력 공급 방식은 전통적인 방식을 좀처럼 벗어나지 못했다. 이처럼 안경의 물성에 대한 근본적인 이해가 부족한 상태에서 기술과 생산의 효율성을 도모하지 못한 채 지속된 중국의 수공업 기반의 제조 방식은 변화와 혁신을 이루어내지 못했다.

또 한 가지 이유를 덧붙이자면, 상업을 통한 부가가치를 공유하며 유라시아를 지탱하던 교역 네트워크가 배타적으로 작동하기 시작했다는 점이다. 네트워크의 장악 여부는 자본의 축적이나 자원의 수집에서 중요한 관건이다. 육상과 해상을 연결하는 문명의 십자로인 페르시아만 일대의 상업적 활기는 17세기를 정점으로 차츰 사라졌으며, 페르시아만의 네트워크상의 위상도 심각하게 추락했다. 육상과 해양을 연결하는 중요한 루트인 홍해, 페르시아만, 벵골만은 열강들의 관세, 통행 제한 등에 의해 정보와 상품의 흐름이 제한적으로 기능했다. 내륙과 초원을 통합하며 유기적으로 움직이는 장거리 기능에 호응하며 발달한 중국의 대외무역 방식은 청대에 오히려 더 개방적이고 유연한 측면이 있었음에도, 이 모든 상황을 변화시키기에는 한계가 있었다. 육상으로의 진출을 힘 있게 추진했던 중국은 18세기 유라시아의 교역 네트워크를 회복시키지 못했다. 산업과 기술의 발전은 정치·경제·사회적 모든 시스템과 톱니바퀴처럼 맞물려 있었으므로 중국이 세계의 지식 정보를 장악하긴 어려웠고 그 주도권은 이미 19세기 중국에는 없었다.

유라시아에 작동하던 체계적·규칙적·유기적인 교역 네트워크 하에서 유럽과 중국의 차이는 별로 커보이지 않는다. 대항해시대를 열어젖힌 유럽인이 단숨에 교역 네트워크를 장악한 것도 아니었고 내륙으로 확장을 이어간 청은 18세기까지 건재했다. 하지만 이 시기 동안 교역 네트워크상에 유통되는 많은 정보들은 유럽인에 의해 더 열렬하게 수집되고 응용되고 있었다. 유럽이 폭력의 우위[2]를 점할 수 있었던 것도 역시 이러한 맥락이 아닐까? 단순한 광학 원리에 멈춰 혁신하지 못했던 중국의 안경 제조 기술은, 과학혁명을 거치며 광물들의 물성을 실험해 체계적으로 분석하고 새로운 조합으로 혁신한 유럽의 제품에 쉽게 따라붙을 수 없게 된 것이다.

오늘날 상황은 크게 달라졌다. 한국과 일본, 중국은 세계 10위 안의 경제 부국으로 이름을 올리며 과학과 기술 발전의 혁신을 거듭하고 있다. 이러한 혁신은 개혁에 대한 용기와 열망이 그 토대를 이루고 있다.

현대사회는 교통의 발달은 물론, 교역 네트워크상에서의 무역 방식 또한 이제 물리적인 공간을 넘어서 랜선을 타고 더 자유로운 형태로 구현된다. 인류는 많은 곳을 여행할 수 있게 되었으며 수많은 문화와 정보를 접할 수 있게 되었다. 상품과 정보를 공유하는 가장 활발한 공간은 이제 포털사이트와 SNS가 되었으며, 일부 국가와 지역을 제외한 전 지역은 같은 콘텐츠와 문화, 정보를 공유할 수 있게 되었고 세계는 더욱 긴밀해졌다. 가상공간에서까지 진화를 거듭하는 안경은 이제 단순히 보는 도구가 아니라 상상의 도구가 되었다.

최근 인류는 팬데믹에 이르는 전 지구적 위기를 맞았고, 지금까지 있어 온 세계의 긴밀함은 후퇴할 것처럼 보인다. 하지만 그럼에도 개방이나 폐쇄는 우리가 선택해야 할 대상이라고 생각하지 않는다. 오히려 더 많은 그룹이 함께 정보를 공유하며 협조함으로써 이 위기를 극복할 방법을 찾는 것이 중요하다. 역사상 자유로운 교류를 등지고도 오랫동안 번영을 이어갈 수 있는 사례는 거의 없다. 전 지구를 연결하는 상품과 정보의 교류는 인류에게 더 많은 지혜를 가져다줄 것이다. 우리 사회가 정보와 지식의 네트워크에 열정적으로 연결하고 더 많이 상상하길 기대하며 이 글을 마친다.

감사의 말

사료를 읽다 보면 묘하게 애정이 가는 구절과 사료가 있다. 내게는 섭몽주의 《열세편》이 그러했다. 강독 모임에서 처음 접한 이 사료는 첫 장부터 두 개의 해가 나타난 현상을 담아내더니 눈에 선연히 들어오는 〈안경〉이라는 소장은 유독 경쾌하게 느껴졌고 오랫동안 뇌리에 머물렀다. 기회가 되면 꼭 그 배경 지식을 알아보리라 생각했는데 '실크로드와 동서교류'라는 과목을 맡아 가르치게 되면서 실행에 옮겼다. 그래서 쓰게 된 논문이 〈명청시대 안경의 전파와 유행〉이었다. 지금 읽어보면 미흡하지만 박사학위 이후 이 논문을 쓸 때처럼 신났던 적은 없었다. 외유는 항상 과한 몰입감과 행복감을 주곤 한다.

하지만 나의 연구 영역 범위는 명대 중국 연해에 국한되어 있었기 때문에 안경을 주제로 한 책을 쓸 생각도, 다른 공간과 시간대를 훑어볼 마음의 여유도 없었다. 그런데 어느 날 위즈덤하우스의 한 편집자가 내게 출판을 제안해왔다. 이때가 2016년쯤이니 벌써 5년 전의 일이다. 이름 없는 지방의 연구자에게 이런 제안을 해준 출판사에 고맙기도 했고, 교양서 서술쯤이야 하는 마음으로 기쁘게 계약서를 받아들었다. 그런데 심각한 문제는 그 후에 일어났다. 무심히 이 제안서를 한국연구재단의 저술지원 사업에 제출했는데 덜컥 선정되어버린 것이다. 한국연구재단에서 받은 지원금은 나의 자부심이 되었지만, 300쪽 이상의 분량으로 반드시 서술해야 하는 의무도 함께 주어졌다. '아차'란 이럴 때 쓰는 감탄사였다!

나는 이 과제를 해결하기 위해 전문적이지 않은 지역과 시간대에 새롭게 도전해야 했으며 그 자체가 무지를 깨닫는 과정이었음을 고백할 수밖에 없다. 담당 편집자에 대한 고마움이 원망으로 뒤바뀌는 것은 순식간이었다. 이 책이 나오는 데 이토록 많은 시간이 걸린 것도 결국 무지에서 벗어나는 시간이 많이 소요되었기 때문이다.

그렇다고 해도 저술의 여정이 내내 고통스러운 것만은 아니었다. 아니, 교역 네트워크에 관한 논문을 여러 편 쓰면서 새로운 즐거움을 발견하게 되었다. 모르는 것을 알아가는 기쁨이 이런 것인가! 그동안 나는 왜 그렇게 좁은 우물에 갇혀 있었나 싶기도 했다. 더구나 내 연구에 큰 그림도 그릴 수 있게 되었으니, 결과적으로 담당 편집자에게 큰 빚을 졌다.

나는 연구를 천직이라고 생각해본 적은 없다. 다만 나비의 날갯짓을 따라 온 것뿐이다. 나에게 사료를 읽는 즐거움을 일깨워주신 최진규 교수님께는 큰 은혜를 입었다. 내가 사료에 충실할 수 있는 것은 모두 교수님의 지도와 훈련 덕분이다. 퇴임을 앞두신 교수님께 이 책이 약간의 보람이 되었으면 한다. 박사과정으로 인도해주신 고 정병철 교수님께는 항상 죄송하다. 모자란 재능을 깨우쳐주시는 것도 모르고 황금 같은 시절을 지나쳐버린 어리석음을 후회한다.

돌아보니 내게는 연구를 계속하도록 어깨를 토닥여주신 명청사학회 선생님들이 계셨던 것 같다. 박기수 교수님, 원정식 교수님께는 특별히 감사드린다. 박기수 교수님께서 내게 성균관대학교 연구원 자리를 내주셔서 자료 열람 걱정을 덜 수 있었다. 또 고 정병철 교수님의 자리를 메꿔주신 원정식 교수님께도 감사드린다. 항상 진지하게 안부를 물어주시는 원 교수님 덕분에 그래도 나의 자리에서 벗어나지 않게 된 것 같다. 이 책이 나오는 데는 조영헌 교수님, 홍성화 교수님, 김문기 교수님의 응원이 컸다. 이 세 분은 평소 해양사 연구에 큰 자극을 주기도 하지만 미완성인 이 원고를 읽고 전반적인 문제점과 내가 생각하지 못했던 부분에 대해 조언해주셨다. 이외에도 베풀어주신 학은을 일일이 언급하지 못해 죄송할 뿐이다. 실크로드에 관심을 갖게 해주신 김성한 교수님을 비롯해, 응원해주신 모교 모대학원 교수님께도 감사드린다.

항상 변하지 않고 그 자리에 건강하게 있어준 가족들에게도 감사함을 전한다. 가족들이 나에게 갖고 있는 긍지는 내 연구의 밑천이다. 시시때때로 자료를 부탁할 때마다 기꺼이 응해준 복단대학교 이승수 선생님에게도 고마움을 전한다. 그에게도 나비가 깃들기를…….

이 책을 다 마치면 끝날 것 같았던 숙제는 또 다른 숙제를 남겨주었다. 학문이란 말의 무게가 새삼 무겁게 느껴진다.

2021년 12월
백학관에서 저자 씀

주註

들어가는 말

1) 김호동, 《몽골 제국과 세계사의 탄생》, 돌베개, 2010, 26쪽.

2) Thomas T. Allsen, *The Steppe and the Sea*, University of Pennsylvania Press, 2019, pp.167~168.

3) 티머시 메이, 권용철 옮김, 《칭기스의 교환: 몽골 제국과 세계화의 시작》, 사계절, 2020, 5쪽.

4) Thomas T. Allsen, 앞의 책, 2019; Park Hyunhee, *Soju*(Asian Connections), Cambridge University Press, 2021.

5) Sharon Negley, "the powers of big ideas", *Newsweek*, 1999.1.10. 웹페이지 https://www.newsweek.com/power-big-ideas-165368

6) 하네다 마사시, 이수열·구지영 옮김, 《동인도회사와 아시아의 바다》, 선인, 2012; _____, 이수열 옮김, 《새로운 세계사》, 선인, 2014; _____, 조영헌·정순일 옮김, 《바다에서 본 역사》, 민음사, 2018.

7) Michael N. Pearson, *The Indian Ocean: Seas in History*, Routledge, 2003, p.13; Broeze, *Brides of the Sea: Port Cities of Asia from the 16th-20th Centuries*, University of Hawaii Press, 1989, p.3, 21; Edward A. Alpers, *The Indian Ocean in World History*, Oxford University Press, 2013.

8) Philippe Beaujard, *The Worlds of the Indian Ocean*, Cambridge University Press, 2019,

p.431.

9) Robert Gardella, "The Maritime History of Late Imperial China: Observations on Current Concerns and Recent Research", *Late Imperial China* 6.2, 1985, pp.48~66; Chang Pin-tsun, "Maritime China in Historical Perspective", *International Journal of Maritime History* 4.2, 1992, pp.239~255; John E. Wills, "Maritime Asia 1500 – 1800: The Interactive Emergence of European Domination", *American Historical Review* 98.1, 1993, pp.83~105.

10) John King Fairbank, *The Chinese world order: traditional China's foreign relations*, Harvard University Press, 2013,

11) 대개 일본에서 연구되는 이러한 접근은 유럽인의 도래와 에도 막부의 출현으로 새로운 무역체제의 등장 등을 강조하므로 세계화의 시작은 16세기 후기부터라고 상정한다.

12) 구범진, 〈'중국'의 '경계'를 넘나드는 연구지형〉, 《역사학보》 231, 2016.

13) 쵸두리, 《유럽 이전의 아시아》, 심산문화, 2011, 59~61쪽.

14) 고은미, 〈글로벌 히스토리와 동아시아론〉, 《대동문화연구》 94, 2016.

15) 프랑수아 지푸루, 《아시아 지중해》, 선인, 2014, 41~46쪽.

16) Tansen Sen, *India, China, and the World: A Connected History*, Rowman&Littlefield Publishers, 2017, p.113~114.

17) Jean Gottman, "Capital Cities", *EKistics 50*, 1983, p.299.

18) 지리결정론은 인기 있는 연구방법론은 아니지만 인도양 일대에 대한 접근에는 상당히 유효하다. 이에 관해서는 일찍이 수브라마냠(Sanjav Subrahmanyam, "Notes on Circulation and Asymmetry in Two Mediterraneans, c. 1400-1800" in Claude Guillot, Denys Lombard and Roderich Ptak(eds.), *From the Mediterranean to the China Sea: Miscellaneous Notes*, Wiesbaden, Otto Harrassowitz, 1998, pp.24~35)이 인도양 세계 전체에 대해 지리적인 요소가 갖는 의미를 지적했다.

1부 | 유리, 동서양 교류의 기원: 안경 출현 이전의 세계

1) 조지프 니덤, 콜린 로넌 축약, 김영식·김제란 옮김, 《중국의 과학과 문명》, 까치, 2003; Joseph Needham, *Science and civilisation in China*, Cambridge University Press,

1965.

2) Joseph Needham, 같은 책, pp.101~104.

3) 王錦光·洪震寰,《中國光學史》,湖南敎育出版社, 1986, p.41.

4) Seth C. Rasmussen, *How Glass Changed the World: 3*(Springer Briefs in Molecular Science), Springer, 2012, p.22~25.

5) 羅帥,〈粟特商人與東晉玻璃器皿〉,《海陸交通與世界文明》, 商務圖書館, 2013, pp.47~48.

6) Mark T. "Wypyski, Chemical Analysis of Early Islamic Glass from Nishapur", *Journal of Glass Studies* 57, 2015, pp.135~136.

7)《漢書》卷96上, pp.245~246. "流離青色如玉 師古曰魏略云 大秦國出赤白黑黃青綠縹 紺紅紫十種流離 孟言青色不博通也 此蓋自然之物 采澤光潤 踰於衆玉 其色不恒."

8)《한서》에는 대개 유리를 '流離'로 표기했다.

9) (漢) 劉安·許信 注,《淮南鴻烈解(上冊)》《新編諸子集成》卷6, p.198, "隋侯之珠 蓋明 月珠也 楚人卞和得美玉璞 於荊山之下 以獻武王."

10) (漢) 王充,《論衡》(文淵閣四庫全書 862), 卷第2, p.23, "道人消爍五石作五色之玉 比 之眞玉 光不殊別."

11) (東晉) 葛洪,《抱樸子·內篇》(文淵閣四庫全書 1059), 卷2, p.10. "外國作水精椀 實是 合五種灰 以作之 今交廣多有得其法而鑄作之者 今以此語 俗人殊不肯信 乃云水精 本自然之法玉石類."

12) (南北朝) 張道陵,《金液神丹經》(道藏 18), 文物出版社 등, 1988, 卷上, p.760, "又有 火珠大如鵝鴨子 視之如氷 著手中洞洞 如月光照人掌夜視亦然 以火珠白日向日以布 艾屬之承其下 須臾見光火從珠中 直下漉漉 如屋雷 下物勃然烟發火乃然 猶陽燧之 取火也."

13) 周運中,〈孫吳與南海諸國交通新考〉《人海相依: 中國人的海洋世界》(上海中國航海 博物館學術研究部 國際學術研討會議論文集, 2014), pp.319~321. 사조국斯調國이 자바 일대를 가리킨다는 주운중의 고증에 동의한다. 사조국은 금과 은, 백주, 유리, 수정 및 마가와 같은 보석류가 많이 난다고 기록되어 있는데 이 지역은 미얀마 북 쪽의 광산과 교류가 활발했던 곳이다.

14)《金液神丹經》, p.760.

15) 僧祐,《釋迦譜》(文淵閣四庫全書 1053) 卷1, "白毫上至無色遍照一切如玻璨鏡 八萬

四千天女 視波旬身狀(如)燋木."

16) Rolf Willach, *The Long Route to the Invention of the Telescope*, Transactions of the American Philosophical Society, New Series 98, 2008, pp.27~28.

17) (宋) 趙汝适, 楊博文校釋, 《諸蕃志校釋》(中外交通史籍叢刊), 中華書局, 1996, p.201.

18) 絲綢之路大辭典編委會 編, 《絲綢之路大辭典》, 陝西人民出版社, 2006, p.343.

19) 朱晟, 〈玻璃·眼鏡考及其它〉, 《中國科技史料》, 1983, p.80. 주성이 'borax'라는 용어가 '서장어西藏語'에서 기원한다고 했으나 그 근거는 명시하지 않았다. 나는 현대 티베트어로 봉사를 'tsha-li'라고 발음하는 것을 확인했다(Melvyn C. Goldstein, *English-Tibetan Dictionary of Modern Tibetan*, University of Califarnia, 1984).

20) 이민호, 《입체로 읽는 화학: 원소발견의 역사 1~2》, 자작나무, 1994.

21) Sarah Dillon, *Seeing Renaissance Glass: Art, Optics, and Glass of Early Modern Italy*, Peter Lang, 2018, p.94.

22) 같은 책, p.95.

23) 崔劍鋒 等, 〈雲南陸良縣薛官堡墓地出土漢代玻璃珠分析與研究〉, 《考古》, 中國社會科學院考古研究所, 2016, p.112, 119.

24) 朱晟, 앞의 책, p.80.

25) 같은 곳.

26) Muhammd Abu-l-faraj al Ush, "Incised Islamic Glass", *Archaeology*, 24.3, pp.200~201.

27) (宋) 李石, 《方舟集》(文淵閣四庫全書 1149) 卷14, p.689, "凡物在天地 唯一具足相 衆寶和合成 是名佛富貴 金·銀·琉璃珠·車渠玉·琅玕·瑪瑙·珊瑚枝 煜然華嚴光此 則外境界."

28) (宋) 唐慎微, 《證類本草》(文淵閣四庫全書 740) 卷5, p.195.

29) 朱晟, 앞의 책, p.84.

30) (五代) 劉昫 等 撰, 《舊唐書》(文淵閣四庫全書 271), 卷198 列傳 第148, p.765, "貞觀十七年 拂菻王波多力 遣使獻赤玻瓈綠金精等物."

31) (明) 王三聘 輯, 《事物考》(續修四庫全書 1232), 卷3 〈水晶〉, p.106. "千年氷化爲水晶 性堅而脆 刀颳不動 色白如泉淸明而瑩 無纖毫瑕玷擊痕者爲佳 倭國水晶第一 南水晶白 北水晶黑 信州水晶濁 凡器皿貴素 但碾花者 必有菌病處 假水晶用藥燒成者色

暗青有氣眼亦有白色黃青色 但不潔白明瑩 謂之硝子 玻瓈出南番有酒色紫色白色 似

水晶噐皿 背多礛兩點花兒 其藥燒者入手輕 有氣眼 似琉璃."

32) 高文德 主編,《中國少數民族史大辭典》, 吉林教育出版社, 1995, p.1595.

33) (宋) 周去非, 楊武泉 校注,《嶺外代答校注》, 中華書局, 1999, p.100.

34) (明) 谷泰,《博物要覽》(叢書集成初編 1560), 卷9志, 中華書局, 1985, p.77. "玻璃本
作頗黎 頗黎國名也 其瑩如水 其堅如玉 故名水玉 與水晶同名 玻璃西國之寶也 玉石
之類 生土中或云 千歲冰所化 亦未必然 玻璃出南番 有酒色紫色白色 瑩徹與水晶相
似 礛開有兩點花者 爲眞 列丹家亦用之 用藥料燒成者 有氣眼而輕." 사고전서본에
서《박물요람》은 저자가 곡응태로 수록되었지만, 서지 목록에서 저자는 곡태이므
로 곡태로 기록한다.

35) (元) 汪大淵, 蘇繼廎 校釋,《島夷志略校釋》, 中華書局, 2000, p.202.

36) 黃蔭淸,〈眼鏡歷史的考證〉,《中華醫史雜志》, 中華醫學會, 2000, p.84.

37) Vincent Ilardi, *Renaissance Vision from Spectacles to Telescopes*, American Philoshophical
Society, 2007, p.148.

38) 한지선,〈안경의 제작과 인도양 무역 네트워크-중국 문헌 자료에 나타난 유리 제작
을 중심으로〉,《대구사학》135, 2019, 28~30쪽.

39) 운남과 인도양 방면의 고대 교류에 대해서는 정면,〈'중국적 세계질서'와 古代 雲南:
西爨國과 南詔國을 중심으로〉,《동양사학연구》135, 2016 참조.

40) 李軍·羅海明,〈安徽當涂墓發掘簡報〉,《東南文化》, 2006-02, p.37.

41) Tansen Sen, 앞의 책, p.129.

42) 같은 곳.

43) Philip D. Curtin, Cross-Cultural Trade in World History, Cambridge University
Press, 1984, pp.2~5.

44) 羅帥,〈粟特商人與東晉玻璃器皿〉,《海陸交通與世界文明》, 商務圖書館, 2013, p.58.

45) John W. Chaffee, *The Muslim Merchants of Pre-Modern China: The History of a Maritime
Asian Trade Diaspora, 750-1400*, Cambridge University Press, 2019, pp.30~31.

46) Beaujard Philippe, 앞의 책, 2019, p.114. 2,000 립 이상에 달하는 재리의 지조 계열의
대량의 유리구슬들은 치부엔에서 1,500킬로미터 떨어진 내지 곳곳까지 두루 발굴
되어 남부 아프리카에서 광범위하게 유통된 것으로 확인된다. 다른 동부 아프리카
에서도 소량의 유리구슬이 발굴되었는데 치부엔 계열도 있지만, 치부엔 스타일과

는 다른 계열의 유리가 유입되었다. 이 외에도 소량의 유리구슬들이 코모로스섬과 마다가스카르에서 발굴되었다.

47) P. J. Sinclair, *Space, time and social formation: A territorial approach to the archaeology and anthropology of Zimbabwe and Mozambique c.0-1700 AD*, Socictas Archaeologica Upsaliensis, 1987.

48) Hourani, *Arab Seafaring: In the Indian Ocien in Anceint and Early Medieval Times* (Expanded Edition), Princeton University Press, 1995, pp.76~77; Chaudhuri, 앞의 책, p.233.

49) Beaujard Philippe, 앞의 책, p.11.

50) al-Sīrāfī, Abū Zayd; Faḍlān, Aḥmad ibn, Tim Mackintosh-Smith ed, *Two Arabic Travel Books: Library of Arabic Literature 17*, NYU Press, 2014, p.7.

51) Pearson, *The Indian Ocean Seas in History*, Routledge, 2003, p.13.

52) 아프리카 연안의 스와힐리 문화권에 대해서는 장용규, 〈16세기 이전 인도양 교역과 스와힐리 경제권의 형성〉, 《한국아프리카학회지》, 2014, 174~178쪽 참조. 스와힐리 문화의 확산에 대해서는 李繼東, 〈古代印度洋貿易及歷史影響〉, 《西亞北洲》, 1992, p.69쪽 참조.

53) 무라이 요시노리, 오모토 케이이치 외 엮음, 김정환 옮김, 《바다의 아시아 1》, 다리미디어, 2001, 118~128쪽.

54) Beaujard Philippe, *The Worlds of the Indian Ocean*, Cambridge University Press, 2019, pp.6~9.

55) Sebastian R. Prange, *Monsoon Islam* (Cambridge Oceanic Histories), Cambridge University Press, 2018. pp.61~63.

56) 같은 책, pp.69~76.

57) 같은 곳.

58) 같은 책, p.209.

59) 같은 책, p.216.

60) 같은 책, 2018, p.34.

61) Michael N. Pearson, *Port Cities and Intruders: The Swahili Coast, India, and Portugal in the Early Modern Era* (The Johns Hopkins Symposia in Comparative History), Johns Hopkins University Press, 1998, p.157.

62) 같은 책, p.180.

63) (明) 章潢,《圖書編》(文淵閣四庫全書) 卷29, pp.559~560.

64) 岑麒祥,《漢語外來語詞典》, 商務印書館, 1990, p.439.

65) 파리·파리경의 명칭을 조기 확인할 수 있는 문헌 중의 하나가 남북조시대의《석가보釋迦譜》다.

66) 李小雲,《宋代外來物品研究》, 河南大學博士論文, 2013, pp.82~84.

67) (宋) 戴埴,《鼠璞》(叢書集成初編 319), 不分卷,〈琉璃〉, pp.7~8.

68) (宋) 馬端臨,《文獻通考》(文淵閣四庫全書 612) 卷114〈王禮考9〉, p.670. "庶人女嫁有花釵,以金銀瑠璃塗飾之."

69) Carolyn Swan, "Cirebon: Islamic Glass from a 10th-Century Shipwreck in the Java Sea", *Journal of Glass Studies*, Vol.60, 2018, pp.69~114. 이 논문은 카타르국립박물관에서 소장하고 있는 치르본 난파선의 유리 제품에 관한 분석이다. 카타르국립박물관은 인양된 유물의 절반 정도를 구입했다.

70) 같은 책, pp.99~100.

71) 呂變庭·周立志,〈伊斯蘭玻璃制品對宋朝經濟生活的影響〉,《青海民族研究》, 2009-01, pp.69~70.

72) (淸) 沈濤,《瑟榭叢談》(續修四庫全書634), 卷下, p.634.

73) 張婉莉,〈宋代薔薇水考釋〉,《西北美術》, 2017-01.

74) 張廷玉,《明史》, 中華書局, 1976, 卷326, 列傳 214. "祖法兒國自古里西北放舟順風十夜可至, … 王及臣民悉奉回回教 婚喪亦遵其制 多建禮拜寺 遇禮拜日 市絶貿易 男女長幼皆沐浴更新衣 以薔薇露或沉香油拭面 焚沉檀俺八兒諸香 土鑪人立其上 以薰衣然後往拜 所過街市 香經時不散."

75) 張婉莉, 앞의 책.

76) 陳誠,《陳竹山先生文集》(四庫全書存目叢書 第26冊), 卷1,〈內篇, 薔薇露之說〉, p.326.

77) 한대에 베트남의 가장 남쪽 지역에 설치된 군의 이름이다.

78) 葛金芳,《兩宋社會經濟研究》, 天津古籍出版社, 2010, pp.47~63.

79) Jung-Pang Lo, "Maritime Commerce and Its Relation to the Sung Navy", *Journal of the Economic and Social History of the Orient* 12.1, 1969, pp. 99~100.

80) 송대 무역제도에 대해서는 葛金芳, 앞의 책, pp.50~63.

81) 沈丹森(Tansen Sen), 〈中印海上互動: 宋至明初中國海上力量在印度洋沿岸的崛起〉, 《復旦學報(社會科學版)》, 2014-02, pp.14~15.

82) George Hourani and John Carswell, *Arab Seafaring: Inthe Indian Ocien in Anceint and Early Medieval Times*(Expanded Edition), Princeton University Press, 1995).

83) 黃蔭淸, 2000, p.84.

84) 李增智 等 編著, 《物理學中的人文文化》, 科學出版社, 2005, pp.180~188

85) 얼은 노를 저을 때 노가 통과하는 구멍, 받침대 역할을 하는 부분으로, 얼을 통과한 노는 양방향으로 맞꼭지각을 이룬다.

86) (宋) 沈括, 《夢溪筆談》(文淵閣四庫全書 829), 卷3 , pp.718~719.

87) (漢) 劉安 撰, 許慎 注, 《淮南鴻烈解》(文淵閣四庫全書 848), p.531, "陽燧見日則燃而爲火."

88) (淸) 劉嶽雲, 《格物中法》(淸同治劉氏家刻本), 卷3, 〈火部〉.

89) (宋) 李昉, 《太平廣記》(文淵閣四庫全書 1043), 卷34, 〈神山三十四〉, p.179.

90) 《證類本草》卷5, p.195. "臣禹錫等謹按 陳藏器云 瑠璃主身熱 目赤以水浸令冷 熨之 韻集曰火齊珠也 南州異物志云 瑠璃本是石 以自然灰理之可爲器 車渠·馬腦並玉石 是西國重寶 佛經雲上寶者 謂金·銀·瑠璃·車渠·馬腦·玻瓈·真珠是也 或云珊瑚·琥 珀…今時 以牛皮膠作假者 非也 日華子云玻瓈冷無毒 安心止驚悸 明目摩瞖障."

91) '摩'는 일본어로 'あらためる', 즉 '고치다, 새롭게 하다'의 의미와 'へる', 즉 '줄다, 적어지다'의 의미가 있다(諸橋轍次, 《大漢和辭典》5, 東京, 1984, p.12609).

92) Macfarlane A, Martin G, *Glass: a world history*, University of Chicago press, 2002, pp.182~184.

93) Sarah Dillon, 앞의 책, p.82.

94) 야마모토 요시타카, 남윤호 옮김, 《16세기 문화혁명》, 동아시아, 1998, 765~769쪽.

95) William McNeill, *Venice: the hinge of Europe, 1081-1797*, University of Chicago Press, 1974.

96) 1900년대 초 미야자키 이치사다宮崎市定는 송대의 사회경제적 발전에 대해 '동방의 문예부흥기'로 설명했는데 이후 송대 중국의 르네상스 설은 문학, 예술 등 다양한 방면에서 송대사를 이해하는 데 적용되었다(張思齊, 〈宋代 ─東方的文藝復興〉, 《重慶大學學報(社會科學版)》, 2001-01, pp.127~128 참조).

1) 안경의 발명에 대한 여러 논쟁은 손승성孫承晟의 〈明淸之際西方光學知識在中國的 傳播及其影響—孫雲球《鏡史》研究〉,《自然科學史研究》, 中國科學院自然科學史研 究所·中國科學技術史學會, 2007 참조. 안경 발전에 관한 고증 문제는 황음청黃蔭淸, 〈眼鏡歷史的考證〉《中華醫史雜志》, 中華醫學會, 2000 참조.

2) 來生(O. D. Rasmussen), 梅晉良 譯, 〈中國眼鏡的歷史〉,《中華醫學雜志》, 中華醫學會, 1936, pp.1077~1107.

3) (淸) 劉嶽雲,《格物中法》(淸同治劉氏家刻本), 卷3, 〈火部〉.

4) 聶崇侯, 〈中國眼鏡史考〉,《中華眼科雜志》, 中華醫學會, 1958, pp.233~239.

5) 洪震寰, 〈眼鏡在中國之發始考〉,《中國科技史料》1994, pp.71~75; 戴念祖 主編,《中國 科學技術史·物理學卷》, 科學出版社, 2001, pp.479~482.

6) (淸) 趙翼,《陔餘叢考》(續修四庫全書 1152), 卷33, pp.6~7, "史沆斷獄取水精十數種 以入 初不喩 旣而知案牘故暗者 以水晶承日照之則見."

7) 朱晟, 〈玻璃·眼鏡考及其它〉,《中國科技史料》, 1983-02, pp.82~83.

8) 금복현,《옛 안경과 안경집》, 대원사, 1995, 16쪽.

9) Kaiming Chiu, "The Introduction of Spectacles Into China", *Harvard Journal of Asiatic Studies* 1.2, 1936, pp.186~193.

10) Eeword Tosen, "The Invention of Eyeglasses", *Journal of the History of Medicine and Allied Sciences* 2, 1956, pp.13~47; 키아라 프루고니, 곽차섭 옮김,《코앞에서 본 중세: 책, 안경, 단추, 그 밖의 중세 발명품들》, 2006, 19~25쪽.

11) 리처드 코슨,《안경의 문화사》, 에디터, 2003, 25~26쪽.

12) 黃蔭淸, 앞의 책, p.84.

13) 키아라 프루고니, 앞의 책, 25쪽.

14) 리처드 코슨, 앞의 책, p.16.

15) Amir Mazor and Keren Abbou Jershkovits, "Spectacles in the Muslim World: New Evidence from the Mid-Fourteenth Century", *Early Science and Medicine* 18, 2013-03, p.135.

16) 趙孟江, 〈中國眼鏡及眼鏡文化發展槪況初探〉,《中國眼鏡科技雜志》, 國家輕工業眼 鏡信息中心; 中國眼鏡協會, 2002; 孫承晟, 2007.

17) 이하 서양 광학 이론의 역사는 앞서 언급한 황음청의 논문 83~84쪽을 참조.

18) 白山晰也,《眼鏡の社會史》, ダイヤモンド社, 1990, pp.15~16.

19) Femke Van Eijk, *Spectacles & sunglasses*, Pepin, 2006, p.10.

20) 黃蔭淸, 앞의 책, pp.79~86.

21) 데이비드 C. 린드버그, 이종흡 옮김,《서양과학의 기원들》, 나남, 2009, 507~508쪽.

22) 리처드 코손, 앞의 책, 16~17쪽.

23) 李甲湘 編著,《세계과학기술인명사전》, 세진사, 1996; Nāsir pūyān, Alhazen, the Founder of Physiological Optics and Spectacles, *International Journal of Optics and Applications*, Tehran, 2014), pp.110~113.

24)《通雅》, pp.660~661.

25) 洪震寰, 앞의 책, pp.71~75.

26) Jāmī, Salāmān va-Absāl의 여행기는 영문번역본 A. J. Arberry, *Fitzgerald's Salaman and Absal*, Cambridge, 1956, 146 참조.

27) Vincent Ilardi, *Renaissance Vision from Spectacles to Telescopes*, American Philoshophical Society, 2007, p.27.

28) Amir Mazor, 앞의 책, p.294. 알하젠의 성과에 대한 자세한 내용은 Robert McQuaid, "Ibn al-Haytham, the Arab who brought Greek optics into focus for Latin Europe", *Advances in Ophthalmology & Visual System 9*, 2019(출처: https://medcraveonline.com/AOVS/)에서 확인할 수 있다.

29) Robert McQuaid, 같은 책, p.47.

30) Bernard Lewis, *What Went Wrong? Western Impact and Middle Eastern Response*, Oxford University Press, 2002, p.127.

31) Vincent Ilardi, 앞의 책, pp.28~29.

32) Amir Mazor, 앞의 책, p.296.

33) Vincent Ilardi, 앞의 책, p.22.

34) 뒤에 확인하겠지만 신뢰할 수 있는 사료들을 근거로 할 때 중국의 안경 전입 시기를 15세기 이후로 추정한다.

35) Thomas T. Allsen, 앞의 책, Kindle Locations p.509~512.

36) 宋濂,《元史》, 卷209, 列傳 第96 外夷2.

37) 김호동,《몽골 제국과 세계사의 탄생》, 돌베개, 2010, 175~177쪽.

38) 마르코 폴로, 김호동 역주,《동방견문록》, 사계절, 2020, 19~20쪽.

39) 정수일,《씰크로드학》, 창작과비평사, 2002, 520~521쪽.

40) Thomas T. Allsen, *The Steppe and the Sea*, University of Pennsylvania Press, 2019, pp.167~168.

41) 김호동, 앞의 책, 148쪽.

42) Michal Biran, Jonathan Brack, and Francesca Fiaschetti, *Along the Silk Roads in Mongol Eurasia*, University of California Press, 2020, pp.7~23.

43) Adam Silverstein, J, *Postal Systems in the Pre-Modern Islamic World*, Cambridge University Press, 2007, pp.140~164.

44) 설배환,《蒙·元제국 쿠릴타이(Qurkltai) 연구》, 서울대학교 박사논문, 2016, 3장 1절〈카라코룸행 역로운영〉, 197~205쪽.

45) 고명수,〈쿠빌라이 정부의 大都건설과 역참교통체계 구축〉,《중앙아시아연구》, 2010, 174~176쪽.

46) 김성수,〈몽골 제국 시기 유라시아 광역 교통망 잠치(jamč)〉,《몽골학》25, 2008, 262~265쪽.

47) Pierre-Yves Manguin, "Trading Ships of the South China Sea: Shipbuilding Techniques and their Role in the History of the Development of Asian Trade Networks," *Journal of the Economic and Social History of the Orient* 36.3, 1993, p.165.

48) 무라이 요시노리, 오모토 케이이치 외 엮음, 김현영 옮김,《바다의 아시아 2》, 다리미디어, 2001, 62~90쪽.

49) Tom Vosmer, "The Jewel of Muscat reconstructing A ninth-century sewn-plank boat", *Shipwrecked: Tang Treasures and Monsoon Winds*, Smithsonian Institution, 2010, pp.121~122.

50) Lo Jung-pang, *China as a Sea Power, 1127–1368*, Hong Kong University Press, 2011, p.128.

51) 마르코 폴로, 김호동 역주, 앞의 책, 413~414쪽.

52) 沈丹森(Tansen Sen),〈中印海上互動: 宋至明初中國海上力量在印度洋沿岸的崛起〉,《復旦學報(社會科學版)》, 2014-02, p.14.

53) 이븐 바투타, 정수일 옮김,《이븐 바투타의 여행기》, 창작과비평사, 2002, 241쪽.

54) Pierre-Yves Manguin, 앞의 책, pp.270~280.

55) 沈丹森, 앞의 책, p.15.

56) (元) 汪大淵, 蘇繼廎 校釋,《島夷志略校釋》, 中華書局, 2000,〈萬里石塘〉, p.318.

57)《島夷志略校釋》, p.319.

58) (明) 費信,《星槎勝覽》(續修四庫全書742),〈錫蘭山國〉.

59) (宋) 周去非, 楊武泉 校注,《嶺外代答校注》, 中華書局, 1999, pp.126~127.

60)《島夷志略校釋》, p.321.

61) 한지선,〈鄭和의 出使와 인도양 네트워크〉,《명청사연구》49, 2018, 41쪽.

62) 고랑부高浪阜는 고랑보高郎步와 같은 지역이다. 만이 고리처럼 펼쳐진 가운데에 "종횡으로 모두 노고석"이다. "뱃사람들이 바람을 놓쳐 혹여 이 지역에 머무르게 되면 모두 추장의 이익이 된다"라고 기록했다.《도이지략교석》p.317. 노고석鹵股石은 'bare ribs of rock'로 번역되었는데 '노출된 등뼈와 같은 바위'로 해석할 수 있으며 산호초로 이루어진 암석이다. 노고석은《동서양고》의 노고석老古石과도 통하는데 말레이어로 '족취簇聚(화살촉처럼 모여 있음)'를 의미하는 'rongkol'의 역음이다. 즉 노고석은 '족취' 상태의 암석을 가리켜 산호초 암석 군락으로 볼 수 있다(《島夷志略校釋》, 2000, pp.91~92).

63) Beaujard Philippe, *The Worlds of the Indian Ocean*, Cambridge University Press, 2019, p.62.

64) 재닛 아부-루고드,《13세기 이전 세계체제》, 까치글방, 2006, 1989, 383~387쪽.

65) Michael N. Pearson, *Port Cities and Intruders*(The Johns Hopkins Symposia in Comparative History), Johns Hopkins University Press, 1998, p.55.

66) K. N. Chaudhuri, *Trade and Civilisation in the Indian Ocean: An Economic History from the Rise of Islam to 1750*, Cambridge University press, 1985, p.175, 181.

67) 선교사, 사절단의 루트에 대해서는 남종국,〈몽골 평화 시대 아시아에서 유럽 상인들의 상업활동〉(《서양중세연구》28, 2011) pp.264~269 참조.

68) (明) 危素,《危學士全集》(四庫全書存目叢書 集部 第24册), 卷5〈送夏仲序〉, p.696, "四方之士, 遠者萬里, 近者數百里, 航川興陸, 自東西南北而至者, 莫有爲之限隔."

69) Amir Mazor, 앞의 책.

70) 남종국, 앞의 글, pp.172~183.

71)《島夷志略校釋》, p.325.

72) 이븐 바투타, 앞의 책, 240쪽.

73)《嶺外代答校注》, 1999, p.91.

74)《島夷志略校釋》, p.325.

75)《嶺外代答校注》, p.91.

76) 陳達生, 〈論中國東南沿海古代阿拉伯文·波斯文碑銘之研究〉, 《回族研究》, 1991-01,
    pp.63~64.

77) 미할비란 외 공저, 이재황 옮김, 《실크로드의 개척자들》, 책과함께, 2020, 393~414
    쪽.

78) 宋濂, 《元史》卷134, 列傳21〈愛薛〉. 廣惠司의 기능에 대해서는 《元史》卷53, 〈百官
    志二〉, p.605 참조.

79) (元) 주달관, 최병욱 옮김, 《진납풍토기眞臘風土記》, 산인, 2016.

80)《도이지략》의 서문에는 책의 유전에 관해 언급되었는데 실제로 정화의 출사를 수
    행했던 마환 역시 이를 참고했다(한지선, 〈鄭和의 出使와 인도양 네트워크〉, 《명청
    사연구》49, 2018, 53쪽).

81)《도이지략》의 저자로 알려진 왕대연이 1차와 2차에 걸쳐 바다에 나간 시기에 대
    해서는 ① 락힐W.W. Rockhill의 1차 1330년 설과 ②폴 펠리엇Paul Pelliot의 1차
    1329~1331년 혹은 1330~1331년, 2차 1343~1345년, ③소계경蘇繼廎(중국)의 1
    차 1330~1334년, 2차 지원 3년(1337)~순제 5년(1339) 등이 있다(劉迎勝, 〈汪大淵
    兩次出洋初考〉, 《"鄭和與海洋"學術研討會論文集》, 中國農業出版社, 1998, p.303).
    특히 1차 항해가 서양 항로로 출항한 것이다.

82) 陳達生, 앞의 책, pp.63~64.

83) (宋) 周密, 《癸辛雜識·前集》(叢書集成初編 2777), 卷下〈佛蓮家貲〉, p.193.

84) 이븐 바투타, 앞의 책, p.337.

85) 陳達生, 앞의 책, p.61.

86) 鄧瑞本, 〈試論元代的海禁〉, 《海交史研究》, 1990-01, pp.26~29.

87) 서양이라는 용어가 사용된 시기는 이르게는 오대·송대부터라고 주장되었다. 그러
    나 이러한 주장의 근거는 우선 만명萬明은 이 한문비가 홍치 연간에 새긴 것이므로
    비문에 쓰인 '서양포'라는 용어가 15세기 용어일 가능성을 배제할 수 없다고 해 서
    양을 송대의 어휘로 보지 않았다. 유영승(劉迎勝, 〈東洋與西洋的由來〉, 《走向海洋
    的中國人》, 海潮出版社, pp.127~128)은 서양이라는 용어가 송원대에 널리 활용되
    었을 것으로 보았다.

88) (元) 劉敏中, 《中菴集》(文淵閣四庫全書 403), 卷16, pp.133~134, 〈敕賜資德大夫中書右丞商議福建等處行中書省事贈榮祿大夫司空景義公布哈爾神道碑銘〉 pp.133~134, "公本名薩撒題世西域人 西域有城曰哈剌哈達 其先世所居也 遠祖徙西洋 西洋地負海饒貨 因世爲賈販以居 父布哈爾得幸西洋主使與諸弟齒 弟有五人布哈爾稱六弟 俄總領諸部益貴富 侍妾至三百人 象床黃金節稱是 布哈爾歿 公克紹其業 王益寵 凡召命惟以父名 故其名不行 而但以父名稱焉 聖朝之平宋也 公聞之喜曰中國大聖人混一區宇 天下太平矣 盍往歸之 獨遣使以方物入貢 極諸瓌異 自是從歲不絕."

89) 陳高華, 〈印度馬八兒王子孛哈里來華新考〉, 《陳高華文集》, 譯文出版社, 2005, p.361~367.

90) 같은 책, pp.361~367.

91) 티머시 메이, 앞의 책, 163쪽.

92) 《明史》卷332, 列傳 第220, 〈撒馬兒罕〉, p.8598.

93) 劉迎勝, 〈波斯語在東亞的黃金時代的開啟及終結〉, 《新疆師範大學學報》, 2013-01.

94) (宋) 彭大雅, 《黑韃事略》(叢書集成初編 3177), 不分卷, pp.8~9, 13.

95) (元) 謝應芳, 《龜巢稿》(文淵閣四庫全書 1218) 卷2, p.20.

96) 정화의 출사 무렵인 15세기 초 서양은 수마트라 북부 해안의 작은 화산섬인 웨섬 혹은 사방섬 이서로 펼쳐진 해역을 가리켰다. 우리가 잘 아는 인도양이라는 용어는 동치 연간에야 비로소 등장하니 전근대 인도양에 대한 칭호라고 할 수 있다. 물론 인도양을 나타내는 용어가 전혀 없는 것은 아니었다. 나몰려양那沒黎洋, 혹은 세란해(실론의 바다)라는 명칭도 중국의 사료 곳곳에 등장하는데 이것은 인도양에 대한 현지인들이나 아랍인이 사용했던 용어를 음차한 것이다. 서양이라는 용어는 중국인이 이 지역에 활발하게 진출하기 시작하면서 중국화한 호칭을 사용한 것이다.

97) 萬明, 〈釋'西洋'-鄭和下西洋深遠影向的探析〉, 《南洋問題硏究》, 2004-04, pp.14~15. 문헌 기록에서 서양이라는 용어가 맨 처음 사용된 것은 오대십국 시기와 송대부터라고 하지만 이를 입증하는 자료들이 둘 다 후대에 중건되거나 작성된 것이어서 기록에 나온 '서양'이 송대 혹은 오대의 용어라는 확실한 자료는 되지 못한다.

98) (元) 周致中, 《異域志》(叢書集成初編 3273), 卷上, p.30.

99) 佟屏亞, 〈棉花的傳播史〉, 《棉花》, 1978-05.

1) (明) 羅懋登, 《三寶太監西洋紀通俗演義》, 9卷 50回, 上海古籍出版社, 1995.

2) 김효미, 《三寶太監西洋記通俗演義》를 통해 본 鄭和에 대한 기억과 明末의 해양인
   식〉, 고려대학교 교육학 석사학위논문, 87~88쪽.

3) (淸) 趙翼, 《甌北集》(續修四庫全書 1446) 卷10, p.418 "奇哉洵巧製 曷禁頻歎訏 直於
   人力窮 更向天工假 相傳宣德年 來自番舶駕 內府賜老臣 貴値兼金價 所以屠公餽 匏
   菴作詩謝 見吳匏菴集 初本嵌玻瓈 薄若紙新研 中土遞倣造 水晶亦流亞 始識創物智
   不盡出華夏 繫餘愧結習 把卷頗嗜炙 舊時多目星 去我一帆卸 抱茲千年冰 如刀難離欂
   已知老漸侵 幸有光可貫."

4) 邱仲麟, 〈從明目到商戰─明代以降眼鏡的物質文化史〉, 《中央研究院歷史語言研究所
   集刊》90.3, 2019, p.457.

5) 馬良春, 李福田 總主編, 《中國文學大辭典》第五卷, 天津人民出版社, 1991, p.3254.
   《방주잡언》은 《방주집》의 일부를 편집한 것이다.

6) 예부의 관리에 대한 존칭. 관직의 고하에 따라 대종백大宗伯, 소종백小宗伯으로 구
   분한다.

7) 張寧, 《方洲集》(文淵閣四庫全書 1247), 卷26, p.579, "向在京時嘗於指揮胡灩寓所 見
   其父宗伯公所得宣廟賜物~近者又於孫景章叅政所再見一具試之復然景章云以良馬
   易得於西域賈胡滿剌似聞其名爲優逮二物皆世所罕見."

8) 龔延明, 《中國歷代職官別名大辭典》, 上海辭書出版社, 2006.

9) (淸) 孫承澤, 《硯山齋雜記》(文淵閣四庫全書 872), 卷4, 〈眼鏡〉, p.188.

10) (明) 申時行, 《大明會典》(續修四庫全書 791), 卷112, 〈禮部〉 70, p.95.

11) (明) 陳士元, 《諸史夷語解義》(四庫未收書輯刊 10輯-7) 卷下, p.54.

12) (明) 《華夷譯語》(續修四庫全書 230), 〈回回譯語·器用編〉, p.511.

13) 《方洲集》, 卷26, p.579.

14) 애체라는 용어의 유래에서 애체가 구름이 낀 상태를 말하는 것은 본래 있었던 것으
    로, 안경이 유입되면서 안경이 가진 기능상의 특징으로 말미암아 붙여진 것으로 볼
    수 있다는 의견도 있다. 방이지方以智는 《통아通雅》 권2에 애체란 구름이 모인 모
    습, 밝지 않은 모습이라고 표현하고 있으며 권34에는 애체가 안경이라고 기록했다.

15) (明) 張燮, 《東西洋考》(叢書集成初編 3259) 卷4, p.42.

16) (明) 張自烈,《正字通》(續修四庫全書 235) 卷11, p.695. "靉靆改切哀上聲 靉靆雲盛 貌 一曰雲暗又泰韻音愛 義同靉靆 卽僾俙 楊愼曰李登聲類僾音倚僾俙彷彿也 一作 靉靆僾俙之作靉靆字從雲猶奄忽之作 颱字從風僾俙不明莫如雲奄忽迅速莫如風也 又靉靆眼鏡也 洞天淸錄載靉靆 老人不辨細書 以此掩目則明元人小說 言靉靆出西域 靆譌作雲達非 又方興勝略滿刺加國出靉靆 今西洋磨玻瓈 爲千里鏡以長筒窺之 可照 數十里 亦靉靆之類也."

17)《方洲集》, 卷26, p.579.

18) 董樹岩, 〈眼鏡入華考〉,《物理通報》, 1994-01, p.39.

19)《方洲集》卷26, p.579. "如錢大者二其形色絶似雲母石類世之硝子而質甚薄 以金相 輪廓 而衍之爲柄紐 制其末 合則爲一 岐則爲二 如市肆中等子匣 老人目昏不辯細字 張此物於雙目 字明大加倍."

20) (明) 李時珍,《本草綱目》(文淵閣四庫全書772) 卷8, p.631.

21) (明) 曹昭,《新增格古要論》(叢書集成初編 1555), 卷6, p.123.

22) (明) 吳寬,《家藏集》(文淵閣四庫全書 1255), 卷23, p.169. "眼鏡從何來 異哉不可詰 圓與茭錢同 淨與雲母匹 又若台星然 兩比半天出 持之近眼眶 偏宜對書帙 蠅頭細字 明 瑩類椽筆餘 生抱書淫 視短苦目疾 及茲佐吏曹 文案夕未畢 太宰定知我 投贈不待 乞 一朝忽得此 舊疾覺頓失."

23) (明) 郞瑛,《七修續稿》(續修四庫全書 1123), 不分卷, p.384. "少嘗聞貴人有眼鏡老年 觀書小字看大 出西海中 虜人得而製之 以遺中國爲世寶也 予意恐卽文選中…俱不言 製鏡之事 後與霍都司子麒 言霍送予一枚 質如白瑠璃 大可如錢 紅骨鑲 成二片 若圓 燈剪然 可開合而折疊 問其所來則 曰舊任甘肅夷人貢 至而得者 予喜甚 置之眉間 未 若人言也 每疑而問人 豊南禺 曰乃活大車渠之珠囊 製之者 常養之懷中 勿令乾死然 後 可照字 予意西番所來是矣 然西番少車渠 人養亦未必然 得已廿年寶之無用 不猶 鼠之藏金乎 書出而傳之博 識者必有以告我."

24) 田藝蘅,《留靑日劄摘抄》(叢書集成初編, 2916) 卷2, pp.122~123, 〈靉靆〉, "提學副使 潮陽林公 有二物 如大錢形 質薄而透明 如硝子石如琉璃 色如雲母 每看文章 目力昏 倦 不辨細書 以此掩目 精神不散 筆畫倍明 中用綾絹 聯之縛於腦後 人皆不識 擧以問 餘 餘曰此靉靆也 出於西域滿刺國 或聞公得自南賈胡 必是無疑矣."

25) 邱韻如, 〈明淸眼鏡之文本溯源與時空背景探查〉,《中華科技史學會學刊》20, 2015. p.56~72.

26) 華夫 主編,《中國古代名物大典》, 濟南出版社, 1993, p.186.

27) (淸) 陳元龍,《格致鏡原》(文淵閣四庫全書 1032), 卷58,〈燕賞器物類·眼鏡〉, p.169.

28) (南北朝) 魏收,《魏書》(中華書局 1974, 卷102,〈西域·波斯傳〉, p.2270)에 따르면 차
거는 페르시아 물산으로 소개되어 있다. 차거에 대해서는 朱傑勤·黃邦和,《中外關
系史辭典》, 湖北人民出版社, 1992, pp.29~30 참조.

29) 초석과 유리의 개념에 대해서는 朱晟,〈玻璃·眼鏡考及其它〉(《中國科技史雜志》,
1983-02) 참조.

30) 서양과 중국의 안경 착용의 차이점에 대해서는 리처드 코손의《안경의 문화사》(에
디터, 2003) 참조. 대개 중국으로 유입된 안경은 끈을 귀 뒤에서 고정하는 형태나
끈의 끝에 추를 매달아 귀 뒤에서 늘어뜨리는 형태였다.

31) 스페인 등지는 이슬람화의 경험이 있었다는 점 역시 고려할 필요가 있다.

32) 리처드 코손, 앞의 책, 43~47쪽.

33) 이상 '서역식' 안경에 관한 정리는 필자의 기존 연구〈明淸時代 안경의 전파와 유
행〉,(《역사와세계》47, 2015)에서 인용.

34) 나가사와 가즈도시, 이재성 옮김,《실크로드의 역사와 문화》, 민족사, 1990, 제12장
〈사마르칸트의 번영〉 참조.

35) (明) 陳誠,《西域番國志》(中外交通史料叢刊),〈撒馬兒罕〉, p.81

36) 楊兆鈞 譯,《克拉維約東使記》(漢譯世界學術名著叢書·歷史地理), 商務印書館,
2009, 第15章, p.152.

37) 萬斯同,《明史》(續修四庫全書331), 卷415, 外蕃傳,〈撒馬兒罕〉, p.642, "아사마역화
주는 사서에서 울금향이라고 한다. 계빈罽賓에서만 나며 꽃의 색은 노란색을 띠며
부용과 자태가 유사하다"고 기록되어 있다. 계빈에서 나며 구슬의 의미인 '주珠'를
붙인 것으로 보아 울금액을 정제해 굳힌 것으로 보인다. 뒤에 하미에서 조공한 품목
에는 "초석아사마역화硝石阿思馬亦花"라고 되어 있다.

38) 호동胡桐은 오동나무와 같고 상츣과는 다른 종류로 호동이라고 불러왔다. 벌레가
그 나무를 먹으면 액이 흘러나오는데 이를 속칭 호동루胡桐淚라고 했다. 그 액이 토
석에 들어가 덩어리가 되어 오동감梧桐鹻(鹻)이라고 한다(《本草綱目》, 文淵閣四庫
全書774, 卷34, p.37 참조). 오동감은 수정감이라고도 했다.

39) (明) 俞汝楫,《禮部志稿》(文淵閣四庫全書 597) 卷35, p.662.

40) 울금향은 울금으로 만든 향이라는 의미다. 대개 울금은 약용 혹은 염료로 사용되

었다. 아사마역화주는 구슬이라는 의미가 더해졌으므로 '울금향으로 정제한' 혹은 '울금색을 띠는' 구슬이라는 의미로 파악된다. '초석아사마역'이라는 명칭으로 미루어 질산칼륨으로 정제시켜 구슬처럼 제작한 유리구슬로 보인다. 유리 제작에서 질산칼륨이 기포를 제거하는 역할을 하는 것을 고려하면 초석아사마역, 아사마역화주는 울금향으로 제작되었거나 혹은 노란빛을 띠었을 것으로 보인다.

41) 고대의 강철이다. 표면을 갈아 빛을 내고 다시 부융제 처리를 해 화문花紋을 볼 수 있다.《위서魏書》〈서역전西域傳〉에 처음 나오는데 페르시아로부터 온 우량의 강철이며 또한 유럽인이 다마스쿠스 강철이라고 부른 것이다. 근래 연구에 근거하면 사용되는 원료는 인도의 오자강烏茨鋼이라고 한다. 숙철은 도가니 안에 담겼다가 단련하는데 그 성분과 조직이 고르지 않아 단련 후 다시 화학처리를 거치게 되는데 이렇게 제작된 제품은 화문이 나타난다. 송 이후 강철에서 단철을 범칭해 빈철이라고 했고 원대에는 빈철국을 설치해 철기 제조를 전담하게 했다(鄭天挺 等,《中國歷史大辭典》下卷, 上海辭書出版社, 2000).

42) 합랄合剌과 흑루黑樓는 통하며 모두 헤라트를 가리킨다.

43) 이지은, 〈중앙아시아 이슬람 세계의 천문학〉,《한국이슬람학회논총》31, 2021, 10~11쪽.

44) Ilker Evrim Binbas, *Intellectyal Networks in Timurid Iran*, Camnridge, 2016, pp.3~4; pp.132~133.

45) 이지은, 〈티무르 제국 정치적 정체성의 변화〉,《中央아시아 硏究》21, 2016, 108쪽.

46)《西域番國志》, p.81.

47) 하미의 조공에 대해서는 施新榮, 〈明代哈密與中原地區的經濟交往─以貢賜貿易爲中心〉,《西域研究》, 2007-01, pp.26~27 참조.

48) 송정수, 〈'三立三絶'을 통해서 본 明朝의 하미(Hami) 지배의 變化像〉,《명청사연구》45, 2016.

49) (明) 兪汝楫,《禮部志稿》(文淵閣四庫全書 597) 卷35, 〈朝貢·天方國〉, p.663.

50) (明) 嚴從簡,《殊域周咨錄》(中外交通史叢刊), 中華書局, 2000, 卷10, 〈天方國〉, pp.392~393.

51) (明) 黃省曾, 謝方 校注,《西洋朝貢典錄校注》(中外交通史籍叢刊), 中華書局, 2000, pp.116~117.

52) (明)《宣宗實錄》卷105, 宣德 8年 閏8月 辛亥.

53) 만명萬明은 말라카 책봉 시기를 정화의 1차 항해로 보고 있다(萬明, 〈馬六甲海峽崛起的歷史邏輯—鄭和七下西洋七至滿剌加考實〉, 《太平洋學報》, 2020-03) 참조.

54) 명과 말라카의 관계에 대해서는 餘定邦, 〈明代中國與滿剌加(馬六甲)的友好關系〉, 《世界歷史》, 1979; 翁舒韻, 〈明朝政府與滿剌加的關係〉, 《東南亞研究》, 2001-01, p.67 참조.

55) (淸) 沈濤, 《瑟榭叢談》(續修四庫全書 634) 卷下, p.634.

56) (淸) 方以智, 《物理小識》(文淵閣四庫全書 867) 卷7, p.883.

57) Anthony Reid, *Southeast Asia in the Age of Commerce 1450-1680* Vol.I, Yele University, 1988, p.7.

58) 《殊域周咨錄》, 卷11, 〈天方國〉, p.766, "與黙德那接壤 古筠沖之地 舊名天堂 自忽魯謨斯四十晝夜可達 其國乃西洋之極盡處也 有言陸路一年可達."

59) 서역과 서양의 의미의 혼용에 대해서는 필자의 〈인도양 무역 네트워크와 문명공간〉(《명청사연구》 48, 2017) 참조.

60) 鄭鶴聲·鄭一鈞, 《鄭和下西洋資料彙編》 1, 齊魯書社, 1980, 紀念偉大航海家鄭和下西洋580周年籌備委員會 等編, 《鄭和下西洋論文集》, 人民交通出版社, 1985, p.34.

61) 같은 책, p.32.

62) 합삼은 아랍어 '핫산'을 음역한 것이다.

63) (元) 劉鬱, 《西使記》(叢書集成初編 3911) p.3.

64) 孫光圻·陳鷹, 〈試論鄭和牽星術中的阿拉伯天文航海因素〉, 《鄭和下西洋研究文選 1905~2005》, p.588.

65) (明) 徐應秋, 《玉芝堂談薈》(文淵閣四庫全書 883) 卷1, 〈外蕃朝貢〉 p.20.

66) 티머시 브룩, 조영헌 옮김, 《곤경에 빠진 제국》, 너머북스, 2014.

67) William McNeill, *Plagues and Peoples*, Garden City, 1974(Anchor Books), p.143

68) 재닛 아부-루고드, 앞의 책, 197~202쪽.

69) Beaujard Philippe, *The Worlds of the Indian Ocean*, Cambridge University Press, 2019, p.174~177.

70) 鄭樑生, 《明·日關係史の研究》, 雄山閣, 1994. pp.267~270.

71) (明) 《太祖實錄》 卷68, 洪武 4年 9月 辛未.

72) (明) 朱元璋, 《皇明祖訓》(四庫全書存目叢書 264 史部), 〈祖訓首章〉.

73) (明) 《太祖實錄》 卷34, 洪武 元年 12月 壬辰, "朕……已承正統, 方與遐邇相安無事, 以共享太平之福."

74) (明)《太祖實錄》卷53, 洪武 3年 6月 戊寅, "朕仿前代帝王, 治理天下, 惟欲中外人民
   咸樂其所."

75) (明)《太祖實錄》, 卷71, 洪武 5年 正月 己酉, "西洋瑣里世稱遠番 涉海而來 難計年月
   其朝貢無論疏數 厚往而薄來可也."

76) (明)《太祖實錄》, 卷134, 洪武 13年 10月 丁丑. 영락제의 '懷柔遠人'의 기조는 선덕
   제의 실록(《明宣宗章皇帝實錄》, 卷12, 洪熙 元年 11月, 丁亥, "稱皇考懷柔遠人之
   意.")에서 확인된다.

77) (明)《太祖實錄》卷37, 洪武 2年 2月 辛未.

78) 조공관계를 설명할 때 명 중심의 '국제질서'가 기획된 것인가에 대해서는 정동훈,
   〈明과 주변국의 外交關係 수립 절차의 재구성 - 이른바 '明秩序' 논의에 대한 비판
   을 겸하여〉,《명청사연구》51, 결론 참조.

79) 李金明,〈明代海外朝貢貿易實質初探〉,《中國社會經濟史研究》, 1988-02, p.72.

80) 克拉維約,《克拉維約東使記》(漢譯世界學術名著叢書 · 歷史地理), 商務印書館,
   2009, p.123.

81) 송정화,《《西域行程記》와 明初의西域》,《中國學論叢》64, 2019.

82) 劉迎勝,《海路與陸路: 中古時代東西交流研究》, 北京大學出版社, 2011.

83) 張文德,〈論明與中亞帖木兒王朝的關系〉,《歷史檔案》, 2007-01, pp.58~64.

84) 張星烺 編注,《中西交通史料彙編(第三冊)》, 中華書局, 1978, p.313.

85) 潘勇勇,《明朝與帖木兒王朝的朝貢貿易研究》, 新疆大學碩士論文, 2015, p.37.

86) 페르시아어로 남아 있는 이 서한문의 영문 번역은 Fletcher, "China and Central
   Asia, 1368-1884", *The Chinese Order*, Harvard University Press, 1968, p.213 참조.

87) 양국 사이에 오간 서신은 두 지역의 학식이 높은 관료들에 의해 번역되었다. 따라서
   번역된 서한문은 조공 질서가 담고 있는 위계관계를 포함하지 않았을 것으로 보인
   다.

88) 그러나 남해 원정에 대한 기록은 대부분 파각되어 남아 있지 않으므로 항해 지역에
   대해서는 단편적인 기록에 의지하는 경향이 있다. 대부분 정화 연구자들은 영락 14
   년 4월 초6일《어제홍인보제천비궁지비御製弘引普濟天妃宮之碑》, 선덕 6년의《통
   번사적지기비通番事跡之記碑》, 복건성 장락현 남산사에서 발견된〈천비령응지비
   天妃靈應之碑〉, 마환의《영애승람》, 비신의《성사승람星槎勝覽》, 공진의《서양번국

지》에 남겨진 항해 기록에 의지해 해당 지역의 비문 등을 보충해 정화 원정을 복원했다(時平,《鄭和航海與天妃信仰史料的補遺及考釋》,《鄭和遠航與世界文明》, 北京大學出版社, 2005, p.114).

89) 上田信,《海と帝國: 明淸時代》, 講談社, 2005, pp.150~151.

90) 신웬어우 등 공저, 허일·김성준·최운봉 편역,《중국의 대항해자 정화의 배와 항해》, 심산, 2005.

91) 紀念偉大航海家鄭和下西洋580周年籌備委員會 等編, 1985, pp.2~30.

92) 대외에 군사력을 과시하려는 했다는 것은 張廷玉,《明史》(1976, 卷304, p.7766)의 "耀兵異域 示中國富强"이 주요 근거다. 수마트라와 실론 등에서 행해진 군사행위는 실제 용병의 범주라기보다는 도발해 오는 군대에 대한 방어 차원이었다는 점을 강조한다.

93) 韓振華,〈論鄭和下西洋的性質〉, 紀念偉大航海家鄭和下西洋580周年籌備委員會 等編, 1985, p.316.

94) 필자는 정화의 출사 당시 알고 있었던 인도양에 관한 정보와 출사 일정 등을 분석해 인도양 세계에 대한 도전이라는 측면을 강조했다(한지선,〈鄭和의 출사와 인도양 네트워크〉,《명청사연구》49, 2018).

95)《明史》卷332, 列傳 第220,〈坤城〉.

96) Mote and Twitchett ed., the Cambridge history of China vol 7, the Ming Dynasty, Part. I , Cambridge University Press, 1988, pp.270.

97) 파라婆羅(수마트라 내)·남발리南渤利(남무리南巫里, 수마트라섬 아체)·파항(말레이시아 소재)·케란단(말레이시아 동북부)·아로阿魯(벨라와)·여벌黎伐(수마트라 소국)·나고아那孤兒(수마트라 서북부 소국).

98) 가지柯枝(코지)·대갈란大葛蘭(콜람)·소갈란小葛蘭(인도 남단)·서양쇄리西洋瑣里·쇄리瑣里·가리륵加異勒(카얄)·아발파단阿撥把丹(인도 카닐)·감파리甘把里(코모린)·석산란錫蘭山(스리랑카)·홀로모사忽魯謨斯(호르무즈)·랄살剌撒(라스)·조법아祖法兒(도파르)·사리만이沙里灣泥(인도 남단)·방갈랄榜葛剌(벵골국)·천방天方(메카).

99) 유산溜山(몰디브)·손랄孫剌(몰디브)·비랄比剌(모잠비크)·목골도속木骨都束(모가디슈)·마림麻林(말린디)·죽보竹步(주바, 소말리아 남부).

100)《明史》卷42 列傳 217,〈西域1〉.

101) 한지선, 〈15세기 명·티무르제국 간의 조공무역과 인도양 교역 네트워크-중국 문헌자료에 나타난 세계화의 단상〉, 《명청사연구》 54, 2020, 서론과 결론.

102) 汪大淵, 《島夷志略校釋》, 2000, p.366 참조.

103) Ralph Kauz & Roderich Ptak, *Hormuz in Yuan and Ming sources*, Bulletin de l'École française d'Extrême-Orient, 2001.

104) H.M. Elliot, *The history of India: as told by its own historians. The Muhammadan period*, London, 1892(원저: Samarqandï, Kamál al-Dïn Abd al-Razzaq, M. Safic ed., *Maṭla' al-sa'dayn*, Lahore, 1949), pp.95~96.

105) Valeria Piacentini Fiorani, "Harmuz and the 'Umānī and Arabian world(fifteenth century)", *Proceedings of the Seminar for Arabian Studies*, Vol.30, 2000, pp.182~183.

106) Valeria Piacentini Fiorani, 2000, p.178.

107) Tomé Pires, *The Suma Oriental of Tomé Pires Vol.I*, Hakluyt Society, 2010(Ebook), pp.19~23.

108) Teixier Pedro, *The Travels of Pedro Teixiera*, translated by Sinclair, Hakluyt Society, 1906, p.266.

109) Mohammad Bagher Vosoughi, "the Maritime Silk Road from the Persian Gulf to the East China Sea in the Persian Historical Resources", 《海陸交通與世界文明》, 商務圖書館, 2013, p.19.

4부 | 호기심에서 시작된 견문의 확장: 안경의 보급과 확산

1) (淸) 孫承澤, 《硯山齋雜記》(文淵閣四庫全書 872), 卷4, 〈眼鏡〉, p.188.

2) (淸) 蔣溥 等, 奉敕 編, 《御製詩集·餘集》(文淵閣四庫全書 別集類 250) 卷18, 〈戲題眼鏡〉, p.777.

3) (朝鮮) 李瀷, 《星湖僿說》, 卷4, 〈萬物門〉.

4) 명대 16세기 말기의 인물인 전희언錢希言의 저술로 장영이 쓴 것은 아니었고, 그 내용 역시 안경에 관련된 것은 보이지 않는다. 아마도 여러 문집이 엮인 것으로 보인다.

5) 李瀷, 앞의 책.

6) Vincent Ilardi, "Florence's Leadership in the Development of Eyeglasses in the Fifteenth Century", *Arte Lombarda* 105, 1993, p.159.

7) Vincent ilardi, *Renaissance Vision from Spectacles to Telescopes*, American Philoshophical Society, 2007. p.118.

8) 같은 책, p.148.

9) 같은 책, p.149.

10) 같은 곳.

11) 아널드 R. 브로디, 데이비드 E. 브로디, 김은영 옮김,《인류사를 바꾼 위대한 과학》, 글담, 2019, 31~33쪽.

12) 야마모토 요시타카, 남윤호 옮김,《16세기 문화혁명》, 동아시아, 2010, 803쪽.

13) Sarah Dillon, *Seeing Renaissance Glass: Art, Optics, and Glass of Early Modern Italy*, p.82.

14) 같은 책, pp.149~150.

15) (淸) 孔尙任, 徐振貴等 輯校,《岸堂稿》(孔尙任全集輯校註評 第3冊 수록, 齊魯書社, 2004),〈試眼鏡〉, p.133.

16) 향산에는 낭백浪白·호경濠鏡·십자문十字文 등 정박할 수 있는 항만이 많이 있었는데 포르투갈이 오직 호경을 경영하게 되면서 다른 항만이 폐해지자 호경오濠鏡澳는 곧 향산오香山澳가 되었고 향산오는 오문반도를 가리키는 고유명사가 되었다. 명대에 '香山澳'라는 명칭이 많이 나타나며 강희 때까지 사용되었다. 청대에는 향산오 대신 '오문澳門'이라는 명칭이 사용되었다(湯開建,《澳門開阜初期史硏究》, 中華書局, 1999, pp.72~73).

17) 아랍인들은 유럽인들을 프랭크라고 불렀다(신주현,〈명대 佛郎機 인식과 南京教案 (1616-1617)〉,《명청사연구》34, 2010, p.59 참조).

18) 孫承晟,〈明淸之際西方光學知識在中國的傳播及其影響-孫雲球《鏡史》硏究〉,《自然科學史硏究》, 2007-03, p.366.

19) 포박자抱樸子의 "무릇 식견이 적으면 괴이한 것이 많은 것은 세상 당연한 것이다 [夫所見少則所怪多 世之常也](《포박자내외편抱樸子·內外篇·내편內篇》 권卷3)에 의거해 스스로가 궁금한 것이 많아 학문을 구하는 일을 멈추지 않고 있음을 겸손히 일컫은 것으로 해석한다.

20)《岸堂稿》,〈試眼鏡〉, p.1331.

21) (明) 張萱,《疑耀》(文津閣四庫全書 856) 卷7, p.284, "閩廣之間有制眼鏡者 老人目翳 以懸目中 則毫髮立睹."

22) (淸) 趙翼,《陔餘叢考》(續修四庫全書 1152), 卷33, p.6~7, "此物在前明極爲貴重或

須自內府或購之賈胡 非有力者 不能得 今則遍天下矣 蓋本來自外洋 皆玻瓃所製 後
廣東人倣其式 以水精製成 乃更出其上也."

23) (淸) 黃芝,《粤小記》, 廣東人民出版社, 2006, 卷4, p.442~443.

24) (道光)《南海縣志》(嶺南美術出版社, 2007), 卷6,〈輿地略二·都堡〉, p.147.

25) (淸) 方濬頤,《二知軒詩續鈔》(續修四庫全書 1556), 卷4,〈獨坐西園偶成三言一章〉,
    p.60.

26) (明) 梁兆陽 修, 崇禎《海澄縣志》(日本藏中國罕見地方志, 書目文獻出版社, 1990),
    物產〉, 卷11,〈風土志·物〉, 15a.

27) (明) 徐𤊹,《鼇峰集》(續修四庫全書 1381), 卷19, p.357.

28) 흑수정안경은 은7~8냥에 달한다(孫承澤,《硯山齋雜記》, 卷4,〈眼鏡〉, pp.187~188).

29) (淸) 德福,《閩政領要》(臺灣文獻匯刊, 廈門大學出版社, 2004),〈各屬物產〉 p.86.

30) (淸) 劉靖,《片刻餘閒集》(續修四庫全書 1137), 卷2, p.385.

31) (明) 陳懋仁 輯,《庶物異名疏》(四庫全書存目叢書), 卷14,〈器用部下·靉靆〉, p.116.

32) (明) 婁堅,《吳歈小草》(四庫禁燬書叢刊 集部 49), 卷6,〈友人贈眼鏡〉, p.100, "兒童纏
    目 青熒晚劇 昏花欲護 琉璃淨難 令卷帙賒 知君餘水鏡乞我 對寔紗何以嘉睨 應憐入
    草蛇."

33) (淸) 葉夢珠,〈食貨 6〉,《閱世編》, 上海古籍出版社, 1980, 卷7, p.163.

34) 필자의〈淸初 地域社會秩序의 再確立-葉夢珠의《閱世編》을 중심으로〉(《大邱史學》
    126, 2016) p.6. 참조. 이 논문에서 필자는 섭몽주의《열세편》에 근거해 그의 출생
    연도를 1624년으로 추정했다.

35) (明) 애덤 샬,《遠鏡說》(叢書集成初編 1308) 참조.

36) 孫承晟,〈明淸之際西方光學知識在中國的傳播及其影響-孫雲球《鏡史》硏究〉,《自
    然科學史硏究》, 2007-03, pp.364~365.

37) 邱仲麟,〈從明目到商戰—明代以降眼鏡的物質文化史〉,《中央硏究院歷史語言硏究
    所集刊》90.3, 2019, p.461.

38) (淸) 李漁, 崔子恩 校點,《覺世名言十二樓》, 江蘇古籍出版社, 1991,〈夏宜樓〉, 第2回,
    〈冒神仙才郎不測·斷詩句造物留情〉, pp.68~69.

39) 손승성(2007, p.372)의 논문에 부록으로《경사鏡史》의 내용이 정리되어 있다.

40) (淸) 周廣業,《過夏續錄》(續修四庫全書 1154),〈眼鏡〉, p.572.

41) (明) 錢謙益,《牧齋初學集》(四部叢刊 集部 1626, 上海書店, 1989), 卷9,〈眼鏡篇送

張七異度北上公車〉, p.58~60.

42) (淸) 迮朗,《繪事瑣言》(續修四庫全書 1068), 卷8,〈眼鏡〉, p.783.

43) 《過夏續錄》, p.572. "上聯云 '吾惛, 知斯二者. 如用之,皆自明也', 下聯云 '或近, 則有一
焉, 苟合矣, 不亦遠乎', 上聯乃指 '老眼用雙以牱鼻', 下聯則指 '短視用隻以便攜行'."

44) 邱仲麟, 2019, p.473.

45) (朝鮮) 柳得恭,《灤陽錄》卷2,〈張水屋〉, "後日餘座琉璃廠書肆中看書 水屋與數人者
掛靉靆 負手緩步而過."

46) (淸) 李慈銘,《越縵堂日記·桃花聖解盦日記》甲集, 文光圖書公司, 1963, p.2307,
2377.

47) (淸) 李光庭, 石繼昌 點校,《鄉言解頤》, 中華書局, 1982, 卷4,〈物部上·雜物十事·眼
鏡〉, p.76.

48) (朝鮮) 徐有素,《燕行錄》(林基中 編, 燕行錄全集 81册), 東國大學校出版部, 2001,
癸未 正月二十八日條, p.239.

49) 邱仲麟, 2019, p.463.

50) 황도黃渡는 태창주 동쪽, 가정현의 서북 유하구瀏河口에 있다. 현재 강소성 태창현
유하진이다.

51) (명) 王圻,《續文獻通考》(續修四庫全書 762) 卷31,〈市糴考·市舶互市〉, p.335, "공
박과 시박은 하나이다. … 공박이 있으면 호시가 있고, 입공이 아니면 그 호시를 허
가하지 않는다."

52) (明)《孝宗實錄》, 卷19, 弘治 元年 10月 戊戌.

53) D.R. SarDesai, *Southeast Asia, Past and Present*, Westview Press, 1989, p.60.

54) 張文德,〈明代天方國使臣來華考〉,《西域研究》2015-04, p.53.

55) (明)《憲宗實錄》권259, 成化 20年 12月 辛未.

56) (淸) 顧炎武,《天下郡國利病書》(續修四庫全書 579), 第33册,〈交趾西南夷〉58a,
p.589.

57) 정덕 이전의 추분의 실시 여부는 불분명하다. 구준은 "본조는 시박사의 명칭은 전
대의 것을 답습했지만 추분의 법은 없다"(丘濬,《大學衍義補》(文淵閣四庫全書 712,
子部) 권25, p.345)고 기록했다. 나는 정덕 초 윤곽이 정확하게 드러나므로 정덕 연
간을 추분의 시기로 상정한다.

58) (明) 萬曆《廣東通志》(四庫全書存目叢書 198 史部) 卷69, 71b, 74a-b.

59) 岩井茂樹, 〈16~18世紀の東アジアにおける國際商業と互市體制〉 特集 國際ワークショップ, '15世紀~19世紀の東アジアにおける商人集団・商業ネットワーク・商業思想', 《東アジア研究》46, 2006; 岩井茂樹, 《海域交流と政治權力の対応》, 汲古書院, 2011; 壇上寛, 〈明淸時代の天朝體制と華夷秩序〉, 《京都女子大學大學院文學研究科研究紀要: 史學編》12, 2013 참조.

60) (明)《武宗實錄》卷194, 正德15年12月 己丑.

61) 郭棐, 《(萬曆)廣東通志》, 齊魯書社, 1996, 卷69, 〈番夷〉, 74b. "隆慶間始議抽銀, 檄委海防同知, 市舶提擧及香山正官 三面往同丈量估驗."

62) 邱仲麟, 2019, p.458.

63) 晁中辰, 《明代海禁與海外貿易》, 人民出版社, 2005, p.142; 萬明, 〈明代中葡兩國的第一次正式交往〉, 《中國史研究》, 1997-02.

64) (明)《武宗實錄》卷194, 正德15年12月 己丑.

65) (明)《世宗實錄》卷4, 正德16年7月 己卯.

66) 黃訓, 黃訓, 《名臣經濟錄》(文淵閣四庫全書444) 卷43, 許綸 〈總論・邊務〉, p.300.

67) 이화승, 〈明 中期 이후, 東南沿海의 海上世界〉, 《동양사학연구》127, 2014, p.107~109; 홍성화, 〈16세기 중엽 포르투갈인들이 본 동아시아 해상질서〉, 《사림》49, 2014, pp.17~19.

68) 윤성익, 〈"16세기 왜구"의 다면적 특성에 대한 일고찰-徐海집단의 예를 중심으로〉, 《명청사연구》29, 2008; 조영헌・채경수, 〈휘상 왕직의 흥망과 휘주 네트워크〉, 《명청사연구》44, 2015, 76~78쪽.

69) 차혜원, 〈16세기, 중화제국의 南倭대책과 封・貢・市〉, 《동양사학회 학술대회 발표논문집》, 2016, 67쪽.

70) 한지선, 〈가정연간, 동남연해사회와 월항의 개방〉, 《중국사연구》90, 2014, 59~61쪽.

71) 오금성, 《장거정 시대를 구하다》, 지식산업사, 2018, 135~140쪽.

72) 印光任, 《澳門記略》(續修四庫全書676) 上卷, 〈官守篇〉, p.677.

73) 《澳門記略》, p.690, "其地歲租銀五百兩則自香山縣征之."

74) 홍성화, 〈16-17세기 포루투갈의 대동아시아 무역의 성쇠-마카오를 중심으로〉, 《역사와경계》105, 2017, 488쪽.

75) 利瑪竇(Mathew Ricci), 何高濟 等 譯, 《利瑪竇中國劄記》, 廣西師範大學出版社, 2001, 第2卷, 第2章, p.100.

76) 李隆生,《晩明海外貿易數量硏究》, 秀威, 2006, 緖論 참조.

77) 만력삼대정은 임진왜란과 보아이의 반란, 양응룡의 반란을 말한다. 만력삼대정 이
후 사회 변화에 대해서는 정병철,《'천붕지열'의 시대, 명철청초의 화북사회》, 전남
대학교출판부, 2008, 96쪽.

78) 명 말, 청 초의 기후변화에 대해서는 김문기,〈명말 강남의 기후와 崇禎 14년의 奇
荒〉,《중국사연구》37, 2005; _____,〈17세기 江南의 小氷期 氣候〉,《명청사연구》
27, 2007 참조.

79) 15~17세기 '변경'의 상업 에너지에 대해서 많은 연구들이 이를 언급했다. 이에 대
해서는 岸本美緖,〈"後十六世紀問題"與淸朝〉《명청사연구》20, 2004)와 村井章介,
《中世後期における東アジアの國際関係》, 山川出版社, 1997 참조. 나는 '변경'을
'교역 네트워크'로 치환함으로써 좀 더 구체화할 수 있다고 본다.

5부 | 필수품에서 기호품으로: 안경의 소비와 문화

1) (淸) 趙翼,《咳餘叢考》(續修四庫全書 1153) 卷33,〈眼鏡〉, p.7, "古未有眼鏡 至有明有
始有之 本來自西域…蓋本來自外洋 皆玻璃所製 後廣東人仿其式以水精製成 乃更出
其上也."

2) (淸) 黃芝,《粤小記》, 廣東人民出版社, 2006, 卷4, p.442~443.

3) (淸)《御製詩集·四集》(文淵閣四庫全書 1307) 卷27, p.724, "玻璃云害眼 水晶則無弊
水晶貴艱得 玻璃賤易致."

4) (淸)《御製詩集·五集》(文淵閣四庫全書 1310) 卷63, p.615, "器嫌玻璃燥 品貴水晶
和."

5) (淸) 曾七如,《小豆棚》(歷代筆記小說叢書, 齊魯書社, 2004),〈水晶眼鏡考〉, pp.101~102.

6) 邱仲麟,〈從明目到商戰—明代以降眼鏡的物質文化史〉,《中央研究院歷史語言研究所
集刊》90.3, 2019, p.510.

7) 南波,〈江蘇吳縣淸畢沅墓發掘簡報〉,《文物資料叢刊》, 1977. p.148, 현재 필원의 안경
은 110여 종의 출토품과 함께 강소성박물관(남경박물관)에서 소장하고 있는 것으로
보인다.

8) 曹庭棟,《老老恒言》(叢書集成續編 81), 卷3, p.74, "前明中葉傳 自西洋名靉靆 中微凸
爲老花鏡 玻璃損目 須用晶者 光分遠近 看書作字 各有其宜 以凸之高下別之晶 亦不

一 晴明時取茶晶墨晶 陰雨及燈下 取水晶銀晶 若壯年即用以養目 目光至老不減 中凹者爲近視鏡."

9) (淸), 法式善, 《存素堂文集》(續修四庫全書 1476) 卷3, 〈翁覃溪先生臨文待詔書跋〉, p.707.

10) 毛憲民, 〈淸代宮庭眼鏡硏究〉, 《文物世界》, 2002-01, p.14.

11) (淸) 周廣業, 《過夏續錄》(續修四庫全書 1154), 〈剪綹〉, pp.611~612.

12) 《小豆棚》, 〈水晶眼鏡考〉, pp.101~102.

13) (淸) 徐珂, 《淸稗類鈔》, 中華書局, 1984, 第13冊, 服飾類, 〈眼鏡〉, p.6220.

14) 斯當東(George Thomas Staunton), 1994, pp.437~438.

15) (淸) 範瑞昻, 《粤中見聞》, 廣東高等敎育出版社, 1988, 卷21, p.246.

16) 李愼, 〈明淸之際西洋眼鏡在中國的傳播〉, 暨南大學碩士論文, 2007, p.34.

17) (淸) 劉廷璣, 《在園雜志》(續修四庫全書 1137) 卷4, p.98.

18) (淸) 俞樾, 《俞樾全集》(浙江古籍出版社, 2017), 〈曲園自述詩〉.

19) 王錦光·洪震寰, 《中國光學史》, 湖南敎育出版社, 1986, pp.170~171.

20) (淸) 鄭復光, 李磊譯 注, 《鏡鏡詅癡》, 上海古籍出版社, 2015, 卷4, 〈述作·作眼鏡〉, pp.299~302.

21) (明) 孫承澤, 《硯山齋雜記》(文津閣四庫全書 872), 卷4, pp.187~188, "眼鏡初入中國名曰靉靆 惟一鏡之貴 價准匹馬 今則三五分可得 然不過山東米汁燒料玻璃者貴矣 水晶尤貴 水晶之墨色者 貴至七八金 餘值以漸而減."

22) 《在園雜志》 卷4, p.98, "黑晶者價昻難得 白晶者亦貴 惟白玻璃之佳者 不過數星 今上下·貴賤·男女無不可用 真寶物也 人人得用 竟成布帛菽栗矣."

23) (淸) 迮朗, 《繪事瑣言》(續修四庫全書 1068), 卷8 p.783. "粤東亦多造之者 晶有水旱之分生於水者爲水晶 潤澤足珍 生於山者爲旱晶 乾燥弗貴 有茶墨之別色 淡紅者爲茶精 賤同雲母 黑色者爲墨精 靜可養目 邊有銀角之殊."

24) 邱仲麟, 앞의 책, p.493.

25) 《淸稗類鈔》, 第4冊, 〈譏諷類·官吏視民如傷〉, p.1737, "人之戴眼鏡也, 非短視即老花, 繼而視爲妝飾之品 藉以壯觀瞻 日平光. 其取材普通者爲白色之水晶. 又有茶晶·墨晶·短視·老花·平光皆有之. 遇必除之, 以示謙, 以示敬也, 反是則爲傲."

26) (淸) 徐珂, 《淸稗類鈔》, 第4冊, 〈譏諷類·官吏視民如傷〉, p.6148.

27) (淸) 李杕, 《益聞錄》, 第458期, 〈墨晶眼鏡〉, p.208.

28) 邱仲麟, 앞의 책, pp.508~510.

29) 毛憲民, 〈清代宮庭眼鏡硏究〉, 《文物世界》, 2002-01.

30) 蓋東升, 〈洋漆·眼鏡·金星玻璃〉, 《藝術硏究》, 2002-02.

31) 毛憲民, 앞의 책 p.14.

32) 같은 책, p.17.

33) 李愼, 2007, p.42.

34) (淸) 王士禎, 《居易錄》(文淵閣四庫全書 869), 卷33, p.734.

35) 李愼, 앞의 책, p.42.

36) 毛憲民, 앞의 책, p.17.

37) 같은 곳.

38) 李愼, 앞의 책, p.36.

39) 毛憲民, 앞의 책, p.14.

40) 《御製詩集·四集》卷27, p.724, 卷4. "器有眼者鏡 用助日昏備老 或以玻璃製 玻璃雲
害眼 水晶貴難得 玻璃賤易致 老年所必須, 佩察秋毫細. 然我厭其爲, 至今未一試揮
毫撫箋際, 原可蠅頭字. 抑更有進焉, 拿矩具精義. 賴彼做斯明, 斯明已有蔽. 敬告後來
人, 吾言直深思."

41) 안경을 주제로 한 대고大考에서 완원이 1등을 차지한 사실에 대해서는 李愼, 앞의
책, p.44 참조.

42) (淸) 阮元, 《揅經室集·四集》(續修四庫全書 1479), 卷1, p.298, 〈御詩賦得眼鏡〉, "引
鏡能明眼, 玻璃試拭磨 佳名傳靉靆, 雅製出歐羅. 窺戶穿雙月, 臨池湛一波, 連環圓可
解, 合璧薄相磋, 玉鑒呈毫字, 晶盤辨指螺, 風中塵可障, 花上霧非訛, 眸瞭寧須此, 瞳
重不恃他, 聖人原未御, 目力壽徵多."

43) 毛憲民, 앞의 책, p.17.

44) 斯當東, 앞의 책, pp.317~318.

45) (明) 張燮, 《東西洋考》(叢書集成初編 3259) 卷4, p.42.

46) 洪震寰, 〈眼鏡在中國之發始考〉, 《中國科技史料》, 1994, p.71~75.

47) 리처드 코손, 앞의 책, 39쪽.

48) Vincent Ilardi, *Renaissance Vision from Spectacles to Telescopes*, American Philoshophical
Society, 2007.

49) (明) 方以智, 《通雅》(文淵閣四庫全書 857), 卷34, pp.660~661.

50) (淸) 葉夢珠,《閱世編》, 上海古籍出版社, 1980, 卷7,〈食貨 6〉, p.163.

51) 섭몽주는 명 숭정 연간에 태어났으나《속편수구기략續編綏寇紀略》머리말에 강 희 27년에 쓴《자서》가 있고,《열세편》은 강희 삼십 몇 년의 기사가 있으니, 강희 중 엽에는 생존해 있었다. 따라서 이 기사는 대략 17세기 말의 기사였다고 볼 수 있다. 《열세편》,〈점교설명點校說明〉참조.

52) 최소자,〈17·18 세기의 중국의 對西洋觀-淸實錄을 중심으로〉,《동양사학연구》7, 1974, p.66.

53) (淸) 谷應泰,《明史紀事本末》(文淵閣四庫全書 364), 卷72, p.923.

54)《明史紀事本末》卷65,〈礦稅之弊〉, p.759.

55) 1675년 야웰이라는 상점의 인쇄물에서는 테는 별갑으로 제작되고 렌즈는 평오목 렌즈이며 폭은 넓고 가장자리 부분은 연마되어 있지 않은 형태의 안경이 소개되었 다. 커밍Cuming은 별갑 대모갑으로 제작된 오목렌즈의 안경은 그 안경갑의 스타일 로 미루어 독일에서 제작된 것이라고 했다(리처드 코손, 앞의 책, 58~59쪽).

56) (淸) 查愼行,《敬業堂詩集》(文淵閣四庫全書 1326), 卷26, p.342, "巧製海西傳 能爭 造化權."

57) 孫承晟,〈明淸之際西方光學知識在中國的傳播及其影響-孫雲球《鏡史》硏究〉,《自 然科學史硏究》, 2007-03.

58) 성남城南은 귀족들이 사는 곳, 척오천尺五天은 오척천五尺天과 같은 의미로 쓰였 다. 오척천은 황제와 가까운 거리를 말한다. 지방지를 들춰보니 나천척과 등표가 병 진년 박학홍유과에 함께 응시했다는 기록은 있으나 불합격했다는 기록도 있고, 또 다른 지방지에는 등표가 박학홍유과에 입격했으나 가지 않았다는 기록도 있다. 다 만 이 시를 보면 등표는 분명 학문적으로나 공적으로 성취함이 있었다고 보인다 ((咸豊)《順德縣志》(咸豊刻本), 卷25, p.2363(ebook: 中國方志庫廣東編初輯).

59) (淸) 羅天尺,《癭暈山房詩刪》(四庫未收書輯刊 10, 18), 卷12〈計偕北上鄧炳園以近 視眼鏡見餉謝以二絕〉, p.586, "案上繩頭可百篇 才懸方丈 即茫然 多君具 轉乾坤 手 縮作城南尺五天, 北固南徐指顧間 手攜飛電 意何閒不輸眼大如箕 客睹認江南一髮 山." "안대여기眼大如箕"는 실질을 보지 못하고 고원한 것만 바라보는 것을 말한다. 이 글에서는 나천척이 공부에 힘쓰면서 눈이 상하는 것을 간과하고 있다는 의미로 해석된다.

60) (民國)《順德縣志》(民國18년 刻本), 卷8, p.482(ebook: 中國方志庫廣東編初輯).

61) (咸豊)《順德縣志》(咸豊刻本), 卷25, p.2363(ebook: 中國方志庫廣東編初輯).

62) (淸) 李鬥, 汪北平·塗雨公 點校,《揚州畫舫錄》, 中華書局, 1960, 卷2,〈草河錄下〉, p.48. "人之短視者多帶眼鏡 除之則面必變 塗能畫短視不帶眼鏡而能肖."

63) (淸) 範瑞昂,《粤中見聞》卷21, 廣東高等敎育出版社, 1988, p.246, "水晶可以取水 亦可取火 粤人多以爲眼鏡 西洋眼鏡則以玻璃爲之 西洋兒生十歲即戴一玻璃眼鏡 謂可以養目光 至老不朦."

64) (淸) 阮元,《揅經室集·四集》卷1,〈御詩賦得眼鏡〉, 中華書局, 2006, p.753, "佳名傳靉靆 雅制出歐羅."

65) 요부요夫는 북송 때의 문인, 정치가였던 소옹邵雍의 자로, 정치적 소용돌이에서 관조적인 태도로 사마광 등의 존경을 받았다. 자신을 소옹에 비유한 것이다.

66) 달빛의 비유.

67) '비鼻'는 코에 닿는 부위로 해석했다. 당시 유럽의 안경은 브리지 모양을 둥글게 하여 코에 전달되는 부담을 많이 줄였는데 이를 일컬은 것 같다.

68) (淸) 李光地,《榕村集》(文淵閣四庫全書 1324) 卷40 p.1073.

69) (朝鮮) 洪大容,《湛軒書外集》(한국역대문집총서), 경인문화사, 1999,〈杭傳尺牘·乾淨衕筆談〉, 卷2.

70) (朝鮮) 洪大容, 같은 책, 卷7,〈燕記〉. 고가이슬 등이 사용한 안경의 정확한 형태는 일기 어렵지만 17세기 중반 독일 제작의 뉴렘버그 스타일의 안경이 유럽에 크게 유행했고, 18세기 중엽 다리를 관자놀이에 걸치는 템플스타일의 안경이 보급되었음을 감안할 때 대개 서양식 코안경의 형태나 템플스타일의 안경을 쓰고 있었을 가능성이 있다.

71) (淸) 張子秋,《淸代北京竹枝詞》,〈續都門竹枝詞〉, 北京出版社, 1962.

72) (淸) 楊靜亭,《中華竹枝詞》第1册, 北京古籍出版社, 1996,〈都門雜詠〉, p.181.

73) (淸) 張渠,《粤東見聞錄》(嶺南叢書), 廣東高等敎育出版社, 1990,〈琥珀玻璃〉, p.125.

74) 楊伯達,〈淸代玻璃槪述〉,《故宮博物院院刊》, 1983-04, p.5.

75) 박기수,〈淸代 廣東의 對外貿易과 廣東商人〉,《명청사연구》9, 1998, pp.60~61.

76) 박기수, 같은 글, p.61.

77) 해금과 천계령 실시에 관해서는 원정식,〈淸初 福建社會와 遷界令 실시〉,《동양사학연구》, 81, 2003; 채경수,〈청초 동남연해 군사전략의 추이청조의 대정씨전략 (1644-1683)을 중심으로〉, 서울대학교 석사학위논문, 2013; 홍성구,〈청조 해금정

책의 성격-한·중·일의 해양인식과 해금〉, 동북아역사재단, 2007.

78) 黃啓臣,〈淸代前期海上貿易的發展〉,《歷史硏究》, 1986-04.

79) 松浦 章, 荷娟娟·劉海萌 中譯,〈淸代中國嘉慶年間之東亞的朝貢國與互市國〉,《海交史硏究》2014-02, p.90.

80) (淸) 洪亮吉,《乾隆府廳州縣圖志》, (續修四庫全書, 625-627), 卷50,〈朝貢諸國〉.

81) 陳高華·陳尙勝,《中國海外交通史》, 中國社會科學出版社, 2017, pp.207~210.

82) (淸) 盧蔚猶,《(光緒) 海陽縣志》(成文出版社 1967), 卷7,〈興地 6·風俗〉, p.62.

83) (淸) 張渠,《粤東見聞錄》(嶺南叢書, 廣東高等敎育出版社, 1990), pp.140~141.

84) 張海鵬·張海瀛,《中國十大商幇》, 도광 13년 광주와 각 성 간의 무역상품 표 참조.

85) 유럽 문물 도입에서의 러시아 등의 역할에 관해서는 정은주,〈연행사절의 서양화 인식과 사진술 유입: 북경 천주당을 중심으로〉,《명청사연구》30, 2008, 190~196쪽 참조.

86) (朝鮮) 樸準源,《錦石集》(韓國文集叢刊 255), 民族文化推進會, 2004, 卷8.

87) 진재교,〈18, 19세기 동아시아와 지식, 정보의 메신저, 역관〉,《한국한문학연구》47, 2011, 105~134쪽; 박수밀,〈조선의 중국 서적 유입 양상과 그 의미-서반과 유리창의 존재를 중심으로〉,《동아시아연구》50, 2011, 125~154쪽. 특히 정보 입수의 접촉방식에서는 정은주,〈燕行에서 中國 書畵 流入 경로〉,《명청사연구》38, 2012, 333~338쪽 참조.

88) 김경록,〈17세기 초 명·청 교체와 대중국 사행의 변화〉,《한국문학과 예술》15, 2015, 47~51쪽.

89) (淸) 李文藻,《琉璃廠書肆記》(叢書集成三編 79), 新文豊出版公司, 1997, p.393.

90) (淸) 李興庭,《鄕言解頤》(續修四庫全書 1272), 卷4, p.204, "數十年前 琉璃廠眼鏡鋪 不過數家, 今則不啻倍蓰矣."

91) (朝鮮) 徐有聞,《戊午燕行錄》(燕行錄全集 63), 동국대학교, 2001, p.148, 1798년(정조22) 12월 22일 기사.

92) (淸) 於敏中,《日下舊聞考》(文淵閣四庫全書 497), 卷45, p.632.

93) (朝鮮) 洪大容,《湛軒書外集》,〈劉鮑問答〉,〈隆福市〉,〈乾淨筆談〉.

94) (朝鮮) 李睟光,《芝峯類說》卷19,〈器用〉.

95) 조선의 안경 전파에 관해서는 강명관,《조선에 온 서양 물건들》, 휴머니스트, 18~21, 36~42쪽 참조.

96) (朝鮮) 이호민,《五峯集》(韓國文集叢刊 59),〈眼鏡銘〉, p.441.

97) ヴォルフガング・ミヒェル,〈江戸初期の光學製品輸入について〉,《洋學》洋學史學
会研究年報 12, 2004, p.126.

98) (朝鮮) 李圭景,《五洲衍文長箋散稿》,〈靉靆辨證說〉.

99) (朝鮮) 丁若鏞,《茶山詩文集》제22卷,〈柳泠齋得恭筆記評〉.

100) 李圭景,《五洲書種博物考辨》,〈眼鏡類〉.

101) 강명관, 앞의 책, 60~61쪽.

102) ヴォルフガング・ミヒェル, 앞의 책, p.133.

103) 같은 책, p.131. 동인도회사의 수입품 목록에 대한 번역문에서 새로운 안경
(luijsglaesen)은 슬안경虱眼鏡으로 해석되었다. 볼프강 미셸은 현미경과 구분할
수 있는지 정확하지는 않지만 일반적인 안경과 구분되는 더 우수한 안경으로 판
단했다. 이규경은 안경의 구분에서 현미경과 충안경을 다른 그룹으로 분류했으니
충안경은 고배율의 원시경으로 볼 수 있다.

104) (淸) 張潮,《虞初新志》(續修四庫全書 1783), 卷6.

105) 《虞初新志》卷6.

106) 송대 문헌에 "양수가 밝음과 불을 해로부터 취한다"는 내용 뒤에 "감鑑은 밝은 물
을 달에서 취한다"고 한 구절이 덧붙어 있는데 '감은 취수경'이라는 각주가 있다.
감은 거울을 의미하니 취화경의 두 원리, 즉 오목형의 빛을 모으는 방식과 볼록형
의 빛을 통과시키는 방식을 각각 취수와 취화로 구분하여 정리한 것으로 판단된
다. 참고로 '감은 큰 그릇[大盆]'이라는 주석도 있다. 이상의 내용은 (宋) 朱申,《周
禮句解》(文淵閣四庫全書 95), 卷10; (明) 蔡淸,《易經蒙引》(文淵閣四庫全書 29),
卷1中 참조.

107) 다물경은 그 의미나 《우초신지》의 구성상 축용경으로도 해석될 수도 있다.

108) 원안경에 대해서는 ヴォルフガング・ミヒェル, 앞의 책, p.121 참조.《우초신지》에
는 망원경이 첫 번째로 언급되어 있지만 ④그룹에 망원경이 빠져 있어 망원경은
별도로 ⑤그룹으로 분류되었다고 보인다.

109) 白山晰也,《眼鏡の社會史》, ダイヤモンド社, 1990, pp.33~40.

110) 大坪元治,《眼鏡の歷史》, 日本眼鏡卸組合連合會, 1960, pp.61~62.

111) ヴォルフガング・ミヒェル, 앞의 책, p.115.

112) 이것은 네덜란드의 상관장이 일본인 협력자에게 입수한 기록으로 안경은 별개의

항목으로도 다루어졌지만 다른 잡다한 소품 중에 함께 기록되기도 했기 때문에 정확한 수치는 아니다.

113) 안해安海는 만해灣海, 안평安平, 석정石井 등의 이름으로 불리기도 했다. 천주 진강부 연해의 구릉지대를 말하며 해적 정지룡鄭芝龍이 다른 해적들을 제압하고 관위를 받은 뒤 이곳은 정지룡 집단과 VOC 간의 주요 무역 거점이 되었다. 정지룡의 안해 지역의 성장에 관해서는 채경수, 〈明末 淸初 海上勢의 浮沈과 國家權力의 對應〉, 서울대학교 박사논문, 2020, 174~187쪽 참조.

114) ヴォルフガング・ミヒェル, 앞의 책, p.123.

115) 白山晰也, 앞의 책, pp.83~85.

116) ヴォルフガング・ミヒェル, 앞의 책, p.123.

117) 물론 코안경에도 스타일에 다른 종류가 있었던 것 같다. 나가사키의 네덜란드인의 기록에 '포르투갈인 풍의 코안경'이라는 설명이 붙은 안경이 일본으로 수입된 것을 확인할 수 있다. ヴォルフガング・ミヒェル, 같은 책, p.126.

118) 白山晰也, 앞의 책, pp.87~92.

119) 같은 책, p.95.

120) 서인범, 〈청 강희제의 開海政策과 조선 西海海域의 荒唐船〉, 《이화사학연구》 50, 2015, 384~387쪽.

121) 利瑪竇, 何高濟 等 譯, 《利瑪竇中國劄記》, 中外關系史名著譯叢, 中華書局, 1983 p.151.

122) 클리퍼드 코너, 김명진·안성우·최형섭 옮김, 《과학의 민중사》, 사이언스북스, 2005, 428~429쪽.

123) 제임스 E. 매클렐란 3세·헤럴드 도른 공저, 전대호 옮김, 《과학과 기술로 본 세계사 강의》, 모티브, 1999, 456~475쪽.

124) 클리퍼드 코너, 앞의 책, 419쪽.

나가는 말

1) 실크로드 복원의 여러 시도는 三上次男, 《陶磁の道: 東西文明の接点をたずねて》, 岩波書店, 1969; 山田憲太郎, 《香料の道: 鼻と舌 西東》, 中央公論社, 1977 참조.

2) 주경철, 《대항해시대: 해상 팽창과 근대 세계의 형성》, 서울대학교출판부, 2008.

참고문헌

1. 사료

《明實錄》

魏收,《魏書》, 中華書局 1974

宋濂,《元史》, 中華書局 1974.

班固,《漢書》, 中華書局 1974.

萬斯同,《明史》(續修四庫全書 331)

張廷玉,《明史》, 中華書局, 1974.

(조선) 柳得恭,《灤陽錄》.

(조선) 李圭景,《五洲書種博物考辨》.

(조선) 李圭景,《五洲衍文長箋散稿》.

(조선) 李睟光,《芝峯類說》.

(조선) 李瀷,《星湖僿說》.

(조선) 朴準源,《錦石集》(韓國文集叢刊 255), 民族文化推進會, 2004.

(조선) 徐有聞,《戊午燕行錄》(燕行錄全集 63), 東國大學校出版部, 2001.

(조선) 徐有素,《燕行錄》(林基中 編, 燕行錄全集 81 册), 東國大學校出版部, 2001.

(조선) 丁若鏞,《茶山詩文集》.

(조선) 洪大容,《湛軒書外集》(한국역대문집총서), 경인문화사, 1999.

(漢) 劉安, 許信 注,《淮南鴻烈解(上册)》(新編諸子集成), 中華書局, 1989.

(漢) 王充,《論衡》(文淵閣四庫全書 862).

(東晉) 葛洪,《抱樸子外篇·內篇》(文淵閣四庫全書 1059).

(南北朝) 僧祐,《釋迦譜》(文淵閣四庫全書 1053).

(南北朝) 張道陵,《金液神丹經》(道藏 18), 文物出版社 外, 1988.

(宋) 唐慎微,《證類本草》(文淵閣四庫全書 740).

(宋) 戴埴,《鼠璞》(叢書集成初編 319).

(宋) 李昉,《太平廣記》(文淵閣四庫全書 1043).

(宋) 李石,《方舟集》(文淵閣四庫全書 1149).

(宋) 馬端臨,《文獻通考》(文淵閣四庫全書 612).

(宋) 趙汝适, 楊博文校釋,《諸蕃志校釋》(中外交通史籍叢刊), 中華書局, 1996.

(宋) 周去非, 楊武泉校注,《嶺外代答校注》(中外交通史籍叢刊), 中華書局, 1999,

(宋) 周密,《癸辛雜識·前集》(叢書集成初編 2777).

(宋) 朱申,《周禮句解》(文淵閣四庫全書 95).

(宋) 沈括,《夢溪筆談》(文淵閣四庫全書 829).

(宋) 彭大雅,《黑韃事略》(叢書集成初編 3177).

(五代) 劉昫 等 撰,《舊唐書》(文淵閣四庫全書 271).

(元) 劉敏中,《中菴集》(文淵閣四庫全書 403).

(元) 劉鬱,《西使記》(叢書集成初編 3911).

(元) 謝應芳,《龜巢稿》(文淵閣四庫全書 1218).

(元) 王大淵, 蘇繼廎 校釋,《島夷志略校釋》, 中華書局, 2000.

(元) 周達觀, 최병욱 옮김,《眞臘風土記》, 산인, 2016.

(元) 周致中,《異域志》(叢書集成初編 3273).

(明) 黃訓,《名臣經濟錄》(文淵閣四庫全書 444).

(明) 郭棐,《(萬曆)廣東通志》, 齊魯書社, 1996.

(明) 谷泰,《博物要覽》(叢書集成初編 1560).

(明) 丘濬,《大學衍義補》(文淵閣四庫全書 712, 子部).

(明) 羅懋登,《三寶太監西洋紀通俗演義》, 上海古籍出版社, 1995.

(明) 郎瑛,《七修續稿》(續修四庫全書 1123).

(明) 梁兆陽 修, 崇禎《海澄縣志》(日本藏中國罕見地方志), 書目文獻出版社, 1990.

(明) 婁堅,《吳歈小草》(四庫禁燬書叢刊 集部 49).

(明) 李時珍,《本草綱目》(文淵閣四庫全書 772).

(明) 萬曆《廣東通志》(四庫全書存目叢書 198 史部).

(明) 方以智,《通雅》(文淵閣四庫全書 857).

(明) 費信,《星槎勝覽》(續修四庫全書 742).

(明) 徐應秋,《玉芝堂談薈》(文淵閣四庫全書 883).

(明) 徐𤊻,《鼇峰集》(續修四庫全書 1381).

(明) 孫承澤,《硯山齋雜記》(文津閣四庫全書 872).

(明) 申時行,《大明會典》(續修四庫全書 791).

(明) 애덤 샬,《遠鏡說》(叢書集成初編 1308).

(明) 嚴從簡,《殊域周咨錄》(中外交通史叢刊), 中華書局, 2000.

(明) 吳寬,《家藏集》(文淵閣四庫全書 1255).

(明) 王圻,《續文獻通考》(續修四庫全書 762).

(明) 王三聘 輯,《事物考》(續修四庫全書 1232).

(明) 危素,《危學士全集》(四庫全書存目叢書 集部 第24冊).

(明) 俞汝楫,《禮部志稿》(文淵閣四庫全書 597).

(明) 張寧,《方洲集》(文淵閣四庫全書 1247).

(明) 張燮,《東西洋考》(叢書集成初編 3259).

(明) 張營,《疑耀》(文津閣四庫全書 856).

(明) 張自烈,《正字通》(續修四庫全書 235).

(明) 章潢《圖書編》(文淵閣四庫全書).

(明) 錢謙益,《牧齋初學集》(四部叢刊 集部 1626, 上海書店, 1989.

(明) 田藝蘅,《留青日劄摘抄》(叢書集成初編, 2916).

(明) 曹昭,《新增格古要論》(叢書集成初編 1555), p.123.

(明) 朱元璋,《皇明祖訓》(四庫全書存目叢書 264 史部).

(明) 陳懋仁 輯,《庶物異名疏》(四庫全書存目叢書).

(明) 陳士元,《諸史夷語解義》(四庫未收書輯刊 10輯-7).

(明) 陳誠,《西域番國志》(中外交通史料叢刊), 中華書局, 2000.

(明) 陳誠,《陳竹山先生文集》(四庫全書存目叢書 第26冊).

(明) 蔡淸,《易經蒙引》(文淵閣四庫全書 29).

(明) 黃省曾, 謝方 校注,《西洋朝貢典錄校注》(中外交通史籍叢刊), 中華書局, 2000.

(明)《華夷譯語》(續修四庫全書 230).

(淸)《御製詩集·四集》(文淵閣四庫全書 1307~1310).

(淸) 乾隆帝,《御製詩集》(影印文淵閣四庫全書).

(淸) 顧炎武,《天下郡國利病書》(續修四庫全書 579).

(淸) 谷應泰,《明史紀事本末》(文淵閣四庫全書 364).

(淸) 孔尙任, 徐振貴 等 輯校,《岸堂稿》(孔尙任全集輯校註評 第3冊), 齊魯書社, 2004.

(淸) 德福,《閩政領要》(臺灣文獻匯刊, 廈門大學出版社, 2004).

(淸) 羅天尺,《癭暈山房詩删》(四庫未收書輯刊 10, 18).

(淸) 盧蔚猶,《(光緖)海陽縣志》(成文出版社 1967).

(淸) 劉嶽雲,《格物中法》(淸同治劉氏家刻本).

(淸) 劉靖,《片刻餘閒集》(續修四庫全書1137).

(淸) 劉廷璣,《在園雜志》(續修四庫全書1137).

(淸) 李光庭, 石繼昌 點校,《鄕言解頤》, 中華書局, 1982.

(淸) 李光地,《榕村集》(文淵閣四庫全書1324) .

(淸) 李鬥, 汪北平·塗雨公 點校,《揚州畫舫錄》, 中華書局, 1960.

(淸) 李文藻,《琉璃廠書肆記》(叢書集成三編79), 新文豐出版公司, 1997.

(淸) 李漁, 崔子恩 校點,《覺世名言十二樓》, 江蘇古籍出版社, 1991.

(淸) 李慈銘,《越縵堂日記·桃花聖解盦日記》甲集, 文光圖書公司, 1963.

(淸) 李枓,《益聞錄》.

(淸) 李興庭,《鄕言解頤》(續修四庫全書1272).

(淸) 方以智,《物理小識》(文淵閣四庫全書867), p.883.

(淸) 方濬頤,《二知軒詩續鈔》(續修四庫全書1556).

(淸) 範瑞昂,《粵中見聞》卷21, 廣東高等教育出版社, 1988.

(淸) 查愼行,《敬業堂詩集》(文淵閣四庫全書1326).

(淸) 徐珂,《淸稗類鈔》, 中華書局, 1984.

(淸) 孫承澤,《硯山齋雜記》(文淵閣四庫全書872).

(淸) 楊靜亭,《中華竹枝詞》, 北京古籍出版社, 1996.

(淸) 葉夢珠, 〈食貨 6〉,《閱世編》, 上海古籍出版社, 1980.

(淸) 阮元,《揅經室集·四集》(續修四庫全書1479).

(淸) 王士禎,《居易錄》(文淵閣四庫全書869).

(淸) 於敏中,《日下舊聞考》(文淵閣四庫全書497).

(淸) 俞樾,《俞樾全集》(浙江古籍出版社, 2017).

(淸) 印光任,《澳門記略》(續修四庫全書676) .

(淸) 張渠,《粵東見聞錄》(嶺南叢書), 廣東高等教育出版社, 1990.

(淸) 蔣溥 等 奉敕 編,《御製詩集·餘集》(文淵閣四庫全書別集類250).

(淸) 張子秋, 〈續都門竹枝詞〉, 《淸代北京竹枝詞》, 北京出版社, 1962.

(淸) 張潮, 《虞初新志》(續修四庫全書 1783).

(淸) 鄭復光, 李磊譯 注, 《鏡鏡詅癡》, 上海古籍出版社, 2015.

(淸) 曹庭棟, 《老老恒言》(叢書集成續編 81).

(淸) 趙翼, 《陔餘叢考》(續修四庫全書 1153).

(淸) 趙翼, 《甌北集》(續修四庫全書 1446).

(淸) 周廣業, 《過夏續錄》(續修四庫全書 1154).

(淸) 曾七如, 《小豆棚》(歷代筆記小說叢書), 齊魯書社, 2004.

(淸) 陳元龍, 《格致鏡原》(文淵閣四庫全書 1032).

(淸) 迮朗, 《繪事瑣言》(續修四庫全書 1068).

(淸) 沈濤, 《瑟榭叢談》(續修四庫全書 634).

(淸) 洪亮吉, 《乾隆府廳州縣圖志》(續修四庫全書, 625-627).

(淸) 黃芝, 《粤小記》, 廣東人民出版社, 2006.

(淸), 法式善, 《存素堂文集》(續修四庫全書 1476).

(淸) 《(咸豊) 順德縣志》(咸豊刻本), ebook: 中國方志庫廣東編初輯.

(淸) 《(道光) 南海縣志》(嶺南美術出版社, 2007).

(民國) 《順德縣志》(民國18년 刻本), ebook: 中國方志庫廣東編初輯.

2. 국내 저역서

강명관, 《조선에 온 서양 물건들》, 휴머니스트, 2016.

금복현, 《옛 안경과 안경집》, 대원사, 1995.

김호동 역주, 《마르코 폴로의 동방견문록》, 사계절, 2000.

김호동, 《몽골 제국과 세계사의 탄생》, 돌베개, 2010.

나가사와 가즈도시, 이재성 옮김, 《실크로드의 역사와 문화》, 민족사, 1990.

데이비드 C. 린드버그, 이종흡 옮김, 《서양과학의 기원들》, 나남, 2009.

리처드 코손, 김하정 옮김 《안경의 문화사》, 에디터, 2003.

마르코 폴로, 김호동 역주, 《동방견문록》, 사계절, 2020.

무라이 요시노리, 오모토 케이이치 외 공저, 김정환 외 공역, 《바다의 아시아 1~6》, 다리
미디어, 2003.

미할비란 외 공저, 이재황 옮김,《실크로드의 개척자들》, 책과함께, 2020.

설배환,《蒙·元제국 쿠릴타이(Qurkltai) 연구》, 서울대학교 박사논문, 2016.

아널드 R. 브로디, 데이비드 E. 브로디, 김은영 옮김,《인류사를 바꾼 위대한 과학》, 글담, 2019.

야마모토 요시타카, 남윤호 옮김,《16세기 문화혁명》, 동아시아, 1998.

오금성 등저,《명청시대 사회경제사》, 이산, 2007.

오금성,《장거정 시대를 구하다》, 지식산업사, 2018.

이갑상 편저,《세계과학기술인명사전》, 세진사, 1996.

이민호,《입체로 읽는 화학: 원소발견의 역사 1~2》, 자작나무, 1994.

이븐 바투타, 정수일 옮김,《이븐 바투타의 여행기》, 창작과비평사, 2002.

재닛 아부-루고드, 박흥식·이은정 옮김,《유럽 패권 이전: 13세기 세계체제》, 까치글방, 2006.

정병철,《'천붕지열'의 시대, 명철청초의 화북사회》, 전남대학교출판부, 2008.

정수일,《씰크로드학》, 창작과비평사, 2002.

제임스 E. 매클렌란 3세·헤럴드 도른 공저, 전대호 옮김,《과학과 기술로 본 세계사 강의》, 모티브, 1999.

조영헌,《대운하 시대 1415-1784》, 민음사, 2021.

주경철,《대항해 시대: 해상 팽창과 근대 세계의 형성》, 서울대학교출판부, 2003.

채경수,〈明末 淸初 海上勢의 浮沈과 國家權力의 對應〉, 서울대학교 박사논문 2020.

쵸두리, 임민자 옮김,《유럽 이전의 아시아》, 심산, 2011.

클리퍼드 코너, 김명진·안성우·최형섭 옮김,《과학의 민중사》, 사이언스북스, 2005.

키아라 프루고니, 곽차섭 옮김,《코앞에서 본 중세》, 길, 2006.

티머시 메이, 권용철 옮김,《칭기스의 교환: 몽골 제국과 세계화의 시작》, 사계절, 2020.

티머시 브룩, 조영헌 옮김,《곤경에 빠진 제국》, 너머북스, 2014.

프랑수아 지푸루, 노영순 옮김,《아시아 지중해: 16~21세기 아시아 해항도시와 네트워크》, 선인, 2014.

_____, 이수열 옮김,《새로운 세계사》, 선인, 2014.

_____, 이수열·구지영 옮김,《동인도회사와 아시아의 바다》, 선인, 2012.

하네다 마사시, 조영헌·정순일 옮김,《바다에서 본 역사》, 민음사, 2018.

허일·김성준·최운봉 편역,《중국의 대항해자 정화의 배와 항해》, 심산, 2005.

홍성구, 〈청조 해금정책의 성격〉, 《한·중·일의 해양인식과 해금》, 동북아역사재단, 2007.

3. 국내에 발표된 논문

고명수, 〈쿠빌라이 정부의 大都건설과 역참교통체계 구축〉, 《중앙아시아연구》, 2010.

고은미, 〈글로벌 히스토리와 동아시아론〉, 《대동문화연구》 94, 2016.

구범진, 〈'중국'의 '경계'를 넘나드는 연구지형〉, 《역사학보 231》, 2016.

김경록, 〈17세기초 명·청교체와 대중국 사행의 변화〉, 《한국문학과 예술》 15, 2015.

김문기, 〈17세기 江南의 小氷期 氣候〉, 《명청사연구》 27, 2007.

김문기, 〈명말 강남의 기후와 崇禎 14년의 奇荒〉, 《중국사연구》 37, 2005.

김성수, 〈몽골 제국 시기 유라시아 광역 교통망 잠치(jamč)〉, 《몽골학》 25, 2008.

김효미, 《《三寶太監西洋記通俗演義》를 통해 본 鄭和에 대한 기억과 明末의 해양인식》, 고려대학교 교육학 석사학위논문. 2019.

남종국, 〈몽골 평화 시대 아시아에서 유럽 상인들의 상업활동〉, 《서양중세사연구》 28, 2011.

박기수, 〈淸代 廣東의 對外貿易과 廣東商人〉, 《명청사연구》 9, 1998.

박수밀, 〈조선의 중국 서적 유입 양상과 그 의미-서반과 유리창의 존재를 중심으로〉, 《동아시아연구》 50, 2011.

서인범, 〈청 강희제의 開海政策과 조선 西海海域의 荒唐船〉, 《이화사학연구》 50, 2015.

송정수, 〈'三立三絶'을 통해서 본 明朝의 하미(Hami) 지배의 變化像〉, 《명청사연구》 45, 2016.

송정화, 《《西域行程記》와 明初의 西域》, 《中國學論叢》 64, 2019.

신주현, 〈명대 佛郎機 인식과 南京敎案(1616-1617)〉, 《명청사연구》 34, 2010.

岸本美緖, 〈"後十六世紀問題"與淸朝〉《明淸史硏究》 20, 明淸史學會), 2004.

원정식, 〈淸初 福建社會와 遷界令 실시〉, 《동양사학연구》 81, 2003.

윤성익, 〈"16세기 왜구"의 다면적 특성에 대한 일고찰-徐海집단의 예를 중심으로〉, 《명청사연구》 29, 2008.

이지은, 〈중앙아시아 이슬람 세계의 천문학〉, 《한국이슬람학회논총》 31, 2021.

_____, 〈티무르 제국 정치적 정체성의 변화〉, 《중앙아시아 연구》 21, 2016.

이화승, 〈明 中期 이후, 東南沿海의 海上世界〉, 《동양사학연구》 127, 2014.

임정훈, 〈청 전기 해상무역에서의 海防과 民生-'南洋禁航令'의 실시와 철폐〉, 서울대학교 석사학위 논문, 2017.

장용규, 〈16세기 이전 인도양 교역과 스와힐리 경제권의 형성〉, 《한국아프리카학회지》, 2014.

정동훈, 〈明과 주변국의 外交關係 수립 절차의 재구성-이른바 '明秩序' 논의에 대한 비판을 겸하여〉, 《명청사연구》 51, 2019.

정면, 〈'중국적 세계질서'와 古代 雲南: 西爨國과 南詔國을 중심으로〉, 《동양사학연구》 135, 2016.

정은주, 〈燕行에서 中國 書畵 流入 경로〉, 《명청사연구》 38, 2012.

_____, 〈연행사절의 서양화 인식과 사진술 유입: 북경 천주당을 중심으로〉, 《명청사연구》 30, 2008.

조영헌·채경수, 〈휘상 왕직의 흥망과 휘주 네트워크〉, 《명청사연구》 44, 2015.

진재교, 〈18, 19세기 동아시아와 지식, 정보의 메신저, 역관〉, 《한국한문학연구》 47, 2011.

차혜원, 〈16세기, 중화제국의 南倭대책과 封·貢·市〉, 《동양사학회 학술대회 발표논문집》, 2016.

채경수, 《청초 동남연해 군사전략의 추이청조의 대정씨전략(1644-1683)을 중심으로》, 서울대학교 석사논문, 2013.

최소자, 〈17·18 세기의 중국의 對西洋觀-淸實錄을 중심으로〉, 《동양사학연구》 7, 1974.

한지선, 〈네덜란드 동인도회사의 기록을 통해 본 明末의 貿易構造-1620년대 月港 무역의 변화와 澎湖事件〉, 《명청사연구》 40, 2013.

_____, 〈15세기 명·티무르제국 간의 조공무역과 인도양 교역 네트워크-중국 문헌자료에 나타난 세계화의 단상〉, 《명청사연구》 54, 2020.

_____, 〈가정연간, 동남연해사회와 月港의 개방〉, 《중국사연구》 90, 2014.

_____, 〈안경의 제작과 인도양 무역 네트워크- 중국 문헌 자료에 나타난 유리 제작을 중심으로〉, 《대구사학》 135, 2019.

_____, 〈인도양 무역 네트워크와 문명공간〉, 《명청사연구》 48, 2017.

_____, 〈鄭和의 출사와 인도양 네트워크〉, 《명청사연구》 49, 2018.

_____, 〈명청시대 안경의 전파와 유행〉, 《역사와세계》 47, 2015.

_____, 〈청초 지역사회질서의 재확립-葉夢珠의 《閱世編》을 중심으로〉, 《대구사학》 126.

홍성화, 〈16-17세기 포르투갈의 대동아시아 무역의 성쇠-마카오를 중심으로〉, 《역사와경계》 105, 2017.

_____, 〈16세기 중엽 포르투갈인들이 본 동아시아 해상질서〉, 《사림》 49, 2014.

3. 영문 저역서

Adam J. Silverstein, *Postal Systems in the Pre-Modern Islamic World*, Cambridge University Press, 2007.

al-Sīrāfī, Abū Zayd; Faḍlān, Aḥmad ibn, Tim Mackintosh-Smith ed, *Two Arabic Travel Books: Library of Arabic Literature 17*, NYU Press, 2014.

Anthony Reid, *Southeast Asia in the Age of Commerce 1450-1680* Vol. I , Yele University, 1988.

Beaujard Philippe, *The Worlds of the Indian Ocean*, Cambridge University Press, 2019.

Bernard Lewis, *What Went Wrong?: Western Impact and Middle Eastern Response*, Oxford University Press, 2002.

Broeze, *Brides of the Sea: Port Cities of Asia from the 16th-20th Centuries*, University of Hawaii Press, 1989.

D. R. SarDesai, *Southeast Asia, Past and Present*, Westview Press, 1989.

Edward A. Alpers, *The Indian Ocean in World History*, Oxford University Press, 2013.

Femke Van Eijk, *Spectacles&sunglasses*, Pepin, 2006.

George Hourani and John Carswell, Arab Seafaring: Inthe Indian Ocien in Anceint and Early Medieval Times (Expanded Edition), Princeton University Press, 1995.

H. M. Elliot, *The history of India: as told by its own historians. The Muhammadan period*, 1892(원저: Samarqandī, Kamāl al-Dīn Abd al-Razzaq, M. Safic ed., *Maṭlaʿ al-saʿdayn*, Lahore, 1949)

Ilker Evrim Binbas, *Intellectual Networks in Timurid Iran*, Cambridge University Press, 2016.

Jāmī, Salāmān va-Absāl, A. J. Arberry(영역), *Fitzgerald's Salaman and Absal*, University

408

Press, 1956.

John King Fairbank, *The Chinese world order: traditional China's foreign relations*, Harvard University Press, 2013.

John W. Chaffee, *The Muslim Merchants of Pre-Modern China: The History of a Maritime Asian Trade Diaspora, 750-1400*, Cambridge University Press, 2019.

Joseph Needham, *Science and civilisation in China*, Cambridge Univirsity Press, 1965.

Jung-pang Lo, *China as a Sea Power, 1127–1368*, Hong Kong University Press, 2011.

K. N. Chaudhuri, *Trade and Civilisation in the Indian Ocean: An Economic History from the Rise of Islam to 1750*, Cambridge University press, 1985.

Macfarlane A, Martin G, *Glass: a world history*, University of Chicago press, 2002.

Michael N. Pearson, *Port Cities and Intruders: The Swahili Coast, India, and Portugal in the Early Modern Era*(The Johns Hopkins Symposia in Comparative History), Johns Hopkins University Press, 1998.

_____, *The Indian Ocean: Seas in History*, Routledge, 2003.

Michal Biran, Jonathan Brack, and Francesca Fiaschetti, *Along the Silk Roads in Mongol Eurasia*, University of California Press, 2020.

Mote and Twitchett ed., *the Cambridge history of China vol 7, the Ming Dynasty*, Part. I, Cambridge University Press. 1988.

P. J. Sinclair, *Space, time and social formation: A territorial approach to the archaeology and anthropology of Zimbabwe and Mozambique c.0-1700AD*, Socictas Archaeologica Upsaliensis, 1987.

Park Hyunhee , *Soju*(Asian Connections), Cambridge University Press, 2021.

Philip D. Curtin, *Cross-Cultural Trade in World History*, Cambridge University Press, 1984.

Ralph Kauz&Roderich Ptak, *Hormuz in Yuan and Ming sources*, Bulletin de l'École française d'Extrême-Orient, 2001.

Sarah Dillon, *Seeing Renaissance Glass: Art, Optics, and Glass of Early Modern Italy*, Peter Lang, 2018.

Sebastian R. Prange, *Monsoon Islam*(Cambridge Oceanic Histories), Cambridge University Press, 2018.

Seth C. Rasmussen, *How Glass Changed the World: 3*(SpringerBriefs in Molecular Science),

Springer, 2012.

Tansen Sen, *India, China, and the World: A Connected History*, Rowman&Littlefield Publishers, 2017.

Teixier Pedro, *The Travels of Pedro Teixiera*, translated by Sinclair, Hakluyt Society, 1906.

Thomas T. Allsen, *Culture and Conquest in Mongol Eurasia*(Cambridge Studies in Islamic Civilization), Cambridge University Press, 2001.

_____, *The Steppe and the Sea*, University of Pennsylvania Press, 2019.

Tomé Pires, *The Suma Oriental of Tomé Pires Vol. I*, Hakluyt Society, 2010.

Vincent Ilardi, *Renaissance Vision from Spectacles to Telescopes*, American Philoshophical Society, 2007.

William Hardy McNeill, *Plagues and Peoples Garden City*, Anchor Books, 1974.

_____, *Venice: the hinge of Europe, 1081-1797*, University of Chicago Press, 1974.

4. 영문 논문 및 기사

Amir Mazor and Keren Abbou Jershkovits, "Spectacles in the Muslim World: New Evidence from the Mid-Fourteenth Century", *Early Science and Medicine* 18, 2013-03.

Andre Wink, "From the Mediterranean to the Indian Ocean: Medieval History in Geographic Perspective", *Comparative Studies in Society and History* 44.2, 2002.

Carolyn Swan, "Cirebon: Islamic Glass from a 10th-Century Shipwreck in the Java Sea", *Journal of Glass Studies* 60, 2018.

Chang Pin-tsun, "Maritime China in Historical Perspective", *International Journal of Maritime History* 4.2, 1992.

Eeword Tosen, "The Invention of Eyeglasses", *Journal of the History of Medicine and Allied Sciences* 2, 1956.

Jean Gottman, "Capital Cities", *EKistics50*, 1983.

John E. Wills, "Maritime Asia 1500 – 1800: The Interactive Emergence of European Domination", *American Historical Review* 98.1, 1993.

Jung-Pang Lo, "Maritime Commerce and Its Relation to the Sung Navy", *Journal of the*

Economic and Social History of the Orient 12.1, 1969.

Kaiming Chiu, "The Introduction of Spectacles Into China," *Harvard Journal of Asiatic Studies* 1.2, 1936.

Mark T. "Wypyski, Chemical Analysis of Early Islamic Glass from Nishapur", *Journal of Glass Studies* 57, 2015.

Mohammad Bagher Vosoughi, "the Maritime Silk Road from the Persian Gulf to the East China Sea in the Persian Historical Resources", 《海陸交通與世界文明》, 商務圖書館, 2013.

Muhammd Abu-l-faraj al Ush, "Incised Islamic Glass", *Archaeology*, 24.3.

Nāsir pūyān, Alhazen, the Founder of Physiological Optics and Spectacles, *International Journal of Optics and Applications*, Tehran, 2014.

Pierre-Yves Manguin, "Trading Ships of the South China Sea: Shipbuilding Techniques and their Role in the History of the Development of Asian Trade Network", *Journal of the Economic and Social History of the Orient* 36.3, 1993.

Robert Gardella, "The Maritime History of Late Imperial China: Observations on Current Concerns and Recent Research", *Late Imperial China* 6.2, 1985.

Robert McQuaid OD, "Ibn al-Haytham, the Arab who brought Greek optics into focus for Latin Europe", *Advances in Ophthalmology & Visual System 9*, 2019.

Rolf Willach, "The Long Route to the Invention of the Telescope", *Transactions of the American Philosophical Society*, New Series 98, 2008.

Sanjav Subrahmanyam, "Notes on Circulation and Asymmetry in Two Mediterraneans, c.1400 - 1800" in Claude Guillot, Denys Lombard and Roderich Ptak(eds.), *From the Mediterranean to the China Sea: Miscellaneous Notes*, Wiesbaden, Otto Harrassowitz, 1998.

Sharon negley, "the powers of big ideas", *Newsweek*, 1999, 1.10.

Tom Vosmer, "The Jewel of Muscat reconstructing A ninth-century sewn-plank boat", *Shipwrecked: Tang Treasures and Monsoon Winds*, Smithsonian Institution, 2010.

Valeria Piacentini Fiorani, "Harmuz and the ʿUmānī and Arabian world(fifteenth century)", *Proceedings of the Seminar for Arabian Studies*, Vol.30, 2000.

Vincent ilardi, "Florence's Leadership in the Development of Eyeglasses in the Fifteenth

Century", *Arte Lombarda* 105, 1993.

5. 중문저역서

克拉維約, 《克拉維約東使記》(漢譯世界學術名著叢書·歷史地理), 商務印書館, 2009.

紀念偉大航海家鄭和下西洋580周年籌備委員會 等編, 《鄭和下西洋論文集》, 人民交通出版社, 1985.

劉迎勝, 《海路與陸路: 中古時代東西交流研究》, 北京大學出版社, 2011.

利瑪竇, 何高濟 等 譯, 《利瑪竇中國劄記》(中外關系史名著譯叢), 中華書局, 1983.

李小雲, 《宋代外來物品研究》, 河南大學博士論文, 2013.

李增智 等 編著, 《物理學中的人文文化》, 科學出版社, 2005.

馬駿傑, 《鄭和下西洋》, 中國財政經濟出版社, 2017.

斯當東(George Thomas Staunton), 葉篤義 譯, 《英使謁見乾隆紀實》, 三聯書店.

時平, 《鄭和航海與天妃信仰史料的補遺及考釋》, 《鄭和遠航與世界文明》, 北京大學出版社, 2005.

楊兆鈞 譯, 《克拉維約東使記》(漢譯世界學術名著叢書·歷史地理), 商務印書館, 2009.

吳恬·範金民, 《鄭和》, 南京大學出版社, 2011.

土錦光·洪震寰, 《中國光學史》, 湖南敎育出版社, 1986.

李慶新, 《明代海外貿易制度》, 社會科學文獻出版社, 2007.

利瑪竇(Mathew Ricci), 何高濟 等 譯, 《利瑪竇中國劄記》, 廣西師範大學出版社, 2001.

李隆生, 《晚明海外貿易數量研究》, 秀威, 2006.

林仁川, 《明末清初私人海上貿易》, 華東師範大學出版社, 1987.

張星烺 編注, 《中西交通史料彙編(第三冊)》, 中華書局, 1978.

張海鵬·張海瀛, 《中國十大商幇》.

鄭永常, 《來自海洋的挑戰》, 稻鄉出版社, 2006.

鄭鶴聲·鄭一鈞, 《鄭和下西洋資料彙編》, 齊魯書社, 1980.

鄭和下西洋600周年紀念活動籌備領導小組 編, 《鄭和下西洋研究文選(1905-2005)》, 海洋出版社, 2005.

晁中辰, 《明代海禁與海外貿易》, 人民出版社, 2005.

周運中,《鄭和下西洋新考》(廈門大學人文學院青年學術文庫), 中國社會科學出版社, 2012.

中國航海史研究會 編,《鄭和研究資料選編》, 人民交通出版社, 1985.

陳佳榮 等編,《古代南海地名彙釋》, 中華書局, 1986.

陳高華·陳尚勝,《中國海外交通史》, 中國社會科學出版社, 2017.

陳尚勝,《'懷夷'與'抑商'-明代海洋力量興衰研究》, 人民出版社, 1997.

6. 중문 사전류

高文德 主編,《中國少數民族史大辭典》, 吉林教育出版社, 1995.

龔延明,《中國歷代職官別名大辭典》, 上海辭書出版社, 2006.

藍勇,《南方絲綢之路》, 重慶大學出版社, 1992.

戴均良 等 主編,《中國古今地名大詞典》, 上海辭書出版社, 2010.

馬良春, 李福田 總主編,《中國文學大辭典》第五卷, 天津人民出版社, 1991.

絲綢之路大辭典編委會 編,《絲綢之路大辭典》, 陝西人民出版社, 2006.

王尙壽 主編,《絲綢之路文化大辭典》, 紅旗出版社, 1995.

岑麒祥,《漢語外來語詞典》, 商務印書館, 1990.

鄭天挺 等,《中國歷史大辭典》下卷, 上海辭書出版社, 2000.

陳佳榮 等編,《古代南海地名彙釋》, 中華書局, 1986.

7. 중문 논문

蓋東升,〈洋漆·眼鏡·金星玻璃〉,《藝術研究》, 2002-02.

邱韻如,〈明清眼鏡之文本溯源與時空背景探查〉,《中華科技史學會學刊》20, 2015.

邱仲麟,〈從明目到商戰-明代以降眼鏡的物質文化史〉,《中央研究院歷史語言研究所集刊》90.3, 2019.

南波,〈江蘇吳縣淸畢沅墓發掘簡報〉,《文物資料叢刊》, 1977.

董樹岩,〈眼鏡入華考〉,《物理通報》, 1994-01.

鄧瑞本,〈試論元代的海禁〉,《海交史研究》, 1990-01.

羅帥,〈粟特商人與東晉玻璃器皿〉,《海陸交通與世界文明》, 商務圖書館, 2013.

來生(O.D.Rasmussen) 著, 梅晉良 譯,〈中國眼鏡的歷史〉,《中華醫學雜志》, 中華醫學會,

1936.

呂變庭·周立志,〈伊斯蘭玻璃制品對宋朝經濟生活的影響〉,《青海民族研究》2009-01.

劉迎勝,〈汪大淵兩次出洋初考〉,《"鄭和與海洋"學術研討會論文集》, 中國農業出版社,
　　1998.

_____,〈波斯語在東亞的黃金時代的開啟及終結〉,《新疆師範大學學報》, 2013-01.

李軍·羅海明,〈安徽當塗墓發掘簡報〉,《東南文化》, 2006-02.

李愼,〈明清之際西洋眼鏡在中國的傳播〉, 暨南大學碩士論文, 2007.

萬明,〈馬六甲海峽崛起的歷史邏輯—鄭和七下西洋七至滿剌加考實〉,《太平洋學報》,
　　2020-03.

_____,〈明代中葡兩國的第一次正式交往〉,《中國史研究》, 1997-02.

_____,〈釋'西洋'-鄭和下西洋深遠影向的探析〉,《南洋問題研究》, 2004-04.

毛憲民,〈清代宮庭眼鏡研究〉,《文物世界》, 2002-01.

潘勇勇,《明朝與帖木兒王朝的朝貢貿易研究》, 新疆大學碩士論文, 2015.

聶崇侯,〈中國眼鏡史考〉《中華眼科雜志》, 中華醫學會, 1958.

孫光圻·陳鷹,〈試論鄭和牽星術中的阿拉伯天文航海因素〉,《鄭和下西洋研究文選
　　1905~2005》, 海洋出版社, 2005.

孫承晟,〈明清之際西方光學知識在中國的傳播及其影響—孫雲球《鏡史》研究〉,《自然科
　　學史研究》, 中國科學院自然科學史研究所·中國科學技術史學會, 2007.

孫承晟,〈明清之際西方光學知識在中國的傳播及其影響-孫雲球《鏡史》研究〉,《自然科學
　　史研究》, 2007-03.

松浦 章, 荷娟娟·劉海萌 中譯,〈清代中國嘉慶年間之東亞的朝貢國與互市國〉,《海交史
　　研究》, 2014-02.

施新榮,〈明代哈密與中原地區的經濟交往—以貢賜貿易爲中心〉,《西域研究》, 2007-01.

楊伯達,〈清代玻璃概述〉,《故宮博物院院刊》, 1983-04.

餘定邦,〈明代中國與滿剌加(馬六甲)的友好關係〉,《世界歷史》, 1979.

翁舒韻,〈明朝政府與滿剌加的關係〉,《東南亞研究》, 2001-01.

李金明,〈明代海外朝貢貿易實質初探〉,《中國社會經濟史研究》, 1988-02.

張文德,〈論明與中亞帖木兒王朝的關系〉,《歷史檔案》, 2007-01.

_____,〈明代天方國使臣來華考〉,《西域研究》2015-04.

張思齊,〈宋代 一東方的文藝復興〉,《重慶大學學報(社會科學版)》, 2001-01.

張婉莉,〈宋代薔薇水考釋〉,《西北美術》, 2017-01.

趙孟江,〈中國眼鏡及眼鏡文化發展概況初探〉,《中國眼鏡科技雜志》, 國家輕工業眼鏡信
　　息中心·中國眼鏡協會, 2002.

朱晟,〈玻璃·眼鏡考及其它〉,《中國科技史料》, 1983-02.

周運中,〈孫吳與南海諸國交通新考〉,《人海相依: 中國人的海洋世界》(上海中國航海博物
　　館學術研究部 國際學術研討會議論文集) 2014.

陳高華,〈印度馬八兒王子孛哈里來華新考〉,《陳高華文集》, 譯文出版社, 2005.

陳達生,〈論中國東南沿海古代阿拉伯文·波斯文碑銘之研究〉,《回族研究》, 1991-01.

崔劍鋒 等,〈雲南陸良縣薛官堡墓地出土漢代玻璃珠分析與研究〉《考古》, 中國社會科學
　　院考古研究所, 2016.

沈丹森(Tansen Sen),〈中印海上互動: 宋至明初中國海上力量在印度洋沿岸的崛起〉,《復
　　旦學報(社會科學版)》, 2014-02.

佟屏亞,〈棉花的傳播史〉,《棉花》, 1978-05.

韓振華,〈論鄭和下西洋的性質〉, 紀念偉大航海家鄭和下西洋580周年籌備委員會 等編,
　　1985.

洪震寰,〈眼鏡在中國之發始考〉,《中國科技史料》, 1994.

黃啓臣,〈清代前期海上貿易的發展〉,《歷史研究》, 1986-04.

黃蔭清,〈眼鏡歷史的考證〉,《中華醫史雜志》, 中華醫學會, 2000.

8. 일문 저역서

家島彦一,《イスラム世界の成立と國際商業: 國際商業ネットワークの変動を中心に》,
　　岩波書店, 1991.

_____,《海域から見た歷史: インド洋と地中海を結ぶ交流史》, 名古屋大學出版會,
　　2006.

戴念祖 主編,《中國科學技術史·物理學卷》, 科學出版社, 2001.

大坪元治,《眼鏡の歷史》, 日本眼鏡卸組合連合會, 1960.

白山晰也,《眼鏡の社會史》, ダイヤモンド社, 1990.

濱下武志,《朝貢システムと近代アジア》, 岩波書店, 1997.

山田憲太郎,《香料の道: 鼻と舌 西東》, 中央公論社, 1977

三上次男, 《陶磁の道: 東西文明の接點をたずねて》, 岩波書店, 1969.

上田信, 《海と帝國: 明淸時代》, 講談社, 2005.

鄭樑生, 《明·日關係史の研究》, 雄山閣, 1994.

村井章介, 《中世後期における東アジアの國際関係》, 山川出版社, 1997.

ヴォルフガング・ミヒェル, 〈江戸初期の光學製品輸入について〉, 《洋學》, 洋學史學會研
　　究年報 12, 2004.

壇上寬, 〈明淸時代の天朝體制と華夷秩序〉, 《京都女子大學大學院文學研究科研究紀要.
　　史學編》 12, 2013.

＿＿＿＿, 〈明初の海禁と朝貢-明朝專制支配の理解に寄せて〉, 《明淸時代史の基本問題》
　　4, 汲古書院, 1997.

大隅晶子, 〈明代洪武帝の海禁政策と海外貿易〉, 《山根退休論叢》 上, 1990.

米谷均, 〈後期倭寇から朝鮮侵略へ〉, 池享 編, 《天下統一と朝鮮侵略》, 吉川弘文館, 2003.

松浦章, 〈明代後期の沿海航運〉, 《社會經濟史學》 54, 1988.

岸本美緒, 〈東アジア·アジア傳統社會の形成〉, 《岩波講座世界歷史》 13, 岩波書店,
　　1998.

岩井茂樹, 〈16~18世紀の東アジアにおける國際商業と互市體制〉, 特集 國際ワークシ
　　ョップ, '15世紀~19世紀の東アジアにおける商人集団·商業ネットワーク·商業思
　　想', 《東アジア研究》 46, 2006.

＿＿＿＿＿, 《海域交流と政治権力の対応》, 汲古書院, 2011.

찾아보기

GLASSES ROAD

글래시스 로드

초판 1쇄 인쇄 2021년 12월 14일 **초판 1쇄 발행** 2021년 12월 22일

지은이 한지선
펴낸이 이승현

편집2 본부장 박태근
지적인 독자 팀장 송두나
편집 신민희
디자인 신나은

펴낸곳 ㈜위즈덤하우스 **출판등록** 2000년 5월 23일 제13-1071호
주소 서울특별시 마포구 양화로 19 합정오피스빌딩 17층
전화 02) 2179-5600 **홈페이지** www.wisdomhouse.co.kr

ISBN 979-6812-085-3 93910